考 古 新 视 野 丛 书

古文字与旅游文化研究

◉ 常耀华 著

文物出版社

图书在版编目（CIP）数据

古文字与旅游文化研究/常耀华著. —北京：文物出版社，2021.9
ISBN 978 - 7 - 5010 - 2680 - 7

Ⅰ.①古…　Ⅱ.①常…　Ⅲ.①汉字—古文字学—研究
②旅游文化—研究—中国—先秦时代　Ⅳ.①H121　②F592.9

中国版本图书馆 CIP 数据核字（2011）第 100289 号

古文字与旅游文化研究

著　　者：常耀华

责任编辑：赵　磊
封面设计：周小玮
责任印制：张　丽

出版发行：文物出版社
社　　址：北京市东城区东直门内北小街 2 号楼
邮　　编：100007
网　　址：http：//www.wenwu.com
经　　销：新华书店
印　　刷：宝蕾元仁浩（天津）印刷有限公司
开　　本：880mm×1230mm　1/32
印　　张：14.625
版　　次：2021 年 9 月第 1 版
印　　次：2021 年 9 月第 1 次印刷
书　　号：ISBN 978 - 7 - 5010 - 2680 - 7
定　　价：65.00 元

谨以此书纪念先师李学勤先生

序一

　　常耀华教授的这部新书，堪称是别开生面的学术著作。从事历史学研究的都知道，过去几乎没有人利用卜辞金文等古文字材料，来探讨中国古代的旅游生活。正因为如此，前些时耀华告诉我他承担了这样一个科研课题的时候，我很觉新奇，也难免有些疑惑。现在他的全书既成，看到其中种种成果，不禁感叹考古文物确实蕴涵丰富，不知还有多少奥蕴，问题只在我们选取新的角度考察和抉发。

　　谈到我国历史上的旅游生活和文化，关心的读者不会感到陌生。历代积累传留的种种游记作品，或入集，或单行，数量繁多，已构成传统文献的重要部分。最为脍炙人口的，当然要推明人徐霞客的游记。其实性嗜旅行，迹遍天下的人物，几乎无代无之。即以明代的有名学者陈第为例，他原属戚继光麾下，卸甲后历访名山，作有《五岳游草》，竟终于前往峨嵋途中。

　　存世游记及有关文献，时代大都在汉唐以下，但先秦时期，甚至上古，有关旅游的事迹和人物仍有若干可考，足与常耀华教授书中引述的古文字材料对参。

　　比如《周易》经文有《旅》卦，卦爻辞涉及旅人故事，前人已曾论及。顾颉刚先生的名文《周易卦爻辞中的故事》指出，该卦上九所云"鸟焚其巢，旅人先笑后号咷，丧牛于易"，乃是王亥的史事。王亥是夏朝早年时人，为商汤的七世先祖，卜辞尊为"高祖王亥"。他有高明的驾乘牛车的技艺，远游到今河北北部的诸侯国有易，有易之君绵臣觊觎牛车，设计将他害死。因此，王亥之子上甲微向河伯借兵，攻伐有易，为父亲报了仇。王亥就是典型的"旅人"。最近我们在清华大学藏战国竹简《保训》中，还找到与此有关的事迹。

上面说的是夏商，至于周代，有一个以好游著称的人物，就是周穆王。穆王是西周第五代君主，当时国势还很强盛，他特别喜好旅行，以至连国家大事都不顾了。《左传》昭公十二年载："昔穆王欲肆其心，周行天下，将皆必有车辙马迹焉。祭公谋父作《祈招》之诗，以止王心，王是以获没于祇宫。"《史记·秦本纪》也记有穆王"西巡狩，乐而忘归，徐偃王作乱"之事。周穆王好游是如此著名，到战国时还产生了铺陈其事的《穆天子传》，或名《周王游行记》。中外学者竟有认为穆王西行到了波斯甚至欧洲的。

到了东周，即春秋战国时期，王室衰微，诸侯力政，当时尽管道路交通较前改善，经济文化渐趋发达，然而国家走向分裂，大小战事频仍，反而对旅行造成障碍。孔子周游列国，所能到的范围也颇有限。真正给旅行造成良好条件，只能在秦并兼六国，汉朝建立，大势平定之后。如司马迁《史记·自序》所说，他"二十而南游江淮，上会稽，探禹穴，窥九疑，浮于沅湘，北涉汶泗，讲业齐鲁之都，观孔子之遗风，乡射邹峄，厄困鄱薛彭城，过梁楚以归"，他青年时这些壮游，开拓了知识和眼界，为一生的大著作打下基础，成为中国读书人羡称的"读万卷书，行万里路"的典范。

由上面随意提到的几个例子，不难知道谈中国传统的历史文化，旅游这个方面是不应忽略的。耀华教授以他在卜辞金文的深厚根底，探索钩稽，对古代旅游的状况多有新见，实在是不容易的，值得在这里推荐给读者。

李学勤

2009 年 12 月 28 日

序二

    吾辈求学之初，正值十年动乱，古籍禁绝，小学荒废，知识残缺。后读经典文献，常为文字所累，虽勉强解其要义，但要寻根问底、考据词源流变，总是含糊其辞，只能求助于专家注释。故此，我个人深知古文字乃专门学问，是研习经典的工具，探讨国学的基础。

    耀华君知难而上，研究古文字有年，成果颇丰，在海峡两岸相关学界，屡闻其名。丁亥年仲夏之末，其新作《古文字与旅游文化研究》撰讫，约我作序，实感惶恐难当，曾几番谢绝，无奈其盛情相邀，并特意吩咐仅从旅游文化角度切入便可。如此却之不能，也就欣然从命而为。

    新作先睹为快，借机补习良多，此前些许疑惑，初读之后颇受启发，兹举二三为例。其一，古文字研究具有学理价值，有助于考证古代旅游概念的原初内涵与古代旅游文化的实际功用。众所周知，西人论及"旅游"或"旅行"（travel），旧有"辛劳艰苦"或"冒险历难"（travail）等意，古代中国旅游活动委实如此。所谓"狐封千里"或"魑魅魍魉"，不仅喻示着旅途中危机四伏的天灾人祸，而且意味着想象中累及精神的可怖景象。即便如此，上古游子之心常在，外出历险之趣久盛。当然，随着交通工具的发展与衣食住行条件的改善，旅游日益凸显出"观光游览"（sightseeing）或"休闲逸乐"（leisure）等功能，其活动范围亦不断扩展，其参与人数便逐渐增多。古往今来，国人好游，自天子以至庶民，概莫能外。凡优游者，抑或巡视天下，体察民情，建立垂史之功；抑或游历四方，博识万物，成为饱学之士；抑或钟情山水，放浪形骸，因任自然之道……虽目的不一，但共通之处多在增广见识或审美愉悦。今据耀华君考证，中国上古旅游文化最古老最直接最可靠的资料莫过于晚商的甲骨文，这一时段资料浩繁，仅盘庚之后数百年间的甲骨刻辞中，就有七千三百多版刻辞记载着商代贵族旅游的详细资料。先民对旅游之关注，兴趣之盎然，耗时之久长，经费投入比例之庞大，与今人相比，并不逊色。在殷墟甲骨文中，关涉旅游的刻辞大约为甲骨刻辞总数的九分之一，只是先民不把旅游叫"旅游"，古今指称旅游的语码不同，上古称"旅游"叫"盘游""敖游"，上古称"审美""娱乐"为"逸乐"或"逸豫"。另外，中国古代有"商旅"一词，常把往来各地经商的人称为"游商"。《管子·七臣七主》指出："时有春秋，故谷有贵贱，而上不调淫，故游商得以什伯其本也。"这些商务活动有些有消闲的成分，但大多恐怕是为稻粱谋。至于往来贩卖的中小商贩，古代还有"游贩"之称。

其二，古人出行或田猎，通常郑重其事，很少随意马虎。究其原因，主要有二：一是古人惯于择日或择吉而动，未行之前，必先咨询占卜机构，求助于"掌六龟之属"的专职龟人。殷商与西周之时，龟卜筮占相当流行，因此甲骨卜辞众多，为后来"日书"的形成与普及奠定了基础。二是古人有大事方远行，其中包括躬行告祭之礼，如告祭祖先、天帝、社稷、山川之类，为的是告慰先祖之灵，表达孝敬之心，祈求上天垂爱，修持配天之德，祷告国泰民安，免除天灾人祸，冀盼五谷丰登，安抚鬼怪神灵……耀华君所著似以《礼记》等古文献为经，以甲骨告祭卜辞及金文铭刻为纬，相互参证，交错诠释，结论中肯，信言可鉴。至于古人告祭之时，应施何种礼仪，采用多大规模，一般因人而异，也就是因其身份和等级而异。由此推测，可以见出目前学界所论古代巫史传统的相关证据与线索。

其三，先民从事的"巡游"与"田猎"活动，为古代旅游文化的重要内容，从这类研究中可窥知古代生活遗风的部分特征。譬如，基于对甲骨文"𣥂"字的考释，得知"循"的常见意义为"巡"，即"巡察"。"循与巡通"的例子在古文献中可以俯拾。有关"王循出","王循""王勿循","其循""不其循"之类"循卜辞",涉及商王巡游活动。这种巡游,远近兼顾:远则为了兵威抚循、定邦安民;近则为了推恩布泽、观民设教。另外,基于对甲骨文"屮"字的考释以及对"省田"等辞的推导,得知"省卜辞"与商王"观猎"或"田猎"活动相关。对于此类"巡游""观猎"或"田猎"等活动,若从其方式、规模以及管理体制等诸多方面来看,并非单纯旅游逸乐,而是综合性活动,包括旅游、军事与经济等目的。诚如本书作者所言:狩猎活动确有"训练士卒,习军讲武"、"藉以炫耀武功,检阅车马徒众"乃至"补充给养"等作用,但不能据此否定其逸乐性质,史籍上不乏帝王借征伐敌国之名而行逸豫耽乐之实的记载。譬如,周穆王喜好游猎甚为出名,与其父昭王相比并不逊色。抛开"昭王南征而不复"这一众人熟悉的例子不论,仅在青铜铭文里也有不少关于昭王南巡时狩猎的记载。但要看到,商人狩猎目的,以其从事人群的阶层不同而有别。商王及其贵族们狩猎,旨在游玩、军训、获鲜(以饱口福及祭神),而普通劳动者狩猎,旨在补充肉食,纯具经济意义。

其四,从有关狩猎过程及其收获猎物的描述中,可以推想而知古时狩猎那种车辚辚、马萧萧,旌旗猎猎、弓箭飞鸣的壮观场面。根据作者分析甲骨文得出的结果,早在三千多年前,生活在华北平原中部的商族就已进入农业社会,然狩猎遗风依旧存留。虽然他们在动物驯化方面已经很有成就,但出于各种目的,猎捕野生动物仍是肉食来源的重要组成部分。为了狩猎,他们投入大量人力物力。从其参加人员来看,上至商王,下至"众人",有男性也有女性,有王室臣僚诸侯也有普通平民及奴隶,几乎包括了殷商社会各个阶层。从当时所获兽类看,一次狩猎捕得麋鹿700头、兕牛40多头,猛虎与大象等巨兽多头。狩猎者用火焚山,以炬驱兽,挖陷坑,收猎物,兴师动众,惊天动地,煞是热闹。要知道,这种田猎活动具有军事目的,在对付虎豹野猪等凶猛动物时,其危险性不亚于鏖战强敌,其过程如同一场战争，攻防搏杀，各种武器装备无所不用。另一方面，这种田猎活动也具有休闲消遣性质，王室与贵族的威仪更是非同一般，不仅可"闻车马之音"，而且可"见羽旄之美"。遥想当年那种热火朝天的情景，我们方可真正理解老子所言非虚："驰骋畋猎，令人发狂。"（《道德经》十二章）

其五，从古代渔猎工具与管理体制来看，古时人们很重视"顺时取物"的自然规律，可谓合理利用自然资源的历史先例。本书作者借助古文字学知识，在梳理古文献中得出如下结论：研究商代渔猎活动，主要借助安阳殷墟出土的甲骨文，契刻其上的渔猎活动，均为商王及其贵族们所为。在殷商时代，网罟是最常见的狩猎工具。汉字中从网之字不下四十，古书中关于网类的名目可谓至多至繁，如"罝罛罗罔綟罟罩"皆是。其中，"綟罟谓之九罭；九罭，鱼罔也"（《尔雅·释器》）。而"綟之言总也，《孟子》所谓数罟，言其网目细密，故毛以为小鱼之网"（郝懿行《义疏》）。按有关卜辞所记，商人捕鱼多在 9～12 月进行，特别是 10～12 月为多，十分重视"顺时取物"之道。所谓"獭祭鱼，然后鱼人入泽梁"（《礼记·王制》），是指 10 月举行獭祭后，才准入泽捕鱼，因为此时小鱼已长大，又无母鱼产子问题，故而开禁捕鱼，有利于鱼类资源保护。根据古书所载，獭祭一年要举行两次，10 月和正月各一次。如《礼记·王制》所讲，10 月獭祭是开禁捕鱼，正月獭祭是禁止捕鱼。不过，商代 9 月即夏历 1 月，商代 12 月即夏历 4 月。因此，商代捕鱼的季节按夏历的算法多在秋、冬、春三季，这在当时已成制度，鲁国太史里革阻止鲁宣公夏天捕鱼可以为证（《国语·鲁语上》）。另外，孟子论及古代王道之始时曾言："数罟不入洿池，鱼鳖不可胜食也；斧斤以时入山林，材木不可胜用也。"（《孟子·梁惠王上》）从上述研究结果观之，这种论说实属古代渔猎制度的经验总结，而非孟子适时原创，只不过恰与孟子"仁民爱物"思想契合罢了，而非个人随机迁想妙得之说。

至于本书文字学研究水平如何，自有专家学者做出评判，我本人实属外行，岂容妄断。不过，作为一般读者，我深知本书资料翔实，言之有据，富含启示和灵思，确为现代人窥识古代中国旅游文化凿开一扇窗户。另外，本书是通过古文字来考证古代旅游文化，属于硬硬实实的学术研究。若以此类成果来深化和发展现代旅游文化的内涵或意味，堪称"阐旧邦以辅新命"之作。但要达此目的，似乎还需在实证研究的基础上，借助更为丰富的神思妙想，以便生动地展示出古文字的神奇魅力与古代旅游文化的原生形态，从而吸引更多的读者以及业界人士，借此开发出富有创意的仿古旅游活动与景观，进一步增强现代旅游观光活动的时间立体性和历史舞台作用。这一奇思怪想，不知耀华君以为然否？

王柯平

2009 年夏于杨榆斋

目　录

第一章　甲骨刻辞与商代旅游史之建构

在传世文献里，间或可以见到古代先民的旅游史料，甚至可以回溯到渺远的五帝时代，所以，学者能够借此编织中国旅游史。传世文献中的旅游史料，多为后世兰台令史所追记，可信度应该稍作折扣，那么，生活在21世纪的我们，有没有可能看到上古先民旅游的直接材料呢？就理论层面而言，这不成问题。商周先民旅游的直接材料就可能存在于甲骨、金文、简牍帛书这些出土文字中。前些年，因为工作的需要，笔者就出土文献中有无旅游材料问题做了调查，调查的结论是肯定的。出土文献中不仅有上古先民旅游的直接资料，而且数量相当可观，应该说出土文献中的旅游资料是一个亟待开发的学术矿藏。

要调查出土文献之旅游资料，首先遭遇的是鉴定标准问题。究竟哪些是旅游材料，哪些不是旅游材料？也许有人会说，这有何难？与旅游概念相合者就是旅游材料，不合者就不是旅游材料。道理是这样，然而何谓"旅游"？只要略翻几种旅游论著就会发现这个看似简单的问题竟言人人殊，何以如此？下面我们就从这个问题谈起。

一　关于旅游的界说问题

自旅游学开创以来，关于"旅游"究竟有多少人下过多少定义，无论谁也无法给出一个确切的数据。笔者曾试作统计，却中途而废，原因是我们觉得耗费这样的精力没有意义。关于旅游的研究论著如雨后春笋，层出不穷，几乎每个著者都要谈谈自己的见解，不须精确计算，关于旅游的概念无论如何不会少于数十百种，这是不是意味着旅游的概念问题已告解决？我们的回答不只是否定的，甚至是悲观的。彭兆荣先生也有同感，他说："为旅游下定义是一件十分困难的事情。这并不是说无法为之下定义，而是由于它涉及的面太宽，很难找到一个公认的、最圆满的、最具概括性的角度。如果我们把旅游当作是一种商业性行业，那么，必然会从商业的角度下定义。如果把旅游看作一种现象学，所下的定义便可能充满现象学的色彩。如果把旅游视为当代社会生活的一种方式，所做的定义肯定自成一体……"① 定义难下，又不能不下，于是就形成了百花怒放的局面来，于是形形色色"自成一体"的旅游定义你方唱罢我登场。旅游的定义可谓夥矣，但真正站得住脚的又有多少呢？王洪滨主编的《旅游学概论》曾对八种影响较大的"旅游"定义作了如下归纳评述：

1. 经济性定义

奥地利经济学家 Herman Von Schullard 认为："旅游是外国或外地人口进入非定居地并在其中逗留和移动所引起的经济活动的总和。"此类定义只强调旅游所引起的经济现象，没有涉及旅游的本质。

2. 交往定义

1927 年，德国以蒙根·罗特为代表的学派，在其出版的《国家科学词典》中给旅游下的定义是："狭义的理解是那些暂时离开自己的住地，为满足生活和文化的需求，或个人各种各

---

① 彭兆荣：《旅游人类学》，第 14 页，民族出版社，2004 年。

样的愿望，而作为经济和文化商品的消费者逗留在异地的人的交往。"在德语中，旅游是由"陌生者"和"交往"两个词复合而成的。此定义中突出了旅游中文化的内容和"交往"的本质含义，故取名为"交往定义"。（问题：过分强调了旅游的目的是"交往"，其实，有的旅游者只想满足自己的审美心理需求，并不一定要与异地的人交往。难道流连湖光山色的旅游就不算旅游吗？）

3. 国际机构定义

1942 年，瑞士学者汉泽尔和克拉普夫在他们合著的《普通旅游学纲要》中给旅游下的定义是："旅游是非定居者的旅行和暂时居留而引起的现象和关系的总和。这些人不会导致永久居留，而且不从事任何赚钱的活动。"这个定义的深刻之处在于，不是把旅游看作是某种单纯的活动，而是指出旅游活动中必将产生的相关的经济关系和广泛的社会关系，即游客和旅游地、旅游企业之间存在着经济联系，游客与游客之间、游客与当地居民之间也发生一定的社会关系。这一定义在 20 世纪 70 年代为"旅游科学专家国际联合会"（AIEST）所采用，所以也被称为"艾斯特"（AIEST）定义。

4. 目的定义

20 世纪 50 年代，奥地利的维也纳经济大学旅游研究所对旅游所下的定义："旅游可以理解成是暂时在异地的人的空余时间活动，主要是出于修养；其次是出于受教育、扩大知识和交际的原因的旅行；再次是参加这样或那样的组织活动，以及改变有关的关系和作用。"这一定义把各种旅游的目的都综合在一起作了通俗浅显的说明（目的论者的缺陷是它将漫无目的的随兴旅游排除在了旅游之外）。

5. 流动定义

1972 年，英国萨里大学的伯卡特和梅特利克认为："旅游发生于人们前往和逗留在各种旅游地的流动，是人们离开他平时居住和工作的地方，短期暂时前往一个旅游目的地运动和逗留在该地的各种活动。"这个定义指出旅游最动态的特征——流动，一切旅游都包含着流动，但并非一切流动都是旅游。（这个概念忽略了对"游客"这一旅游主体的界定。因此，正如教材所指出的"并非一切流动都是旅游"。）

6. 时间定义

1979 年，美国通用大西洋集团有限公司马丁·普雷博士到中国讲学时说："旅游是为消遣而进行旅行，在某一国逗留的时间至少超过 24 小时。"将停留时间引入到旅游定义中来，根据旅游这一特殊的社会经济活动与其他活动不同而作出时间的限制，既对旅游业的开发有利，又便于对旅游者进行统计分析和研究。（严格将时间限定在 24 小时以外，未免太机械，太狭隘。）

7. 文化定义

法国学者让·梅特森认为："旅游是一种休闲活动，它包括旅行或在离开定居地点较远的地方逗留。其目的在于消遣、休息或为了丰富他的经历和文化教育。"该定义强调了旅游的休闲本质和文化特性。（过分强调旅游的休闲性，排斥了半休闲半工作式的旅游，也是不全面的。）

8. 相关定义

1980 年，美国密执安大学罗伯特·麦金托什和夏希肯特·格波特两位教授在《旅游学——要素·实践·基本原理》一书中指出"旅游可定义为在吸引和接待旅游及其访问者的过程中，由于游客、旅游企业、东道政府及东道区的居民的相互作用而产生的一切现象和关系的总和。"这个定义实际上是对国际机构定义的补充说明和发挥。① （这一定义更有将旅游等同于旅游业之嫌。）

该教材编者认为人们至少在以下三方面已经达成共识：

　　1. 旅游是人们离开自己的定居地，去异国他乡访问的活动。这一点反映了旅游活动的异地性。

　　2. 旅游是人们前往旅游目的地，并在那里作短暂停留的访问活动。这种短期停留有别于移民性的永久居留。这一点反映了旅游活动的暂时性。

　　3. 旅游是人们的旅行和暂时居留而引起的各种现象和关系的总和。它不仅包括旅游者的活动，而且涉及这些活动在客观上所产生的一切现象和关系。这一点反映了旅游现象的综合性。

该教材指出：

　　上述定义中大多没有强调旅游最本质的属性——审美性和娱乐性，有些只是说，旅游是一种消闲活动或一切现象和关系的总和等等，没有从本质上说明旅游的目的。并且，概念上的差异往往因旅游的目的或旅游产生的结果而容易混淆。如对于以工商事务及出席会议为代表的差旅型外出是否为旅游或者是否应纳入旅游概念，人们并未统一认识。上述有关定义认为，旅游者"不从事任何赚钱活动"，但商务谈判、洽谈合同以及展览推销等工商事务毕竟也是公司企业赚钱活动的组成部分。如

---

① 王洪滨：《旅游学概论》，中国旅游出版社，2004年。

果严格按照消遣的定义来界定旅游的话，则会把诸如商务旅游的人们排除在旅游之外。事实上，在工商事务及参加会议等差旅活动中，几乎都伴随有不同程度的消遣旅游活动；任何旅游接待国或地区都把因事来访者消费纳入本国或本地区的旅游收入，不可能把消遣旅游和事务访问分立为两个账户。因为两者的访问目的虽然不同，但他们在目的地的消费对该地经济的客观影响都是一样的；世界旅游组织等国际机构也因此而公认事务访问者属于旅游者。可见，虽然现代旅游的主要构成是消遣旅游，但差旅型访问亦应纳入旅游概念这一点是不无道理的。这种差异给旅游概念的理论和技术的界定方面带来了困难，但突出旅游的审美、娱乐的目的性，仍应是界定其概念的关键，对于其他包含旅游内容的活动，我们可以用时间、空间、流动、停留等技术手段来区分或界定其性质，而不应根据其所取得的效应将其笼统地划入旅游的范畴。①

看得出该教材对时下流行的八种旅游定义并不满意，因此，编者"又参照世界上现有的较具代表性的各种旅游定义，依据现代旅游发展的客观实际，将旅游的定义归纳为：'旅游是人们离开常住地到异国他乡的非定居性旅行和暂时停留所产生的审美、社交、求知等综合性消闲活动的总和'"②。这一定义是不是就后出转精，臻于完善了呢？我们并不这看。我们认为这一定义也只是强调了旅游若干重要的方面，在一些重要环节上也不免千虑之失。譬如过分强调"旅游"是"消闲活动的总和"，也有把"商务旅游的人们排除在旅游之外"的嫌疑，该定义与其前面的论述在逻辑上相互抵牾。我们赞成该教材将旅游最本质的属性确定为审美性和娱乐性，我们

① 王洪滨：《旅游学概论》，中国旅游出版社，2004年。
② 王洪滨：《旅游学概论》，中国旅游出版社，2004年。

尤其欣赏该教材对于"艾斯特"定义，即旅游者"不从事任何赚钱活动"的批评，事实上旅游与从事赚钱的商务活动的关系如影随形，二者是你中有我，我中有你，很难做一个决然的了断。明乎此就不难理解为什么中国古代把"通四方之珍异以资之"的贩卖客既称为"商旅"①，又称为"游商"②"游贩"③。不能否认这些贩卖之客的商务活动有消闲的机会，但他们恐怕主要还是为稻粱谋，对于这些大大小小的商务活动，虽然商人的主要目的是赚钱，但在中国人的辞典里却叫着"旅"，叫着"游"。缘何如此？是中国古人糊涂，还是我们今天的概念出了问题？我们究竟是应该相信不远万里舶来的"艾斯特"这个"度"，还是应该相信千百年来所自然形成的历史观念这个"脚"？相信读者不难裁断。

不是为了"赚钱"，也不是为了"消闲"的外出求学活动，在中国的辞典里也叫"游"，《墨子·公孟》"有游于子墨子之门者"即此之谓也。《汉语大词典》谓离开本乡到外地求学又叫"游学"，《史记·春申君列传》："春申君者，楚人也，名歇，姓黄氏。游学博闻，事楚顷襄王。顷襄王以歇为辩，使于秦。"④又唐皇甫湜《祭柳子厚文》："呜呼柳州，秀气孤禀，弱冠游学，声华籍甚。"清刘献廷《广阳杂记》卷二："文玺师出家于会宁，尝游学于宁夏。"⑤古人甚至把就读于府或州县的学宫叫"游庠"或"游泮"。庠，原是周代的乡学，后泛称学校。泮即泮宫，原为西周诸侯所设的大学

① 《易·复》："商旅不行，后不省方。"《十三经注疏》，第39页，中华书局，1980年。《周礼·考工记序》："通四方之珍异以资之，谓之商旅。"郑玄注："商旅，贩卖之客也。"
② 《二十二子·管子·七臣七主》："时有春秋，故谷有贵贱，而上不调淫，故游商得以什伯其本也。"《二十二子》，第159页，上海古籍出版社，1986年。
③ 王安石《慈溪县学记》："而慈溪小邑，无珍产淫货以来四方游贩之民，田桑之美，有以自足，无水旱之忧也。"
④ 《史记·春申君列传》，第2387页，中华书局，1959年。
⑤ 见《汉语大词典》"游"字条。

之名。宋后州县皆置，仍沿用此称。《二刻拍案惊奇》卷三十："总
丱之时，三人一同游庠。"清黄蛟起《西神丛语·许世卿》："馆于
嘉禾项氏，其子已游庠，督责之甚严。"清毛祥麟《对山余墨·群芳
榜》："有沈浚者，幼孤，母甚姑息。既游庠，益听其以厚赀出入，
乃愈放荡。"清蒲松龄《聊斋志异·叶生》："又厚遗其子，为延师
教读，言于学使，逾年游泮。"

　　不独商贸游学，即便外出做官，古人也称之为"旅"，也称之为
"游"。称"旅"者例如南朝宋王僧达《和琅琊王依古》："少年好驰
侠，旅宦游关源。"唐郎士元《送长沙韦明府》诗："秋入长沙县，
萧条旅宦心。"唐曹寅《赵北口》诗："回身感旅宦，辕辙何时休？"
称"游"者例如《战国策·秦策二》："陈轸曰：'王独不闻吴人之
游楚者乎？'"高诱注："游，仕也。"宋苏舜钦《推诚保德功臣太子
太保韩公行状》："皇考以明经游京师，遂家焉。"① 诸如此类，难以
遍举，究竟应该如何界定"旅游"，恐怕还须再三思量。

　　指摘别人"只强调了旅游若干重要的方面"，并不意味着我们能
够给出一个更为切实更为全面更为合理的定义来。其实，我们没有
也不打算给"旅游"下一个自以为是的定义，为什么？彭兆荣先生
说得好：

　　　　事实上，我们目前并不缺乏定义，而是缺乏共识的、有公
　　信度的定义。难怪有的学者为此颇为踌躇："要概括旅游和旅行
　　者是一件困难的事情，也许其中存着某种误导。我们缺乏一个
　　为大家共同接受的定义，部分原因是旅游者的活动太复杂，部
　　分原因是由于在旅游活动中卷入了不同方面的不同利益所致。"
　　（Van Harssel，1994，3）毫无疑义，不同的经济利益、不同的

行业、不同的角色、不同的视野是造成对旅游定义上"多元特征"的原因。同理，不同的研究领域、不同的学科在看待旅游现象时也会出现因学科范畴、知识谱系、研究方法上的不同而产生出不同的旅游概念和定义。比如旅游管理、旅游市场营销、旅游地理、旅游社会学、旅游人类学、旅游文化学等不同的学科分支都会从学科本位出发，对旅游做出这样或那样的概括和定义。①

旅游的定义本已让人眼花缭乱了，我们不想再在其中多添一个花色品种，那样做徒劳无益。但是有一点我们必须强调，"旅游"是一项动态活动，在为"旅游"下定义时也应该是动态地看待旅游，古往今来，人们由于旅游的条件、旅游的目标、旅游的方式、旅游的项目、旅游的手段、旅游的观念诸方面或有异同，因此对旅游活动的理解也总会有所差别，我们不能把旅游的概念扁平化，固定化，教条化。如果把西方学者"为消遣而进行旅行，在某一国逗留的时间至少超过 24 小时"的说法视为金科玉律，那么，中国古代的张骞就算不上是旅行家了，因为他不是为消遣而进行旅行。"耕牧河山之阳，年十岁则诵古文，二十而南游江、淮，上会稽，探禹穴，窥九疑，浮于沅、湘；北涉汶、泗，讲业齐、鲁之都，观孔子之遗风，乡射邹、峄，危困鄱、薛、彭城，过梁、楚以归"的司马迁也算不上旅行家②，因为他没有出国。如果奉"艾斯特"（AIEST）定义为圭臬，那么，"肇牵牛车远服贾"的商之先公王亥自然也无缘于旅行家了，虽然他不会永久居留某地，但他所从事的是赚钱的活动。如果……如果……，人类的旅游史将不知从何说起？

也有人这样界定旅游："旅游是作为一种产业来满足游客的需

---

① 彭兆荣：《旅游人类学》，第 14、15 页，民族出版社，2004 年。
② 《史记·太史公自序》。

要，或者是作为科学、艺术和商业的角度以吸引游客造访者，并迎合游客的需要和要求。"（Mclntosh，R. 1977）① 依此而论，不惟中国，即便是在古希腊、古罗马也找不到"旅游"的影子，因为在 19 世纪之前，旅游本没有形成一种产业，但我们能不能说古代没有旅游呢？这一说法实际上是将"旅游业"和"旅游"两个概念等同起来了，人们言旅游必"二战以后"，究其原因是混淆了"旅游学""旅游业""旅游"这三个本不相同的概念。

　　研究旅游却说不清楚旅游的定义，面对如此尴尬的遭遇，彭兆荣先生说：

　　　　尽管我们要对旅游作一个权威性的定义几乎不可能（至少迄今还未出现），但是，我们并不认为在进行旅游研究时必须以一个公共概念和定义为逻辑前提和必备条件。就像"文化"的概念和定义有数以百计，却并未妨碍文化研究，文化人类学研究不断地向纵深发展这样一个事实。"历史"的定义也无权威，历史学研究却不断发展，成果卓著。从另一个方面说，没有共识性的权威定义，在某种程度上反而便利于研究者在具体的旅游现象、旅游活动、旅游行为、旅游项目等的研究和规划中自主定位，自圆其说。何况，时代在进步、社会在发展、文化在变迁，社会文化研究领域的某一定义也会因此发生变化。如果我们把 19 世纪欧洲的贵族阶级、新兴的资产阶级、中产阶级的旅游概念移植到现在，显然已经不适用，把欧洲中世纪"骑士"的"行侠式"云游的方式、概念和意义套用到今天的旅游，更会贻笑大方。②

---

① 彭兆荣：《旅游人类学》，第 17 页，民族出版社，2004 年。
② 彭兆荣：《旅游人类学》，第 19 页，民族出版社，2004 年。

虽然我们认为关于"旅游"至今找不到一个具有公信度的解释，但同时又认为"旅游"一词的意义核心是清楚的，那就是"游"。有学者把空间的位移视为旅游的最为核心的质素，称"旅游"为"位移"——旅者，行旅也；游者，漂游也。且分"被动位移"——迁徙，"主动位移"——游览、游乐两类。① 这种说法虽然稍嫌宽泛，但从研究角度出发，则不无便利之处。无论被动迁徙也好，主动游览游乐也罢，这些位移活动无疑都有助于人类认识自然，开发自然。审美和娱乐内化于位移过程中，人类不断位移的过程就是一个不断文化化的过程。人类在位移的过程中会对本土与异地的风物加以审视，会在不断的审视中不断深化对于本地、异地及异质文化的认识，并从而领略享受旅游观光的乐趣。"故不登高山，不知天之高也。不临深溪，不知地之厚也。"② 不妨把"位移"说之旅游，称为广义的旅游，从这个意义上来说，"'旅游'，正与人类相终始"③，"旅游的历史与人类的历史相始终"④。

广义的"位移"旅游说，固有边界模糊之虞，但这并不妨碍我们对旅游的具体问题的研究。我们赞成彭兆荣先生的旅游发展观。我们提醒人们，切不可将旅游概念固定化、扁平化、教条化。我想无论中国、外国，过去、现在抑或将来，"旅游"的内涵和外延一直都会不断地更新，人类在成长，世界在改变，旅游也会不断增加新的质素，因此，我们主张关于旅游的义界不应该定于一时一地，更不应该定于一尊，而应该以发展的眼光，从更多的角度、更宽阔的视域来看旅游。

谈及"旅游"就不能不提一提与之如影随形的另一个词——

① 　见章必功：《中国旅游史》，石鹏飞序，第9页，云南人民出版社，1992年。
② 　《诸子集成·荀子·劝学篇第一》，第1页。
③ 　见章必功：《中国旅游史》，石鹏飞序，第9页，云南人民出版社，1992年。
④ 　见章必功：《中国旅游史》，郁龙余序，第5页，云南人民出版社，1992年。

"旅行"。有学者指出，欧美的旅行研究有一种不把旅游和其他旅行方式进行区分的倾向，而当代中国学者也对这些关系模糊不清，有鉴于此，该学者提出旅行概念的三分法，主张把旅行划分为旅游、行游、神游三个层次。[①] 我们认为这一尝试虽有意义，但不成功。原因是"旅行""旅游""行游""神游"之间并不是分总的关系，而是相涵的关系，将"旅行""旅游""行游""神游"四词语割裂开来，对立起来，无论从理论层面抑或实际操作层面都会遭遇进退维谷之尴尬。实际上"旅游""旅行"是近义词，二者词义相涵，各有侧重，前者的词义核心偏在"游"，后者词义核心偏在"行"，借用训诂学术语，二者的关系正所谓"浑言可不分，析言则有别"，东西方学人都将"旅行""旅游"混用肯定有其内在的深层原因，我们主张对于"旅行""旅游"的理解，允许有一定弹性，可以矜持一点讲，也可以夸张一点讲。因此，在以下的行文中，在不至于误解的情况下，我们也不再将二者加以区分。

二　旅游之于中国上古时代

如前所述，人类旅游绝非始于19世纪，人类的"旅游"踪迹曲折而漫长。回溯中国"旅游"，"旅游"二字在三千多年前的殷商甲骨文字中即可觅得。"旅"字在甲骨文中出现频率极高，不下582次，"游"字出现频率也不少于70次。不过，甲骨文中的"旅"和"游"与今天所谓的"旅游"并无直接关系，"旅"多是用作人名，

---

① 此说见郭少棠《旅行：跨文化想象》，第46、47页，北京大学出版社，2005年。郭氏三分法将"旅行""旅游""行游""神游"等概念割裂开来，对立起来，从逻辑上讲，成立困难。

也有用作军旅者，"游"皆为地名①。甲骨文中绝无"旅游"二字连属之例。其实，不独"旅游"二字在甲骨文中不相连属，即便现代人编纂的《辞海》《辞源》也找不着"旅游"的词条。"旅游"二字连属，与今"旅游"意义吻合者，最早大概只能溯自齐梁间沈约《北哉行》的诗句"旅游媚年春，年春媚游人"了。"旅游"一词为何这般晚出？难道古代先民没有旅游过吗？当然不是。历史在不停地演进，社会在不断地发展，汉语亦然，略具语言学常识的人都知道，古汉语词汇以单音词为主，复音词为次，在上古汉语中找不到"旅游"这个复音词实属必然。若一定要从上古汉语中找出"旅游"一词，反而类乎"刻舟求剑"。由是可知，上古汉语无"旅游"一词，实缘于古今指称"旅游"的语码之更易。盘、敖、远、巡、循、慢、宣、行、出、田等词用作"游"的修饰成分，组成"盘游""敖游""远游""巡游""慢游""宣游""行游""出游""田游"诸词，其义与今之旅游仿佛。观、豫、预、遨、敖、宴、燕、田、畋诸词又作为"游"的补充或并列成分组成"游观""游豫""游预""游遨""游敖""游鹜""游宴""游燕""游田""游畋"诸词，其义与今旅游也颇为一致。明乎此，细心钩稽史料，就会发现上古先民不仅旅游，而且他们对旅游之关注，兴趣之盎然，耗时之久长，经费投入比例之庞大，与数千年后的今人相比毫不逊色。《诗·邶风·泉水》就曾放言："驾言出游，以写我忧。"这是上古先民旅游动机的真实写照。西方人有"游遍天下，学到一切"（One can learn everything under the sun.）的箴言②，中国人则有"读万卷书，行万里路"的谚语。《诗·唐风·有杕之杜》："彼君子兮，噬肯来游。"

---

① 台湾学者白玉峥说"游""其初意当为旅游，为动词"，不知何据？但他又承认"字于卜辞，均为地名"。详白氏《契文举例校读》，《中国文字》，第52册，5986页。
② 转引自王柯平《旅游美学新编》，第4页，旅游教育出版社，2000年。

"穷游观之娱，极畋渔之欢。"① 有人嗜游如命。史载夏启的儿子太康曾因"盘游无度"，导致失国。② 秦始皇时的燕人卢敖，也是个著名旅游迷。《淮南子·道应训》云："敖幼而好游，至长不渝，周行四极，唯北阴之未窥。"③ 上古嗜游者，最知名者，莫过于周昭王、周穆王父子。《左传·僖公四年》云："昭王南征而不复。"④《史记·周本纪》亦云："昭王之时，王道微缺。昭王南巡狩不返，卒于江上。其卒不赴告，讳之也。"《帝王世纪》说得更详细："昭王德缺，南征，济于汉，船人恶之，以胶船进王，王御船至中流，胶液船解，王及祭公俱没于水中而崩。其右辛游靡长臂且多力，游振得王，周人讳之。"这与服虔所说大体一致："周昭王南狩巡，涉汉未济，船解而溺昭王，王室讳之，不以赴，诸侯不知其故。"⑤ 征即游，屈原就把昭王南征叫作游，《楚辞·天问》："昭后成游，南土爰底。"征又训行，《诗·小雅·小明》："我征徂西，至于艽野。"郑玄笺："征，行。"天子征又叫巡狩，故《史记·周本纪》又把昭王南征不复写作"昭王南巡狩不返"⑥。"旅游的核心是一项接触、感知和学习丰富的大自然以及利用社会和文化的活动"。⑦"智者乐水，仁者乐山。"⑧ 古代有识之士，无不爱旅游，孔老夫子周游列

---

① 晋葛洪：《抱朴子·知止》。
② 见《史记·夏本纪》，第85页，中华书局，1959年，第1版。《四库全书·书传·五子之歌第三》亦曰：太康失邦，（太康，启子也，昆弟五人，皆启子。）须于洛汭，作五子之歌。（须，待也。）太康尸位。（尸，主也。）以逸豫灭。厥德黎民咸贰，（贰，携贰也。）乃盘游无度。（盘，乐也。）畋于有洛之表。（洛表，水南也。夏都河北，而畋于洛南，言其去国之远也。）
③ 《诸子集成·淮南子·道应训》，第7册，第204、205页。
④ 杨伯峻：《春秋左传注·僖公四年》，第290、291页，中华书局，1981年。
⑤ 《史记集解》引。
⑥ 《史记·周本纪第四》，第134页，中华书局，1959年，第1版。
⑦ 《大阪旅游宣言》，转引自王柯平《旅游美学新编》，第4页，旅游教育出版社，2000年。
⑧ 《论语·雍也》，《十三经注疏》，第2479页，中华书局，1980年。

国，尽人皆知。不过，圣人不淫游，"游必有方"①。

乐山乐水，旅游的本质虽然古今一贯，但必须强调，随着星移斗转，逝者如斯，上古先民与 21 世纪的旅游不止术语或异，在形式和内容上也有差别。上古旅游材料，由于种种原因，事关庶民者多已湮灭，帝王公侯之旅游每若隐若现于载籍之中：

> 舜入于大麓，烈风雷雨不迷，尧乃知舜之足授天下。尧老，使舜摄行天子政，巡狩。②
>
> 舜……南巡狩，崩于苍梧之野。③
>
> 十年，帝禹东巡狩，至于会稽而崩。④
>
> 帝曰："毋若丹朱傲，维慢游是好，毋水行舟，朋淫于家，用绝其世。予不能顺是。"⑤

由上可知，帝王巡狩即是古代的一种重要的旅游形式，⑥ 田猎与巡狩如言随响，似影随形。寓游于田，寓游于省，寓乐于狩。田游结合，田省结合，狩乐结合是上古旅游的重要特征。将古巡狩定性为旅游活动，一般不会引起争议，⑦ 然将田猎也定性为古代旅游的一

---

① 《论语·里仁》，《十三经注疏》，第 2471 页，中华书局，1980 年。

② 《史记·五帝本纪第一》，第 38 页，中华书局，1959 年。天子出行视察邦国州郡叫巡狩。

③ 《史记·五帝本纪第一》，第 44 页，中华书局，1959 年。

④ 《史记·夏本纪第二》，第 83 页，中华书局，1959 年。

⑤ 《史记·夏本纪第二》，第 80 页，中华书局，1959 年。

⑥ 天子出行视察邦国州郡叫巡狩。古代帝王"巡狩"具有相当复杂的文化内涵，或以为是"推恩布泽"，或以为是观民设教，或以为是巡察安抚。然不论巡狩具体动机如何，巡狩是旅行则绝无置疑之余地。详本书第八章。

⑦ 事实上，古代帝王"巡狩"的文化内涵也相当复杂，孟子的解释是"天子适诸侯曰巡狩"，也就是说天子巡狩不是游玩而是工作考察，其实这有为天子缘饰之成分在。这里且不管天子巡狩具体动机如何，巡狩是一种旅行活动我想对此人们不会有异议。帝王巡狩又叫循狩、出循，详本书第八章。

种形式，则或会有不同意见。人们一般在讨论古代的田猎活动时多把它定性为军事行动或经济活动，① 这样说来，田猎与旅游似乎搭不上边儿。其实不然，我们认为帝王田猎与天子巡狩一样，也是旅游活动的一种重要形式。不妨看一看《诗·秦风·驷驖》：

> 驷驖孔阜，六辔在手。
>
> 公之媚子，从公于狩。
>
> 奉时辰牡，辰牡孔硕。
>
> 公曰左之，舍拔则获。
>
> 游于北园，四马既闲。
>
> 輶车鸾镳，载猃歇骄。

诗中前曰"从公于狩"，后曰"游于北园"，"狩"与"游"的关系于此可见。经学家对此并不回避："经旨曰，此刺秦君之用私人恣游猎也。盖以此诗比之《车攻》，气象迥别，故知其为刺耳。"② "《诗·秦风·驷驖序》云：'驷驖，美襄公也。始命有田狩之事，园囿之乐焉。'"③ 田猎是刺激性很强的娱乐活动，正如《老子道德经》所云："驰骋畋猎，令人心发狂。"④ 因此，古代帝王多嗜田狩，甚至于为之付出生命的代价。《史记·殷本纪》："武乙猎于河、渭之间，暴雷震死。"《竹书纪年》亦云：武乙三十五年"王畋于河、

---

① 姚孝遂先生的意见可作代表，他认为甲骨文中的狩猎是军事行动，不能将这类的狩猎活动归之于盘乐性质。详见《甲骨刻辞狩猎考》《古文字研究》第 6 辑，中华书局，1981 年。杨宽先生也有类似的见解。详见《古史新探》中关于"大蒐礼"的论述，中华书局，1965 年。

② 《四库全书·诗说解颐·驷驖》正释卷十一。

③ 《十三经注疏》，第 369 页，中华书局，1980 年。

④ 《老子道德经》第十二章，见《诸子集成》第 3 本，第 6 页，上海书店影印本，1986 年。

渭，暴雷震死。"① 前揭周昭王南征而不复，也是这样的例子，《公羊传·桓公四年》："狩者何？田狩也。春曰苗，秋曰搜，冬曰狩。"何休注："狩，犹兽也。冬时禽兽长大，遭兽可取。"②"用私人恣游猎"者并非襄公一人，古代帝王巡狩省田的真实目的大率如此。前揭穆天子西游即属此例，据《史记》记载，穆天子想到犬戎之地去旅游，但无合适的理由，便以犬戎不享为借口。卿士祭公谋父苦劝不从，穆王不考虑政治成本，执意征之，结果"得四白狼四白鹿以归，自是荒服者不至"。兹把《史记》的相关文字引述于此：

> 穆王将征犬戎，祭公谋父谏曰："不可。先王燿德不观兵。夫兵戢而时动，动则威，观则玩，玩则无震。是故周文公之颂曰：'载戢干戈，载櫜弓矢，我求懿德，肆于时夏，允王保之。'先王之于民也，茂正其德而厚其性，阜其财求而利其器用，明利害之乡，以文修之，使之务利而辟害，怀德而畏威，故能保世以滋大。……是以近无不听，远无不服。今自大毕、伯士之终也，犬戎氏以其职来王，天子曰'予必以不享征之，且观之兵'，无乃废先王之训，而王几顿乎？吾闻犬戎树敦，率旧德而守终纯固，其有以御我矣。"王遂征之，得四白狼四白鹿以归。自是荒服者不至。③

还是这个周穆王，为了满足游猎之私欲，置国政于不顾，西行巡狩，几乎重蹈太康失国之覆辙。《史记·秦本纪》这样记载：

> 造父以善御幸于周缪王，得骥、温骊、骅骝、騄耳之驷，

①　《今本竹书纪年疏证》，第72页，辽宁教育出版社，1997年。
②　《四库全书·六家诗名物疏·狩》卷二十。
③　《史记·周本纪第四》，第135、136页，中华书局，1959年。

西巡狩，乐而忘归。徐偃王作乱，造父为缪王御，长驱归周，一日千里以救乱。①

穆天子这样的人绝非是特例，请看《诗·还》：

> 子之还兮，遭我乎猺之闲兮。并驱从两肩兮，揖我谓我儇兮。
> 子之茂兮，遭我乎猺之道兮。并驱从两牡兮，揖我谓我好兮。
> 子之昌兮，遭我乎猺之阳兮。并驱从两狼兮，揖我谓我臧兮。

据《诗·序》云："《还》刺荒也，哀公好田猎，从禽兽而无厌。国人化之，遂成风俗。习于田猎谓之贤，闲于驰逐谓之好焉。章济曰：子之还兮，己誉人也。谓我儇兮，人誉己也。并驱则人己皆与有能也。诗人直述其辞，不加一语，刺之之意隐然言外。吕记：齐之游畋成俗，其驰驱而相遇也，意气飞扬，郁郁见于眉睫之间，染于功利者深矣，岂一朝一夕所能返哉。"②

齐国国君好猎，岂止是哀公一人，齐襄公也是一个"田狩毕弋，不听国政"的主。《诗·齐风·卢令》序云："《卢令》刺荒也，襄公好田猎毕弋而不修民事，百姓苦之，故陈古以风今焉。"《诗经通义》作者按《国语》桓公问管仲曰："昔我先君襄公，田狩毕弋，不听国政，卑圣侮士，而惟女是崇，戎车待游车之裂，戎士待陈妾之余。《序》以此诗刺襄公可信。何楷曰：襄公荒于田，国人赋此以

---

① 周缪王即周穆王，"缪""穆"二字相通。《史记·秦本纪第五》，第175页，中华书局，1959年。
② 《四库全书·诗经通义卷三·序》。

风之。"①

上古王公好游猎，中古此类例子也有不少。《北齐书·元坦传》："元坦祖魏献文皇帝，咸阳王禧第七子……性好畋渔，无日不出。秋冬猎雉兔，春夏捕鱼蟹。鹰犬常数百头，自言：'宁三日不食，不能一日不猎'。"②

正是因为历史上有太多国君"游逸无度，不恤国政"的例子，所以，古之圣人才一再强调戒游佚。《尚书》云：

> 文王不敢盘于遊田，以庶邦惟正之供，文王受命惟中身，厥享国五十年。

库勒纳等《日讲书经解义》云：

> 此一节书是言文王之无逸，见于戒游佚也。盘，盘桓不止之意。中身，犹中年。周公又言，人主游观以省方，田猎以讲武，固国家一定之常制，然或托巡幸之名，借训练之典而以为逸乐，则不免有纵欲妄费之害。乃文王则不然，省耕、省敛，文王未尝不游也，而行必以时，初不敢盘于游，蒐苗狝狩，文王未尝不田也，而举必以礼。初不敢盘于田，盖惟巡游既节，田猎既时，是以用度省而赋敛轻，其庶邦之民所奉于上者惟额内之正供，而一切无益之物，无名之税，皆不以横敛于民焉。盖既能守己，以培寿源，复能恤民，以凝天眷，所以文王受命为西伯之日，年已四十有七，而享有国祚之年，更历五十，文王无逸之效亦如此，夫天生民而立之君，明明以万民之命托之人主，人主诚仰体天心，无严刑以戕民之生，无厚敛以破民之

① 《四库全书·诗经通义卷三·序》。
② 《北齐书卷二十八·列传第二十·元坦》。

产，民气既乐，天和自至，自然寿考，维祺本支，百世千古，治道之原，莫不如此。①

《尚书》还记载周公这样告诫成王：

> 呜呼！继自今嗣王，则其无淫，于观、于逸、于游、于田，以万民惟正之供。

《日讲书经解义》云：

> 此一节书是勉成王法文王之无逸也。则，法也。淫是太过意。周公又叹息言，我文考以无逸之心，享无逸之效，深仁厚泽，固百世不斁也。继自今嗣王可不以法祖为要哉？盖文王惟不敢盘于游田，以庶邦惟正之供而后德施广远，享国久长。嗣王必当以此为法则，本抑畏之心，切艰难之虑，凡观逸游田，虽不能尽无，而不可太过，则文王之无淫于观逸，而无额外之征，则文王之无淫于游田，而无横取之赋，由是经费有恒，国用常足。在文王时为庶邦者，在今日则东西南北皆我土宇，务使万邦之民惟正赋之供，而不致竭民力以奉一人，斯真能上配文王之无逸，而所为崇俭素，恤孤独，勤政事者，亦将有以兼举矣。②

出入不知节而佚游误国，故孔子告诫弟子："乐骄乐，乐佚游，乐宴乐，损矣。"③ 周孔之思想深入人心，后世的老妪也明白这个道理：

---

① 《四库全书·日讲书经解义》卷九。
② 《四库全书·日讲书经解义》卷九。
③ 《论语·季氏》，《十三经注疏》，第2522页，中华书局，1980年。

　　唐赵武孟，少好游猎，以所获馈母。母泣曰："汝不为好事
而放荡，吾安望哉？"武孟由是力学，后为侍御史。猎非大臣之
事，驰马试剑，无他德之可称，论其功则可，论其德则未也。
巽顺之臣，奋刚勇之才，止于武人，田猎而已，较之论道经邦，
诗书礼乐之事，概乎其未闻也。"①

　　总的来说，古代，尤其是上古旅游的主要内容是巡狩、畋猎，
从古书记载来看，巡狩、畋猎往往与实际利益紧紧地捆绑在一起。
考察经史，凡涉及帝王"巡狩""省田"，历代经学家和史学家多以
"观民设教""推恩布泽"为辞，后世的研究者也以此为根据，过分
强调了"巡狩""省田"的经济目的、军事目的、政治目的或宗教
目的，而对帝王公侯乐轶其心的主要动机都有不同程度的忽视。《老
子》："驰骋畋猎，令人心发狂。"这句话道出了王公贵族所以热衷
田猎的实质。当然，在逸豫其心的同时，还能收到"秋冬顺杀气，
春夏保田苗"，②习兵演武，获取衣食，平衡生态等多重利益，王公
贵族何乐而不为呢？也许正是这一原因，在全部殷墟甲骨刻辞中十
之一是巡省田游刻辞，其数量之多，除祀、戎卜辞之外，别类卜辞
罕与其匹。

三　殷墟甲骨之旅游刻辞

　　前面之所以耗费许多笔墨讨论旅游定义以及中国上古旅游的特
征，目的是为讨论古文字的旅游资料廓清理论障碍。因为，在人们
的印象中，殷墟甲骨卜辞之类的古文字与旅游文化犹风马牛不相及

---

① 《四库全书·周易爻变易缊》卷七。
② 见明杨柔胜《玉环记·富童潜非》："畋猎之事，古者有之，秋冬顺杀气，春夏保田
　苗。"

也，其实不然。曾有学者将中国旅游的上水之源溯自黄帝时代，那么千余年之后的殷商时代自然也应有旅游。关于商代的旅游，举凡中国旅游史著作，皆有论列，然由于所据的史料大抵不出传世文献的范围，而传世文献中相关资料又十分有限，所以，在讨论商代旅游时，所作的不过是蜻蜓之点。其实，我们身守宝山，却做乞丐之举，实不应该。所谓宝山即甲骨、金文之类的出土文献。①

殷墟鸟瞰图［李自省先生拍摄，唐际根教授提供］

　　殷墟甲骨业已出土数十万片，其内容涵盖晚商阶级国家、社会生产、思想文化等各个方面，内有旅游信息是可以预卜的。然而，究竟哪些是旅游或者说与旅游相关的刻辞，这类刻辞究竟有多少？这些问题一向无人问津。要了解商代先民的旅游状况，甲骨文无疑是最直接最可靠最有用的资料。要追寻商代先民旅行的踪迹，就有必要对全部甲骨刻辞来一个彻底清理。清理工作的第一个环节，就是确立旅游刻辞的判定标准。经过全面考察之后，我们认为，那些商王巡省、田猎刻辞可以直接界定为旅游刻辞。商旅、游学之类从

① 出土文献种类很多，限于篇幅，在此只能重点讨论殷墟甲骨刻辞。

动机看似乎算不上旅游，但从效果看，确实起到了到异地或"异文化"人群中去体验的旅游效果，商人学子在异域他乡的奔波中不仅扩充了知识，拓展了交际空间，而且还从他们所历经的奇山秀水之中得到了审美体验，可以说他们完全达到了旅游的效果，因此说，即使不把它们看成是地道的旅游刻辞，也应该把它看作准旅游刻辞。"国家大事，在祀与戎"①，祭祀与征伐在甲骨刻辞中占据了半壁河山，古人祭祀不仅仅在祖庙里，他们还要到外地祭祀山川河流，这种遗风直到汉代还保存着，秦皇、汉武泰山封禅可以看作是上古帝王祭祀天地之遗绪，此类巡游封禅之举，完全可以看成宗教旅游的前奏。征伐刻辞与旅游也是紧密相联的，著名的古文字学家于省吾先生曾写过一篇文章，题目叫《释战后狩猎》②，征伐刻辞与旅游之关系于此可以一目了然。甲骨刻辞中还有一些刍牧刻辞，刍牧即畜牧，民族学资料表明，古人极有可能是武装放牧，故刍牧卜辞每每与征伐相系，畜牧自古就称游牧，其与旅游具有天然的联系。甲骨文中常见占卜往来有无灾祸卜辞，据甲骨学家考证，甲骨刻辞中还有关于商代苑囿围场、离宫别馆、驿亭传舍的刻辞，这些都可视为商代旅游的直接材料。无论古今，出门都要问路看天，气象刻辞、地理刻辞也应该纳入旅游刻辞的考察范围。在出行礼俗方面，甲骨文中诹（择）日卜辞，已为学术界所公认，此外还有告祭天地、山川、道路，驱疫之禓禳之俗。如此说来，旅游刻辞几乎遍布殷墟甲骨的各个角落。

如果举凡与旅游出行相关者都算作旅游刻辞，那么，旅游刻辞的范围不免过于宽泛，为了研究的方便，我们把旅游刻辞分为三类：

第一类：巡省、田猎。

这些是典型的旅游刻辞。直到清代还设有"秋狩习武，绥服远

---

① 杨伯峻：《春秋左传注》，第 861 页，中华书局，1990 年。
② 详于省吾《甲骨文字释林》，第 275、276 页，中华书局，1979 年。

藩"的木兰围场，巡行考察、畋猎垂钓，至今仍是旅游行业的拳头产品。①

第二类：征伐、商贸、游学、贡纳、刍牧、往来、祭祀。

这些可视为旅游相关刻辞。这类刻辞从出行目的看，不是纯粹为了逸乐，行动主体的出行动机可能是以获取实际利益为主的。

第三类：环境、地理、交通、气象、风俗。

前两类完全是依照刻辞内容，以行动主体的动机为标准进行分类的，第一类即所谓的"典型的旅游"刻辞，第二类即所谓广义上的旅游刻辞，或叫旅游相关刻辞。第三类从刻辞内容看与行动主体的动机无关，完全是由于研究的方便所作的分类。分类标准不统一，也许会为人诟病，但一时没有找到理想的分类标准，现在所做的实是一种无奈的选择。

依照上述标准，我们对甲骨刻辞的旅游资料进行爬梳整理，共得7000多版，约为所有刻辞的九分之一强。② 为了研究方便，我们对这7000多版刻辞又进行了分类统计，第一类刻辞，数量最多，5000余版。其次是第二类刻辞，约1000多版。第三类最少，约数百版。

总而言之，殷墟甲骨刻辞中的旅游资料十分丰富，仅商王巡行、畋游之刻辞就多达20余万言，如果能够将这些资料有效利用，完全可以修撰一部切实可信的商代旅游专史。

话长纸短，在此不便详述各种旅游刻辞，权且先揭一例，以期蠡海窥豹。

---

① 在三校完成之际，发现遗漏了一批 𧆨（观）卜辞，其中有占卜商王观日出者（《屯南》2232）、有占卜商王去某地观泉者（《合集》24426），这是更为典型的旅游卜辞，但木已成舟，不便多作改动，谨志于此。

② 与旅游无直接关系的地理卜辞，如征伐卜辞中所涉及的许多地名，没有统计在内，如果把这些也计算在内，旅游刻辞的边界不免太宽泛了，那将为研究带来诸多不便，专此说明。

殷墟甲骨坑：研究商代旅游文化之宝藏

［采自《世界遗产·中国——殷墟》，第16页，2008年］

　　癸巳卜，㱿，贞：旬亡祸。王占曰：乃〔兹亦有〕祟，若
偁。甲午，王往逐兕，小臣载车马硪彎王车，子央亦〔坠〕。
《合集》10405正

　　上揭卜辞系宾组，即第一期卜辞，刻于牛肩胛骨上。正反两面
皆有刻辞，正面共契6条卜辞，计116字。背面4条，现存60字。
此条是刻于正面中央部分的第4条。

　　此条卜辞可分前后两部分。前一部分从“癸巳卜”到“若偁”，
意思说在商王武丁某年一月癸巳这一天，一个名叫㱿的卜官贞问：

下一旬有无祸事发生。商王武丁观察卜骨所呈现的兆象，说这次占卜结果显示，将有不吉之事发生，如卜兆之占辞所说的那样。后一部分从"甲午"到句末，接着说第二天甲午日，商王武丁前去"逐兕"，即追猎野牛①，一个名叫载的小臣，所乘的车马跑斜了，撞到商王的车上，一个叫子央的人（可能是给商王赶车的，也有人认为是武丁的儿子）也从车上跌落下来。

从这条卜辞可知，一代英主武丁，也好周游田猎，驰骋弋射。他所乘坐的猎车，或与殷墟车马坑中所出土的车马相差不远。武丁行猎也是"王旅啴啴，如飞如翰"②。其随从之中有小臣这种官。出行之前，预先占卜，是不是会有灾祸发生。将两条连读可知，商王的占卜十分灵验，到了第二天甲午日"往逐兕"，果然发生了王车颠覆，人仰马翻的事故。

遥想武丁当年，"萧萧马鸣，悠悠旆旌"③，恰如《穀梁传·昭公八年》所云："车轨尘，马候蹄，掩禽旅。"好不惬意！

---

① 《说文》云："兕，如野牛而青。"第198页，中华书局，1963年。
② 《诗·大雅·常武》，《十三经注疏》，第577页，中华书局，1980年。
③ 《诗·车攻》，《十三经注疏》，第428页，中华书局，1980年。

第二章 不怨道里长，但畏人我欺：
上古游子之心象

俗谚："人在家中坐，祸从天上来。"闭门家中尚且会有横祸飞来，况漫漫旅途哉？所以古人辞家远行，每每会踌躇不前。陶渊明《拟古》诗之六："装束既有日，已与家人辞。行行停出门，还坐更自思。"自思什么呢？"不怨道里长，但畏人我欺。"不怕关山遥远，只怕强人欺我。所以，人们总是希望"道里夷易，安全无患"①。

一 封狐千里，人在旅途

道里之患，各种各样，防不胜防。上古气候，华北地区较今日为暖，支渎纵横，川泽密布，据《周礼·夏官·职方氏》记载："正南曰荆州，其山曰衡，薮曰云梦，川曰江、汉，浸曰颍、湛；其利丹、银、齿、革……河南曰豫州，其山曰华，薮曰圃田，川曰荥、雒，浸曰波、溠……正东曰青州，其山镇曰沂山，其泽薮曰望诸，其川淮、泗，其浸沂、沭……河东曰兖州，其山镇曰泰山，其薮泽曰大野，其川河、泲，其浸卢、维，其利蒲鱼……正西曰雍州，其山曰岳，薮曰弦蒲，川曰泾、汭，其浸曰渭、洛，其利玉、石……

---

① 《易林·小畜之无妄》。

东北曰幽州，其镇山曰医巫闾，其川河、沸（济），其浸菑时，其利鱼盐……河内曰冀州，其山曰霍，薮曰扬纡，川曰漳，浸曰汾、潞，其利松、柏；正北曰并州，其山镇曰恒山，薮曰昭余祁，川曰滹沱、呕夷，浸曰涞、易……"[1] 川泽多，森林也多。在古人心目中是"蝮蛇蓁蓁，封狐千里些。雄虺九首，往来倏忽，吞人以益其心些"。"……虎豹九关，啄害下人些……豺狼从目，往来侁侁些"[2]。商代诸多青铜器中有一件可谓尽人皆知，这便是虎食人卣。关于这件青铜器造型的含义，学术界有多种不同的理解。但无论如何理解，老虎吃人在这里表现得明明白白，无论是谁也无法否认它与商代旅行的联系。

　　最为常见的凶患除了蝮蛇雄虺狼虎豹这些凶猛野兽之外，还有人患，《礼记·礼运》："争夺相杀，谓之人患。"人患，也就是剪径强贼，故此，"旅焚其次，丧其童仆……鸟焚其巢，旅人先笑后号啕，丧牛于易，凶"之类的话就成了《易·旅卦》占卜主题了。为了应对豺狼虎豹、剪径强贼之类的祸患，有力的旅者一般都会武装护航。尤其是帝王诸侯每次出行都要厉兵秣马，展旗扬旆，军旅开道。以此之故，汉语把出行叫旅行。甲骨文的"旅"字作"𣃵"，字形便是旍下聚众之象形。有强大的武装力量做后盾，庶几可免旅次之灾。大家都知道秦始皇好旅游，他每次出游都带着浩浩荡荡的大军。即便如此，张良博浪沙中一击，也险些要了他的性命。[3] 如果不提兵振旅，或武装规模不足御患，随时都有发生凶险之可能。汉武帝好游猎，《资治通鉴》卷第十七载："是岁，上始为微行，北至池

---

① 孙诒让：《周礼正义》，第 2649～2679 页。
② 《楚辞·招魂》。
③ 事另见《史记·留侯世家》：张良求客刺秦王，为韩报仇，"得力士，为铁椎重百二十斤。秦皇帝东游，良与客狙击秦皇帝博浪沙中，误中副车。秦皇帝大怒，大索天下，求贼甚急，为张良故也。良乃更名姓，亡匿下邳。"第 2034 页，中华书局，1959 年。

民俗学家说，此为中国最早的图画版的旅行指南
商代后期虎食人卣［《欧洲所藏中国青铜器》40 - A］

阳，西至黄山，南猎长杨，东游宜春，与左右能骑射者期诸殿门。常以夜出，自称平阳侯；旦明，入南山下，射鹿、豕、狐、兔，驰骛禾稼之地，民皆号呼骂詈（音 lì）。鄠杜令欲执之，示以乘舆物，乃得免。又尝夜至柏谷，投逆旅宿，就逆旅主人求浆，主人翁曰：

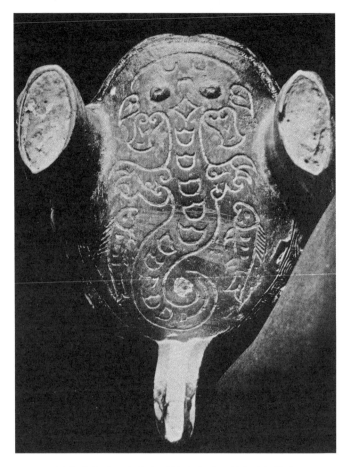

民俗学家说，此为中国最早的图画版的旅行指南

商代后期虎食人卣 ［《欧洲所藏中国青铜器》40 - B］

'无浆，正有溺耳！'且疑上为奸盗，聚少年欲攻之。"汉武帝刘彻虽系微服出猎，也还带了一些能骑善射的侍从，然因没有展旗扬旆，且又糟蹋了老百姓的庄稼，差一点被有眼不识泰山的鄂杜令给抓起来。夜宿逆旅，不但遭到逆旅主人翁的辱骂，还差一点被当地少年

民俗学家说，此为中国最早的图画版的旅行指南
商代后期虎食人卣 [《欧洲所藏中国青铜器》40-D]

当作奸盗攻击。幸好，"主人妪睹上状貌而异之，止其翁曰：'客非常人也；且又有备，不可图也。'翁不听，妪饮翁以酒，醉而缚之。少年皆散走，妪乃杀鸡为食以谢客。"若不是旅店的老板娘有识珠巨眼，汉武帝当晚结果如何尚难预料。

除了人患，还有天灾。殷高宗武丁的重孙，也就是商纣王的曾祖武乙，即死于此。例如前揭《史记·殷本纪》："武乙猎于河、渭之间，暴雷震死。"《竹书纪年》亦云："王畋于河、渭，暴雷震死。"天灾人祸，对于自古及今的旅人来说在所难免，赶上汶川大地震的游客想必对此感受更深。

二　入山无术，必有患害

与今人相比，除了上述种种灾难，古人更为惊怖的是逢遭鬼蜮魍魉。《抱朴子·登陟篇》云：

> 然不知入山法者，多遇祸害。故谚有之曰："太华之下，白骨狼藉。"皆谓偏知一事，不能博备，虽有求生之志，而反强死也。山无大小，皆有神灵，山大则神大，山小即神小也。入山而无术，必有患害。或被疾病及伤刺，及惊怖不安；或见光影，或闻异声；或令大木不风而自摧折，岩石无故而自堕落，打击煞人；或令人迷惑狂走，堕落坑谷；或令人遭虎狼毒虫犯人，不可轻入山也。

同篇还举有这样一个例子：

> 林虑山下有一亭，其中有鬼，每有宿者，或死或病，常夜有数十人，衣色或黄或白或黑，或男或女。后郅伯夷者过之宿，明灯烛而坐诵经，夜半有十余人来，与伯夷对坐，自共樗蒲博戏，伯夷密以镜照之，乃是群犬也。伯夷乃执烛起，佯误以烛烬爇其衣，乃作燋毛气。伯夷怀小刀，因捉一人而刺之，初作人叫，死而成犬，余犬悉走，于是遂绝，乃镜之力也。

群犬幻化成人形与伯夷对坐博戏，听来令人毛骨悚然，今天读者读来或会一笑置之，古人于此则或深信。如前所述，上古先民确信有鬼神存在，《礼记·乐记》云："明则有礼乐，幽则有鬼神。"何谓鬼？"众生必死，死必归土，此之谓鬼。"① 何谓神？"山林川谷丘陵，能出云，为风雨，见怪物，皆曰神。"② 战国著名的思想家墨翟著有《明鬼》上中下三篇，专门申论鬼神的存在。下引他所举证的两则事例即是事关行游的：

> 周宣王杀其臣杜伯而不辜，杜伯曰："吾君杀我而不辜，若以死者为无知，则止矣；若死而有知，不出三年，必使吾君知之。"其三年，周宣王合诸侯而田于圃田，车数百乘，从数千，人满野。日中，杜伯乘白马素车，朱衣冠，执朱弓，挟朱矢，追周宣王，射之车上，中心折脊，殪车中，伏弢而死。当是之时，周人从者莫不见，远者莫不闻，著在周之春秋。……

另一则故事几乎是上则的翻版：

> 昔者燕简公杀其臣庄子仪而不辜。庄子仪曰："吾君杀我而不辜。死人无知亦已；若死人有知，不出三年，必使吾君知之。"期年，燕将驰祖。燕之有祖，当齐之有社稷，宋之有桑林，楚之有云梦也，此男女之所属而观也。日中，燕简公方将驰于祖涂，庄子仪荷朱杖而击之，殪之车上。当是时，燕人从者莫不见，远者莫不闻，著在燕之春秋。诸侯传而语之曰："凡杀不辜，其得不祥，鬼神之诛，若此其憯遬也！"

---

① 《礼记·祭义》，《十三经注疏》，第 1595 页，中华书局，1980 年。
② 《礼记·祭法》，《十三经注疏》，第 1588 页，中华书局，1980 年。

墨子感叹："以若书之说观之，则鬼神之有岂可疑哉？"

墨子颇费周章地论证鬼神之有，说明墨子时代已经有人怀疑鬼神的存在了，然前此鬼神存在似乎用不着论证。《礼记·表记》云："夏道遵命，事鬼神而远之……殷人尊神，率民以事神，先鬼而后礼。"《礼记》关于夏商事鬼神的说法绝非是后人的托古，殷墟出土的数万片祭祀卜辞业已证明了这一点，这些祭祀卜辞可谓是殷人尊神的具体体现。殷墟甲骨卜辞中还有不少提到了鬼：

　　　　　贞：亚多鬼梦，亡疾。四月。《合集》17448

上辞中的"亚"是职官名。"亡"即"无"字。此版卜问亚做梦梦见很多鬼会不会因此得疾，下引卜辞皆属此类：

　　（1）贞：多鬼梦，叀□见。
　　（2）贞：多鬼梦，叀言见。
　　（3）庚辰卜，贞：多鬼梦，叀疾见。
　　（4）辛巳卜，贞：今夕亡祸。《合集》17450
　　（1）庚辰卜，贞：多鬼梦，不至祸。
　　（2）〔庚〕辰卜，〔贞：〕……祸。《合集》17451
　　（1）贞：叀吉。一月。
　　（2）贞：叀鬼。《合集》24989
　　（3）贞：叀鬼。
　　（4）贞：今夕王宁。《合集》24991
　　庚〔辰〕，贞：□降〔鬼〕，允隹（惟）帝令。《合集》34146

上揭卜辞中或问梦见鬼会不会生病？或问会不会致祸？或问会不会吉利？或问商王今晚会不会安宁？有趣的是辞《合集》34146中所说的上帝"降鬼"竟与《墨子·明鬼》所记郑穆公遇句芒如出一辙：

昔者，郑穆公当日中处乎庙，有神入门而左，鸟身，素服三绝，面状正方。郑穆公见之，乃恐惧，奔。神曰："无惧！帝享女明德，使予锡女寿十年有九，使若国家蕃昌，子孙茂，毋失。"郑穆公再拜稽首，曰："敢问神名？"曰："予为句芒。"

人生如旅。古代先民相信鬼神存在，在古人心目中掌管旅人生死门的是鬼神。这一观念的影响以施于今，民间常说生死半点不由人，"阎王判你三更死，谁敢留人到五更"？对于旅人来说，鬼神之可怖远甚于强贼劫匪。唐僧西天取经，一路走来所遇到的最大威胁不是强贼劫匪，而是前仆后继的妖魔鬼怪。虎豹熊罴可怕，强贼可怕，鬼蜮魍魉更可怕。在古人眼中那些鬼神精怪与毒恶的虎豹虫蛇每每幻化为一体，让人分不清究竟是豺狼虎豹抑或鬼怪精灵。因此，古代游子无不希望像孙悟空一样具有一双能够识别各种妖魔鬼怪的火眼金睛。为了识别和避免遭逢鬼怪神奸，古人想尽了各种办法。据《左传》宣公三年云："昔夏之方有德也，远方图物，贡金九牧，铸鼎象物，百物而为之备，使民知神奸。故民入川泽山林，不逢不若。魑魅罔两，莫能逢之。用能协于上下，以承天休。"民俗学家江绍原先生指出：

夏之世使九州贡金，远方献画，铸鼎以象云云，大概未必是实事："夏"之时是否已有整整齐齐的"九州"之地或九州之观念，和铸鼎象物这不为不高的技术，以及能使远方图物贡金之中央统治者，是在在成为问题的。不过夏鼎尽管是传说而非实物，这传说仍表现了说者王孙满或《左传》的作者心中的几个观念：曰，民人入川泽山林，不免碰见魑魅罔两等精物和其他"不若"；曰，一切神奸是可以图画的实物；曰，神奸（以及神奸所在之川泽山林）形状，各有不同，不易记忆，故最好莫过于图之象之，藉供观览，而为入远近川泽山林之一备；曰，这种规模不算小，用处又极大的工作，惟圣王能为之。又夏鼎虽未必是实有之物，夏以后的统治者铸鼎象物，当有较大的可能性吧？易言之，楚子向王孙满问起的周鼎虽未必为夏鼎，然周室自铸鼎以象物，应较可能吧？即使神奸百物之鼎在夏以后也没有存在过，这传说仍反映了史前和有史，文字前和文字时代的人们要求旅途神奸图或云图画式旅行指南之心。这种图志或指南的要求不论是在何时初次得到某种形式的满足，图志或指南的性质总是实用的，因为人们出入各地不是必须先知道各处不但有些什么山川而且有些什么神奸百物了，才能"为之备"么？大规模的图画旅行指南，其内容而且是多数部族或人群的贡献，因为它岂不是必须采辑众说才能作成的么？神怪的分子，在其中当然要很占势力，古人旅行不易，地理知识有限，他们岂不很容易相信愈远之地神怪愈多且愈可怕么？①

在江先生看来，夏鼎，至少是周鼎上的"象物"就是中国最早的图画版的旅行指南。东晋陶渊明所流观过的《山海图》也是实在性比较大些的物图而兼地图或云是图画式的旅行指南。古本《山海图》已佚，今本《山海经》相传本于宋咸平舒雅旧稿，据《中兴书目》说雅又本于南朝张僧繇。据清代学者郝懿行《山海经笺疏叙》云，东晋郭璞在注《山海经》时所见图，"既已非古，古图当有山川道里。今考郭所标出，但有畏兽仙人耳"。尽管今本《山海经》"既已非古"，正如江绍原先生所说，读者只要肯用一点想象力，或者便不啻陶潜之"流观《山海图》"了。②《山海经》中记载着种种有害于人的神怪，或食人，或食象，或致国大水，或致国大疫，模样也长

---

① 江绍原：《中国古代旅行之研究》，第 7~8 页，上海文艺出版社，1989 年影印本。

② 江绍原：《中国古代旅行之研究》，第 15 页，上海文艺出版社，1989 年影印本。

得十分可怖，随拈几则作例：

食人者例，《南山经第一》：

> 又东五百里，曰浮玉之山，北望具区，东望诸毗。有兽焉，其状如虎而牛尾，其音如吠犬，其名曰彘，是食人。苕水出于其阴，北流注于具区，其中多鮆（jì）鱼。

> 又东五百里，曰鹿吴之山，上无草木，多金石。泽更之水出焉，而南流注于滂水。水有兽焉，名曰蛊雕，其状如雕而有角，其音如婴儿之音，是食人。

《西山经第二》：

> 西南四百里曰昆仑之丘，是实惟帝之下都，神陆吾司之。其神状虎身而九尾，人面而虎爪。是神也，司天之九部及帝之囿时。有兽焉，其状如羊而四角，名曰土蝼，是食人。有鸟焉，其状如蜂，大如鸳鸯，名曰钦原，蠚（hē）鸟兽则死，蠚木则枯。

《北山经第三》：

> 又北二百里曰少咸之山。无草木，多青碧。有兽焉，其状如牛，而赤身、人面、马足，名曰窫窳（yà yǔ），其音如婴儿，是食人。敦水出焉，东流注于雁门之水，其中多鯣鯣之鱼，食之杀人。

> 又北三百五十里曰钩吾之山。其上多玉，其下多铜。有兽焉，其状如羊身人面，其目在腋下，虎齿人爪，其音如婴儿，名曰狍鸮，是食人。

又北山行五百里水行五百里，至于饶山。是无草木，多瑶碧。其兽多橐驼（tuó），其鸟多鹠（liú）。历虢之水出焉，而东流注于河。其中有师鱼，食之杀人。

《东山经第四》：

又南五百里曰兔丽之山。其上多金玉，其下多箴石。有兽焉，其状如狐而九尾、九首、虎爪，名曰蠪（lóng）姪，其音如婴儿，是食人。

又东次四经之首，曰北号之山，临于北海。有木焉，其状如杨，赤华，其实如枣而无核，其味酸甘，食之不疟。食水出焉，而东北流注于海。有兽焉，其状如狼，赤首鼠目，其音如豚，名曰猲狙（gé dàn），是食人。有鸟焉，其状如鸡而白首，鼠足而虎爪，其名曰鬿（qí）雀，亦食人。

《海内北经第十二》：

蜪犬如犬，青，食人从首始。

穷奇状如虎，有翼，食人从首始，所食被发。在蜪犬北。一曰从足。

食象者例，《海内经卷十八》：

又有朱卷之国。有黑蛇，青首，食象。

《海内南经卷十》：

巴蛇食象，三岁而出其骨，君子服之，无心腹之疾。其为蛇青赤黑。一曰黑蛇青首，在犀牛西。

神怪出现遭致大水者例，《东山经第四》：

又东北二百里曰犲（shàn）山，多金玉。有兽焉，其状如龟而人面，黄身而赤尾，其名曰合窳，其音如婴儿。是兽也，食人，亦食虫蛇，见则天下大水。

《山海经》之窫窳

《山海经》之合窳

《中山经第五》：

又西三百里曰阳山，多石，无草木。阳水出焉，而北流注于伊水。其中多化蛇，其状如人面而豺身，鸟翼而蛇行，其音如叱呼，见则其邑大水。

《西山经第二》：

又西三百五十里曰玉山，是西王母所居也。西王母其状如人，豹尾虎齿而善啸，蓬发戴胜，是司天之厉及五残。有兽焉，其状如犬而豹文，其角如牛，其名曰狡，其音如吠犬，见则其国大穰。有鸟焉，其状如翟而赤，名曰胜遇，是食鱼，其音如录，见则其国大水。

出现则遭致大疫者例，《东山经第四》：

> 又东二百里曰太山。上多金玉，桢木。有兽焉，其状如牛而白首，一目而蛇尾，其名曰蜚。行水则竭，行草则死，见则天下大疫。钩水出焉，而北流注于劳水，其中多鱯（qiū）鱼。

《中山经第五》：

> 又西南二十里曰复州之山。其木多檀，其阳多黄金。有鸟焉，其状如鸮（xiāo），而一足彘尾，其名曰跂踵，见则其国大疫。

此外还有见则其国或其邑大旱、大风、大兵者，不一一备举。

正如江绍原所云，对于自然精灵与人鬼"这两大宗能为行人害的东西，在汉前便已经不仅仅乎是脑海中的想象或口上的空谈，而是用图画——其后更用文字——表现出来。想象和语言之魔力，非不广大，然一旦有了图画和文字为之表现和记载，其力便成为更坚强而永久的。不能想象或口道耳闻么？看图画和文字的表现记述好了。凭你是谁，看了不由得不信，不惊，不想象，不用为与人谈论之资。新的表现法一出，旧日十口相传的信念，生于愚昧恐惧的信念，便如虎生翼，如刀得砜，火炽而薪添，势非燎原不止。"[①]

尽管征途险象环生，但是人是动物，人长两条腿就是用来奔走的，迁移行游是人与生俱来的物性本质。无论是为满足好奇及逸豫

---

① 江绍原：《中国古代旅行之研究》，第 6 页，上海文艺出版社，1989 年影印本。

的心理需求也好，抑或为寻觅生存必需生活物质也罢，总之，人不能不出行。面对种种随时可能降临的旅途灾殃，尤其是形形色色的鬼怪神奸，先民们用来应对灾难以及慰藉心灵，最常用的办法除了武装自卫之外就是通过一些仪式来预测前途之吉凶，并通过祭祀以祈求皇天后土、祖先以及山川河岳等各类自然神护佑。"国之大事，在祀与戎。"① 祭祀是古代尤其是上古先民社会生活中最为重要的活动，其形式之多，仪式之繁，非两语三言所能备述，兹就与出行关系密切的祭祀或与祭祀相关的几种礼俗，择要加以介绍。

---

① 杨伯峻：《春秋左传注》，第 861 页，中华书局，1990 年。

第三章　行前择吉：诹日卜辞研究

一　由"诹日"观念之发源说起

所谓"诹日"即选择吉日，或称诹吉、诹辰、涓吉、择吉、择日、选日、克择、选择，是一种择时的方术。古人凡举大事诸如祭祀、出征、婚嫁、丧葬等都要择日而行，遗俗流风至今犹存。

诹吉其俗之始，或曰莫知其涯。传说黄帝考定星历，建立五行，起阴阳消息，正闰余；派羲和占日，常仪占月，臾区占星气，伶伦造律吕，大挠作甲子，隶首作算数，容成作调历。有学者指出"这些传说不一定可靠"，并推断"初原诹吉的开始时间大约是在唐尧时期"①，根据是《尚书·尧典》中有"日中星鸟，以殷仲春，日永星火，以正仲夏，宵中星虚，以殷仲秋，日短星昂，以正仲冬"，"期三百有六旬有六日，以闰月定四时成岁"之类的记载。若把有关趋吉避凶的选择都看作是广义的诹吉的话，那么诹吉则不止是中国而是整个人类文化共业的一部分，是一种普遍存在的泛文化现象。有人从这一角度立论，把中华择吉的源头溯自距今 18000 年的山顶洞人时代："早在北京山顶洞人时期，原始人在死者周围撒上一圈赤铁

---

① 刘道超：《择吉与中国文化》，第 20、37 页，人民出版社，2004 年。

矿粉，以红色代表火，代表生机，代表驱邪。这种以红色为吉的观念沿袭了几千年，帝王宫殿和佛门圣地都以红色饰墙，作为心理上的‘保护屏’。"① 如果狭义地理解，只把诹吉框定在对岁月日时的选择范围之内，那么，诹吉作为一种方术起源大概不能太早，无论如何不可能产生于历法形成之前。那么，诹日之俗究竟应该溯自何时呢？

殷墟出土的甲骨文中已有诹日卜辞，李学勤先生早在20世纪50年代就明确指出："商王狩猎是有一定日期的……大体说来，在文丁以前，商王猎日以乙戊辛壬为常，丁日为变；帝乙、帝辛时略予放宽，以乙丁戊辛壬为常，庚日为变。"② 其后，台湾学者黄然伟也提出类似看法："殷王田猎诹日以乙丁戊辛壬五日为最多，其中尤以戊辛壬三日为甚。盖殷人于此数日别具观，或当时风尚如此，于文无证，莫能知也。"③

有甲骨刻辞为证，商代已有诹日，这一观点已被学界普遍接受，不过，就诹日产生的起始年代而言，目前尚有不同看法。一种意见认为殷高宗武丁时代既已诹日。美国学者吉德炜指出："在上百份武丁时期预卜吉日的贞卜中，庚日被占为吉的机会是95％，由此可见武丁时的贞人，对庚日有着特殊的偏好。乙日、丁日、甲日也可能曾被视为较吉；而丙日、己日和癸日则较为不吉。除此之外，当吉与不吉同时被考虑时，武丁时的贞人较可能在某些日子进行卜问，也就是，甲日、丁日、庚日（三者均多半为吉）和丙日多半为不吉。在己日、癸日（多为不吉）和乙日（多为吉）卜问的机会则远少于甲、丁、庚三日。"④ 一种意见则认为诹日观念的产生始于殷代的

---

① 王玉德：《也谈择吉与择吉文化》，此文是刘著《择吉与中国文化》的序言。
② 李学勤：《殷代地理简论》，第2～4页，科学出版社，1958年。
③ 黄然伟：《殷王田猎考》，《中国文字》第14册，艺文印书馆，1964年。
④ 吉德炜：《中国古代的吉日与庙号》，《殷墟博物苑苑刊》（创刊号），1989年。

后期的廪辛、康丁时期，在殷高宗武丁时代根本就没有诹日观念。①

　　近年，出于研究商代旅行的需要，我们对甲骨文卜吉卜辞作了通盘考察，考察之后我们认为，武丁时代确有诹日卜辞，诹日观念始于廪辛、康丁说成立困难。兹举例质证如下。

　　第一例：

　　（1）甲申卜，㱿，贞：帚（妇）好冥（娩），嘉。王占曰：其隹（唯）丁冥（娩），嘉。其隹（唯）庚冥（娩），引吉。三旬又一日甲寅冥（娩），不嘉，隹（唯）女。

　　（2）甲申卜，㱿，〔贞〕：帚（妇）好冥（娩），不其嘉。三旬又一日甲寅冥（娩），允不嘉，隹（唯）女。《合集》14002 正

　　此版契于龟腹甲，所诹的是商王武丁之妻妇好分娩日期。该辞大意是，武丁某年某月甲申日，名叫"㱿"的卜人占问：妇好分娩，嘉否？武丁亲自视察兆象，结果是：丁日分娩其嘉，庚日分娩"引吉"，三旬又一日后的甲寅日分娩则不嘉，生女孩儿。事情的结果果如卜兆所言，妇好于三旬又一日后的甲寅日分娩，生了一个女孩儿。② 此类分娩诹吉卜辞，计有 12 版。如果说分娩诹吉与诹日顺时初衷有悖，不能视为典型的诹日卜辞的话，下例事关征战日期吉凶

---

① 提出这一看法的是彭明瀚先生，他曾对甲骨文中的田猎卜辞进行过深入研究，在对《甲骨文合集》1 ~ 13 册所收录的田猎卜辞详细统计之后，他得出这样的结论："在殷墟时期二百多年间，殷王猎日有两点值得注意：第一，殷王田猎每天都可以进行，尤其是在武丁时代，根本就没有诹日观念；从第三期即廪辛、康丁时期开始产生了诹日观念，猎日多集中在乙、丁、戊、辛、壬五天……不见其他日干。"详见《关于商王田猎诹日问题》，《殷都学刊》1996 年第 2 期。

② 甲骨学学家李孝定先生说：此乃卜妇人生子之事，生子言嘉，除普通问吉凶外尚有一特殊意义……前段预卜产期及嘉否，嘉与吉并用从而可知嘉有吉意。"允不嘉，隹女"为事后追记之辞。距甲申三旬又一日，甲寅产一女，遂曰"不嘉"，据此以推它辞之言嘉者盖亦与婴儿之性别有关，重男轻女之观念盖自商代已然矣。详见《甲骨文字集释》，《史语所专刊》之五十，第 3626 页，1965 年。

之选择，或可谓是不折不扣的诹日卜辞。

第二例：

王占曰：丁丑其有设，不吉。其隹（唯）甲有设，吉。其隹（唯）〔辛〕有设，亦不吉。《合集》6485反

此辞契于一龟腹甲中甲、右首甲之反面。"有设"为卜辞之习语，指神灵有意在自然界施设的兆象。此辞意思是说，商王武丁亲自察验卜兆后判断：从龟甲所显示的兆象看，丁丑日不吉，辛日也不吉，仅甲为吉日。只是单看反面的占辞，尚不知为何而占，翻过来再看腹甲正面，什么都明白了。正面相同位置刻辞如下：

（1）辛酉卜，㱿，贞：今早王比望乘伐下危，受祐佑。

（2）辛酉卜，㱿，贞：今〔早王〕勿比望乘伐下危，弗其受祐佑。

此辞中的"望乘"是武丁的重要臣僚，下危是商之敌国，据钟柏生先生研究，其地望在商丘以南①。由此辞知，武丁为征伐下危，于辛酉这一天问龟诹日，龟卜兆象显示：甲日吉，丁丑、辛日皆不吉。面对这种典型卜选吉日之辞，怎么能说武丁时代根本就无诹日观念呢？

第三例：

……不吉。其隹（唯）丁吉。其……《合集》16312

第四例：

……有见，其隹（唯）戊吉。《合集》16313

第五例：

……〔隹（唯）〕辛不吉，其隹（唯）丙。《合集》16315

第六例：

……其隹（唯）……〔不〕吉。《合集》16316

---

① 钟柏生：《殷商卜辞地理论丛》，第230～231页，艺文印书馆，1989年。

《合集》16312之诹吉卜辞

　　上举三至六例，皆因辞残而不明所卜事由，不过，这些残辞语法形式皆为"其隹（唯）＋日干"，或"隹（唯）＋日干＋吉（不吉），其隹（唯）＋日干"。"其隹（唯）＋日干"实际是"隹（唯）＋日干＋吉（不吉），其隹（唯）＋日干"的省略形式。大家知道"其"在古汉语中常用来表推测、估计。《易·乾》"知进退存亡而不失其正者，其唯圣人乎？"即其例。"其"还用于并列的问句表示选择。例如《战国策·韩策二》："公仲曰：'子以秦为将救韩乎？其不乎？'"又，《庄子·徐无鬼》："今老邪？其欲干酒肉之味邪？其寡人亦有社稷之福邪？"对照上揭卜辞句例可知，第四、五、六例与《易·乾》句的语法形式一样，意思是在推测某日或许"吉"（"不吉"）吧！第三例则是表选择的典型句式，与《庄子·徐无鬼》句的语法形式完全相同。由表选择的"其……，其……"，再加"日干"，再加"吉"或"不吉"这种选择结果，这些不是诹日卜辞又是什么呢？由是可证，武丁时代既已诹日，绝无半点儿置疑的余地，所谓"诹日观念始于廪辛、康丁时代"说不能成立。

二　商代旅行诹日卜辞举隅

前文说到，殷商时代业已诹日，诹吉卜辞在甲骨文中占有相当的比重，内容几乎涵盖商代社会生活的方方面面，大到祭祀、征伐，小到买卖、用贝，都要命龟诹吉。据我们观察，诹日卜辞以事由分，计有18类，由多到少依次为：出入、天象、卜雨、征伐、田猎、祭祀、堪舆、分娩、有祟、卜疾、占梦、捕获、避祸、买卖、乎令、造器、聘贡、其他。鉴于本文主旨是商代旅行风俗研究，故在此仅讨论与出行关系紧要的"出入""田猎""征伐"三类。此三类也有60余版，由于篇幅的限制，亦不能一一备举，每类仅能略揭几例，旨在说明问题而已。

（一）出入诹吉

王作为一国之长，出入行在皆事关国之安危，出入诹日为诹日卜辞之大宗乃势所必然。请看下例：

（1）王占曰：吉，丙。

（2）王占曰：吉，其来。其隹（惟）乙出，吉。其隹（惟）癸出，有祟。

（3）王占曰：吉。《合集》113反甲

此为武丁时代的宾组卜辞。有祟，即有鬼神作祟。《战国策·东周策》："及王病，使卜之。太卜遣之曰：'周之祭地为祟。'"鲍彪注："神祸也。"本辞大意是说商王武丁若外出，丙、乙两日皆吉，可任选其一，但一定要避开癸日，癸日外出将会遭遇鬼神之祸。

翌日壬，王其步于向，亡灾。吉。《合集》27799

此版是说商王要到向地去，行前预卜吉日是翌日壬。"向"为卜辞常见之地名，具体地望学界看法不一，钟柏生先生认为向之地望在今山东临沂西南之向城。① 郑杰祥认为在今河南滑县向故城。②

　　□辰卜，王其至，亡灾。吉。《合集》27811

　　此版与上版内容相似，两者的差别只是提前量的问题。"翌日"二字表明，上一版卜日之前期是在一天或几天。③《周礼·天官·大宰》有"前期十日，帅执事而卜日，遂戒"。此应为周人制度，从甲骨诹日卜辞看，殷人卜日无定制，根据行动规模大小决定诹日的提前量，征伐强敌，前期或在一旬甚至数旬以上，若事情比较单纯，则每每临事诹吉，本例皆为当天所卜。

　　卜辞诹吉多占日，不过也有占时者，例如：

　　王戠入。大吉。《合集》27771

　　□子卜，□，〔贞：〕王戠〔入〕。吉。《合集》27779

　　"戠"，即"夙"，是一个时段名词，甲骨文习见，大约指下半夜至天明前之间的时段。④

　　以上所举诹日、诹时之例，其行动的主体皆为商王。甲骨文中也有与其他贵族有关的诹日卜辞，例如：

　　癸未，子卜，贞：我不吉出。《合集》21860

　　所谓"我不吉出"即"我出不吉"，语序颠倒是甲骨刻辞的习见现象。此版辞主是"子"而不是王，殷人通称父权家族的首脑曰"子"。这个"子"可能是武丁的兄弟，其封地在王畿区内。⑤

---

① 钟柏生：《殷商卜辞地理论丛》，第107页，艺文印书馆，1989年。
② 郑杰祥：《商代地理概论》，第141页，中州古籍出版社，1994年。
③ "翌日"之"翌"，《尔雅·释言》："翌，明也。"然卜辞"翌"字与《尔雅》的释义不尽相同，卜辞"翌"不限明日，亦可指后日、第三日、第四日，卜辞"翌日"即将来之日。
④ 黄天树：《黄天树古文字论集》，第190页，学苑出版社，2006年。
⑤ 此版系非王卜辞之子组卜辞，关于本组"子"之身份之考证，详拙著《殷墟甲骨非王卜辞研究》，第125～126页，线装书局，2006年。

（二）田猎诹吉

田猎是商王的主要活动之一，甲骨文中田猎卜辞所占的比重差不多有九分之一。外出田猎，免不了也要诹日，卜辞中相关记载不少，举例如下：

□□□，〔争〕，贞：&……〔王占曰〕：吉，其隹（惟）……吉，四日戊……羌……。《合集》225

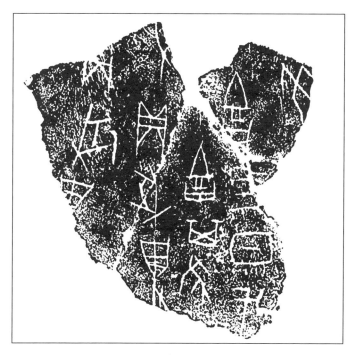

《合集》225 之田猎诹吉卜辞

本版"贞"后一字究竟应该如何释读学界颇有分歧。王国维说此字"从毕从豕，殆《尔雅》所谓豩罟谓之罼者也"。罼，捕猪之网也。《后汉书·马融传》："营围恢廓，充斥川谷，罘置罗罼，弥纶坑泽，皋牢陵山。"李贤注："羉，麌网也。"姚孝遂认为释"羉"不可据，字在卜辞为动词。陈梦家按从縊之变，其声与毕、搏、薄相同，主张此字亦当读为变、毕、搏、薄之类。^① 姑且不管此字读音如何，仅就字形辞例而言，此字为田猎动词绝无疑问。本版辞虽残泐，然就凭"吉，其隹（惟）……吉，四日戊……羌……"这些残辞就足以断定此系商王武丁田猎之诹日卜辞。占辞大意是商王亲自察看兆象后判定，此次占卜所得的是吉兆，四日以后的"戊"日是出行的吉日。由此还可以推定该条残掉的占卜日期是乙某日。

壬戌卜，争，贞：王往于田，若。《合集》10522 正

王占曰：吉。允〔往〕。《合集》10522 反

此版为左上甲，系典型的宾组卜辞，即武丁时代的卜辞。正面是命辞，由卜人争卜问，壬戌这一天商王打算前往田猎会不会顺利？反面占辞曰"吉"，也就是说可以前往。

贞：其祝，叀擒。乙王其征襄兕。吉。《合集》30439

此版卜问商王乙日到襄地捕兕吉否，占卜结果为吉。

（三）征伐诹日

征伐诹日，前已言及，考虑到此乃征伐诹日具有特殊意义，故再揭三例，以方便读者对此有一个较为深入的了解。

例一：

王占曰：吉。𢦏，佳甲，不叀丁。《合集》248 反

此辞刻于龟腹甲之背面。"𢦏"即"戈"字，《说文》："戈，伤也。从戈从才声。"卜辞"𢦏"为征伐行动的结果，表示征伐后的状态，指给征伐对象造成伤亡和损失而言。^② 本版正面同一位置契刻着商王派"旨"（武丁之重臣）伐�之命辞，正反对读，可知背面这一

① 于省吾：《甲骨文字诂林》，第 1588 页，中华书局，1996 年。
② 刘钊：《卜辞所见殷代的军事活动》，第 128 页，《古文字研究》第 16 辑，中华书局，1989 年。

条是为征伐𢀛的诹日卜辞，诹定的吉日是“甲”而不是“丁”。

例二：

壬子卜，㱿，〔贞：我〕𢦏𠀠。王占曰：吉，𢦏。旬又三日甲子允𢦏。十二月。《合集》6380

由上辞知，诹日之事发生在武丁某年十二月的壬子日，验辞告诉我们，战争的结果与诹日的结果相合，壬子之后的第十三天甲子日殷王完胜𠀠人。

例三：

……𢀛方……丙不吉，〔其〕……九旬又一日丁……三日庚〔戌〕……

《合集》11648

此版是商王为征伐老冤家𢀛方而诹日的例子，虽然从中看不出殷人选定征伐𢀛方的确切日子，但我们知道肯定不在丙日。

三　商代诹日无刚日、柔日之别

《礼记·表记》：“子言之：昔三代明王，皆事天地之神明，无非卜筮之用，不敢以其私亵事上帝。是故不犯日月，不违卜筮。卜筮不相袭也。大事有时日，小事无时日，有筮。外事用刚日，内事用柔日。不违龟筮。”所谓“不犯日月”即不冲犯不吉利的日子；“大事有时日”，“大事”即祭祀和战争；[①]“外事用刚日，内事用柔日。”“外事”即郊祭或田猎之事，亦指对外联合或用兵；[②]“内事”

① 《左传·成公十三年》：“国之大事，在祀与戎。”

② 《礼记·曲礼》郑玄注：“出郊为外事。”孔颖达疏：“外事，郊外之事也……崔灵恩云：外事，指用兵之事。”孙希旦《礼记集解》：“愚谓外事，谓祭外神……田猎出兵，亦为外事。”第92页，中华书局，1989年。

即宗庙祭祀之事;① "刚日""柔日"即单数日和双数日。古用"十干"记日,因甲、丙、戊、庚、壬五日为奇数,奇为阳,偶为阴②,甲、丙、戊、庚、壬五日居奇位,属阳刚,故称刚日。乙、丁、己、辛、癸因为偶数,均属阴柔,故称为柔日。《礼记·曲礼上》亦云:"外事以刚日,内事以柔日。"孔颖达疏:"外事,郊外之事也。刚,奇日也,十日有五奇五偶。甲、丙、戊、庚、壬五奇为刚也。外事刚义故用刚日也。"祭祀家外的神要用单数日,即天干中的甲丙戊庚壬日,祭祀家内的神要用双数日,即乙、丁、己、辛、癸日。上古三代诹日制度,孔老夫子说如此。

夏代有无刚日、柔日之说,无从考证。仅就载籍来看,夫子之言,似不难成立。《诗经·小雅·吉日》:

> 吉日维戊,既伯既祷。
> 田车既好,四牡孔阜。
> 升彼大阜,从其群丑。
>
> 吉日庚午,既差我马。
> 兽之所同,麀鹿麌麌。
> 漆沮之从,天子之所。

此诗描写的是周宣王田猎之场面,即古人所说的外事,而戊日天干为五,庚午天干为七,皆为单数,确属刚日,与夫子之言若合符节。也就是说,姬周时代,日分刚柔,应无问题。那么,殷人诹日分不分刚柔呢?从李学勤、黄然伟、吉德炜、彭明翰等先生的研究知,

---

① 孙希旦:《礼记集解》:"内事,谓祭内神。"第 92 页,中华书局,1989 年。
② 班固:《汉书·杜周传》:"礼壹娶九女,所以极阳数,广嗣重祖也。"颜师古注引张晏曰:"阳数一三五七九,九,数之极也。"

殷人对某日有特殊的偏好，这一点可以肯定，至于究竟偏好或避忌哪几个日子亦即对具体吉凶日的认定，专家们则各有各的看法。

如何认定"吉凶日"？所谓"吉""不吉"的标准是什么？由于各家皆未齿及，各家的统计结果可信与否，也就无从覆按了。为验证诸说，我们曾对《甲骨文合集》《甲骨文合集补编》《小屯南地甲骨》《殷墟花园庄东地甲骨》《英国所藏甲骨集》等大型甲骨著录书中带干支的"卜吉"卜辞①统计排比，得排比的结果是，在事关出行的卜吉卜辞中，壬、戊、辛吉日最多，己日最少。由多到少依次为：壬93、戊85、辛76、丁64、乙45、甲19、庚18、癸14、丙12、己5。这个结果与前人的结论有较大出入。在被诹定为吉日频率较高的壬、戊、辛、丁、乙中，其中乙、丁、辛三个日子皆为双数日，这与《礼记》所谓"外事以刚日，内事以柔日"的诹日制度完全不合，据此我们认定商代诹日不分刚、柔，所谓外事"刚日"，内事"柔日"完全是周人的观念。

四　关于商代有无日书的问题

武丁时代已诹日，有前揭大量事实为证，自信此问题业已铸成铁案，事实上这也是多数学者的共识。然现在要说的问题是，还有学者不光相信武丁诹日，且还进一步提出"商代已有日书"，其根据是卜辞中有"往成""乍宗""协成"之类的特殊日名。并说"卜辞中的'可日'应是建除中的'陷日'；'戊日'又称'有日'，是吉日，'辛日'又称'言日'"。卜辞中还有"即日""邇日""职日"

---

① 我们所谓的"卜吉"卜辞，指的是带"吉"字的词条。其中包括大吉、引吉，不包括"无灾""若"之类的卜辞。

"正日""帝日"等，都是关于择日的占卜。① 另有学者主张：殷代
"虽无日书之名，而有日书之实"。并说殷代"对于日之吉凶，已有
若干专用之日名以示区别，福日、正日、祥日、日延益之为吉日，
丑日、小日为之凶日，已可质言。若后代之忌疾日以及剽日、杀日、
四废日则尚未见。殷代虽无'日书'之纪录，而于日辰之吉凶及祈
祭祷告诸手续，至为繁赜，凌杂米言，开秦汉以来之先路。"②

　　我们赞成武丁时代有诹日卜辞说，但不认为"商代已有日书"。
把"日书"产生的时代上推至商朝恐与事实不符。我们作出这一研
判的理由是，殷商和西周时代的诹日并没有脱离龟卜筮占而独立存
在，"日书"产生的前提条件尚不具备。我们认为要正确回答殷代有
无"日书"的问题，首先要解决什么是"日书"的问题。学术界对
"日书"有广狭两种不同的理解，广义地理解"日书"，即以占候卜
筮为业的"日者"之书。据此而言凡卜筮之类的数术之书皆可曰
"日书"；狭义地理解"日书"即选择时日吉凶之书，即王充所谓
"日禁之书""时日之书"③。此类书还有"选择""阴阳""五行"
"时令""月令""历书""历注""历忌""通书"等多种异称。④
"日书"之名不见于载籍，1975 年末，因云梦《睡虎地秦墓竹简》

------

① 连劭名：《商代的日书与卜日》，《江汉考古》1997 年第 4 期；另见《故宫博物院院刊》2001 年第 3 期。

② 饶宗颐：《殷代的日祭与日书蠡测——殷礼提纲之一》，《华学》第 1 辑，中山大学出版社，1995 年。

③ 王充《论衡·讥日篇》云："世俗既信岁时，而又信日。举事若病死灾患，大则谓之犯触岁月，小则谓之不避日禁。岁月之传既用，日禁之书亦行。世俗之人，委心信之；辩论之士，亦不能定。是以世人举事，不考于心而合于日，不参于义而致于时。时日之书，众多非一，略举较著，明其是非，使后天时之人，将一疑而倍之。夫祸福随盛衰而至，代谢而然……举事曰凶，人畏凶有效；曰吉，人冀吉有验。祸福自至，则述前之吉凶，以相戒惧。"见《诸子集成》，第 1353 页，上海书店影印本，1986 年。

④ 《史记》有《日者列传》，裴骃题解："古人占候卜筮，通谓之'日者'。"

中有以"日书"二字自题书名者，自此之后学术界始有"日书"之
称。① 从近年出土"日书"看，内容相当驳杂，所选择者不尽为
"时日"，但因其仍以选择时日为主，故名"日书"。

秦简日书 ［据《睡虎地秦墓竹简》］

我们对"日书"是这样理解的，"日书"与"诹日"是两个不
同层次的概念。"日书"是书，确切地说是指导选择诸事"吉凶宜
忌"的历日书；而"诹日"所指的却是选择"吉凶宜忌"的过程和
结果。"日书"与诹日卜辞之间或有某种联系，然二者并不是一回事

① 云梦睡虎地出土的秦简《日书》分甲乙两种，甲种共 169 简，乙种共 260 简。甲种双
面书写，乙种单面书写。内容包括：从辰两种，建除一种，选择和杂忌等等，乙种最
后一简背面写有"日书"二字，当系该书自题书名。据此推测"日书"得名可能始
于战国时代。见睡虎地秦墓竹简整理小组：《睡虎地秦墓竹简》，第 216~219 页，文
物出版社，2001 年。

儿。"日书"与诹日卜辞的根本区别就在于
前者是把吉凶宜忌的"占辞"标注在现成的
历书上了，所诹之事与占辞的关系是固定
的、静态的；而后者却要通过一系列复杂的
占卜才能获得吉凶宜忌的结果，所诹之事与
占辞之间的关系是灵活的、动态的。正是
"日书"把诸事吉凶宜忌都已写在历书上，
一编日书在手，举事宜忌立见，一旦有了这
么方便的日书，靠龟卜筮占诹吉者就势必失
去生存空间，这是龟卜筮占逐渐衰亡的重要
原因。日书，这项惰性的发明最终成了古老
的龟卜筮占的终结者，原本可以随着龟筮的
变化随机解释的兆象演变成为固定的排列组
合，现成答案。可以说日书的出现，使诹日
失却了"诹"的本质，诹日之事自此不再神
秘，诹日者可不假"日者"之手而获知吉凶
宜忌之结果，诹日变得越来越格式化、世俗
化。如果说借助龟卜筮占的上古诹日还有顺

现代版"日书"

时应变之积极意义的话，那么，诹日发展到"日书"阶段就完全堕
落成一种消极的迷信活动。"日书"的出现是好是坏我们姑且不论，
事实是从战国到明清一直都很流行，即便在科学昌明之今日它还没
有完全退出历史舞台。不久前，朋友送我一件新年礼物，打开一看，
竟是一本现代版的"日书"。

第四章 关于出行告祭卜辞

一 古文献所见将出告祭之礼

中国素号礼仪之邦，《礼记·中庸》有"礼仪三百，威仪三千"之说，亲告祖祢便是其中的一种。所谓"亲告祖祢礼"是指外出远行，作为人子，要亲自禀告父母或祖先。《礼记·曲礼》"夫为人子者，出必告，反必面"即是此意。此礼千年相袭，长盛不衰，清康熙年间的秀才李毓秀曾经将之编入《弟子规》，作为绳墨子弟的基本规范。

根据文献记载，古人出行要行告祭礼。《左传·桓公二年》："凡公行，告于宗庙；反行饮至，舍爵策勋焉，礼也。"[①] 也就是说，凡国君外出，行时必告祭于宗庙，还时亦必告祭于宗庙。还时之告，于从者有慰劳，谓之"饮至"。其有功劳者书之于策，谓之"策勋"或书劳。[②]

告祭之礼十分复杂，孔子的学生曾参曾就此问题请教过孔子：

孔子曰："诸侯适天子，必告于祖，奠于祢，冕而出视朝。

---

① 杨伯峻：《春秋左传注》，第91页，中华书局，1990年。
② 杨伯峻：《春秋左传注》，第43页，中华书局，1990年。

命祝史告于社稷、宗庙、山川，乃命国家五官而后行，道而出。
告者五日而遍，过是非礼也。凡告用牲、币，反亦如之。"①

这里孔子讲论的是诸侯朝觐天子将出之时所要进行的一系列告祭活
动。主要谈了三个问题：一、告祭祖、祢。二、告祭社稷、山川。
三、告祭的相关节仪。"告于祖，奠于祢"就是对祖先神的告祭。祖
即祖庙，祢即亲庙、父庙。《周礼·春官·甸祝》："舍奠于祖庙，
祢亦如之。"郑玄注引郑司农曰："祢，父庙。"孙诒让《周礼正义》
引《左传·襄公十三年》孔疏曰："祢，近也。于诸庙，父最为近
也。""告于祖，奠于祢"中的告与奠、祖与祢皆互文，即告奠于祖
庙与父庙。奠，设也，即设置祭品以祭祀鬼神也。《诗·召南·采
苹》："于以奠之，宗室牖下。"毛传："奠，置也。"《礼记·檀弓
下》："奠以素器，以生者有哀素之心也。"孔颖达疏："奠谓始死至
葬之时祭名。以其时无尸，奠置于地，故谓之奠也。"自"冕而出视
朝"以下，谈到对自然神祇的告祭。其中"冕出"也涉及告祭的节
仪。"冕"是古代天子、诸侯、卿、大夫等行朝仪、祭礼时所戴的礼
帽。古制，不同身份的贵族冕的形制各不相同，《礼记·玉藻》：
"裨冕以朝。"汉郑玄注："朝天子也裨冕：公衮，侯伯鷩，子男毳
也。""衮，山，鷩三冕，皆裳重黼黻，俱十有二等。"② 所谓"冕而
出视朝"即诸侯恭恭敬敬地冕服上朝，以听国事。③ "祝史"是祝
官、史官的合称。《左传·昭公十八年》："郊人助祝史除于国北。"
孔颖达疏："祝史，掌祭祀之官。""社稷"即土神和谷神的合称，

---

① （清）孙希旦：《礼记集解·曾子问第七之一》，第510页，中华书局，1989年。
② 《隋书·礼仪志六》。
③ 《钦定四库全书·日讲〈礼记〉解义卷二十一〈曾子问〉》云："诸侯视朝，当用元
冠，缁衣素裳。案觐礼，侯氏裨冕，天子受之于庙，今诸侯往朝，为天子将庙受，故
豫敬之以冕服视朝也。"郑注谓"制：币，一丈八尺"。

《国语·鲁语上》：“共工氏之伯九有也，其子曰后土，能平九土，故祀以为社。”韦昭注：“社，后土之神也。”稷，五谷之神。《礼记·祭法》：“是故厉山氏之有天下也，其子曰农，能殖百谷；夏之衰也，周弃继之，故祀以为稷。”孔颖达疏：“‘故祀以为稷’者，谓农及弃，皆祀之以配稷之神。”《后汉书》引《孝经援神契》曰：“社者，土地之主也。稷者，五谷之长也。”《礼记》及《国语》皆谓共工氏之子曰句龙，为后土官，能平九土，故祀以为社。烈山氏之子曰柱，能植百谷疏，自夏以上祀以为稷，至殷以柱久远，而尧时弃为后稷，亦植百谷，故废柱，祀弃为稷。大司农郑玄说：“古者官有大功，则配食其神。故句龙配食于社，弃配食于稷。”[1]“乃命国家五官”之后说到祖道之礼及告祭的日期。五官，即分掌政事的五大夫。诸侯在朝觐之期，将要朝见天子之前，必先置祭品以告于祖祢之庙，恭恭敬敬地冕服上朝以听国事，命掌祭祀祝史偏告于宗庙、社稷、山川，又戒命国家之五大夫，让他们各司其职，一切事情安排停当，然后出行。“道而出”说的是祭道神，道即祖道。（详第五章）“告者五日而遍，过是非礼也。”意思是说，举行告祭不得超过五天，宗庙、社稷距离住地不远，祭礼很快就会完成，至于山川地祇，则有远有近，对于近者，就到该地告祭，远者则望告。望告即望祀，就是遥祭山川地祇，《周礼·地官·牧人》：“望祀，各以其方之色牲毛之。”郑玄注：“望祀五岳、四镇、四渎也。”《周礼·春官·男巫》：“掌望祀、望衍、授号，旁招以茅。”郑玄注：“望祀，谓有牲粢盛者。”为何告祭必以五日为期，超过五日即为非礼？孔颖达疏曰：“所以尔者，为先以告庙载迁主。若久留不去，则为非礼，故云‘过是非礼也’。”[2]“告庙载迁主”又叫迁庙，古代帝王外出巡狩将行告祭宗庙后，有时会将神主请出，载于车中，以便

---

① 范晔：《后汉书·志第九》。

② 《礼记正义》郑玄注、孔颖达疏。

祭奠。①"凡告用牲、币"说的是告祭的祭品，凡是告祭都要用牺牲和币帛。"反亦如之"，即外出返回也要告祭祖、祢，告祭的程序一如上述。

以上说的是诸侯在朝觐天子将出之时所行之礼。诸侯之间相见，也要举行告祭，只是诸侯相见礼仪约于朝觐礼，不必再告祖庙，只告父庙即可。②

诸侯出行如此，天子如何出行？《礼记·王制》曰：

> 天子将出，类乎上帝，宜乎社，造乎祢。诸侯将出，宜乎社，造乎祢。

天子出行，不仅要"宜乎社，造乎祢"，还要"类乎上帝"。何谓"类乎上帝"？孔颖达《礼记正义》这样解释：

> 帝，谓五德之帝，所祭于南郊者。类、宜、造，皆祭名，其礼亡……此一经论天子巡守之礼也……"类乎上帝"者，谓祭告天也。"宜乎社"者，此巡行方事诛杀封割，应载社主也。云"宜"者，令诛伐得宜，亦随其宜而告也。社主于地，又为阴，而诛杀亦阴，故于社也。故《书》云"弗用命，戮于社"是也。"造乎祢"者，造，至也，谓至父祖之庙也。然此出历至七庙，知者，前归假既云"祖祢"，明出亦告祖祢也。今唯云祢者，《白虎通》云："独见祢何？辞从卑，不敢留尊者之命，至祢，不嫌不至祖也。"皇氏申之云："行必有主，无则主命载于

---

① 《孔丛子·巡狩》："或以迁庙之主行，载于斋车，每舍奠焉。"
② （清）孙希旦：《礼记集解·曾子问第七之一》："诸侯相见，必告于祢，朝服而出视朝。命祝史告于五庙，所过山川，亦命国家五官，道而出。反必亲告于祖祢，乃命祝史告至于前所告者，而后听朝而入。"第511页，中华书局，1989年。

齐车。《书》云'用命赏于祖'是也。今出辞别，先从卑起，最后至祖，仍取迁主则行也。若前至祖，后至祢，是留尊者之命，为不敬也。故《曲礼》曰：'已受命，君言不宿于家。'亦其类也。若还则先祖后祢，如前所言也。所以然者，先应反行主祖庙故也。"然出告天地及庙，还唯告庙，不告天地者，《白虎通》云："还不复告天者，天道无外内，故不复告也。"……"造乎祢"者，亦告祖及载主也。唯言出告，则归亦告也。《曾子问》曰"出反，必亲告于祖祢"是也。天子用特牲，诸侯卑则否也。《曾子问》注云"皆奠币以告之"是也。

注"帝谓"至"礼亡"证天子类帝，是祭五德帝也。郑注《月令》"祈谷于上帝"为大微之帝。注此上帝为五德，五德似如大皞五人之帝，二文不同。庾蔚云："谓大微五帝，应于五行，五行各有德，故谓五德之帝。木神仁，金神义，火神礼，水神知，土神信，是五德也。"云"所祭于南郊者"，按五德之帝应祭四郊，此独云祭于南郊者，谓王者将行，各祭所出之帝于南郊，犹周人祭灵威仰于南郊，是五帝之中一帝，故上总云"帝，谓五德之帝"。此据特祭所出之帝，故云"祭于南郊"。云"类、宜、造，皆祭名"者，按《小宗伯》云："凡天地之大灾，类社稷宗庙，则为位。"郑注云："祷祈礼轻，类者，依其正礼而为之。"是类为祭名也。按《尔雅·释天》云："起大事，动大众，必先有事乎社而后出，谓之宜。"孙炎注云："求便宜也。"是宜为祭名也。按《大祝》六祈："一曰类，二曰造。"是造为祭名也。但天道悬远，以事类告之，社主杀戮，故求其便宜；庙为亲近，故以奉至言之：各随义立名也。①

---

①　汉郑玄注、孔颖达正义、吕友仁整理：《礼记正义》，第499、550页，上海古籍出版社，2008年。

上文就"类乎上帝，宜乎社，造乎祢"问题讲了很多，最紧要的一句是"'类乎上帝'者，谓祭告天也"，意思就是天子除了告祭祖祢、社稷、山川之外，还要祭告上天。在孔颖达看来，"上帝"就是"上天"，"上天"就是"上帝"。就甲骨卜辞来看，商人已有"上帝"和"天"这些观念，但殷人所说的"天""帝"与周人所说的"天""帝"有很大差别。"殷人的上帝或帝，是掌管自然天象的主宰，有一个以日月风雨为其臣工使者的帝廷。上帝之令风雨、降祸福是以天象示其恩威，而天象中风雨之调顺实为农业生产的条件，所以殷人的上帝虽也保佑战争，而其主要的实质是农业生产的神。先公先王可以上宾于天，上帝对于时王可以降祸福、示诺否，但上帝与人王并无血统关系……殷人的上帝是自然的主宰，尚未赋以人格化的属性；而殷之先公先王先妣宾天之后则天神化了，而原属自然诸神（如山、川、土地诸祇）则在祭祀上人格化了。"① 西周的天帝观念与殷有三点不同：1. 天：殷代的帝是上帝，和上下之"上"不同。卜辞的天没有作"上天"之义的。"天"之观念是周人提出来的。2. 天子：由天之观念的发生，而有"天命""天子"，它们之兴起约在西周初期稍晚，才有了"天令"即"天命"，"王"与"天子"并称。3. 配天：殷人"宾帝"，所以先王在帝左右……周王为天之子，故为配天。殷周天帝观念的最主要的区别在于：殷人敬天，但王与帝非父子关系。周人配天、畏天，王为天子。② "殷人的上帝，从宗教信仰本质上讲是属于'自然宗教'的形态，而周人的天帝则是属于'伦理宗教'的形态。"③ 有学者把周人天命观的形成推

① 陈梦家：《殷墟卜辞综述》，第580页，中华书局，1988年。
② 陈梦家：《殷墟卜辞综述》，第581页，中华书局，1988年。
③ 陈来：《古代宗教与伦理——儒家思想的根源》，三联书店，1996年。

定在周灭商后。① 依此而论，孔颖达所谓"'类乎上帝者'，谓祭告天也"的解释，则完全是基于周人的天道观。

二 甲骨文所见将出告祭之礼

礼俗一般都具有极强的因袭性。"子曰：殷因于夏礼，所损益可知也。周因于殷礼，所损益可知也。其或继周者，虽百世，可知也。"② 前引《礼记》"类乎上帝，宜乎社，造乎祢"是周人关于出行告祭礼的记载，那么，殷墟甲骨刻辞中是否也有此类文字？

日本高田忠周氏 1919 年印行《学古发凡》，该书"田狩"条中曾说甲骨、金文中有王田猎告祖之礼，原文不长，兹转录如下：

　　侯敦铭曰：
　　乍且（祖）乙鷺侯□彝，告田。 （鷺为古逸字，而此为国名。）
　　殷父丁尊铭曰：
　　父丁告田。王十月，攸田，丽焱焱，乍父丁尊，漃③。
　　此皆王田猎以告祖也。一文略一文稍完，而义正相同，此亦礼事也。徐籀庄说《诗·江汉》云"告于文人，锡山土田是也"，恐非是。《易·师》，"田有禽"。《书·无逸》："不敢盤于

---

① 见杨泽波：《牟宗三超越存有论驳议——从先秦天论的发展轨迹看牟宗三超越存有论的缺陷》，《文史哲》2004 年第 5 期。事实上，这一说法不无可议之处。前文既说"天命无常，惟德是辅"的伦理宗教观念产生于周灭商后，而其引征的《尚书·牧誓》的文字产生的时间却在周灭商之前。我们赞成其伦理宗教的天命观是周人的创造的观点，但又不能不指出，周人伦理宗教的天命观的产生至迟不会晚于牧野大战之前。
② 《论语·为政》第二，《十三经注疏》，第 2463 页，中华书局，1980 年。
③ 高田氏隶"漃"不确，当为"瀼"，此字殷墟卜辞习见。

游田。"《穀梁·桓四年传》:"春日田,夏日苗,秋日蒐,冬日
狩。"田固礼也。

卜辞曰:"戊申卜,王往田亡不。"又曰:"□戊卜,贞,王
往田于田,亡灾。"又曰:"戊申卜,在玑贞:田卒逐(地名)
往来无灾。"又曰:"戊申王卜贞,田曩(地名)往来无灾,王
占曰,吉。"又曰:"辛丑卜贞,王田于𠦪,往来亡灾,弘吉。"
又曰:"己巳卜贞,王赴于召,往来无灾,在九月,兹御获鹿
一。"此类极多。①

　　高田先生指出鷺侯敦、殷父丁尊二器铭文中的"告田"皆系
"王田猎告祖"之辞,这一见解极富启发意义,然令人遗憾的是他所
引征的5条卜辞只见"田"而不见"告",并不能有效地支撑他的
主张。② 那么,商代究竟有无田狩告祖之礼呢? 回答是肯定的,殷人
田猎不光告祖,还要告祢、告帝。兹举证如下:

　　(一) 告祢

　　丁卯,贞:其告于父丁其狩,一牛。《合集》32680

　　癸丑,贞:王令利出,田,告于父丁牛。兹用《合集》33526

　　以上两版刻辞曰"田"曰"狩",是田狩卜辞毫无疑问。这两
版是典型的历组卜辞。关于历组卜辞断代,甲骨学界目前有两种看
法,一种遵从董作宾先生的五期分法,定此类为第四期,即武乙、
文丁卜辞。另一种遵从李学勤先生甲骨分期新说,即把此类卜辞的
时代提前到武丁晚年到祖庚时期。如果采用前一种意见,两版卜辞
中的父丁,是商王武乙对其父康丁的称呼,如果采用后一种意见,
两版卜辞中的父丁则是祖庚对其父武丁的称呼。姑且不评论两种意
见之是与非,有一点需要强调,即这两版卜辞中都有"田""狩"

---

① 《金文文献集成》三十卷,第 206 页。
② 包括他关于鷺侯敦、殷父丁尊二器铭文中的"告田"解释,也不无可议之处。

王狩告祢之辞［《合集》33526］

"告"，有此二证，就足以把高田忠周说铸成铁案。《合集》32680 与《合集》33526 所卜事项大致相类，所不同者，《合集》32680 卜问商王要田狩告祭父丁用一牛为牲可不可以？而《合集》33526 卜问商王可不可以派"利"外出田猎？并为此而告祭于父丁。两者的差别如是而已。田猎卜辞告祢者，不止上揭两例，与其内容相类的还有：

（1）于乙王步，若。

（2）辛□，贞：其刚父乙。

（3）□卯卜，王狩……《合集》32725

就内容而论，此版也是"田告"卜辞。第（1）条卜问：选择乙日出行田猎是不是顺利？这实际上就是前文所说到的诹日卜辞。出行日期既已卜定，接下来要做的事就是到宗庙举行告祭仪式。第（2）条记载的就是告祭内容，告祭的日期是辛某，告祭的祭名是刚祭，告祭的对象是父乙。刚，罗振玉云："《说文解字》：'犅，特牛

王狩告祊之辞 ［《合集》32725］

也，从牛冈声。'此从刚省，《静簋》亦有刚字，与卜辞正同。"孙
海波《甲骨文编》云："从牛从刚省，与金文同，通刚。《诗·閟
宫》：'白牡骍刚。'《明堂位》：'周骍刚。'皆作刚。"李孝定云：
"此从刀冈声字亦以网为声，各家收此作刚是也。卜辞刚或为人名，
辞云：'癸酉卜贞刚其有疾。'《前》6.38.1，或似为祭名，辞云：
'壬申刚于伊奭'，《后》上22.4。或为用牲之名，辞云：'已未卜其
刚羊十于西南。'《后》上23.4。此与刚于伊奭之刚其义当同，殆即
刚牲以祭伊奭。"饶宗颐读此字为"刉"，说"刚、刉义同，谓用牲
于河也。"（《通考》1139 页）它处又云："《说文》：'刚，强断也。'
又'刉，一曰断也。'《广韵》：'刉，断切也。'此'刚'用作动词，
与刉义同，则有断割之义。《通考》297 ~ 298。"① 耀华按此版的刚
父乙，与前引"刚羊十于西南"，和"刚于伊奭"的用法一致，无

① 于省吾：《甲骨文字诂林》，第 2836 ~ 2838 页，中华书局，1996 年。

论是读为名词还是动词，文意皆通。若为名词，则可理解为所用之牲为特牛，若为动词，则可理解为用牲方式，即割断牺牲之义。在前两条卜辞中，看不出"王步"的目的，由第（3）条知，商王此行的目的就是田狩。由字体看，此版是师、历间组卜辞[①]，辞中的父乙应是商王武丁对其父小乙的称呼。

（二）告祖

（1）贞：〔勿〕告〔于〕祖辛。

（2）出。

（3）王往出。《合集》5099

此版为宾组卜辞，卜辞记载的当是殷高宗武丁将出告祭祖辛的内容，由于甲骨残泐，从中很难窥测更多的天机。

（1）贞：王其往出省从西，告于祖丁。

（2）丁酉……《合集》5113

此版也是殷高宗武丁的卜辞，内容是殷高宗武丁某年某月的丁酉日，拟到西方巡省，告祭他的爷爷祖丁。

（1）贞：告于祖乙。

（2）王往省从𢁢。《合集》5119

此版与上一版同属武丁外出巡省的告祖卜辞，与上版不同的是，此版祭告的是中宗祖乙。以上三版有出行动词，有告祭动词，可谓是典型的告祖卜辞。以下几版虽无告祭动词，却也极有可能是告祖卜辞。

（1）□□卜……牛。

（2）戊辰，贞：㗬于大甲㗬（次）珏，三牛。

（3）〔㗬〕于大甲㗬（次）珏，一牛。

[①] 此版字体或归为历组 A 类，或归为师、历间组，时代当属武丁中期。参见李学勤、彭裕商：《殷墟甲骨分期研究》，第 265～267 页，上海古籍出版社，1996 年；黄天树：《殷墟王卜辞的分类与断代》，第 215 页，科学出版社，2007 年。

（4）□酉，贞：王步□𣥂于𠂤。《合集》32486

出行告祖之辞［《合集》32486］

（1）丙辰卜，刚于珏大甲师。

（2）于翌丁步登。《合集》32487

上两版皆为历组卜辞，辞例相同，均应是告祭大甲。"𣂰"为"刚"字之异体，或曰是特牛，或曰是祭祀动词，有割断之义。"𠂤"，读如"次"，此字在甲骨文中用如军队驻扎之次，罗振玉曰："从𠂤束声，师所止也。后世段次字为之，此其初字矣。"① 耀华按，卜辞习见"在某𠂤"，其义如罗氏云"谓师之所止"。《左传·庄公三年》"凡师一宿为舍，再宿为信，过信为次"，用法当与卜辞"在某𠂤"相同，即段"次"为之。如《前》2.15.3："癸巳卜贞：王，旬亡祸，在二月，在齐𠂤，隹（惟）王征人方。"或用为祭名。赵诚先生说此字应为后代之封字，"甲骨文用为用牲之法，亦用为祭名，

---

① 《甲骨文字诂林》，第3046页。

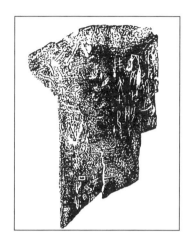

出行告祖之辞［《合集》32487］

但不明其如何用牲，如何祭法。"① 此处的"𢁿"字具体意义不明，读为祭名，则可通解。珏即双玉。《说文·珏部》："珏，二玉相合为一珏。"《太平广记》卷四引《仙传拾遗·阳翁伯》："翁伯以礼玉十珏以授仙童。"《合集》32487"刚于珏大甲师"的"师"应就是《合集》32486"𢁿于大甲𢁿（次）珏"的"𢁿"，两版说的应该是同一类事情。辞中的"刚"或为"三牛""一牛"的谓语，"𢁿"或为"珏"的谓语。"刚"和"𢁿"在此当为祭祀动词。

上两版刻辞除了告祭大甲之外，就是卜问出行。将之理解为商王将出告祖之祭应该是有理由的。

（1）甲戌卜，宾，贞：今日先牛，翌乙亥用祖乙。

（2）乙亥卜，争，贞：王往于蒿。

（3）贞：王夕出。

（4）贞：王勿〔夕〕出。

（5）之日用。戊寅竹侑。

① 《甲骨文字诂林》，第3046页。

（6）贞：侑于阳甲、父庚、父辛一牛。

（7）贞：勿侑于𩠐（阳）甲、父庚、父辛一牛。

（8）戊戌卜，争，贞：卄方匄射，〔叀〕我祸。五月。

（9）贞：卄方匄射，不隹（惟）我祸。

（10）贞：正。《合集》6647 正

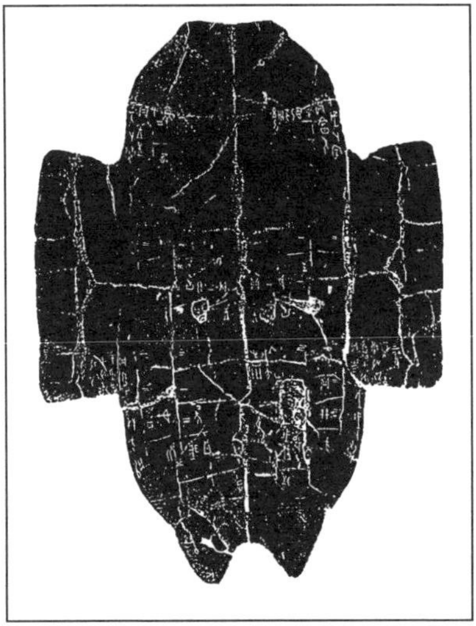

告祖祢之辞［《合集》6647 正］

（1）壬申卜，宾。

（2）壬申卜，争。

（3）贞：王出。

（4）贞：王勿出。

（5）乙亥用祖乙宰。

（6）翌乙亥用牛于祖乙。用。

（7）己卯□侑，今丁丑……祖乙牛。

（8）贞：之日用羌。

（9）宁入。《合集》6647 反

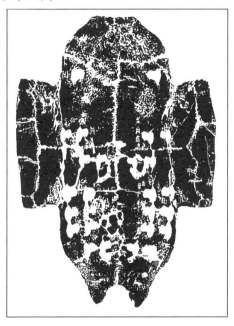

告祖卜辞［《合集》6647 反］

此版为宾组卜辞，即武丁时代的卜辞。这是一版龟腹甲，正反两面都有刻辞。从卜辞内容看主要记述了两件事情。从壬申到己卯，时间相序，都是围绕着武丁去辇地及祭祀祖乙的具体时间来卜问的，此其一。事隔二十天左右又卜问卅方勾射，我会不会有祸？此其二。《合集》6647 正的（6）、（7）两条贞问要不要用一头牛来侑祭阳甲、父庚和父乙？这两条省略了干支，我们难以确切知道究竟应该归属上段，还是归属下段？如果与上段联属，则极有可能是告祭祖祢，如果与下段联属，即可能是为卅方勾射的事而告祭阳甲、父庚和父乙。"卅"，张亚初先生释为栅栏的"栅"，卜辞之栅是与商敌对的方国名。① 总之，不管上联下挂，都有可能是告祭之辞。

由以上叙述可知，甲骨文中的确存在着告祖礼俗，商王以及其他贵族将出之际，一定要举行告祭礼。商代的告祭类型远不只此，还有祈祷年成、告建城邑、战胜荐功等多种祭祀。战胜荐功与"反必面"性质相似，其祭祀程序与出告相同，不再赘述。其他类型的告祭与旅行关系不大，故略而不述。

（三）告帝

甲骨文中告祭帝、上帝的卜辞甚夥。前文已经说过，在殷人的观念里，帝是自然天象的主宰。有关帝的神格，岛邦男曾对各家的研究成果进行了归纳，兹略加裁剪，转录于此：

郭沫若：殷人的至上神是有意志的一种人格神。上帝能够命令，上帝有好恶，一切天时上的风雨晦冥，人事上的吉凶祸福，如年岁的丰啬，官吏的陟除，都是由天所主宰。（《先秦天道观之进展》9 页）

董作宾：帝也称上帝，他的权能有五种，第一是命令下雨，第二是降以饥馑，第三是授以福佑，第四是降以吉祥，第五是降以灾祸。（《中国古代文化的认识》18 页）

胡厚宣：一令雨，二受年，三降暵，四保王，五授佑，六降诺，七降祸，八降馑。（《甲骨学商史论丛初集·殷代之天神崇拜》）

陈梦家：上帝所管到的事项是（1）年成，（2）战争，（3）作邑，（4）王之行动，他的权威或命令所及的对象是（1）天时，（2）王，（3）我，（4）邑。（《殷墟卜辞综述》517 页）②

岛邦男氏又在诸家的基础上，将上帝的神格归纳以下三类。一、支配自然之例。（1）令雨，（2）令风，（3）令雷，（4）降暵，（5）帝异，（6）受年，（7）害年。二、降福祸于人事之例。（1）授佑，（2）召（祥）王，（3）缶（保）王，（4）降祸，（5）作孽，

---

① 《甲骨文字诂林》，第 1333 页。
② 岛邦男：《殷墟卜辞研究》，第 189 页，上海古籍出版社，2006 年。

（6）帝乎灾，（7）降𩁹，（8）𡆥邑，（9）冬（终）邑，（10）咎王，（11）𠦪王。三、卜帝之许诺之例。（1）雩舞，（2）再册，（3）作邑（4）配祀。岛氏还对第一类加以分析，他说：帝是命令雨、风、电、降旱暵、灾异，支配年谷丰凶的神。像这样主宰自然现象的权能，除了见到"河神"有一例以外，不见于其他神祇。陈梦家亦谓"卜辞中帝是唯一降暵降雨的主宰……而先祖与河岳之神，也绝无降祸降雨的权能，这是上帝与先祖间最紧要的分野"。（《燕京学报》20，526）将支配自然现象的权能作为帝与他神间最紧要的分野。第二类他用一句话概括："一言以蔽之，帝佑是指战胜兴国，帝祸是指丧乱、战败、疾病、丧命。"[1]

甲骨文中的上帝神格及权能大抵如上。

上帝的权能既然如此广大，人们无法摆脱他的支配，那么对于上帝人们所要做的似乎只能是顶礼膜拜，只能取媚于它，最好的方法就是拿出最珍贵的物品供其享用。然而，事实却是，以帝为祭祀对象的卜辞，例子极少，因此，一般的说法均认为对帝是不行祭祀的。陈梦家先生认为，上帝和人世间的先公先王先祖先妣是不同的：（1）不享受生物或奴隶的牺牲（除了方帝与帝臣）；（2）不是求雨祈年的对象；（3）是唯一令风雨（除了河）和保护战争的主宰；（4）少有先公之"巷雨""巷年"，也没有"巷王""𥄉王"。[2]（5）胡厚宣先生对此所作的解释是，"其祭帝者，则未之有。盖以帝之至上独尊，不受人间之祭享"。[3]岛邦男氏不然此说，他找出一些诸如"贞帝风三羊三豕三犬"的例子，认为"帝"是受享祭祀的。其或于宗庙受享禘祀，或于四方之郊受享帝祀。[4]所谓帝祀就是以上帝为

---

① 岛邦男：《殷墟卜辞研究》，第189~193页，上海古籍出版社，2006年。
② 陈梦家：《殷墟卜辞综述》，第580页，中华书局，1988年。
③ 《甲骨学商史论丛初集·殷代之天神崇拜》，第215页，河北教育出版社，2002年。
④ 岛邦男：《殷墟卜辞研究》，第197页，上海古籍出版社，2006年。

主神而祀之，并燎祀土神，而以岳、河、🜲、王亥、上甲、祖乙等配祀的祭祀。而其所以要这样举行配祀，是为了要对诸神祈求降雨及宥恕稔谷的灾害而为的。① 岛氏将关于上帝的祭祀归结为"上帝是支配雨、风、电、暵、稔谷等自然现象，主宰战胜、战败、丧乱与疾病，而王者必须卜问帝意之许诺以行政治之至上的神灵。其于□祀（禘祀）则享祀于宗庙，而以'父'配祀之。于帝祀（后世之郊祀）则享祀于地方，燎祀于土而配祀以河、岳、高祖神与祖神。前者在于尊严其父，后者则是以祈雨、祈年、宁雨、宁风、宁虫、宁疾为目的，且用巫（𪏆犬）、𪎭（兵舞）、𦰩（雩舞）与燚作为特殊的祭仪。"② "总而言之，殷代的□祀、帝祀流传至周朝以后，其真正的意义逐渐黯淡消失，到了理解上帝即天，而祀上帝成为祀天的战国末期，郊祀中祈谷的意义便更变为'升于中天'，遂演成秦始皇的封禅了。"③

　　岛氏的某些具体看法也许值得推敲，但他关于"帝"是受享祭祀的论述确实值得重视。虽然，从与出行有关的帝卜辞中找不出一例帝受享祭祀卜辞，但我们仍然相信，虽然高高在上，帝也不能不食人间烟火，不然的话，他有什么义务去过问人间的闲事呢？不过，在此姑且不管帝食不食人间烟火这个问题，我们要说的是，观察与出行相关的卜辞实例，其中关乎帝、帝隹（惟）兹邑、隹（惟）帝臣令、帝于心、帝若、帝狩、方帝、隹（惟）帝令𝌆、帝秋、巫帝、帝令隹（惟）𫝆、帝令害、帝授我有佑、帝令雨的辞例多达 30 余版，因此，若说出行与祭帝了无关系我们绝不相信。试看下列辞例：

　　（1）贞：帝。

　　（2）贞：帝。

————————

①　岛邦男：《殷墟卜辞研究》，第 199 页。

②　岛邦男：《殷墟卜辞研究》，第 208 页。

③　岛邦男：《殷墟卜辞研究》，第 213 页。

（3）贞：王往狩。

（4）贞：王勿往狩从。

（5）贞：王勿往狩从。

（6）王往狩。《合集》10939

田狩帝祭卜辞 [《合集》10939]

（1）丙寅卜，王，己巳步，往迺，易日。

　　（2）于乙丑帝。

　　（3）帝。

　　（4）羊、犬。

　　（5）犬、豕。《合集》21079

　　（1）……于帝逝。

　　（2）戊寅卜，庚辰王步。《合集》32946

　　（1）甲〔子〕……巫帝……

　　（2）叀丁卯步。

　　（3）王往于逝。《合集》33159

　　《合集》10939 是武丁时代的宾组卜辞，《合集》21079 是武丁时代的师组卜辞，后两版皆为历组卜辞，这些甲骨整版刻辞除了王往狩、王往、王步之外就是"帝"或"巫帝"。卜辞"往"和"步"的基本用法与今天无多大差别，所谓王步、王往就是指商王出行（关于"王步"详第七章第一节）。后三版卜辞中都有一个"逝"字，赵诚指出："卜辞用作副词，和乃近似。"① 此说置于两版卜辞，意不可通。金祖同说："逝，往也。"② 《合集》33159（3）已有"往"字，"王往于往"非辞。《甲骨文字诂林》姚孝遂按云："卜辞逝字均用为语词，容庚以'于是'释之是对的。"③ 耀华按，若说"卜辞逝字均用为语词"，试将《合集》32946（1）的"于帝逝"还原成"于帝于是"，可知其非。孙诒让《契文举例》读为"禋"，并举《书·尧典》"禋于六宗"，《尚书大传》"禋作煙"为证。将孙说放诸卜辞，疑义则涣然冰释。如果孙说不误，那么，据此可以认定甲骨文中确有祭帝之辞例，岛氏的主张更得到了补强的证据。由是我们也可以获知，后世祭天与殷人祭帝在祭法颇为一致，皆以燔柴

────────────

① 《甲骨文字诂林》，第 1039 页。

② 《甲骨文字诂林》，第 1038 页。

③ 《甲骨文字诂林》，第 1039 页。

为祭。所谓"燔柴"即烧柴祭天。《书·舜典》："岁二月，东巡守，至于岱宗，柴。"孔传："燔柴祭天告至。"《后汉书·祭祀志上》："皇帝唯慎《河图》、《雒书》正文，是月辛卯，柴，登封泰山。"《新唐书·萧铣传》："于是筑坛城南，柴上帝，自称梁王。"人若想与上天沟通，恐怕很难找到比禋祭即"燔柴"更为理想的办法了。《合集》11018 中"尞于土宰、方帝"之语，可以看作禋祭上帝的注脚。请看辞例：

（1）贞：我马有虎隹（惟）祸。

（2）贞：我马有虎不隹（惟）〔祸〕。

（3）尞于土（社）宰、方帝。《合集》11018 正

本版刻辞有 28 条之多，今择其带有"帝"字的第（3）条略加解释。"尞于土宰、方帝。""方帝"，陈梦家认为"方"是动词，它和后世的"方祀""望祀"相当，即各以其方向祭祀四方之帝。[1] 耀华按，这个句子比较复杂，"尞"是祭祀动词，《说文》："尞"，柴祭天也。介词"于"后跟着一个宾语两个补语，即尞宰于土（社），又尞宰于方帝（关于方帝问题，详后文）。这与《合集》672 "贞：桒年于大甲十牢、祖乙十牢"的辞例颇为相似。

（四）告社

告祭社神与祭祖祭帝一样，不仅源远，而且流长。从鲁迅笔下的《社戏》中我们就可以看出这一礼俗有多么顽强的生命力。《公羊传》："社者，土地之主也。"按照《礼记·祭法》的说法，所谓社神就是共工之子后土，但《风俗通史·祀典·社神》："《孝经》说：'社者，土地之主，土地广博，不可遍敬，故封土为社而祀之，报功也。'"也就是说，社神不止一位，《史记·封禅书》亦说："亳有三社主之祠"，云梦秦简中也有"三土皇""土神""地杓神""田

---

[1] 《殷墟卜辞综述》，第 578 页。

大人""田亳主"等多种土地神的不同名目。土地神既多，就会有大小的等级差别，《礼记·祭法》："王为群姓立社曰大社，王自为立社曰王社，诸侯为百姓立社曰国社，诸侯自为立社曰侯社，大夫以下成群立社曰置社。"大社、王社、国社、侯社属于官方之社；大夫不特立社，与庶民共社，是为民间之社。民间之社主要有州社和里社。古代把区划地域以聚居的组织单位叫州，《大戴礼记·主言》："昔者明主之治民有法，必别地以州之，分属而治之，然后贤民无所隐，暴民无所伏。"州的大小代有不同，《书·舜典》："肇十有二州，封十有二山。"孔传："禹治水之后，舜分冀州为幽州、并州，分青州为营州，始置十二州。"到了周代，州则指离王畿二百里外的行政区域，《周礼·地官·载师》："以官田、牛田、赏田、牧田任远郊之地，以公邑之田任甸地。"郑玄注引《司马法》："王国百里为郊，二百里为州。"《周礼·地官·大司徒》又云："令五家为比，使之相保；五比为闾，使之相受；四闾为族，使之相葬；五族为党，使之相救；五党为州，使之相赒；五州为乡，使之相宾。"贾公彦疏："二千五百家为州，立一中大夫为州长。"郑玄的说法与其不同，《尚书大传》卷四："古者处师，八家而为邻，三邻而为朋，三朋而为里，五里而为邑，十邑而为都，十都而为师，州十有二师焉。"郑玄注："州凡四十三万二千家，此盖虞夏之数也。"州下有里，据说庶民二十五家为一里，里立社称里社，《史记·封禅书》："民里社，各自财以祠。"包山楚简记楚国地方行政组织即是州下辖里，简138反就有"同社同里"之语，简210又有"举祷社一全腊"的记载。[①]社祭一般有定时，《周礼·地官·州长》云："正月之吉……若以岁时祭祀州社，则属其民而读法。"

　　从甲骨文看殷商时代也有社。甲骨文的社与土为一字。王国维

---

① 详宋镇豪：《中国春秋战国习俗史》，第226~227页，人民出版社，1994年。

在《殷礼徵文·外祭》一文中说："卜辞所纪祭事，大都内祭也，其可确知为外祭者，有祭社二事。其一曰：'贞尞于土三小宰卯二牛沈十牛'（卷7第25页），其二曰'贞勿求年于𡉚土'（卷4第17页）。按𝑶即●今隶土字，卜辞叚为社字。《诗·大雅》：'乃立冢土。'传云：'冢土，大社也。'《商颂》：'宅殷土茫茫。'《史记·三代世表》引作：'殷社茫茫。'《公羊·僖二十一年传》：'诸侯祭土。'何注：'土谓社也。'是古国以土为社矣。𡉚𝑶即邦社……邦社即祭法之国社，汉人讳邦改为国社，古当称邦社也。《周礼·大宗伯》：'以血祭祭社稷五祀。'而商人用尞用卯用沈，《书·召诰》：'乃社于新邑，牛一羊一豕一。'《礼器·郊特牲》亦云：'天子社祭太牢。'而商则尞三小宰，（即少牢）卯二牛，沈十牛，其用牲不同如此。然则，商周礼制之差异，不独由祭然矣。"① 按理说，商代的社亦应该有大小之不同等差，甲骨文有亳土、邦土、中土、唐土、东土、西土、南土、北土、四土之分，然核诸卜辞，除亳土可以认定为"亳社"之外，其余的"某土"则与"某方"意思相同。关于此，杨树达先生早有论述："按东土南土义与通言东方南方等同，《书·大诰》云'有大艰于西土，西土人亦不靖，'知东土西土等词为殷周间恒语。"岛邦男肯定"其说甚是"，并言"四土"与"四方"同义。"'唐土'的唐亦被用如'唐邑'，而'唐邑'当即是他词所称的'大邑'（唐，大也），所以唐土就是大土的意思。又'中𝑶'大概就是中土，'🏠土'大概就是'鄙土'之意了。"卜辞中的𡉚字，"因为没有发现行祭祀于𡉚、𡉚𝑶的例子，所以不得不认为其是地名"。他不然王国维"𡉚𝑶"即"邦社"之说，他认为𡉚𝑶就是𡉚地。② 罗振玉将亳𝑶释为亳社的说法是妥当的，亳社被作为殷社的事实是成立的，卜辞中亳社的用例，没有作地名的，而全部被作为

---

① 《甲骨文字诂林》，第1180～1181页。
② 《殷墟卜辞研究》，第225、227页。

祭祀的对象。① 覆按卜辞，可知岛氏之说信而不诬。依此可证，商周在祭社礼制上，确实存在着明显的差异。

就祭社的目的来看，多为求雨、宁风之祭，所以，陈梦家先生说："祭社所以求地利、报地功，与卜辞耒年于社，其意义是相合的。"②

祭社的主要活动是"求地利、报地功"，此外，卜辞中也确有为出行而告祭社神的辞例：

己亥卜……田率……寮土（社）豕，祖……𠃜豕……河豕，岳……岳［豕］。

《合集》34185

田猎前祭祀社神［《合集》34185］

这是一版关于田狩的祭社卜辞，率为田猎地，具体地望不详。土与河、岳及殷人先祖𠃜（或认为即殷人始祖契）并举，③ 可证此处的土应读为社。由此版可知，殷人祭社并及河、岳、𠃜诸神，祭社的方法是寮祭。以下两版也可能是田狩祭社的卜辞：

……王往狩𠃜土……《合集》10942

……㱿卜……狩𠃜土。《合集》10944

"狩"后一字，意义不明，可能是祭祀动词，也可能是地名。

① 岛邦男：《殷墟卜辞研究》，第226页，上海古籍出版社，2006年。

② 陈梦家：《殷墟卜辞综述》，第583页，中华书局，1988年。

③ 详岛邦男：《殷墟卜辞研究》，第234～235页，上海古籍出版社，2006年。

田猎前祭祀社神 ［《合集》10942］

《合集》14396 是与出行有关的祭社卜辞，应无疑问。

　　（1）壬戌卜，争贞：既，出狝，尞于土，宰。

　　（2）贞：尞于土，一牛，俎，宰。

　　（3）贞：侑于大甲。《合集》14396

出行前祭社神 ［《合集》14396］

　　既，郭沫若推测"殆甂省。《说文》以甂为饩之异。《礼·中庸》：'既廪称事。'《注》云：'既读为饩'，饩者以生物为献也。"①

————————————

①　《甲骨文字诂林》，第 379 页。

耀华按，就此版卜辞内容而言，读"既"为"饩"难以通解。陈梦家读"既"为"暨"，认为"既"亦是雨止日出之义，《说文》"暨，日颇见也"，既即暨。① 依此，把"既"读为预卜是否雨止日出之辞，与全句颇为协洽。"尞"前一字，从犬从斤，可能与田狩有关。俎祭是一种祭祀方法，俎祭问题后文还要讨论，兹不赘述。本版大意是，武丁某年某月的壬戌日卜人争占问，雨止日出，商王武丁要外出狩猎，用宰作为牲来祭祀社神。接着又卜问：社祭用一牛，俎祭用宰妥否？随后又向大甲祈求保佑出行平安。

（五）告山川

告山川类又可分为告山和告川。告山之祭读者都不陌生，《水浒传》"林教头风雪山神庙"中的山神庙就是专为祭祀山神而建造的庙宇。告川之祭则更为人们所周知，有谁没有读过《西门豹治邺》呢？类似河伯娶妇这种利用少女来媚神的活动，绝不止是中国仅有的习俗，这种自然崇拜在上古时代全世界的各个角落都普遍存在。为何要祭祀山川？《祀典》曰："日月星辰昭印也，地理山川所生殖也，功加于民，祀以报之。"告祭山川之俗兴起于何时难以确知，据《西岳华山庙碑》记载："天子祭天地及山川，岁遍焉。自三五迭兴，其奉山川，或在天子，或在诸侯，是以唐虞畴咨四岳，五岁以巡狩，皆以四时之仲月，亲至其山，柴祭燔燎。"也就是说，在唐尧虞舜的五帝时代，就有柴祭燔燎山岳之举。如果说类似《西岳华山庙碑》这样的汉人的说法还不足以征信的话，那么，殷墟卜辞上的记载，则足以说明祭祀山川之俗至迟在殷代就已经存在。

陈梦家在《殷墟卜辞综述》中说："卜辞中山川之祭是存在的。除了岳和河已见第十章内，尚有其他的山川之神。"② 陈先生列举了一些辞例，指出"凡祭山都要与雨有关，祭山所以萃雨萃年，是极

① 《殷墟卜辞综述》，第247页。
② 《殷墟卜辞综述》，第504页。

显然的"①。不过，需要指出的是，也有因出行而祭祀山岳的卜辞，兹举例如下：

（1）丙戌卜，古，贞：尞于岳。

（2）□寅卜，㱿，贞：今日我其狩盐。《合集》10965

（1）□□〔卜〕，古，贞：尞于〔岳〕。

（2）□□〔卜〕，㱿，贞：今日我其狩盐……

（3）……〔狩〕，获。擒鹿五十有〔六〕……

（4）□□〔卜〕，□，贞：今日□其狩〔盐〕……获兕十一，鹿……《合集》10308

（1）戊寅卜，宾，贞：御于父乙。

（2）贞：翌己卯王勿令狩。

（3）丙戌卜，古，贞：尞于岳。《合集》10594

田狩前祭祀山神〔《合集》10594〕

（1）辛……〔岳〕……

（2）辛巳卜，王往田，亡弐（灾）。《合集》33429

从上揭卜辞看，祭祀山神的目的应该与外出田狩有关。在卜辞

---

① 《殷墟卜辞综述》，第596页。

中也有祭山与祭川、祭山与祭社同版者，例如：

（1）乎臯往于河。

（2）帝珠。

（3）叀岳。《合集》8330

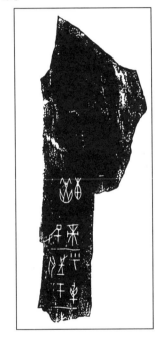

山川同祭［《合集》8330］

（1）□寅卜，□，贞：取岳。

（2）己亥卜，宾，贞：王至于今水，尞于河三小宰，沈三牛。有雨，王步。

（3）辛酉卜，宾，贞：尞于𩵋白牛。二月。《合集》14380

（六）告方

告方即告祭方神。方，就是方向、方位。一提起殷人告祭方神，就不能不谈大名鼎鼎的四方风甲骨。

四方风甲骨见于刘体智（善斋）旧藏的《京津》520 胛骨刻辞及 YH127 坑所出卜甲《殷墟文字缀合》261。善斋旧藏的那版胛骨字大直行，郭沫若大概疑其伪，未收入《殷契粹编》中。1941 年，胡厚宣先生刊布《甲骨文四方风名考证》一文，指出"殷武丁时于四方及四方之风，各有专名……此甲骨文之四方名与风名者，亦可于经籍征之"[①]。胡先生以《尚书·尧典》《山海经》《夏小正》《国语》等古籍考证其文字，多相契合。[②] 胡先生的这一发现涉及对商代思想文化若干根本问题的理解，又因其为《尚书·尧典》和《山海经·大荒经》等文献提供了重要证据，[③] 因而受到学术界的广泛重视。此后，曾有丁声树、杨树达、陈梦家、李学勤等先生对此问题做过专门讨论。1956 年，胡厚宣先生又在《释殷代求年于四方和四方风的祭祀》一文中对四方风问题作了更为详尽的分析。

四方风甲骨刻辞中记载着东、南、西、北四方神的神名及四方风的风名。兹将两版四方风的刻辞予以简要介绍，《京津》520（即《合集》14294）辞为：

（1）东方曰析风曰劦。

（2）南方曰因风曰岂。

（3）西方曰𡕥风曰彝。

（4）〔北方曰〕伏风曰𠬝。

YH127 坑所出卜甲刻辞（即《合集》14295）与上略有出入：

① 胡厚宣：《甲骨文四方风名考证》，《甲骨学商史论丛初集》，第 265～273 页，河北教育出版社，2002 年。

② 杨树达语，见《甲骨文中之四方风名与神名》，《积微居甲文说》卷下，第 77～84 页。

③ 李学勤：《商代的四风与四时》，《李学勤文集》，第 152 页，上海辞书出版社，2005年。

四方风神 ［《合集》14294］

（1）辛亥卜，内，贞：今一月帝令雨。四日甲寅夕〔雨〕。

（2）辛亥卜，内，贞：今一月〔帝〕不其令雨。

（3）贞：隹（惟）尤。

（4）隹（惟）尤。

（5）其坐不若。一月。

（6）贞：其坐不若。一月。

（7）辛亥卜，内，贞：帝于北方曰伏，风曰 ，華〔年〕。

（8）辛亥卜，内，贞：帝于南方曰岂，风尸（夷），華年。

（9）贞：帝于东方曰析，风曰劦，華年。

（10）贞：帝于西方曰彝，风曰丰，華年。

（11）……，有听。

（12）……，亡其听。

（13）王其往逐兔于，〔其获〕。

（14）王其往逐兔于𡇒，不其获。

（15）癸□〔卜〕，内，贞：亡不若。

祭祀四方风神 ［《合集》14295］

由上揭两版卜辞知，东方方神名字叫析，其风神名字叫啬；南方方神名字叫因，其风神名字叫峜；西方的方神名字叫𤔲，其风神名字叫彝；北方方神名字叫伏，其风神名字叫𠬝。

陈梦家先生认为，四方之神名即四方之名，而与四方之风名是不同的。四方之神主司风与日月，则四方之风应理解为四方之神的使者。①

在告帝一节中，我们曾经谈及卜辞中还有"方帝"一辞，陈梦家指出"方"即后世的"方祀""望祀"，即各以其方向祭祀四方之帝。卜辞中关于方神祭祀的辞例很多，《合集》11018 中还将社、方帝并提，可见方帝在殷人的观念中是十分重要的神祇。殷人何以如

---

① 《殷墟卜辞综述》，第 589 页。

此看重方帝呢？正如有的学者所云："辨别方向、方位是动物界在空间生存须具备的本能；对人类来说则是最早获得的智能。方，既是确知东、西、南、北的具体概念，同时又是相对于其他所指相反的概念……这种相对性及其与宇宙空间的并存性，不能不使先民对待它如神祇一样崇拜。"① 陈梦家先生把卜辞四方之祭大别为三类：（一）祓禳，如宁于四方，宁风雨于四方；（二）祈年之祭，如禹年禹雨于方；（三）方望之祭，如"燎于东""帝于西"。从卜辞实际来看，禹年禹雨之祭极多，有些应与出行有关。例如：

（1）方燎重庚酌有大雨。大吉

（2）重辛酒有大雨。吉

（3）翌日辛王其省田替（夙）入，不雨。兹用吉

（4）夕入不雨。

（5）□日入省田，湄日不雨。《合集》28628

上辞中的方燎，即燎方，燎于方。酌，祭名。具体含义不详，一般认为与酒有关，也有人认为实际上就是酒字。"省田"，闻一多认为就是田猎（详第九章第一节）。替，或隶作"埶"，或隶作"枫"，黄天树从沈培说释为"夙"，推定其时序在"旦"之前，即后世所谓的丑时。② 此版卜辞大意是，燎祭方神庚日用酒祭的方式，会不会有大雨？结果此卜"大吉"，辛日酒祭有大雨，结果"吉"。第二天辛日商王拟于夜间丑时前去打猎，会不会下雨？晚上前去田猎会不会下雨？白天前去狩猎，天将亮的时候会不会下雨？

上版卜辞是为卜雨而祭祀方神者，卜辞中还有方神、山神同祭者，例如《合集》30173 辞为：

---

① 常正光：《殷代的方术与阴阳五行思想的基础》，《殷墟博物苑苑刊》（创刊号），第175页，1989年。

② 参看黄天树：《殷墟甲骨文所见夜间时称考》，《黄天树古文字论集》，第190~191页，学苑出版社，2006年。

（1）甲子卜，其萊雨于东方。

（2）于丁卯酻南方。

（3）庚午卜，其萊雨于山。

（4）庚午卜，贞：埜，丁至于㢟，鹵，入甫。兹用

（5）埜，弜于甫，䍐，乎爵。

（6）戠辛酒，禣，若。

（7）戠敖雨。兹用

本版前第（1）辞内容是甲子日卜问，要向东方方神求雨吗？第（2）条卜问是否要在丁卯日用酒的方式祭祀南方方神。第（3）条庚午日卜问，是否要向山神求雨。后四条内容相关，埜，罗振玉认为就是"野"的异体字。《甲骨文字诂林》姚孝遂按云"其说可从"，但同时又说"卜辞'埜'字，用义不详"。耀华按《说文》云："埜，郊外也。"丁，以其所处的语法地位衡量，应是名词。庚与下一个"丁"日相去太远，"丁"似无日名之可能。若以人名解，文义可通，然现在研究商周庙号的学者大多仍然认为商代活着的人不称日名，日名是死后选定的。[1] 最近，花园庄东地甲骨刊布之后，陈剑先生着重指出，"在这批卜辞中多次出现的一位当时还活着的、称为'丁'的人物，可以肯定就是当时的商王武丁"，"过去一般认为'庙号'中的'天干'是死后才确定的，这种看法应重新考虑"。[2] 如果商代活着的人也可以称日名，那么，我们就有理由怀疑这个"丁"或许就是商王康丁。"㢟"，地名，钟柏生推定其地在殷王畿的西方。[3] "鹵"，罗振玉释"卣"，于省吾读为"调"，赵诚认为

---

①　李学勤：《论殷代的亲族制度》，《文史哲》1957 年第 3 期。

②　陈剑：《说花园庄东地甲骨卜辞的"丁"——附释"速"》，《甲骨金文考释论集》，第 82 页、第 87～89 页，线装书局，2007 年。

③　钟柏生：《殷商卜辞地理论丛》，第 293～294 页，艺文印书馆，1989 年。

是量词，诸说于此皆不可通，① 推测此处或为祭名，或为人名。甫，亦殷西地名，钟柏生认为："甫地可能即是《史记·秦本纪》所言的'蒲坂'，其地望在今山西永济县南。"② 耀华按，钟先生所推定的具体地望或有可议，然他指出二地同在殷西，二者相距不远，肯定是对的。第（5）辞，⊗，于省吾读作"冔"，借为"汩没"之"汩"，说不可通，饶宗颐读为"禳"，并引《说文》"磔禳祀除厉殃也"。陈邦怀意见与其相同，其说可从。③ "爵"，饶宗颐曰："爵恒用作动词，即侑爵也。《荀子·王训》：'宰爵，知宾客祭祀飨食牺牲牢之数。'杨注：'宰爵，掌牺牲之事者也。'"④ 第（6）辞，哉，一般认为是祭名，裘锡圭先生读为"待"，并云："以上诸辞似乎都与选择祭祀日辰有关。古人有时把日子叫作'辰'。《仪礼·士冠礼》'吉月令辰'，郑注：'辰，子、丑也。'《礼记·月令》：'乃择元辰'，郑注：'元辰盖郊后吉辰（一本作亥）也。'……'吉辰'似当与'令辰''元辰'同意。不过周人所谓'辰'是据十二地支而言的。从卜辞看，商人选择日子重天干而不重地支，他们所说的'辰'是否也以十二地支为据，还不能肯定。'哉吉辰'似乎可以解释为等待吉利的日子。（46）（耀华按，即本版第（6）条）的'哉辛酒'应是等到辛日才举行酒祭的意思。商人通常选择天干与所祭先人庙号相合的日子举行祭祀，例如在乙日祭父乙，在庚日祭母庚……'哉日'，可能就是等待这种日子而言的。"⑤

　　方神可以宁风，例如：

----

① 《甲骨文字诂林》，第 2648～2649 页。
② 《殷商卜辞地理论丛》，第 280 页，艺文印书馆，1989 年。
③ 《甲骨文字诂林》，第 739～740 页。
④ 饶宗颐：《殷代贞卜文字通考》，第 466～467 页。
⑤ 裘锡圭：《说甲骨卜辞中"哉"字的一种用法》，《古文字论集》，第 116 页，中华书局，1992 年。

（1）叀甲其宁风。

（2）叀乙宁。

（3）癸未卜，其宁风于方，有雨。《合集》30260

（1）丁丑，贞：其宁雨于方。

（2）戊寅，贞𠙤亡祸。

祭方神之卜辞［《合集》32992 正］

以上讨论的是甲骨文所见关于天地山川及四方风神的祭祀，有周以后，对天地山川祭祀被更进一步地系统化、伦理化了。《礼记·曲礼》第二规定：“天子祭天地，祭四方，祭山川，祭五祀，岁遍。”《礼记·祭法》也有类似的表述：“天子祭天地，诸侯祭社稷，大夫祭五祀；天子祭天下名山大川，五岳视三公，四渎视诸侯。”《祭义》亦云：“古者天子为藉千亩，冕而朱纮，躬秉末，诸侯为藉百亩，冕而青纮，躬秉末，以事天地山川社稷先古（先古即先祖）。”《国语·周语中》载：晋文公定周襄王于郏，文公请隧，襄王不许，说："昔我先王之有天下也，规方千里以为甸服，以供上帝山川百神之祀，以备百姓兆民之用，以待不庭不虞之患。其余以均分公侯伯子男，使各有宁宇，以顺及天地，无逢其灾害。"《左传·庄公二十二年》所载"山岳则配天"，是说天之高大惟山岳足以配享之。

第五章　出祖：上古旅行道祭礼俗研究

一　由长亭饯别说到䄍祭道神

中国有句俗谚："在家千日好，出门一时难。"生离死别，人所重之。为出门远行者设宴饯别，道一句平安，是人习见的出行俗尚。《西厢记》之崔莺莺"就十里长亭，安排下筵席"送别张生为人熟知。临别燕饯，此俗由来已久。《诗·大雅·崧高》："申伯信迈，王饯于郿。"郑玄笺："饯，送行饮酒也。"《国语·周语上》："宴、飨、赠、饯，如公命侯伯之礼，而加之以宴好。"韦昭注："饯，谓郊送饮酒之礼。"

追溯许多礼俗的来历，总与祭祀有千丝万缕的联系。宴饯之俗也不例外。在上古先民的观念中，万事万物皆有神主，山有山神，水有水神，道有道神。道神又称行神，关于行神的出身，古书有两种不同说法。其一谓累祖。《宋书·律历志》中引汉崔寔《四民月令》以黄帝之子累祖为道神。[①]　"累祖"又省称"累"，《曾子问》疏亦云："道神即累。"又有"嫘祖""雷祖"等不同写法。其身份

---

① 符定一所著《联绵字典》"祖道"条谓此说"不知其何据，盖见其谓之祖，因以为累祖，非也"。汉应劭《风俗通·祀典·祖》及《独断》并为共工氏之子修，中华书局，1946 年。

又有黄帝之妻之说。《集韵·平脂》："嫘，姓也。黄帝娶于西陵氏之女，是为嫘祖。嫘祖好远游，死于道，后人祀以为行神。"其二是共工之子修。《风俗通·祀典·祖》又云："谨按《礼传》：'共工之子曰修，好远游，舟车所至，足迹所达，靡不穷览，故祀以为祖神。'祖者，徂也。"①

为出行者祭祀路神和设宴送行的礼仪叫作"出祖""祖"或者"祖道"。《诗·大雅·韩奕》："韩侯出祖，出宿于屠。显父饯之，清酒百壶。"②《左传·昭公七年》："楚子成章华之台，愿与诸侯落之……公将往，梦襄公祖。梓慎曰：'君不果行。襄公之适楚也，梦周公祖而行。今襄公实祖，君其不行。'子服惠伯曰：'行！先君未尝适楚，故周公祖以道之。襄公适楚矣，而祖以君。道不行，何之？'三月公如楚。"③《汉书》："其明年，贰师将军李广利将兵出击匈奴，丞相为祖道，送至渭桥，与广利辞决。"④《战国策》："太子及宾客知其事者皆白衣冠以送之，至易水上，既祖取道，高渐离击筑，荆轲和而歌。"⑤《史记·五宗世家》："临江王闵荣，以孝景前四年为皇太子，四岁废，用故太子为临江王。四年，坐侵庙壖垣为宫，上征荣。荣行，祖于江陵北门。"⑥司马贞《索隐》："祖者，行神，行而祭之，故曰祖。"祖道又叫"軷""祖軷""范""犯（范）軷"。《说文》："軷，出将有事于道，必先告其神，立坛四通，树茅以依神为軷。既祭軷，'轹于牲而行为范軷。《诗》曰：'取羝以軷。'从车，犮声。"⑦段玉裁注云："'軷，出将有事于道，必先告其神，

①　吴树平：《风俗通义校释》，第318、319页，天津人民出版社，1980年。
②　《毛诗正义》，卷十八之四。
③　杨伯峻：《春秋左传注》，第1285～1287页，中华书局，1990年。
④　班固：《汉书·公孙刘田王杨蔡陈郑传第三十六》。
⑤　《战国策·燕策三》。
⑥　《史记·五宗世家》，第2094页，中华书局，1959年。
⑦　许慎：《说文解字·车部》，第302页，中华书局，1963年。

立坛四通，尌茅以依神为軷。'此言軷之义。'既祭犯軷'句，'轢于牲而行为范軷'，此言范軷之义。《周礼·大驭》：'犯軷。'注曰：'行山曰軷，犯之者，封土为山象，以菩刍棘柏为神主，既祭之，以车轢之而去，喻无险难也。'《春秋传》曰：'跋涉山川。故书軷作罚。'杜子春云：'罚当为軷。軷读为别异之别，为祖道轢軷磔犬也。'《诗》云：'载谋载惟，取萧祭脂，取羝以軷。'《诗》家说曰：'将出祖道犯軷之祭也。'《聘礼》曰：'乃舍軷，饮酒于其侧。'《礼》家说亦谓道祭。玉裁按：尌，立也。各本作树，今正。'犯軷轢牲而行'大徐作'軷轢于牲而行'，非也。山行之神主曰軷。因之山行曰軷。《庸风》毛传曰：'草行曰跋。水行曰涉。'即此山行曰軷也。凡言跋涉者，皆字之同音假借。郑所引《春秋传》，本作'軷涉山川。'今人辄改之。'从车，犮声。'薄拨切，十五部。《诗》曰：'取羝以軷'《大雅·生民》文，毛传曰：'軷，道祭也。'"①《说文》又云："范，軷也，从车笵省声，读与犯同。"范、軷、祖、出祖，实为一事，《周礼·大驭》疏："云'及犯軷'者，《毛诗·邶风·泉水》孔疏云：'軷祭，则天子、诸侯、卿大夫皆于国外为之，《大驭》云'犯軷'，《诗》云'取羝以軷'，《聘礼》云'释軷'是也。又名祖，《聘礼》及《诗》云'出祖'是也。又名道，曾子问云'道而出'是也。以其为犯軷，祭道路之神，为行道之始，故一祭而三名也。"

除"祖""祖道""祖軷""軷""犯軷"（或作"范軷"）者外，还有"祖饯""祖行""祖送""祖别""祖酌""祖席""祖宴""祖筵""祖帐""祖饮""祖礼""祖离"等一系列不同名称，名称虽异，其实则一。兹揭举一二，曰"祖饯"者，例如《后汉书·文苑传下·高彪》："时京兆等五永为督军御史，使督幽州，百官大会，

---

①　段玉裁：《说文解字注》，第 727 页，上海古籍出版社，1981 年。

祖饯于长乐观。"曰"祖行"者，例如《新唐书·循吏传·韦仁寿》："仁寿乃告以实曰：'吾奉诏第抚循，庸敢擅留?'夷夏父老乃悲啼祖行，遣子弟随贡方物。"王禹偁《〈皇华集〉序》："上心豁如，咸可具奏，重慰远俗，劳而遣之，都门祖行，即席探韵，又得若干首。"曰"祖别"者，例如《旧唐书·玄宗纪下》："庚子，遣左右相已下祖别贺知章于长乐坡，上赋诗赠之。"曰"祖送"者，例如《文选·〈荆轲歌〉序》："燕太子丹使荆轲刺秦王，丹祖送于易水上。"张铣注："祖者，将祭道以相送。"《后汉书·东平宪王苍传》："有司复奏遣苍，乃许之……于是车驾祖送，流涕而诀。"

以上所说祖道之祭是为行人宴饯，然在中国古人的观念中人生死只是阴阳之隔。据说，在神农、伏羲时代，民能登天，人人可以与天地交通。自少暤之后，"绝地天通"，人神再想沟通，只能借助于巫觋们了。《书·吕刑》："乃命重黎，绝地天通，罔有降格。"孔传："重即羲，黎即和。尧命羲和世掌天地四时之官，使人神不扰，各得其序，是谓绝地天通。言天神无有降地，地祇不至于天，明不相干。"春秋五霸之一的楚昭王读了《尚书》这段文字之后，颇为不解，便向大臣观射父请教。此事见《国语·楚语》："昭王问于观射父曰：'《周书》所谓重黎寔使天地不通者，何也？若无然，民将能登天乎？'对曰：'非此之谓也。古者民神不杂，民之精爽不携贰者，而又能齐肃衷正，其智能上下比义，其圣能光远宣朗，其明能光照也，其聪能听彻之。如是，则神明降之，在男曰觋，在女曰巫。是使制神之处位次主，而为之牲器时服，而后使先圣之后之有烈，而能知山川之号、高祖之主、宗庙之事，昭穆之世，齐敬之勤，礼节之宜，威仪之则，容貌之崇，忠信之质，禋絜之服，而敬恭明神者，以为之祝……及少暤之衰也，九黎乱德，民神杂糅，不可方物，夫人作享，家为巫史，无有要质，民匮于祀，而不知其福，烝享无度，民神同位，民渎齐盟，无有严威，神狎民则，不蠲其为。嘉生不降，无物以享，祸灾存臻，莫尽其气。颛顼受之，乃命南正重司天以属神，命火正黎司地以属民，使复旧常，无相侵渎，是谓绝地天通。'"① 正是因为"绝地天通"，阴阳两隔，人死不过是转世，是旧生命的终结，也是新生命的起始，故古人以死者入葬为始行，所以，送死者入葬也叫"祖"。《仪礼·既夕礼》："有司请祖期。"郑玄注："将行而饮酒曰祖。"贾公彦疏："此死者将行，亦曰祖。为始行，故曰祖也。"晋陶潜《祭从弟敬远文》亦曰："乃以园果时醪，祖其将行。"《新唐书·李乂传》："乂沈正方雅，识治体，时称有宰相器。葬日，苏颋、毕构、马怀素往祖之。"

以上揭举的"祖道"诸例，多为春秋之后的文献记载，那么前此的商周的出土文献中有无此类信息呢？回答是肯定的。

二　金文"🍖"与祖道

金文"🍖"自宋以来均释"宜"，及见甲骨文"🍖"，孙诒让"疑即'俎'字，《说文》：'俎，礼俎也。从半肉在且上。'此似即从半肉箸横间。……（旧并释为'宜'，误。）亦皆借'且'为'祖''祖'两字"。② 罗振玉也说："卜辞作🍖，则正象置肉于且上之形。古金文亦有俎字……前人皆释为宜，误矣。"③ 王国维同样认为🍖即俎字，并谓："《说文》：'俎，礼俎也。从半肉在且上。'此象二半肉在俎中，殆《周语》所谓房烝。《诗·閟宫》传所谓大房半体之牲也。"④ 又云："由文字上证之，则俎字篆文作俎，象半肉在且旁，

---

① 董增龄：《国语正义·楚语下》卷第十八，第 1～5 页，巴蜀书社，1985 年。
② 孙诒让：《契文举例》，第 72 页，齐鲁书社，1993 年。
③ 见《甲骨文字诂林》，第 3325 页，中华书局，1996 年。
④ 王国维：《戬寿堂所藏殷墟文字》，第 2 页，上海仓圣智大学，1917 年石印本。

而殷虚卜文及貉子卣则作🀃作🀄，具见两房两肉之形，而其中之横画，即所以隔之之物也。"① 容庚《金文编》谓："宜，《说文》古文作🀅，金文象置肉于且上之形，疑与俎为一字。《仪礼·乡饮酒礼》'宾辞以俎'，注：'俎者，肴之贵者。'《诗》：'女曰鸡鸣，与子宜之。'传：'宜，肴也。'又《尔雅·释言》李注：'宜，饮酒之肴也。'俎、宜同训肴也。"② 孙海波《甲骨文编》亦谓"古宜、俎同字"。③ 唐兰在《殷虚文字二记》中说："且多叚为祖，🀃即俎，亦即🀅。……右且字，卜辞金文并叚为祖妣字。……《说文》：'且，荐也。从几，足有二横，一其下，地也。🀆，古文以为且，又以为几字。'按《说文》：'俎，礼俎也。从半肉在且上。'是许意且俎为一字也。卜辞金文俎字作🀅，可为盛肉之确证。……容庚《金文编》创俎宜一字之说，以字形考之，绝无可疑。"④ 于豪亮先生则不以为然，他认为："甲骨文和金文有'宜'字，这是早就提出来的了。由于秦刻石、古玺、汉代封泥以及《说文》古文都有'宜'字，而且这些'宜'字同甲骨文和金文的'宜'字十分近似，一脉相承的痕迹非常明显，因此，甲骨文和金文中的'宜'字是没有问题的……唐先生的说法并没有什么根据，他并没有阐明为什么在先秦古籍中常见的、字形绝不相同、读音也绝不相同的宜字和俎字在甲骨文、金文中竟会是一个字。他也没有详细论证和分析这样一个字嬗变为字形和读音完全不相同的两个字的经过。因此，他的说法是不能令人信服的。……金文中自有俎字……1978 年第 3 期《文物》刊载的《陕西扶风庄白 1 号西周青铜器窖藏发掘简报》中有一件'三年疢壶'……铭文中的🀇字，就是俎字。"……1976 年 6 期《文物》刊

---

① 王国维：《说俎上》，《观堂集林》，第 156 页，中华书局，1959 年。

② 容庚：《金文编》，第 527 页，中华书局，1985 年。

③ 中国社会科学院考古研究所：《甲骨文编》，第 317 页，第 529 页，中华书局，1965 年。

④ 唐兰：《殷虚文字二记》，载《古文字研究》第 1 辑，中华书局，1979 年。

载陕西扶风出土西周伯■诸器铭文中的■字，"从俎从刀，应即刀俎之俎字。在本铭文中■是王姜的字，字当读为俎。"① 于文发表后学界多从其说，不过仍然认为且、俎、宜同出一源的学者也有不少。②

的确，甲骨文"■"字数百见，绝无作"■"者。甲骨文有"从且从刀"者，例如"■"《合集》27972、"■"《合集》1542，也有从"■"从刀者，例如"■"《合集》29405、"■"《合集》32547、"■"《英藏》2356、"■"《屯》1128。从卜辞辞例看，从"■"从刀与从"■"从刀者显然是一字，以此推断"■"和"■"很可能是同一字的不同写法，这大概是学者主张"且""俎""宜"同出一源的根本原因。因为甲骨文中没有"■"和从"■"的字，所以有学者推断"俎字出现于西周，甲骨文俎、宜尚未分化"。③ 就目前所见甲骨文材料言，"且""俎""宜"三字源于同一母体的可能性仍无法排除。

同一字形的不同隶定，必定会影响文意的理解。西周金文乍册矢令簋铭中有"隹（唯）王于伐楚伯在炎。九月既死霸丁丑，乍（作）册矢令■■于王姜，姜商（赏）令贝十朋……"之语，其中"■■"二字郭沫若隶为"尊宜"，指出"'尊宜'连文彝铭中屡见。尊者，登也，进也。宜当如《国风》'与子宜之'之宜，肴也。故'尊宜'当是晋食之意。……铭意至此甚明，即某王与伐楚之役作册

---

① 于豪亮：《说俎字》，《于豪亮学术文存》，第 77～80 页，中华书局，1985 年。于说"■字，从俎从刀，应即刀俎之俎字"是，又说"是王姜的字，字当读为俎"则非。小臣传簋铭文有"［宫］伯■父赏小臣传"语，"■"在"伯"后"父"前，可证定非女字。

② 姚孝遂《甲骨文字诂林》按云："古'俎''宜'同字。"第 3337 页。季旭升亦谓"且、俎、宜三字当同出一源"，见《甲骨文字根研究》，第 753～754 页，文史哲出版社，2003 年。

③ 季旭升：《甲骨文字根研究》，第 753 页，文史哲出版社，2003 年。也许是解决不了"宜""俎"语音不谐的问题，他在《说文新证》中又说"容庚《金文编》宜字条下以为'疑与俎为一字'，恐不可从"。福建人民出版社，2010 年，第 597 页。

令献肴馔与王姜，王姜以贝朋臣民赏赐之"。他推定此为成王器，
"则所谓'王姜'当即成王后。"① 陈梦家隶"䣄宜"为"䣄宜"，也
认为王姜"乃成王之后"，他说："'于伐楚白'即往征楚伯。……
此器之作，用以奠使于皇宗，用以飨王，用以享燕同僚，乃是宝用
之器。"② 唐兰定为昭王器，③ 隶"䣄宜"为"䣄俎"，并说"䣄俎"
的"俎"应读如"祖"，即出祖之"祖"。④ 鉴于唐先生所论与本研
究密切相关，故不避繁复，迻录其相关论述于下：

> 䣄俎于王姜 下文说"姜商令贝十朋"云云，可见这里的
> "䣄俎"是燕享，不是祭礼。并且这是王姜对矢令的䣄俎，所赏
> 的就是燕享时的赠贿。俎和宜是一字，作䣄，象把肉放在俎里的
> 形状。后来把肉形从且字里分出来，就成为俎字，而䣄字则把外
> 边且字的匡，析成上从宀，而下为一，中间的横画，也脱开了，
> 写成窆，或只有一个肉形而成宜，在语音上，俎古音在鱼部，
> 宜古音在歌部，是相近的，但俎为照母，宜为鱼母，则相去较
> 远。因之，尽管从字形上说，俎宜一字十分明显，但拘囿于一
> 隅的学者是不敢说俎宜是一字的。其实䣄字古音应如多，后来语
> 音变化，一则由歌部转入鱼部，并由舌音转入齿音而为俎；另
> 一方面，则韵不变，而由舌音端母，转入喉音疑母。正如：獣

① 郭沫若：《矢令簋考释》，《中国古代社会研究》，第 259～265 页，人民出版社，1954
　年。
② 陈梦家：《西周铜器断代》，第 31 页，中华书局，2004 年。
③ 彭裕商也主张令簋为昭王器：从铭文内容来看，王姜、伯懋父及南征相关诸器记载着
　"王令周公子明保为百官总领，并宣命于成周，应是昭王初年的事，而令簋所记南征
　事，据文献记载是在昭王晚年"。见彭著《西周青铜器的年代》，第 256 页，巴蜀书
　社，2003 年。
④ 叶玉森也曾疑此字假作"祖"字，说甲骨文"他辞有叚俎作俎者"。其说与唐先生颇
　有相似之处，但也有区别，叶氏所说"叚俎作祖"的"祖"指的是祖先之祖，唐氏
　所说"'俎'读如祖"的"祖"是"祖道"之祖。详《甲骨文字诂林》第 3326 页。

本五来切而今读如待的阴平声，歹本五葛切而今读如逮，是端疑两母得相转之例。《说文》宜从多声，不能说没有道理的。这里所说的隩俎的俎应读如祖。《诗·烝民》："中山甫出祖。"郑玄笺："将行，犯轶之祭也。"又《韩奕》："韩侯出祖。"笺："将出而犯轶也。"《仪礼·聘礼记》："出祖释轶祭酒脯，乃饮酒于其侧。"《礼记·檀弓》："曾子吊于负夏，主人既祖，填池，推柩而反之。"注"祖为移柩车去载处，为行始也"。后来受到子游批评，曾子闻之曰："多矣乎予出祖者。"所说"出祖"都是奴隶主贵族们出行时不论生前或身后的一种仪节。从祭祀的方面说，《诗·生民》："取羝以軷。"毛苌传："軷，道祭也。"《周礼·大驭》"犯軷"，郑玄注引《诗》家说曰："将出，祖道犯軷之祭也。"《初学记》五引晋稽含《祖道赋》说："《说文》祈请道神谓之祖。有事于道者吉凶皆名。君子行役，则列之于中路，丧者将迁，则称名于阶庭。"所谓"道神"，据《风俗通·祀典篇》说是共工氏之子修，所谓"祖道犯軷之祭"，是把土堆成山的形状，用草束代替神，祭后，在土堆上放着伏下的狗或羊，用车轮来辗过，以被除不祥，把这段迷信仪式搞完后，就接着饮酒饯行。所以，《韩奕》就接着说："显父饯之，清酒百壶，"菜肴有鱼鳖和笋蒲，而赠贿有乘马和跑车。这种祖道的祭，又称为祭行。《礼记·月令》在冬季说："其祀行。"郑玄注说："祀行之礼，北面设主于軷上，乃制肾及脾为俎，奠于主南。"此铭说"隩俎于王姜"，故宫博物院藏商纣四年的䢼其卣说，"隩文武帝乙俎，"所说隩（尊）俎的隩（尊）字，和奠的意义相通。尊字本作奠，象两手捧酒尊的形状，而奠字本作酋，象把酒尊放置在地下或座上，后来变作奠，是在座下有垫着的东西。……出祖的另一个方面是饮酒饯行，《诗经》的"中山甫出祖"和"韩侯出祖"主要是指这一个方面。《左传·昭

公七年》，楚国召鲁昭公，"公将往，梦襄公祖"。梓慎说："襄公
之适楚也，梦周公祖而行。"这是说昭公梦见襄公为他祖道，襄
公梦见周公为他祖道。可证此铭的"陻俎于王姜"，是王姜为作
册矢令祖道。那末，作册矢令是将有事出行的……《尔雅》说
"宜于社"，也就是祖道。①

郭、陈二先生读"📷"为"宜"，把"📷📷"理解为通常意义上的晋食
或燕饗，唐先生隶"📷"为"俎"，谓"陻俎"之"俎"应读如"祖
道"之"祖"，并强调这里的"俎"是燕享，不是祭礼，而是王姜

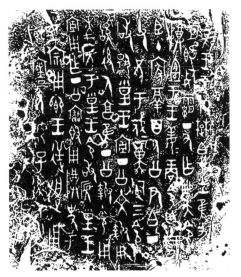

作册矢令簋铭文中的"陻俎"燕享典礼

---

① 唐兰：《论周昭王时代的青铜器铭刻》，《唐兰先生金文论集》，第283、284页，紫禁
城出版社，1997年。唐先生"宜""俎"音转之说能不能通，还有研究的空间。笔者
曾就此请教过音韵学家郑张尚芳先生，回答是否定的。唐先生举"歹"为例，冯蒸教
授见告"歹，本读 e 去声，今读 dai（上声），来自蒙古语或藏语"。音韵学家不赞成
"宜""俎"通转说，但不否认二者有形通的可能。

代昭王为矢令举行的"祖道"之礼。从铭文看，有"伐"、有"𩰚"、有"𪘁"、有"商"（赏）、有"饗"，"伐"必与出征有关，"𩰚"必与饮酒有关，"𪘁"必与"肴馔"有关，"商"（赏）必与赠贿有关，"饗"必与宾主有关，而"出征""饮酒""肴馔""燕饗"诸项正是"祖道"祀行礼的典型特征，就此而论，唐先生作出"陕𪘁"即"祖道"的研判理由是相当充分的。

甲骨文的"奠俎"跟金文的写法如出一辙

《花东》198 截图

三　从甲骨文中的"奠俎"说到商代的道祭典礼

唐先生读"𪘁"为"俎"谓金文中的"陕𪘁"和"陕某某𪘁"皆为祖道，从文义训诂角度看没有问题，从字形角度看于豪亮先生认定金文"𪘁"是"宜"而不是"俎"，金文"𦉥"才是"俎"字也没有问题，但据此并不足以推翻"宜""俎"同字说，除非在甲骨文中也能找到"俎"作"𦉥"的字形和辞例。事实是甲骨文里没有"𦉥"也没有从"𦉥"之字，而殷商考古中又出土了不同材质的

"俎"如石俎、木俎、青铜俎等,① 且与鼎、簋等祭祀礼器伴随同出, 客观事象表明,"俎"是殷商贵族必备的常见的礼器, 甲骨文中没有半点儿"俎"的消息实在说不过去。

殷墟出土的石俎
采自《考古》《1962 年安阳大司空村发掘简报》

于豪亮先生不相信"字形绝不相同、读音也绝不相同的宜字和俎字在甲骨文和金文中会是一个字", 可他所说的甲骨文、金文"宜""俎"二字"字形绝不相同"并不是事实。首先, 甲骨文里只有一个"🉀"字而没有他所认定为"俎"的"🉀"字, 就逻辑层面言本就只有一个字形没有其他字形可资比较,"字形绝不相同"这句话

---

① 1964 年第 8 期《考古》发表的《1962 年安阳大司空村发掘简报》称, 大司空村出土 1 件大理石俎, 长 22.8 厘米, 宽 13.4 厘米, 高 12 厘米。上世纪 30 年代发掘殷墟时在小屯 M186 中发现木俎 1 件, 俎面像是一块黄色长方形木板, 板面长 0.7 米, 宽 0.32 米。下面似有两足 (即文献所谓"柎",《说文·木部》:"柎, 阑足也。") 高 0.5 米。安阳殷墟西北冈 1001 大墓出土木俎 3 件。1979 年在辽宁省义县稍户营子镇花尔楼村出土有青铜俎, 与簋、鼎同出。

也落了空；其次，放下逻辑问题不谈，单说他所认定的金文"𤔔"（宜）字和"𤔔"（俎）字字形，字形客观摆在那里，"𤔔"显然是"俎几"侧面的象形，"𤔔"是"俎几"正面的象形，二者同象"俎几"之形，怎么能说"字形绝不相同"呢？接下来谈"宜""俎"二字"读音也绝不相同"的问题。关于古文字的读音问题，问题之复杂可能超出了现知的音变规律，正像林沄先生所说的那样："绝大多数古文字学家只注意一个字的字义可有多种，却很少想到一个字可有不同的读法。……过去许多学者都没有认识到一个字可以转注为读音根本不同的字，面对着因转注而造成的一字异音现象，一部分学者承认这种异音现象用公认的声韵通转规律解释不了，就推测商代的语音和由《诗经》等周代典籍总结出的古音系统有较大的不同。然而，周人的语言若真和商人不属同一系统，就难以解释周人何以全盘继承商人所用的意音文字而不加以改造。另一部分学者则抱定凡同字异音必反映音变规律的宗旨，为沟通必不可通的声和韵钻牛角尖，最后势必陷入无所不通、无所不转的泥淖。"① 裴锡圭先生也说："其实在古代同一个字形表示两个差别很大的语音的现象是相当常见的。甲骨文里'月''夕'一字，甲骨、金文以至更晚的文字里'豐''豊'一字，都是明显的例子。"② 沈兼士先生也谈到夕月同形互用的问题，他说得更干脆："初期意符字形音义之不固定，在形非字书所云重文或体之谓，在义非训诂家所云'引申假借'之谓，在音非古音家所云声韵通转之谓，而其形其音其义率皆后世认为断断乎不相干者。"③ 并批评"世俗狃于形义音固定之传统见解，而古文从此绝矣"。无论同不同意沈先生的推测，但他所列举

---

① 林沄：《古文字转注举例》，《林沄学术文集》，第 42 页，中国大百科全书出版社，1998 年。

② 裴锡圭：《说"𤔔𤔔白大师武"》，《古文字论集》，第 358 页，中华书局，1992 年。

③ 沈兼士：《沈兼士学术论文集》，第 207~211 页，中华书局，1986 年。

"夕、月、朔""兎、免、兔"等字的形义音问题一定是传统的声韵通转理论无法解释的。

在古文字考释上于省吾先生更强调字形的重要，于先生指出："留存至今的某些古文字的音与义或一时不可确知，然其字形则为确切不移的客观存在。因而字形是我们实事求是地进行研究的唯一基础。"①

既知古代同一个字形表示两个差别很大的语音的现象很常见，回头再看"宜""俎"二字"读音也绝不相同"问题，也就不是什么问题了，要紧的是"宜""俎"二字形义相同，哪怕唐兰先生所谓"端疑两母得相转"的说法不能令人信服，也不影响"宜""俎"古本一字结论的成立，也就是说，"𢌿"既可以读作"宜"也可以读作"俎"，不存在字理问题。

"𢌿"隶"宜"隶"俎"皆可的理据问题既得解决，那么，碰上甲骨文"𢌿"字究竟是隶"宜"还是"俎"呢？说到底还得看辞例。

接下来考察甲骨文"𢌿"字辞例及其相关问题。

初读唐兰先生乍册夨令簋铭文的考释文字，觉得他对"隔𢌿"解释很有意思，便取出《殷虚甲骨刻辞类纂》查检有无相同辞例，结果大失所望，"𢌿"字辞条数百，仅有两例作"凤𢌿"者（《合集》33140、《合集》15889），辞例还不完整，仅以这些材料难以验证唐说与甲骨文是否相合。

再查《殷墟花园庄东地甲骨》（以下简称《花东》），没想到其中不仅有"隔𢌿"连文者，字形写法跟乍册夨令簋铭文几乎如出一辙，居然还有"出𢌿"连文者，若隶"𢌿"为"俎"读如"祖道"之"祖"，与《诗·烝民》"出祖"竟若合一契！且看《花东》26：

（1）自宁（贾）□。

_____

① 于省吾：《甲骨文字释林》，第3、4页，中华书局，1979年。

（2）子其出⊠。不用。一

（3）甲戌卜：子其出⊠。不用。

（4）戠弜出⊠。用。二

（5）甲申卜：子其见妇好……。一

（6）甲申卜：子叀豕、⊠暨鱼见（献）丁。用。

（7）丙：岁妣庚牝，祝⊠，告梦。一

（8）丙：岁妣庚牝，祝⊠，[告]梦。二

（9）戊子卜：子⊠一于之若。一

（10）戊子卜：子⊠二于之若。一

《花东》整理者隶"⊠"为"隋宜"，隶"出⊠"为"出宜"，研究《花东》卜辞者多从之。读"⊠"为"宜"在多数情况下是没有问题的。即使把"⊠""出⊠"隶作"尊宜""出宜"也是能讲得通的。例如辞（2）（3）"子其出⊠"、辞（4）"戠弜出⊠"，隶作"宜"无论解释为"合宜"，还是解释为祭名（列俎几陈牲以祭）皆通。"戠"读为"待"，[1]"弜"是表意愿的否定词，相当于现代汉语里的"不要……"。[2]辞（9）（10）中的"子⊠"可以理解为子奉献尊酒是否合宜。

　　但并非所有辞例皆可读为"宜"，下面这版卜辞对主张读"⊠"为"宜"者很不利：

（1）辛巳卜：吉牛于⊠。一

（2）甲申：叀大岁又于祖甲。不用。一二

（3）甲申卜：叀小岁饮于祖甲。用一羊。一二

（4）甲申卜：岁祖甲牝一。用。一

（5）乙酉：岁祖乙牝一。一

（6）乙酉：岁祖乙牝一。三四

---

① 裘锡圭：《说甲骨卜辞中"戠"字的一种用法》，《古文字论集》，第 111～116 页，中华书局，1992 年。

② 裘锡圭：《说"弜"》，《古文字论集》，第 117～121 页，中华书局，1992 年。

（7）丁亥卜：戠，弜酓（酒）羊，又鬯。癸子。用。一

（8）丁亥卜：吉牛粦于圓。一

（9）丁亥卜：吉牛皆于圓。一

（10）吉牛于圓。一

（11）吉牛其于圓，子弗艱（艰）。一

（12）丁亥卜：吉牛于圓。一

（13）吉牛于圓。一

（14）于亥卜：吉牛于圓。二

（15）戊子卜：吉牛于示，又（有）剢来又（祐）囲。一

（16）戊子卜：吉牛其于示，亡（无）其剢于圓，若。一

（17）戊子卜：吉牛于示。一

（18）吉牛亦示。一

（19）戊子卜：又吉牛，弜隮于圓。一《花东》228

“吉牛于圓”中的“吉牛”，当指用于祭祀的牛。古以祭祀为吉礼，事关祭祀恒曰“吉”。如称祭器为“吉器”，《仪礼·既夕》：“即床而奠，当腢周吉器，若醴若酒，无巾柶。”称祭祀、四时之祭为“吉事”，《礼记·曲礼上》：“丧事先远日，吉事先近日。”郑玄注：“吉事，祭祀、冠、取之属也。”《周礼·春官·天府》：“凡吉凶之事，祖庙之中，沃盥，执烛。”郑玄注：“吉事，四时祭也；凶事，后王丧。”称宗庙祭祀木主为“吉主”。称祭祀之服为吉服。称卒哭之祭为“吉祭”。称除丧奉死者神主入祭于宗庙为“吉禘”。称祭祀前选择吉日，斋戒沐浴叫“吉蠲”，《诗·小雅·天保》：“吉蠲为饎，是用孝享。”毛传：“吉，善。蠲，絜也。”郑玄笺：“谓将祭祀也。”朱熹集传：“吉，言诹日择士之善；蠲，言斋戒涤濯之洁。”陆德明释文：“蠲，古玄反，旧音圭。”姚萱读“吉牛”为“佶牛”，[1] 亦

① 姚萱：《殷墟花园庄东地甲骨卜辞的初步研究》，第213页，线装书局，2006年。

通，"佶牛"即健壮牛。"🜚"在介词"于"后，若隶作"宜"，"吉牛于宜"何谓？殊难索解。试隶作"俎"读如"祖"，整条卜辞就会犁然贯通。再看辞（14）"吉牛于🜚"与辞（15）"吉牛于示"以及辞（16）"吉牛其于示，亡（无）其刿于"，"🜚""示"并举，可知二辞为同一属性，《说文》"示，神事也"，"示"即神主。有此内证几将隶"🜚"为"俎"读如"祖"铸成铁案。辞（19）"又吉（佶）牛，弜殙于🜚"也证明"🜚"应该隶为"俎"读如"祖"，而不应隶为"宜"，"于宜"不辞，"🜚"隶为"俎"可以解释为"俎几"之"俎"，也可以解释为"先祖"之"祖"。这一辞例又使前证更加补强。

　　顺带说一下"殙"字。就字形言"殙"固当隶"尊"，然唐、陈皆隶为"陞"，读作"奠"，金祥恒先生指出：旧说释尊不词，当释为陞，即《说文解字》"奠，置祭也，从酋，酋酒也，下其丌也。礼有奠祭者"。……甲骨文从廾，非丌也，廾者进奉之意。[1] 耀华按，"尊"与"奠"的关系与"宜"和"俎"有点儿像，其形同出一源，其义皆为奉酒食而祭，两者几可视为一字，《仪礼·士丧礼》注云"古文奠为尊"。[2] 由是知，隶"殙🜚"为"奠俎"没有问题。[3] 由是知，《花东》26中的"出🜚""殙🜚"隶定为"出俎""奠俎"，理解为"祖道"也没有问题。该版辞（5）"子其见妇好"及辞（6）"子更豕、🐟暨鱼见丁"大概也与祖道进献有关，"子"亦即这批甲骨的主人，亦即该卜辞的占卜主体，《花东》整理者刘一曼、曹定云二先生推断，H3卜辞主人与殷王同源于祖乙，可能是沃甲之后。[4]

---

[1]　金祥恒：《殷人祭祀用人牲设奠说》，《中国文字》第18册，第5248~5274页。
[2]　《十三经注疏》，第1135页，中华书局，1980年。
[3]　台湾学者姚志豪先生隶"殙🜚"为"尊俎"，认为当读为荐俎。黄天树先生不然其说，指出甲骨文的"尊"和"奠"，"宜"和"俎"字形迥然不同。二氏说见《花园庄东地甲骨论丛》，台湾圣环图书有限公司，2006年。
[4]　刘一曼、曹定云：《殷墟花园庄东地甲骨卜辞选释与初步研究》，《考古学报》1993年第3期。

有学者直断其为武丁太子孝己，① 也有学者不然其说，② 此问题目前尚无定谳。但无论如何，有资格设置占卜机构，本就表明其身份地位相当高。"见"陈剑先生读献，③可从。妇好是商王武丁的配偶，鼎鼎大名，尽人皆知，不必辞费。另一献纳的对象"丁"为何人？刘一曼、曹定云说："'丁'是武丁早期的一个重要人物，他参与王朝的军政大事。"④ 陈剑先生则铁口直断："在这批卜辞中多次出现的一位当时还活着的、称为'丁'的人物，可以肯定就是当时的商王武丁。"又说："看来花东子卜辞的以所谓'丁'指称商王武丁，到底应该如何解释，确实还有待进一步研究。"⑤ 陈剑之所以说还有待于进一步研究，是因为"丁"过去一般认为是已故先人的庙号，当是死称，陈文没有对此给出合理的解释。裘锡圭先生解答了陈文的遗留问题，指出"花东子卜辞"和"子组卜辞"中指称武丁的"丁"可能应该读为"帝"，⑥ 裘先生的解释化解了武丁生称"丁"与死称日名庙号的矛盾，至此，"丁"的身份之谜基本上被解开了。

---

① 杨升南：《殷墟花东 H3 卜辞"子"的主人是武丁太子孝己》，《甲骨文商史丛考》，第 119～131 页，线装书局，2007 年。韩江苏在其博士论文《殷墟花东 H3 卜辞主人"子"研究》中也主此说，线装书局，2008 年。

② 笔者不赞成花东"子"为孝己说，原因有四：1. 称谓不对，2. 地位不符，3. 与人伦常理不合，4. 与已知商王祭谱不合。详拙著《殷虚甲骨非王卜辞研究》，第 268～331 页，线装书局，2006 年。

③ 陈剑指出"花东子卜辞常见关于'子'献纳于'丁'或'妇好'的卜问，献纳品还包括各种玉器、'鬯'和'妾'等。"《甲骨金文考释论丛》，第 83 页，线装书局，2006 年。

④ 刘一曼、曹定云：《殷墟花园庄东地甲骨卜辞选释与初步研究》，《考古学报》1993 年第 3 期。

⑤ 陈剑：《甲骨金文考释论丛》，第 82、89 页，线装书局，2006 年。

⑥ 裘锡圭：《"花东子卜辞"和"子组卜辞"中指称武丁的"丁"可能应该读为"帝"》，《裘锡圭学术文集》，第 516～522 页，复旦大学出版社，2012 年。《花东》420 中既称"丁"又称"王"，若读"丁"为"帝"，同版卜辞何以既称"帝"又称"王"？令人费解。"丁"是不是可以读为"帝"应该还有研究的空间。

接下来谈"子"之所献，豕即猪，鱼不必解释，𠂤是什么东西？无人知晓，从字形看，从占从攴，跟击打有关，占不像动物，我们怀疑是一种打击乐器，依据是同为俎（祖）类卜辞的《花东》265 中有类似辞例：

（1）戊辰卜：子其以磬、妾于妇好，若。

（2）庚午卜：子其以磬、妾于妇好，若。

（3）辛未：俎（祖）羊一，在入卯，又攺鬯。

"子其以磬、妾于妇好"是卜问子要不要把磬、妾进献给妇好，磬即为打击乐器。连带讨论一下辞（8）的"又攺鬯"，"攺"原释文读作"启"，陈剑指出："动词攺字与入、见近似，意为奉献……但此字恐实与'启'无关，而是'肇'字所从的声符，可径释为'肇'或'肈'，读为何字则尚待研究。"① 陈说很有见地，我们认为"攺"不仅可径释为"肇"，亦可径读为"肇"，"肇"有"致"义，"肇事"即"致事"，"奉献""献纳"亦曰"致"，《论语·学而》"事父母能竭其力，事君能致其身"，"致其身"即献其身，"肇鬯"即奉献香酒，郁金香合黑黍酿成的香酒叫作鬯，《礼记·曲礼下》："凡挚：天子，鬯；诸侯，圭。"孔颖达疏："天子鬯者，酿黑黍为酒，其气芬芳调畅，故因谓为'鬯'也。"

《花东》26、228 还有一些岁祭妣庚、祖甲、祖乙用牲的占卜，跟俎（祖）卜辞或有关联，《北堂书钞·祖十三》云："修好远游，祀以为祖，祈请道神，是以为祖，乃祝灵祖以祈福祥。"② "灵祖"对祖先的敬称，用如扬雄《元后诔》："皇皇灵祖，惟若孔臧，降兹珪璧，命服有常。"可见祖道跟祭祀祖先并行不悖，且相辅相成，要之皆以祈福祥。

前文多次说到"奠俎"即祖道，但究竟是死者将行之祖还是饮

---

① 陈剑：《甲骨金文考释论集》，第 84 页，线装书局，2007 年。

② 虞世南：《北堂书钞》卷 155，文渊阁《四库全书》第 889 册。

酒饯行之祖则未及详考，下面讨论这个问题。

除了上揭《花东》26、228 两版，《花东》34、198 也讲到了"奠俎"：

（1）辛卯卜：子奠俎（祖），叀幽廌。用。一

（2）辛卯卜：子奠俎（祖），叀……。不用。一

（3）甲辰：岁祖甲牢衩一卷。一二

（4）甲辰：俎（祖）丁（帝），牝一。丁（帝）各（至），矢（昃）于我，翌于大甲。用。一二

（5）甲辰卜：于来乙，又于祖乙窒。用。一二

（6）乙巳卜：岁祖乙牢，衩卷一，祖甲……丁（帝）各（至）。一二

（7）乙巳卜：子，大再。不用。一

（8）乙巳卜：子，再小。用。一

（9）乙巳卜：丁（帝）各（至），子再。用。一二

（10）乙巳卜：丁（帝）[各（至）]，子弜巳再。不用。一二

（11）乙巳卜：丁（帝）各（至），子[于庭]再。用。一二

（12）乙巳卜：丁（帝）各（至），子于[寝]再。不用。一

（13）戊申卜：岁祖甲豕一，羝一。一

（14）己酉卜：翌日庚子乎（呼）多臣燕见（献）丁（帝），用。不率。一《花东》34（H3：115＋241＋246）

耀华按："幽廌"，幽，黑也，通黑黝黝之"黝"，《周礼·地官·牧人》："凡阳祀，用骍牲毛之；阴祀，用黝牲毛之。"郑玄注引郑司农曰："黝读为幽。幽，黑也。"廌，兽名。"幽廌"即供祭祀用的黑色廌，是牺牲的一种。"岁祖乙"，岁，祭名，其原始之本义，乃斧钺之象形也，斧钺可以刑牲，"岁祖乙"谓以斧钺刑牲祭祀祖乙。[1] 牢，指供祭祀用的牛或羊、豕，《庄子·至乐》："具太牢以为

---

① 参见吴其昌：《殷虚书契解诂》，第 23～25 页，武汉大学出版社，2008 年。翌日之祭，是祭于祖之生之日或死之日，还有研究的空间。

膳。"成玄英疏："太牢，牛羊豕也。"牵，指专供祭祀用的羊。祝，
亦祭名。牝，母牛也，鸟兽的雌性曰牝，字从牛从匕，匕，阴户也，
鸟兽凡从匕者，皆雌性，如从羊从匕即母羊，从鹿从匕即母鹿，从
鹰从匕即母鹰，从马从匕即母马，从豕从匕即母猪。牡与牝相反，
牡，公牛也，从牛从土，土，阳具，字作"⊥"，象阳具形。从羊从
"⊥"即公羊，从豕从"⊥"即公猪，从鹿从"⊥"即雄鹿。余类
推之。"丁（帝）各"，各，同"格"，来也，至也，《仪礼·士冠
礼》："孝友时格，永乃保之。"郑玄注："格，至也。"矢，读如昃，
时间词，过午，日西斜。"翌于大甲，翌日于大甲"，"翌""翌日"
均为祭名。吴其昌先生谓"翌"犹"祀"也，……是故"翌于"又
通作"翌日于"。如云"翌日于大乙，（《商》906）翌日于父丁，
（《林》1.21.5）"，"翌日于且辛"（《燕》22）皆翌日为祭名之明证
也。翌日之祭，皆祭于祖之生之日，如此片于壬戌日"翌日"于示
壬，（指《前》1.1.2）即其证也。① 禹，字象手抓物之形，"稱"为
其孳乳字，《书·牧誓》："称尔戈，比尔干，立尔矛，予其誓。"孔
传："稱，举也。"与燕饮有关者例如《诗·豳风·七月》："跻彼公
堂，称彼兕觥，万寿无疆。"卜辞辞例最多的是"禹册"，也有"禹
斧""禹玉"者，动词"禹"应有恭敬地奉上某种物品之义。"不
率"之"率"金祥恒谓皆也，悉也。② 其说通达。"用。不率"即
"用，不全用。"《合集》16119辞为"贞：率用"，与"不率"对
言，可证金说不诬。

（1）乙亥：岁祖乙□，祝兽一。二

（2）辛卯卜：子奠俎（祖），至二日。用。一

（3）辛卯卜：子奠俎（祖），至三日。不用。一

（4）辛卯卜：叀□廌、牝，亦叀牡用。一

---

① 吴其昌：《殷虚书契解诂》，第18页，武汉大学出版社，2008年。
② 于省吾：《甲骨文字诂林》，第3183页，中华书局，1997年。

（5）辛卯卜：子莫俎（祖），叀幽鷹用。一

（6）壬辰卜：子亦莫俎（祖），右左叀骰用。

（7）中叀骰用。

（8）壬辰卜：子亦莫俎（祖），叀骰，于左、右用。一

（9）壬辰卜：子莫俎（祖），叀隹（惟）□用。一

（10）癸巳卜：叀璧肇丁（帝）。一

（11）子肇丁（帝）璧。用。二

（12）癸巳卜：叀玽（琡）肇丁（帝）。不用。一《花东》198
（H3：599）

耀华按"**玽**"，陈剑释"琡"，即玉戚，或用为臣下向商王等的献纳
之物。① 其说至确。《花东》34 辞（1）与《花东》198 辞（5）完
全同文：

辛卯卜：子莫俎（祖），叀幽鷹用。一

不只干支相同，卜事相同，甚至连兆序"一"也相同。《花东》
335、《花东》420 与《花东》34 也是同文关系：

（1）丁酉卜：今夕□往✹（𧾷）。一

（2）［甲］辰：俎（祖）［丁（帝）］，牝一，［丁（帝）］各
（至），戾于我，翌日于大甲。一二三《花东》335（H3：1038 +
1457 + 1579）

（1）甲辰卜：［丁（帝）］各（至），戾于我。用。一

（2）甲辰：俎（祖）丁（帝），牝一，［丁（帝）］各（至），
戾于我，翌日于大甲。一二

（3）甲辰卜：于祖乙岁牢又一牛。叀□。一

（4）庚戌卜：隹（唯）王令（令）余燕，若。一

（5）壬子卜：子丙叀（速），用。丁（帝）各（至），乎禽

---

① 陈剑：《说殷墟甲骨文中的"玉戚"》，台湾《史语所集刊》第 78 本第 2 分，2007 年。

（饮）。一二《花东》420（H3：1314）

耀华按"壴"，陈剑释"速"，"速"有召请义，陈说极是，《诗·小雅·伐木》："既有肥羜，以速諸父。"郑玄笺："速，召也。"

　　《花东》34 辞（4）、《花东》420 辞（2）与《花东》335 辞（2）皆为：

　　甲辰：俎（祖）丁（帝），牝一，［丁（帝）］各（至），戾于我，翌日于大甲。一二

干支、卜事文字完全相同，唯一不同的是《花东》335 比《花东》34、《花东》420 的兆序多了一个"三"。由此可以断定，《花东》198、34、335、420 这 4 版甲骨时间上有重合点，当为同一时段产物。《花东》26、《花东》228 两版与其虽无同文关系，但就干支、卜事来看，这 6 版卜辞的内容可以对接。如《花东》26（H3：86）辞作：

　　（9）戊子卜：子奠俎（祖）一于之若。一

　　（10）戊子卜：子奠俎（祖）二于之若。一

《花东》228（H3：662）则为：

　　（19）戊子卜：又吉牛，弜奠于俎（祖）。一

《花东》26 辞（9）（10）"子奠俎（祖）"与 228 辞（20）"弜奠于俎（祖）"正反对贞，同日卜同一件事，《花东》34、198 亦卜"子奠俎"，时间迟后 3 天，差别仅此而已。由于这 6 版卜辞干支相序，卜事或相同或相关，知其所卜之事发生在同一个时段，将之错综一起，打乱版别，然后以干支顺序为经，以占卜事类为纬，可以排出"子奠俎"事表如下：

▶甲戌：出俎 弜出俎

　　（1）自宁（贾）□。

　　（2）子其出俎（祖）。不用。一

　　（3）甲戌卜：子其出俎（祖）。不用。

（4）戠，弜出俎（祖）。用。二《花东》26（H3：86）

▶辛巳：吉牛于俎（祖）

（1）辛巳卜：吉牛于俎（祖）。一《花东》228（H3：662）

▶甲申：献贿于丁（帝），岁祭先祖

（5）甲申卜：子其见（献）妇好……。一

（6）甲申卜：子重豕、𦥯暨鱼见（献）丁（帝）。用。《花东》26（H3：86）

（2）甲申：重大，岁又（侑）于祖甲。不用。一二

（3）甲申卜：重小，岁饺于祖甲。用。一羊。一二

（4）甲申卜：岁祖甲牝一。用。一《花东》228（H3：662）

▶乙酉：岁祭先祖

（5）乙酉：岁祖乙牝一。一

（6）乙酉：岁祖乙牝一。三四《花东》228（H3：662）

▶丙：岁祭妣庚，告梦

（7）丙：岁妣庚牝，祝鬯，告梦。一

（8）丙：岁妣庚牝，祝鬯，［告］梦。二《花东》26（H3：86）

▶丁亥：吉牛于俎（祖）

（7）丁亥卜：戠弜酌羊，又鬯癸子。用。一

（8）丁亥卜：吉牛牪于俎（祖）。一

（9）丁亥卜：吉牛皆［皆（階）］于俎（祖）。一

（10）吉牛于俎（祖）。一

（11）吉牛其于俎（祖），子弗艱（艱）一

（12）丁亥卜：吉牛于俎（祖）。一

（13）吉牛于俎（祖）。一

（14）丁亥卜：吉牛于俎（祖）。二《花东》228（H3：662）

耀华按"牪"，裘锡圭先生云"甲骨文牪字象木上有物缠束之形"，本义应

该是缠束包裹一类的意思，而不是《说文》所说的"木垂花实也"。①
此处大概是将缠束包裹的"吉牛"用于俎（祖）。

▶戊子：奠俎（祖）卜若

（15）戊子卜：吉牛于示，又（有）剢来又田。一

（16）戊子卜：吉牛其于示，亡（无）其剢于俎（祖），若。一

（17）戊子卜：吉牛于示。一

（18）吉牛亦示。一

（19）戊子卜：又吉牛，弜奠于俎（祖）。一《花东》228
（H3：662）

耀华按"又剢""亡其剢"，"又"读如"有"，"亡"读如"无"，
"剢"去势之豕。②

（9）戊子卜：子奠俎（祖）一，于之若。一

（10）戊子卜：子奠俎（祖）二，于之若。一《花东》26（H3：
86）

▶辛卯：奠俎（祖）用幽鷹

（1）辛卯卜：子奠俎（祖），叀幽鷹用。一

（2）辛卯卜：子奠俎（祖），叀……。不用。一《花东》34
（H3：115＋241＋246）

（2）辛卯卜：子奠俎（祖），至二日。用。一

（3）辛卯卜：子奠俎（祖），至三日。不用。一

（4）辛卯卜：叀口俎（祖）□馭。牝，亦叀牡用。一

（5）辛卯卜：子奠俎（祖），叀幽鷹用。一《花东》198（H3：
599）

耀华按：口是人名，这个"口"与犬"口"（见第十章）或是同

---

① 裘锡圭：《说"𡈼𢆶𡿺白大师武"》，《古文字论集》，第358页，中华书局，1992年。
② 裘锡圭：《甲骨文中所见的商代五刑——并释"𠚥""剢"二字》，《古文字论集》，
　第210～215页，中华书局，1992年。

一人。

▶壬辰：奠俎（祖）卜牲

（6）壬辰卜：子亦奠俎（祖），左叀馳用。

（7）壬辰卜：子亦奠俎（祖），叀馳，于左、右用。一

（8）中叀馳。用。

（9）壬辰卜：子奠俎（祖），叀隹□用。一《花东》198（H3：599）

▶癸巳：子肇丁（帝）璧、取（琡）

（10）癸巳卜：叀璧肇丁（帝）。一

（11）子肇丁（帝）璧。用。二

（12）癸巳卜：叀取（琡）肇丁（帝）。不用。一《花东》198（H3：599）

▶丁酉：往🦌

（1）丁酉卜：今夕□往🦌（🦌）。一《花东》335（H3：1038 + 1457 + 1579）

耀华按"🦌"为地名，《合集》8119有"贞乎宅🦌丘"之卜，知此地为丘陵地带。

▶甲辰：俎丁（帝）卜牲，丁（帝）各（至），岁祭先祖

（2）［甲］辰：俎（祖）［丁（帝）］，牝一，［丁（帝）］各（至），祟于我。翌日于大甲。一二三《花东》335（H3：1038 + 1457 + 1579）

（3）叀祖甲牢祝一卣。一二

（4）甲辰：俎（祖）丁（帝），牝一，丁（帝）各（至），祟于我。翌于大甲。用。一二

（5）甲辰卜：于来乙，又于祖乙窜。用。一二《花东》34（H3：115 + 241 + 246）

（1）甲辰卜：丁（帝）各（至），祟于我。用。一

（2）甲辰：俎（祖）丁（帝），牝一，丁（帝）各（至），昃于我。翌日于大甲。一二

（3）甲辰卜：于祖乙岁牢又一牛。叀□。一《花东》420（H3：1314）

▶乙巳：丁（帝）各（至）子再大、小，岁祭先祖

（6）乙巳卜：岁祖乙牢，祝毁一，祖甲□。丁（帝）各（至）。一二

（7）乙巳卜：子，大再。不用。一

（8）乙巳卜：子，再小。用。一

（9）乙巳卜：丁各（至），子再。用。一二

（10）乙巳卜：丁［各（至）］，子弜巳再。不用。一二

（11）乙巳卜：丁各（至），子［于庭］再。用。一

（12）乙巳卜：丁各（至），子于［寝］再。不用。一《花东》34（H3：115＋241＋246）

▶戊申：岁祭先祖卜牲

（13）戊申卜：岁祖甲豕一，牝一。一《花东》34（H3：115＋241＋246）

▶己酉：子乎多臣燕献

（14）己酉卜：翌日庚：子乎（呼）多臣燕见（献）丁（帝），用。不率。一《花东》34（H3：115＋241＋246）

▶庚戌：王令余燕

（4）庚戌卜：隹王令（令）余燕，若。一《花东》420（H3：1314）

▶壬子：丁（帝）各（至），乎飨（饮）

（5）壬子卜：子丙壴（速）。用。丁（帝）各（至），乎［飨（饮）］。一二《花东》420（H3：1314）

上列卜辞就性质而言可以分"奠俎""俎丁（帝）"两类，就时间、

卜事而言以"丁（帝）各（至）"为界可分为前后两个阶段：

第一阶段　奠俎类

时间、卜事：甲戌至壬辰 丁（帝）各（至）之前

第二阶段　俎丁（帝）类

时间、卜事：甲辰至壬子 丁（帝）各（至）之后

癸巳至丁酉4天　为迎接丁（帝）作准备，亦划入此段。

归纳第一阶段的"奠俎"卜辞可以得到如下认识：

（一）子是奠俎的主持者。

（二）丁（帝）、妇好可能参加了奠俎礼。

（三）不明为谁奠俎。

（四）奠俎常跟岁祭先祖先妣同时或交错进行。

（五）标明吉牛于俎（祖）地点在皆（阶）。

（六）奠俎多卜牲，用牲有吉牛、幽鹰（《花东》34、《花东》198），牝、牡（《花东》198），叀魁（《花东》198）。

（七）卜左中右用牲位置。

（八）向先妣告梦。

由"奠俎""吉牛于祖"地点在皆（阶）和用牲规格推测，奠俎极有可能是"死者将行"之祖，是祭典。奠俎之奠意即置祭，前引《说文》云："奠，置祭也，从酋酋酒也，下其丌也。礼有奠祭者。"前文业已指出"吉牛"可能是祭祀用牛之专名，前引晋稽含《祖道赋》说："君子行役，则列之于中路，丧者将迁，则称名于阶庭。"《花东》228辞（9）"吉牛皆［皆］于俎（祖）"之"皆"当读如"阶庭"之"阶"，与《祖道赋》相合。下面这版卜辞更能说明问题：

（3）戊子卜，在𩰊鼎（贞）：不子𦤻又（有）疾，亡（无）延，不死。一二三

（4）戊子卜，在𩰊鼎（贞）：其死。一二三

（5）戊子卜，在🐘鼎（贞）：🔡言曰：翌日其于蒦［官（馆）］
俎（祖）。允其用。一《花东》351

这版卜辞与《花东》228 有直接关系的依据是两版卜辞同在"戊子"
这一天卜问，🔣字不识，与 228 片之"🔲"当为一字之异体。单
看《花东》228 不明辞（15）"吉牛于示，又剢来又
🔲"句"来又
🔲"三字何意，看到此版"不子🔣又疾"后恍悟"不子🔣"为人
名，"不"为封地，子为爵称，🔣为私名。子组卜辞也提到"不子"
（《合集》21611），"不"与"缶"同列（《合集》21618），《合集》
21912 有"辛不子在亚，丁（帝）□史"。此人封地见《合集》
28008"贞其🔣，才不射"。《合集》891 反辞（2）"壬寅卜，收止
（有）往于不，乎从求弘"。辞（3）"勿乎从求于不"。① 青铜器有
子不爵。② 《花东》228 的🔣应即此人，"来又🔣"之"又"当读如
"祐"同"侑"，《易·系辞上》"可与祐神矣"，陆德明释文："马
云：祐，配也。荀作侑。""侑"有进献义。"来又🔣"可理解为神
祐，也可以理解为来有剢（去势豕），来献给🔣。"🔡"，人名，《屯
南》2311 辞曰"叀乎🔡人〔止（侑）〕祖，若。　吉"，这位被呼者
"🔡"跟此版的"🔡"可能是一人，这里的"〔止（侑）〕祖"之
"祖"也可能是祖道。"🐾"［官］，"🐾"，当隶作"蒦"，孙海波读为
灌祭之灌。③ 孙说是，《合集》30830"□□卜，其酒蒦……"，"酒"
为祭名，"蒦"与"酒"并列，可知"蒦"亦祭名。金祥恒说："🐾"
如释为蒦，即后世禘灌之"灌"，如《论语·八佾章》："子曰'禘
自既灌而往者，吾不欲观之矣。'盖灌为祭祀以圭瓒酌鬯始献神
也。"④ 官，房舍，官舍。《论语·子张》："夫子之墙数仞，不得其

---

① 卜辞又有不白（伯）之称者见《合集》3410"丁亥卜，〔王〕，子白〔羌〕毓，不白"。
② 常耀华：《殷虚甲骨非王卜辞研究》，第 84 页，线装书局，2006 年。
③ 孙海波：《甲骨文编》，第 179 页，中华书局，1965 年。
④ 引自于省吾：《甲骨文字诂林》，第 1693 页，中华书局，1997 年。

门而入，不见宗庙之美，百官之富。"《汉书·贾谊传》："及太子少长则入于学，学者所以官也。"颜师古注"官为官舍"。或以为官即馆之初文，甲骨文用作名词，为馆舍之义。[①] 详第十章。灌馆应是祭祀场馆。

由《花东》351 辞（3）（4）推知，不子𠂤有疾，大概病情很严重，所以卜问他会不会死，由辞（5）看，他大概确实是死了，𦎫说：翌日在蘿（灌）［官］（馆）为其祖道。由是知"奠俎"之祖当为祭典，这与唐兰燕享之说有出入。

归纳第二阶段的俎丁（帝）卜辞可以得到如下认知：

（一）"子"是俎（祖）礼的操持者。

（二）丁（帝）到"子"这里来的具体时段大概是㫤时。

（三）俎（祖）丁（帝）之俎（祖）是燕飨之礼而非祭典，"俎丁（帝）"之"俎"肯定不能理解为祭名。

（四）俎（祖）丁（帝）典礼，"子"应商王之命燕飨宾客，招呼饮酒。

（五）俎丁之礼有隆重的再献环节。再献地点或在庭，或在寝，燕献者有多臣、多尹。再献礼品多为璧、琡等精美玉器，这就不难理解妇好墓为何能够出土那么多玉器了。

（六）燕飨之俎（祖），俎丁（帝）时也"翌于大甲"，"翌于大甲"之"翌"虽是祭名但并不表明"俎（祖）丁（帝）"之"俎（祖）"是祭典，商代祖道大概跟《祖道赋》类似，既祭祀行神也要祭祀先祖先妣，祈求多方保佑。

"俎丁（帝）"之俎（祖）是花东"子"为商王武丁举办的燕饯典礼这一点可以确定，判断的依据是：一、商王武丁是生人，二、《花东》501 卜辞明言其作为"豊"：

---

① 赵诚：《甲骨文简明词典》，第 336 页。

（2）丁卜：今庚其作豊，盍（速）丁酓（饮），若。一二

（3）丁卜：今庚其乍豊，盍（速）丁酓（饮），若。三

上辞或与《花东》420 有关联，《花东》420：

（4）庚戌卜：隹（唯）王令（令）余燕，若。一

（5）壬子卜：子丙盍（速），用。丁（帝）各（至），乎酓
（饮）。一二

无论《花东》501 中的"今庚"是不是《花东》420 辞（4）之庚
戌，都不影响"丁（帝）各（至），乎酓（饮）"跟"盍（速）丁
（帝）酓（饮）"之"酓（饮）"的性质，这里的"酓（饮）"皆为
燕饮之意，"今庚其作豊"之"豊"写作"豊"，林沄先生读为
"豊"，并云："豊字何以从珏从壴？这是因为古代行礼时常用玉和
鼓。孔子曾感叹说：'礼云礼云，玉帛云乎哉！乐云乐云，钟鼓云乎
哉！'这至少反映古代礼仪活动正是以玉帛、钟鼓为代表物的。"[1]
裘锡圭先生读作"豐"，认为豊豐一字，豐本义为大鼓。[2] 陈剑谓
"卜辞'作豊'多见，多指作乐而言"。[3] 无论是读作"豊"还是
"豐"，都无从证明"今庚其作豊（豐）"办的是丧礼，且"俎丁
（帝）"之"俎"是动词不是名词，只能解释为"祖道"之"祖"，
而不能解释为盛牺牲礼器之"俎"。

本章讨论要点归纳如下：

（一）载籍之中有祖道，甲骨文中也有祖道，这一点可以确信
不移。甲骨文的"俎"既是"俎"字，也是"宜"字，《花东》卜
辞中的"隔俎""出俎""俎丁"之"俎"即祖道之祖，而非通常意义
上的祭名。不过，甲骨文"奠俎"与金文"奠俎"所指不尽一致，

---

① 林沄：《豊豐辨》，《林沄学术文集》，第 5 页，中国大百科全书出版社，1998 年。
② 裘锡圭：《古文字论集》，第 200～201 页，中华书局，1992 年。
③ 陈剑：《说花园庄东地甲骨卜辞的"丁"——附释"速"》，《甲骨金文考释论集》，第
　95 页，线装书局，2007 年。

甲骨文"奠俎"是"丧者将迁"之祖,"俎(祖)丁"(帝)之祖是燕享之祖,"出祖"之"祖"不知是为生者还是为死者祖。甲骨文"俎"字不尽为祖道之祖,有些是通常所说的祭名。例如《合集》14536:

　　辛〔卯卜〕,〔殻〕贞:祷〔于〕河,燎五小宰,沈五牛,卯五牛,俎宰。

此版祷祭祀河神,其中燎、沈(沉)、卯、俎并言,可知俎于燎、沈(沉)、卯(剖分)一样都是用牲类祭名。卜辞中凡以人为牲者,应该是通常意义上的祭名,是祭神之俎而不应是燕享之俎,例如《合集》32120:

　　癸亥卜,出(侑)土(社)燎羌一,小宰俎。三

此处明言是祭祀社神之俎,必为祭名无疑,"小宰俎"或是盛宰之俎几,亦即祭祀、燕飨时陈置牲体或其他食物的礼器。

　　(二)甲骨文俎宜同字,甲骨中🔲类卜辞数百例,其中有些读俎读宜皆可讲通,究竟何处隶"宜",何处隶"俎",当据文例来辨析。

　　(三)商代的祖道程序可能更复杂,或与岁祭、翌祭先祖交行。在典礼用牲的选择上非常讲究,牛羊豕鱼鹿鹰皆在用牲之列,并十分讲究牺牲的公母和颜色。

　　(四)臣子为王祖道必再献礼品,礼品多美玉,王接受贡品时不悉取。祖礼有乐舞。

　　祖道礼俗源远流长,自古迄今,不绝如缕。祖道之祭不仅见诸文献,在甲骨金文乃至简帛中也有蛛丝马迹。① 所以如此,正如《庄子·列御寇》所言:"人者厚貌深情。"东方朔亦感叹:"狐死必

_____

① 简牍中颇有一些祖道资料,可与载籍所说的祖道之礼交互为证。宋镇豪师在《中国春秋战国习俗史》中已有论列,兹不具引,见第233~235页。

首丘兮，夫人孰能不反其真情。"① 所以，《诗·周南·关雎序》曰："发乎情，民之性也。"既然"人有六情"何不"酌醴酒以弛念兮"，可以说，祖道之礼肇乎自然，合乎伦常，故能千万年而不衰。这一古老的俗尚迹乎甲骨、金文之间势必然也。

---

① 《楚辞·东方朔〈七谏·自悲〉》。

第六章　岂异带面傩：一种关乎旅行的文化俗尚

　　"欲渡黄河冰塞川，将登太行雪满山。"舟车致远，风雨冰雪足可为旅人之患，自然灾害虽或不可抗拒，但可以缓以时日，躲而避之。古人出行最可怕者并非是冰雪之难，亦非疾病盗贼，而是看不见摸不着却又无处不在的鬼蜮魍魉。《易冒》云："不虞之备，君子所戒，行路之难，自昔纪之，是故风波盗贼、疾病讼非之患，皆以官鬼为大忌，鬼爻安静，利四海之翱翔，官鬼交重，几半途之颠蹶。"① 在应付旅途形形色色的妖魔鬼怪时，除了前面提到的祖道之祭外，还有禓傩，什么是禓傩呢？下面我们就谈谈这个问题。

一　禓与傩及其来历

　　要说傩大家都不陌生，因为傩戏至今还在民间活跃着。前不久，笔者赴河南安阳参加纪念世界文化遗产殷墟科学发掘 80 周年学术讨论会，会间还观看了由小屯村村民表演的文艺节目——"大秀殷商"，其中有一场戏是祈雨之祭，演员们头戴假面，左手执戈，右手

① 程良玉：《易冒》卷之九出行章第七十六。

扬盾，踏着节点，跳跃呼号，在他们的表演中我们不难看到上古傩祭的影子。傩在中国各地甚至在周边的其他国家都可以见到，傩祭之俗起自上古而迄于今，可谓不绝如缕。

小屯村民表演的傩舞［常耀华摄］

傩又叫禓，是与道路有关的祭祀活动。《急就篇》卷四："祠祀社稷丛腊奉，谒禓塞祷鬼神宠。"颜师古注："禓，道上祭也。"王应麟音释："禓音阳，移章反。"《初学记》卷十三引《说文》："除恶之祭为祓，会福之祭曰禬，告事求福曰祷，道上之祭为禓。"杨树达《积微居读书记·说文求是·禓》："长沙旧俗，求神者二人舆神游行道上，名曰打昌。所谓昌者，即此字，读禓如昌也。"

禓祭又与驱邪有关。《礼记·郊特牲第十一》："乡人禓。"郑玄注："禓，强鬼也。谓时傩，索室驱疫，逐强鬼也。禓或为献，或为傩。"由郑注知，"禓""献""傩"实一祭三名也。晚清孙诒让说"难（即傩）兼逐强鬼，故亦可谓之禓也"。[①] 依孙氏意，傩比禓涵义略宽，禓是难（傩）但不等于难（傩），难（傩）可括指"禓"而"禓"不可括指难（傩）。

　　郑玄说禓是强鬼，后人把他所说的"强鬼"理解为"强死鬼"，即指非正常死亡之鬼，陆德明《经典释文》就是这样解释的，[②] 这等于说"禓"是鬼名，可郑注"谓时傩，索室驱疫，逐强鬼也"，"禓"指驱除强鬼之仪式之意甚为显豁。那么，禓之所指究竟是鬼名抑或祭祀仪式呢？我们认为，二者其实是一回事儿。禓祭最重要的法器是"魌头"，即傩（详后），而傩神与魌头又互为一体，正如先民狩猎时常常衣虎皮，冠虎冠，老虎或以为是其同类，这样便于接近猎物，保护自己（《水浒传》中猎户的装束就是如此），正因为如此，所以有学者指出"傩神和傩面具无法分开"。[③]

　　关于禓这种祭礼之来历，《世本》云："微作禓五祀。"注云："微者，殷王八世孙也。禓者，强死鬼也。谓时傩索室驱疫逐强死鬼也。五者，谓门、户及井、灶、中霤。"[④]《世本》将禓祭的发明权归之为商先王上甲微，而王充《论衡·订鬼》引《礼》又云："颛顼氏有三子，生而亡去而为疫鬼。一居江水，是为虐鬼；一居若水，是为魍魉鬼；一居人宫室区隅沤库，善惊人小儿。"《续汉书礼仪志》刘注引《汉书仪》说与此同。[⑤] 上甲微据说生活在公元前19世纪初叶，大约与夏帝泄同时，而颛顼之子所生的时代要大大地早于

① 孙诒让：《周礼正义》，第2494页，中华书局，1987年。
② 《经典释文》："禓，音伤，鬼名也。强，其丈反。时难，乃多反。下同，本又作'傩'。索，色百反，下文注皆同。驱疫，字又作'驱'，同起居反。"见吕友仁校《礼记正义》，第1051页，上海古籍出版社，2008年。
③ 钱茀：《傩俗史》，第112页，广西民族出版社、上海文艺出版社，2000年。
④ 《世本》之三，第82~83页，商务印书馆，《丛书集成初编》。
⑤ 孙诒让：《周礼正义》，第2494页，中华书局，1987年。

上甲微这一点毫无疑问，据此，褅祭的出现应远在上甲微之前，[①] 地下出土的傩材料，似乎也不利于《世本》的说法（详后），颛顼时代已有褅祭或更近于事实。

二　傩、方相、罔两、彊良、穷奇及其他

要谈傩，"方相"这个辞不只是无法回避，实际上也摆脱不开，孙诒让《周礼正义》2493 页：

> 方相氏，掌蒙熊皮，黄金四目，玄衣朱裳，执戈扬盾，帅百隶而时难，以索室驱疫。注云："蒙，冒也，冒熊皮者，以惊驱疫疠之鬼，如今魁头也。"时难，四时作方相氏以难却凶恶也……疏曰"掌蒙熊皮"者，《叙官》狂夫四人无爵，故不得服弁冠。唯蒙熊皮为首服，若田事皮冠也。云"黄金四目"者铸黄金为目者四，缀之面蔺，若后世假面具也。云"执戈扬盾"者，象以兵击伐之事。

由是知，方相氏是神职官员，在《周礼》中为夏官之属。所谓时难（傩）不过是由方相氏率领一帮子狂夫徒隶表演的一种具有宗教意义的驱疫的仪式而已。在傩祭表演中，以下诸物为傩祭要件：

1. 服装：头衣，系兽皮制成之假面具。

署名宋高承撰的《事物纪原·吉凶典制·魁头》云："宋朝《丧

---

① 郭净先生指出：上甲微"作"傩礼，并不等于他发明了傩，因为这种假面驱除仪式早在史前就已产生。"微"的功绩，是将原始的傩祭活动"礼仪化"，使之成为王室礼仪系统的组成部分，为宫傩的发展开了先河。在这个意义上，说上甲微是宫傩的创始者并不为过。详见郭净：《傩：驱鬼·逐疫·酬神》，第 26 页，三联书店（香港）有限公司，1993 年。

葬令》有方相、魌头之别，皆是其品所当用，而世以四目为方相，两目为魌头。按汉世逐疫用魌头，亦《周礼》方相之比也。"① 按照这一说法，"方相氏"既是神职之长，又是面具名，方相、魌头二者的区别在于一为四目，一为二目。方相氏是领导，所穿所戴自然要华丽一些，连面具的眼睛也要多长出一双来，且有黄金镶嵌，这样看上去更狰狞，更可怖。方相氏的演出服装质料《周礼》说是熊皮，旧汉仪则说是虎皮。② 两目魌头比较常见（详后），百隶穿戴的大概就是这一类的。

　　上衣，玄色，何谓玄色？《汉语大词典》说是"赤黑色，后多用以指黑色"。并引毛传为证，《诗·豳风·七月》："载玄载黄，我朱孔阳。"毛传："玄，黑而有赤也。"《说文》也说："黑而有赤色为玄。"然近来有学者研究认为，"玄"与"幽"同，是指青色。③下裳，赤色。

　　2. 道具：戈和盾。

　　《周礼·夏官·方相氏》还谈到为帝王、皇后、世子所举行的大丧礼上是如何傩祭的："大丧，先枢，及墓，入圹。以戈击四隅，驱方良。"此处提到傩祭的目的是为了"驱方良"。何谓"方良"？郑玄注曰："方良，罔两也。"或曰方良是草泽之神，此说见于李善为

---

① 《事物纪原》的成书年代与作者，《四库全书》所收本及具有权威性的工具书《中国丛书综录》均为题"宋·高承撰"，张志和先生通过对该书的内容具体地考证后指出，生活于明正统年间的阎敬为该书所作的序言中，谈到该书的来历并说"作者逸其姓氏不可考"，从该书引用的材料来源看，其中有相当多的内容出自《宋会要》，且叙述语气亦明显是宋朝以后的人，该书的两次刊刻出版都在明中叶，由此可以证明，该书的成书时间应在明代。见《〈事物纪原〉成书于明代考》，《东方论坛》2001年第4期。
② 王先谦：《后汉书补注》，第1111页，中华书局，1984年。
③ 郭静云：《试探商周祭礼中一些颜色的象征意义》，《纪念世界文化遗产殷墟科学发掘80周年——考古与文化遗产论坛会议论文》，第338页，2008年10月。但汪涛先生却认为幽乃从"玄"而来，黑红色。汪文见《亚非学院学报》，70，2（2007），第305～372页。

方相氏画像砖 ［采自《中国美术全集》］

《文选·张衡〈东京赋〉》"斩蝼蛇，脑方良"所作的注："方良，草泽之神也。"或曰罔两是水神、水怪，前引《左传·宣公三年》文："故民入川泽山林，不逢不若；螭魅罔两，莫能逢之。"杜预注："罔两，水神。"成书于汉代之前的《白泽图》云："水之精名曰罔象，其状如小儿，赤色，大耳，长爪。以索缚之，则可得，烹之，吉。"①"罔两"又写作"蝄蜽""魍魉""罔阆""罔象""罔像"，或曰山川木石之精怪，《说文·虫部》："蝄蜽，山川之精物也。淮南

---

① 凡《白泽图》文皆转引自江绍原《中国古代旅行之研究》，第 41~45 页，上海文艺出版社，1989 年影印本。

王说：'蝄蜽，状如三岁小儿，赤黑色，赤目，长耳，美发。'"桂馥《说文解字义证》："字书从鬼同。"汉张衡《南都赋》："追水豹兮鞭蝄蜽，惮夔龙兮怖蛟螭。"宋孙奕《履斋示儿编·字说·集字一》："蝄蜽，俗作魍魉。"《孔子家语·辨物》："木石之怪，夔魍魉。"《白泽图》："山之精，名夔，如鼓，一足而行。以其名呼之，可使取虎豹。"影子边缘的淡薄阴影亦叫罔两，《庄子·齐物论》："罔两问景曰：'曩子行，今子止；曩子坐，今子起，何其无特操与?'"郭象注："罔两，景外之微阴也。"字作"罔阆"，义为木石之怪者。兹揭几例，《史记·孔子世家》："丘闻之，木石之怪夔，罔阆。"《文选·张衡〈东京赋〉》："残夔魖与罔像，殪野仲而歼游光。"薛综注："罔象，木石之怪。"谓"罔象"为水怪，与李善注方良为草泽之神义相恰，《国语·鲁语下》："水之怪曰龙罔象。"韦昭注："或曰罔象食人，一名沐肿。"《庄子·达生》："水有罔象。""罔象"陆德明释文："司马本作'无伤'。云：状如小儿，赤黑色，赤爪，大耳，长臂。一云：水神名。"将罔象写作"蝄像"而说是海神者，《文选·木华〈海赋〉》："天吴乍见而仿佛，蝄像暂晓而闪尸。"吕向注："天吴、蝄像，并海神也。"《尸子》卷下则曰："地中有犬，名曰地狼，有人名曰无伤。"

《庄子·达生》又有虫名曰彷徨，又写作方皇、徬徨，或曰与方良、魍魉等为一声之转："野有彷徨，泽有委蛇。"成玄英疏："其状如蛇，两头，五采。"陆德明释文："方，音傍。本亦作彷，同。皇，本亦作徨，同。司马云：'方皇，状如蛇，两头，五采文。'"

从前引诸例知，方良或作魍魉、罔象等，是草泽之神，是木石之怪，是水神海神，然《管子·水地》却说涸泽之精名叫庆忌："庆忌者，其状若人，其长四寸，衣黄衣，冠黄冠，戴黄盖，乘小马，好疾驰。以其名呼之，可使千里外一日反报。此涸泽之精也。"《白泽图》亦云："故水之精，名庆忌，状如人，乘车盖，日驰千里，以其名呼之，可使人入水取鱼。"《白泽图》又云："故道径之精，名忌，状如野人，以其名呼之，使人不迷。"《白泽图》以下诸例与上引《管子》或不无联系：

> 两山之间，其精如小儿，见人则伸手欲引，名曰俟。引去故地，则死。
>
> 左右有山石，水生其间，水出流，千岁不绝。其精名曰喜，状如小儿，黑色，以名呼之，可使取饮食。
>
> 故废丘墓之精，名曰无，状如老役夫，衣青衣而提杵，好舂。以其名呼之，使人宜禾谷。
>
> 丘墓之精，名曰狼鬼，善与人斗不休。为桃棘矢羽（"桃弧棘矢"之讹），司（伺）以射之，狼鬼化为飘风；脱履投之，不能化也。
>
> 在道之精，名曰作器，状如丈夫，善眩人，以其名呼之，则去。

江绍原先生注意到《礼记·郊特牲》所说的"蜡"祭之服（祭"坊""水墉"）……等神曰"蜡"："黄衣黄冠而祭。息田夫也。野夫，黄冠。黄冠，草服也。"其与《管子》所说的庆忌之服"衣黄衣，冠黄冠"十分相似。江先生说，野人既然黄冠黄服，《白泽图》状如野人而名"忌"之"故道径之精"与《管子》"状若人""黄衣""黄冠"而名"庆忌"之涸泽之精，"彼此之间必有或种关系存在。至于《管子》之涸泽之精之即《白泽图》故水之精，尤其不在话下。故道径和故水（涸泽）之精何以几乎名同而服装亦同，当然是个问题"。[1] 江先生指出上文之无与狼即方良一名被析为二，故三

---

[1] 江绍原：《中国古代旅行之研究》，第43~44页。

精实止一精。江先生以下的见解更为精妙，兹抄录于下：

　　尤要者，方良只是那或说是山精，或说是水神，或说是山川之精物的罔两一名之另一写法，故无与狼鬼也就是罔两一名被析为二，而无与狼鬼实亦罔两。然罔两又与罔象（一说：水精）字同义而物同形。故无与狼鬼也未尝不可以说就是罔象之类。盖就字音义言之，"无""狼"与"方良"明明是音近或音同，"方良"与"罔两"亦音近或音同，"罔两"与"罔象"则同义，然就各古籍本文或其注释者所给各名之确切内涵言之，却见无与狼鬼为故废丘墓与丘墓之精，方良为圹中之精，罔两或说是山精，或说是水神，或说是由山川之精，或加上"夔"字而为木石之怪，罔象或说是水之精，或于上加"龙"字而云为水之怪。这两组事实粗看似乎并不足奇，然我们再稍加思索，便与一个头等重要的事实见面了：罔两（字又作蝄蜽－魍魉－罔浪－罔阆－方良）与罔象（又写作无伤）最初实只是一切或许多精物之通名；至于无与狼鬼，则是人们分别故废丘墓之精与丘墓之精之时，把"方良"一名强析为二以名之。《白泽图》固然名一为无，名另一为狼鬼，然若名一为无鬼，名一为狼，必也没有什么不当；甚至名一为方或方鬼，罔或罔鬼，名一为良或良鬼，两为两鬼，必也可以，罔两既与罔象（无伤）同义，故人们如果愿意，也可以将故废丘墓之精的名不写为无而写为方或罔，不称丘墓之精为狼或良或两而称之为象或伤。不但此也：罔两既同罔象同义而与方良同音，故我们若不称山精为罔两而称之曰罔象或方良，不称水精曰罔象而称之曰罔两或方良，不称圹中之精为方良而称之为罔两或罔象，也都没有什么不可。一言以蔽之：山精，水精，圹精，木石之精，新故丘墓之精……皆得名罔两或罔象，罔象写作蝄蜽，魍魉，罔浪，罔阆或方良，罔象写为无伤，也都可以。①

在江先生之前，清儒陶方琦氏曾指出"罔象，罔两，古训亦不甚分"。② 马叙伦先生在《庄子义证》一书中提议《周礼》方良＝方皇＝傍徨＝罔两＝罔象＝无伤。③ 然其说只是一种提议，未能予以论证。晚清俞樾在《群经评议》中论及《周礼·夏官·方相氏》及郑注，十分精辟：

> 《周礼》："方相氏掌蒙熊皮，黄金四目，玄衣朱裳，执戈扬盾，帅百隶而时难（＝傩），以索室驱疫。大丧，先匶（＝柩）导也；及墓，入圹，以戈击四隅，驱方良。"郑注："圹，穿地中也。方良，罔两也；……"《国语》曰："木石之怪，夔罔两。"
>
> 俞樾曰：郑君泥"木石"之文，其说转近迂曲。据《鲁语》曰："木石之怪曰夔蝄蜽；水之怪曰龙罔象。"贾注："谓有夔龙之形而无实体。"然则罔两罔象，其义一也。《楚辞·哀命篇》："神罔两而无舍。"王注曰："罔两，无所依据貌也。"《文选·洞箫赋》："罔象相求。"李注曰："罔象，虚无罔象然也。"盖皆叠韵连语，为怳惚窈冥之义。以其似夔非夔而谓之夔罔两，以其似龙非龙而谓之龙罔象。罔象与罔两，声近而义通。罔两非必专属木石，罔象非必专属水也。韦昭注《国语》，以蝄蜽为山精；而《宣》三年《左传》杜注则曰"罔两，水神"；许氏《说文》虫部曰，"蝄蜽，山川之精物也"，又兼山川而言之；是故无一定之所在矣。此经（谓《周礼》）曰"及墓入圹，

---

① 江绍原：《中国古代旅行之研究》，第43～44页，上海文艺出版社，1989年。
② 同上，第9页，注四。
③ 同上，第9页，注四。

以戈击四隅，驱方良"，是其所驱者，即圹中之罔两，岂必因木石而有乎?①

　　江先生受俞樾启发，论证了（1）蝄蜽－魍魉－罔浪－罔阆－方良都是"罔两"一名的不同写法；（2）"无伤"是"罔象"一名的另一写法；（3）"罔两"与"罔象"同义。指出"罔两""罔象"是山川木石等精怪的共同名，《鲁语》所谓"夔罔两""龙罔象"都是混合名，犹如"城隍菩萨""土地菩萨""关公菩萨"是混合名，"耶稣基督""佛陀毗湿纽"是混合名。②

曾侯乙墓内棺漆画应即方相氏［采自《中国美术全集》］

---

① 转引自江绍原：《中国古代旅行之研究》，第46页，上海文艺出版社，1989年。
② 同上，第51页。

　　江绍原先生指出，罔两与罔象最初实只是一切或许多精物之通名，"无""狼"与"方良""罔两"等是音近或音同的关系。这一说法道破傩祭鬼名衍变之天机，可谓精辟至极。不过，他接下来那句话，即"无与狼鬼，则是人们分别故废丘墓之精之时，把'方良'一名强析为二以名之"，应该说是对错各半。说其对是因为此类鬼名确有一名强析之可能，如"忌"完全有可能是"庆忌"强析的结果，"狼鬼"的"狼"也不排除为"方良"强析之可能，因为狼、良古音近同，狼字本来就是从良得音；说其非是因为"方良"不可能析出"无"，"无"为见母物部，"方"为帮母阳部；"良"为来母阳部，"无"字无论与"方"抑或"良"读音都相差悬远，所以说，"无"不太可能为"方良"之析。

　　江先生所举的具体例证虽有问题，然他所讨论的傩祭鬼名之间存在着析合关系的可能性又确乎存在，不过，与其说某双音鬼名为某单音鬼名之析，如"无""狼鬼"之于"方良"，不如说某单音鬼名实为某双音鬼名急读之合音。兹举"倛"与"穷奇"关系为证，"倛"与"穷奇"音义关系极为密切，前已述及，"倛"即"傩"，又叫"魌头"，"穷奇"为傩祭十二神之一，就读音而论，"穷奇"急读便成了"倛"，易言之，"倛"乃"穷奇"之合音。①

　　前文讲到的"忌"也可以看成"庆忌"的合音。"庆"古为溪母阳部，"忌"古为群母之部，溪、群上古读音相近，庆忌急读即同

_____

① 两字急读而合为一字之音这种现象之于古今汉语并不鲜见，如"聿"为"不＋律"，《说文》："所以书也。楚谓之聿，吴谓之不律，燕谓之弗，秦谓之笔。"《尔雅·释器》："不律谓之笔。"郭璞注："蜀人呼笔为不律也。"（郭沫若《奴隶制时代》P253）"诸"为"之＋于"之合音。《愚公移山》："投诸渤海之尾。""旃"为"之＋焉"之合音。例如杨恽《报孙会宗书》："愿勉旃，毋多谈。"《后汉书·应劭传》："觇之者掩口卢胡而笑，斯文之族，无乃类旃。""叵"为"不＋可"之合音。例如《说文解字序》："虽叵复见远流，其详可得略说也。""冇"即为"没＋有"之合音，依六书理论此又可谓指事字。"禓"与"强良"互为叠韵，禓，与章切，宕摄开口三等平声阳部以母；强，巨良切，宕开三平声阳部群母。

忌音。

傩祭中的鬼名"委蛇"与俱或魁或忌的关系，并与庆忌或穷奇同。类此者还有禓和狼与傩祭十二神之强良、狷狂、游光及厉鬼禺强，禓和狼古音近同，强良、狷狂、游光、禺强皆禓或狼之合音。

有些单音节鬼名或双音节鬼名或因读音近同而被写成了不同的文字。例如"傩"或写作"难"或写作"献"；"魁"或写作"俱"或写作"娸"；忌、俟、旡、喜与魁也当是音近转写之异形。双音节者，方良、方皇、彷徨、徬徨、方相、蜲蛇、魍魎、罔浪、罔阆、罔象、罔像、罔两、无伤异形原因同此。

上揭事实昭示，傩祭鬼名之间，存在着语音关联。大体说来，傩祭鬼名的声韵关系，可归纳为 2 类 6 组：

第一类，音近同转写成不同文字的单音节鬼名：

1. 难 = 傩 ≈ 献；

2. 禓 = 狼；

3. 魁 = 娸 = 俟 = 旡 = 喜；

第二类：音近同转写成不同文字的双音节鬼名；

4. 强良 = 狷狂 = 游光 = 神潢 = 禺强

5. 穷奇 = 庆忌 = 委蛇；

6. 方良 = 方皇 = = 彷徨 = 徬徨 = 方相 = 蜲蛇 = 魍魎 = 罔浪 = 罔阆 = 罔象 = 罔像 = 罔两 = 无伤 = 伯强；

单音节鬼名与双音节鬼名的分化或叫分合关系为：

1. 禓 = 狼：强 + 良 = 狷 + 狂 = 游 + 光 = 神 + 潢 = 禺 + 强；

2. 魁 = 娸 = 俟 = 旡 = 喜：穷 + 奇 = 庆 + 忌 = 委 + 蛇；

上揭诸神名的共同特点是，都与傩祭有关，双音节神名如俞樾所说"皆叠韵连语，为悦惚窈冥之义"，同组之单音节词差不多都有音同或音近的特征，至于诸神或主山、主水、主草木、主丘墓、主海、主道径，则无一定之所在矣。同上揭诸例者也还有一些，如作器、野仲、清泠等，这些辞例还不能得以圆融的解释，此乃祭俗在长期迁流中所不可避免之歧互现象。

总之，将地下出土的各种各样的面具聚拢起来，与文献加以比照，就可以知道，傩在漫长的历史演进过程中，与神话的传说一样，在不断地丰富着、发展着、变化着。傩是驱鬼面具之类名，彊良、罔两本也应该是类名，但随着词语语音及书写形式的蜕变，其涵义也有相应的调整，也便由类名变为专名了。由于后代学者很难一一厘清其流变的轨迹，故生出许许多多分别来，这些分别极有可能是强为之别者，然时间一长，积非成是，后来也就很难深究了。

三　甲骨文有傩祭吗

前已述及，裼傩祭之俗起源甚早，早在颛顼时代就有裼祭了，虽然，中国历史上究竟有无颛顼帝其人或则还有思考的空间，然若说相当于历史上传说的颛顼时代已有傩俗出现则是不争的事实。[①] 在距今 4600~4000 年的湖北省天门市石家河文化遗址中出土的玉神面造型是亦人亦兽，雕刻精美，大概与裼傩之俗有关。冯其庸先生把现存最早的傩文化遗迹，追溯到 1986 年 6 月在余杭反山第十二号墓发现的玉琮上所刻的神人兽面图像。他说，这个图像上部是神人面，下部是兽面，而这个神人面和兽面是共存于一体上的。这个兽面，就是当时良渚人崇拜的图腾，而上部的神人，就是这个图腾的神灵，也就是当时氏族特权人物与图腾神的结合，因此它就是氏族特权人物作为图腾神的再现。这样这个氏族特权人物就具有人与神的两重性，从而可以沟通神与人之间的隔离。这样这个氏族特权人物借助于这个神灵就具有了至高无上的权威，可以号令全氏族。他还说良

---

① 黄明兰、郭引强先生认为"大傩是由原始社会的图腾舞蹈演化而来的逐疫驱鬼仪式"，详见《洛阳汉墓壁画》，第 19 页，文物出版社，1996 年。这一说法不无道理。

渚文化玉琮上的这个神人兽面图像，它本身被当时的良渚人认为具有对外的威慑驱邪作用和对内的保护作用，所以这个观念连同这个图像就一直沿传下去，被作为举行傩祭以驱逐疫鬼时扮演者所戴的假面。他还说："令人值得特别注意的是这个驱逐疫鬼者方相氏是'掌蒙熊皮，黄金四目，玄衣朱裳'。其中，'黄金四目'历来未得确解，我也一直在心中存疑，及至见到了这个良渚文化玉器上的神人兽面图形，才恍然解悟，这个图形正好是'四目'。'黄金'当然就是指驱疫者方相氏戴的铜面具，而这个面具图像的渊源，应该就是良渚玉琮上的神人兽面图形。"①

　　前中央研究院史语所在安阳殷墟进行过十五次发掘，1935年的第十一次发掘在西北冈 M1001 大墓中出土了"白色黄斑大理石虎首人身虎爪形立雕"，发掘者梁思永、高去寻等先生将之称为"饕餮"，李济先生称之为"虎头怪物像""虎头首"。② 谢崇安先生则更将之艳称为具有东方独特风格的"司芬克斯"——兽首人身踞坐像，并指出这种雕像也应当是起源于龙山文化的兽面神人形式。③

　　饕餮是传说中的一种贪残的怪物，《吕氏春秋·先识》："周鼎著饕餮，有首无身，食人未咽，害及其身，以言报更也。"《神异经·西南荒经》："西南方有人焉，身多毛，头上戴豕，贪如狼恶，好自积财，而不食人谷，强者夺老弱者，畏群而击单，名曰饕餮。"饕餮纹饰是商周青铜器上寻常之物，正如冯其庸先生云，商周时代在青铜器上普遍存在的是被人们称作为饕餮的兽面图案。实际上这个普遍而多样的饕餮图形，就是良渚文化玉琮上神人兽面图形的流传和变异。

---

① 冯其庸：《中国巫傩面具艺术·序言》，《人民日报》1997年1月18日第7版。
② 转引刘源：《殷墟"虎首人身"石雕像和"彊良"》，中国社会科学院考古研究所编：《殷墟与商文化：殷墟科学发掘80周年纪念文集》，第173～175页，科学出版社，2011年。
③ 谢崇安：《商周艺术》，第60页，巴蜀书社，1997年。

殷墟出土的虎首人身石雕像侧面

[《侯家庄第二本 M1001》]

2008 年 10 月，中国社会科学院考古研究所在安阳主办了"世界文化遗产殷墟科学发掘 80 周年纪念活动暨考古与文化遗产论坛"。会上刘源博士提交了一篇题为《殷墟"虎首人身"石雕像和"彊良"》的论文，他将这虎首人身虎爪形的石雕像与神话传说中的彊良联系起来，认为殷墟西北冈大墓出土的虎首人身像，很可能是《山海经·大荒北经》中名叫"彊良"的神。《大荒北经》说："大荒之中，有山名曰北极柜。海水北注焉。有神，九首人面鸟身，名曰九凤。有神衔蛇操蛇，其状虎首人身，四蹄长肘，名曰强良。"

这个彊良即《后汉书·礼仪志》提到的"强梁"，是大傩仪式中的十二神之一。"《大荒北经》对彊良的描述，非常接近殷墟出土的虎头人身像的外貌，所谓'衔蛇操蛇'，可能是据石雕像上刻画的'龙文'、'蛇纹'（所谓'蛇'亦可能是'夔龙'）所附会衍生，'四蹄长肘'即与石雕像四爪长臂一致。这种吻合并非出于偶然，

殷墟出土的虎首人身石雕像正面 [《侯家庄第八本 M1550》图版]

殷墟出土的虎首人身石雕像背面［《侯家庄第八本 M1550》图版］

《山海经》所载四方风名及王亥双手操鸟方食其头等传说，均为甲骨文证实。"该文认为"殷人将虎首人身石雕像置于殷墟西北冈大墓中，也是希望这种神兽能驱鬼逐疫，保证墓主平安。两相联系，也

殷墟出土的虎首人身像线图［《殷墟的发现与研究》第 377 页］

进一步说明殷墟出土的虎首人身像所代表的神正是《山海经》和
《后汉书·礼仪志》中的彊良（强良）或强梁"①。我们认为以上解

---

① 刘源：《殷墟"虎首人身"石雕像和"彊良"》，中国社会科学院考古研究所编：《殷墟
　 与商文化：殷墟科学发掘 80 周年纪念文集》，第 173～175 页，科学出版社，2011 年。

1986 年浙江省余杭县反山 12 号墓出土的
良渚文化玉琮上所刻的神人兽面像

《山海经》中的彊良

释颇为通达，"虎首人身"石雕像就是"彊良"庶几可以定论。还有一点不能忽略，该文还将"虎首人身"石雕像与第三次殷墟发掘所获得的著录于《殷墟文字甲编》第2336版中的字及《甲骨文合集》第4593版中的字联系在一起，指出这些图像都具有虎首人身的特点，并进一步推测"《甲》2336上所刻划的可能都是商人的神祇"，"是极可能与彊良直接联系的甲骨文材料"。刘先生怀疑甲骨文中那个常与土、河、岳同受祭祀的商族神祇可能就是考古出土的虎首人身神。[①]

虎首人身之造型见于殷墟甲骨文［《殷墟文字甲编》第2336彩版］

①　刘源：《殷墟"虎首人身"石雕像和"彊良"》，中国社会科学院考古研究所编：《殷墟与商文化：殷墟科学发掘80周年纪念文集》，第171～176页，科学出版社，2011年。

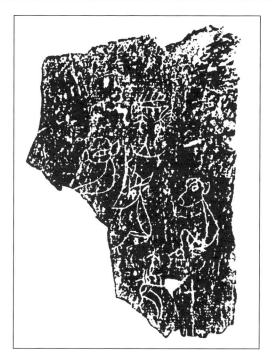

虎首人身之造型见于殷墟甲骨文［《殷墟文字甲编》第 2336 版拓本］

我们认为，刘先生将虎首人身的"🐅""🐅"字与"彊良"联系起来对于傩祭礼俗的研究颇具启发意义，但他之后所作的此字与"🐅"的那些猜想则不一定可靠，至于《甲》2336 上所刻画的是不是商人的神祇也还有一定的思考空间。就《合集》4593 中间所刻的那条卜辞看，其中的"🐅"不是神，而是人，其地位与"岜"相当，[1] 这也就意味着，那两个"虎首人身"的字很可能不是强良。

_____

[1]　《合集》4593 辞为：
　　（1）丁酉卜。
　　（2）贞更🐅比岜收出示。三
　　（3）□未……

虎首人身之造型见于殷墟甲骨文［《合集》4593］

　　既然那两个"虎首人身"的字不是强良，那么，是不是就可以断言商代没有傩祭呢？回答是否定的。其实，甲骨文中还是有傩祭资料的。于省吾先生早在数十年前就已指出，甲骨文中的"𩵋"即是周人所言"傩"，兹将有关论述迻录于下：

　　　　甲骨文𩵋字，旧释究是也……甲骨文"兜方"之兜作𩵋，周器梁伯戈"𩵋方蛮"之𩵋作𩵋，乃兜之孳乳字。𩵋字象以攴击兜，从攴从殳古同用。此与甲骨文𩵋字从殳，象以殳击九之即击

虎首人身之造型见于殷墟甲骨文

[《合集》8409]

鬼，适相符洽。《周礼》："方相氏掌蒙熊皮，黄金四目，玄衣
朱裳，执戈扬盾，帅百隶而时难，以索室驱疫。"《礼记·月
令》引《论语》"乡人难"，郑注："十二月，命方相氏索室中，
驱疫鬼。"今本《论语·乡党》难作傩。或以《说文》魌与禓
为傩，但此皆后起字。甲骨文称："庚辰卜，大贞：来丁亥，𠈭
帝（寝），㞢枫，岁羌卅，卯十牛。十月。"（《前》6. 16. 1）
又："丁亥：其𠈭帝，窜。十二月。"（《后下》3. 13）以上两
𠈭字均做动词用。𠈭寝而用人牲或物牲，是搜索宅内，以驱疫
鬼之祭，可以与周人傩为索室驱鬼相印证。甲骨文言𠈭，周人
言傩，名异而实同。以六书为例，则𠈭为从宀从殳九，九亦声，
乃会意兼形声。①

----

① "《前》6. 16. 1"即《合集》22548 版，当为十二月，于先生误为"十月"。见于省
吾：《甲骨文字释林》，第 48~49 页，中华书局，1979 年。

于先生的意见发表至今，未见学界驳议，可见大家是赞成他的
意见的。

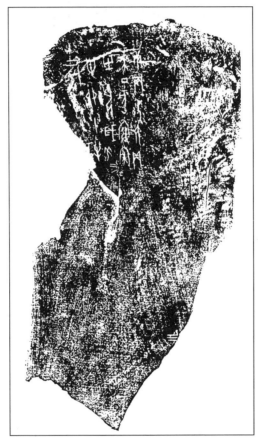

卜辞所见索室驱鬼之傩祭

［《合集》22548；《前》6.16.1］

除于先生所揭辞例外，还有几例可为于文佐证：

（1）□□〔卜〕，逐，〔贞：〕……巫咸……淮又……工。

（2）……令……辥……

卜辞所见索室驱鬼之傩祭《合集》13573

（3）……侯于……。允。《合集》23558

　　□□〔卜〕，出，贞：……囷……埶……三十……十……十。〔二〕月。《合集》23624

　　□□〔卜〕，□，贞：旬亡祸……允有来艰自西。雷告曰……〔弋〕🙟夹方相四邑。十三月。《合集》6063 正

　　以上三例之前两例，与于先生所举辞例大致关联，要紧的是后一例，即《合集》6063 正，该版中"夹"前一字，叶玉森先生初释"鬼"，后又改释"子"。闻宥先生谓此字象一人戴一假面形。假面在原始民族为习用之具，南非土人所作与此形甚相似者，据安得利氏之说，自暹罗、缅甸、马来半岛起，以至于中国及其东北，实为此物发达之一大中心，而我国所传惟两目为俱，四目为方相说，且

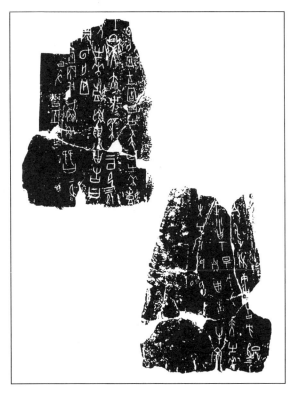

刻有"魌"字初文的卜辞

[《合集》6063 正反]

言之不甚详。度其性质实已为原始辟邪假面之演化。其他若舞蹈、战争时所用者，则唐宋人书所记，为时晚矣云云。[1] 郭沫若先生认为此字象人戴面具之形，当是魌字之初文。《周官·夏官》："方相氏掌熊皮，黄金四目。"郑注云"如今魌头也"。孙诒让曰"云'如今魌头也'者"，《御览·礼仪部》引《风俗通》云："俗说亡人魂气

飞扬，故作魌头以存之，言头体魌魌然盛大也。或谓魌头为触圹，
殊方语也。"按魌正字当作顡，《说文》页部云："顡，丑也。今逐
疫有顡头。"《淮南子·精神训》："视毛嫱、西施犹顡丑也。"高注
云："顡，头也。方相氏黄金四目，衣褐，稀世之顡，貌非生人也，
但具像耳目。"字又作倛，《荀子·非相篇》："仲尼之状，面如蒙
倛。"杨注云："倛，方相也。"又引韩侍郎云："四目为方相，两目
为倛。"《慎子》曰："毛嫱、西施天下之至姣也，衣之以皮倛，则
见之者皆走也。"盖周时谓方相所蒙熊皮黄金四目为皮倛，汉魌头即
周之皮倛，故郑援以为证也。（见《周礼正义·方相氏疏》）此说魌
至详赅。覆按此字，正"头体魌魌然盛大""但具像耳目"，而与韩
侍郎之说尤合，决为魌之初文无疑。魌、顡、倛等均后起之形声字
也。得此字可知魌头之俗实自殷代以来矣（两耳下所垂者，珥形
也）。[1] 李孝定先生按曰："字像一人戴假面具之形，本所殷墟发掘
获一假面具，铜制两目两耳，各有一穴，目上之穴所以视物，耳上
之穴则所悬⌒⌒之饰者也，当即为此字所戴之物。闻氏说是也。郭说
其意亦是，然无以证必为顡字，说宜存疑。"[2] 李孝定先生所说的铜
制两目两耳的假面具为 1935 年于殷墟王陵区武官村 M1004 号大墓中
发掘获得，此与高承所说的两目魌头颇为一致。[3]

　　前说的"夹"前那个字，陈邦怀先生也以读魌为是，谓该字之
上截为方相氏逐疫时所带头饰，因其头饰魌魌然盛大，遂称为魌。
他把"夹"读作人名，即执行方相之执事者。他把方相连读，谓方
相，《周礼》名词，卜辞用为动词，而所掌者就是逐疫之事。四邑，
犹言四方。辞末的"十三月"，是殷代的闰月（当时的闰月都放在

① 郭沫若：《卜辞通纂》，第 431～432 页，科学出版社，1983 年。
② 李孝定：《甲骨文字集释》，第 4544～4545 页，史语所 1991 年影印第 5 版。
③ 由此知，傩之为物，不必皆四目，也不必皆虎首人身，要之，假面而已。饕餮之类的
　纹饰，或与此不无关系。

殷墟出土人面具 ［《世界遗产·中国——殷墟》，第 129 页］

年底，作为第 13 个月）。① 类似的说法还有一些，不必一一备举。②
与《合集》6063 正"夹"前那个字长得有几分相似的还有《屯南》
2598 右边那个字，此二字大概是同字异体的关系。不管二者是不是
异体字，总的说来，甲骨文中有傩祭应无问题，商代有傩祭之俗更
是毋庸置疑的。

就考古资料来看，傩俗不止流行于殷商王朝王畿区，在其周边
地区流布得似乎更为有力。江西新干大洋洲曾有青铜魃头和玉神面
出土，广汉三星堆和成都金沙出土的青铜面具更是名震天下。这些
都极有可能是傩俗演变的迁流中所出现的变异形态。

---

① 陈邦怀：《殷代社会史料征存》，天津人民出版社，1959 年。
② 萧兵：《傩蜡之风——长江流域宗教戏剧文化》，第 10 页，江苏人民出版社，1992 年；
　　钱茀：《傩俗史》，第 19 页，广西民族出版社，上海文艺出版社，2000 年。

田猎之傩祭［《屯南》2598］

古文字学家多认为此字即"魌"字之初文
［《合集》6063 正］

此亦"魁"字之异体［《屯南》2598］

三星堆青铜面具

三星堆青铜面具

四　由时傩、大傩说到商代之傩仪

由前面的引文中我们知道，傩又有"时傩""大傩"之名，这些不同的叫法也应该有其各自不同的含义。《吕氏春秋·季冬》："命有司大傩，旁磔，出土牛，以送寒气。"高诱注："大傩，逐尽阴气，为阳导也。今人腊岁前一日击鼓驱疫，谓之逐除，是也。"依高诱意，"大傩"就是岁末驱除瘟疫的禳除之祭。汉张衡《东京赋》的说法似可作为佐证："尔乃卒岁大傩，殴除群厉。"宋庞元英《文昌杂录》卷二上的记述也与此同："今岁暮大傩，谓之逐疫是也。"与大傩相对的是时傩，依照我们的理解，所谓时傩就是随时之傩。从前引《周礼》中可知，傩的功能不止是岁末驱疫，它还在帝王、皇后、世子之大丧时为其墓圹驱方良。帝王、皇后、世子虽尊极贵极，然在死神面前他们也无豁免的权利，"阎王判你三更死，不得留人到五更"。谁也保不准帝王、皇后、世子什么时间死，那么，随时傩祭就不可避免，唯其如此，才有常设方相氏职官之必要。只不过是时傩的规模、仪式不及大傩隆重复杂，留给人们的印象远不及大傩深刻，故文献多述大傩之礼。再特别强调一下，时傩与大傩应当有别，其区别就在于一为不定期，一为定期，即腊岁前一日。《汉语大词典》把"时难"即"时傩"解释为"古代按时驱除疫鬼的仪式"是不妥当的，这一解释混淆了"时傩"与"大傩"二者之区别。我们认为，大傩之所以叫大傩就是在组织规格、礼仪规模、参与人员等方面大于时傩。孙诒让《周礼正义》卷五十九云"时难，四时作方相氏以难却凶恶也，《月令·季冬》命国难"者，贾疏云："按《月令·季春》云'命国难'，命有国者难。《仲秋》云：'天子乃难。'惟天子得难，诸侯亦不得。《季冬》云'乃命有司大难'，言大则及庶民亦难。惟有此三时难，郑云四时者，虽三时亦得云四时，总言之也……《独断》及《太平御览·仪礼部》引《礼纬》说，并以方相氏时难在十二月。《吕氏春秋》高注亦引此经以释季冬有司大傩。盖并以冬难礼最广，故举以证义。"①

附带说一下傩祭仪式。殷商之傩仪如何，卜辞过简，难以得窥全豹，我们所能获知者仅三项：1. 有类似方相氏之类的神职人员；2. 仪式举行地点在寝，目的大概是驱除宅内之强鬼；3. 祭祀时要用牲：三十□，十牛。

殷商之傩仪的具体情状我们虽然说不清楚，然考虑到祭祀礼俗往往具有很强的因袭性，汉画中有不少表现傩仪的题材，② 我们不妨从后人傩俗的表演中揣测其大致面貌。

山西浑源西汉墓陶壶彩绘人身兽首图
［据1984年版《中国美术全集》］

---

① 孙诒让：《周礼正义》，第2494～2995页。
② 黄明兰、郭引强：《洛阳汉墓壁画》，文物出版社，1996年。另，2009年暑期，笔者去南阳汉画博物馆学习，在那里曾经看到旅途中的傩仪图，其中的方相氏为熊首人身，我们认为这也不过是各种傩面不同变种的一种而已。

第七章　殷人的主要出行方式

一　卜辞"步"＝"车行"吗

《墨子·辞过》云："古之民，未知为舟车。"在舟车出现之前，人们出行的主要方式是靠两条腿、两只脚。在甲骨、金文等上古文字材料中"步"字习见。步，甲骨文写作""，是个会意字，从甲骨文到小篆其形体没有太大差别。"步"字字形所会之意可以得到文献印证，《礼记·祭义》："故君子顷步而不敢忘孝也。"郑玄注："顷当为跬。一举足为跬，再举足为步。"不过，古文献中"步"字最常见的用法是"行"，《说文》："步，行也。从止屮相背。""止"象脚趾之形，"屮"与"止"的区别只是方向正反的不同，汉字体系中凡从"止"的字皆与行走有关。殷代金文的有些写法倒是更为古老一些，例如"子且辛步尊"之步，[1] 就是一左一右两个脚丫子的形状，即便对古文字了无所知者亦视而可识。一左一右两个脚丫子其义显然就是表示"徒步行走"，由徒步行走，又引申为丈量的长度单位。例如《殷周金文集成》16.10478："从丘跃（坎）以至于内宫六步。从丘跃（坎）至内宫廿四步。从丘跃（坎）至内宫廿五步。

---

① 见《殷周金文集成》11.5716。第 12.6632；13.7434；13.7374 诸器铭"步"字也如此作。

从丘趿（坎）至内宫卅步。从丘趿（坎）至内宫廿六步。""步"字的这种用法，农村前些年丈量土地时还时常袭用。

甲骨文的步字字形虽然从止从屮，与《说文》相合，但它的用法与后世"步"字用法却不尽一致。《甲骨文字典》将其用法分为三类：1. 行也；2. 祭名；3. 方国名。① 第一类"行也"即今行走之义；第二类后世不见同样的用法；第三类今天或有地名曰"步"者，但与卜辞中的"步"瓜葛不上。这样看起来除了第一种"行也"可以看作是"徒步行走"的抽象意义之外，其他两类很难确定与"步行"有什么联系。

在征伐、田猎卜辞中习见"王步""王步于某地""王某日步于某地""令某人步伐某"之类的话语，兹分别揭举辞例如下。

"王步"者例：

（1）丙申卜，争，贞：王梦隹祸。

（2）丙申卜，争，贞：王梦不隹祸。

（3）丙申卜，争，贞：王其逐麋，冓。

（4）丙申卜，争，贞：王步。《合集》10345 正

"王步于某地"者例：

（1）辛未卜，尹，贞：王其〔往〕于田亡〔灾〕。八月。

（2）……王田于麦。

（3）辛酉卜，尹，贞：王步自商亡灾。

（4）……其……亡〔灾〕。才（在）师。《合集》24228

（1）辛巳卜，〔行〕，贞：王步自丹〔亡〕灾。才（在）……〔月〕。

（2）乙酉卜，行，贞：王步自□于率亡灾。才（在）十二月。

（3）庚寅卜，行，贞：王其步自□于襄亡灾。

---

① 徐中舒：《甲骨文字典》，第142页，四川辞书出版社，1985年。

（4）□□卜，行，〔贞：王其〕步……

《合集》24238

（1）癸未卜，□，贞：王其步自寻，亡灾。

（2）□巳卜，□，贞：王〔其步〕自□，亡灾。才（在）……

《合集》24399

"王某日步于某地"者例：

（1）辛卯卜，今夕不延雨。

（2）丙申，贞：王步，丁酉自𩫖。

（3）戊戌，〔贞：〕王步。

（4）戊戌，贞：王于己亥步〔自〕𩫖。

（5）庚子，贞：王步自壴。

（6）壬寅，贞：王步自𤔔于𢀛。

（7）于教。《屯南》2100

"令某人步伐某"者例：

己亥卜，叀四月令𩵦步〔伐〕𢀈。《合集》6563

鉴于田猎卜辞中"'逐麋'与'步'对贞"，甲骨学家张秉权先生判定"卜辞所谓'步'，就是出去田猎的意思"，并云"卜辞中的逐是步逐，步是逐兽"。[①] 黄然伟先生认为"张氏之说可信"。陈炜湛先生则不然此说，他对卜辞"步"的性质解释如下：

卜辞"步"本指前往某处，或为征伐，或为其他，或商王自往，或命大将重臣前往，途中或遇野兽，则猎取之，故步与田猎有时兼而有之，但步本身并非田猎名称，更不是"逐兽"。我们不能以一赅全，以特例概括一般……

附带说一句，"步"虽象两止一前一后行走之状，但卜辞之

---

① 张秉权：《殷墟文字丙编》，第 120 页，史语所，1957 年影印本。

"步"亦并非指商王徒步，正如"涉"非真的赤足过河一样。实际上，卜辞步指车行，涉指舟行，如其与田猎有关，也是车猎而非徒步追逐。①

赵诚先生也主张，"步"不一定指步行，也可以指骑马。他的原话是这样的：

> 步，象人行走时两足一前一后之形，本义为步行。甲骨文用作行路，词义已经抽象化，相当于现在所说的走，不一定指步行，也可以指骑马。②

由上可知，在"步"可以解释为外出、前往、行走这一点上诸家意见基本一致，不同之处在于张、黄主张卜辞"步"即田猎，且为步逐，而陈先生则主张步是"车行"或"车猎"，赵先生却说"也可以指骑马"。

那么，殷人出行的主要方式究竟是怎样的呢？卜辞"步"是否可以解释为徒步？我想这应该不成问题。至于卜辞"步"是不是就是"车行"或者"骑马"？恐怕尚有深入思考的余地。我们认为，不能简单地把卜辞"步"都说成是"车行""车猎"或"骑马"，道理很简单，整个有商一代，整个殷商王朝都不大可能具备人人策马乘车之条件。且不说三千多年前的殷商时代，即便是经济发达的现代社会，有车阶级的人数又有多少呢？事实是，关于车卜辞所见的最大的数字是六，③ 可见车在殷商时代并非是普通的出行代步工具。关于此，还可从《合集》36481版刻辞中获得间接证明：

① 陈炜湛：《甲骨文田猎刻辞研究》，第31页，广西教育出版社，1995年。
② 赵诚：《甲骨文简明词典——卜辞分类读本》，第344页，中华书局，1988年。
③ 《合集》11452辞曰："丙戌卜，🀫，〔贞〕：六车。"

……小臣墙从伐，擒危美……人廿人四，……人五百七十，
馘百……丙，车二丙，盾百八十三，画五十，矢……用㞢白髟于
大乙，用馘白印……㞢于祖乙，用美于祖丁，豐甘京，易……

《合集》36481 正

上辞大意是说，商王在与危美作战中克而胜之，生俘敌酋等 24
人，缴获的战利品中有"车二丙"。"车二丙"意即"车两把"。一
个方国首领才有两丙（把）车子，可以想见商王拥有的车乘也不可
能太多。由是亦可推断，商王无论外出田猎抑或征战，其所率部众
断无人人乘车之可能，应该说，除商王及极少数贵族外其他的徒众
恐怕都是"步行者队"。漫说殷商，即使是数百年后的周宣王时代，
其田猎也做不到人人乘车。前引《墨子·明鬼篇》云：

周宣王杀其臣杜伯而不辜……其后三年，周宣王合诸侯而
田于圃，田车数百乘，从数千人，满野。日中，杜伯乘白马素
车，朱衣冠，挟朱矢，追周宣王，射之车上，中心折脊，殪车
中，伏弢而死。

由上文的"田车数百乘，从数千人"句可知，出门能够命巾车
者为数还是不多。

再者，若把"步"释为"车行"，面对以下辞例也会让人觉得
殊不可解：

（1）叀宫田省，亡灾。

（2）其乎万步。

（3）……田〔省〕，亡〔灾〕。《合集》29163

……今五月乎众人步……《合集》37

……令众……步……《合集》38

丁未卜，贞：叀亚以众人步。二月。《合集》35

（1）辛丑卜，今日步。

（2）□暨师步。《合集》4245

丁酉卜，步，师祸。《合集》22119 乙

壬子卜，贞：步，师亡祸。《合集》33069

以上辞例，如果说"其乎万步"还勉强可以解释为"要不要让万车行?"而"……今五月乎众人步……"，"步，师祸"，"步，师亡祸"等辞又该作如何解释呢?

当然，不可否认，商王在征伐田猎等出行活动中应该像周宣王一样是乘车而行的，但这并不表明卜辞"王步"之"步"就一定是"车行"或"车猎"。《合集》39 即《后上》24.3 辞为"贞：燎，告众步于正（征）"，于省吾先生认为其中的"步"就是指徒步而言，该条是说"所贞问的，应用燎祭的典礼，将众人徒步往征之事告于祖先"，于先生还说"第五期卜辞言王步于某地者习见，如系近地，也可能指步行言之"。① 我们认为于说颇有道理，覆按"步"字刻辞，从中很难找到步为"车行""车猎"的确切证据，就卜辞辞例而言，凡言"步"不言"车"，凡言"车"不言"步"，464 例"步"字刻辞，竟无一例车、步同见者。据此可证，所谓卜辞步指"车行""骑马"说纯系推测之辞。

传世文献中倒是不乏车、步并见的例子，如《礼记·曲礼》上第一之四："君出就车，则仆并辔授绥，左右攘辟，车驱而骃，至于大门，君抚仆之手，而顾命车右就车，门闾、沟渠必步。"孙希旦《礼记集解》引郑氏曰："门闾、沟渠必步，是车右之礼也。沟，广深四尺者。渠亦沟也。步，下车也。车若至门闾、沟渠，勇士必下

---

① 于省吾：《殷代的交通工具和驲传制度》，《东北人民大学人文科学学报》，1955 年第 2 期。

车。所以然者，一则君子不诬十室，过门间必式，君式则臣当下也。
二则沟渠险阻，恐有倾覆，勇士须下扶持之也。仆不下车者，仆下
车则车无御也。"① 上揭"门间、沟渠必步"一语非但不能证明步为
车行，相反此例却使得古代步、车每相对为言这一事实变得更加凸
显，也就是说步是徒步而不是乘车。

　　如果说"门间、沟渠必步"这句话与甲骨卜辞辞例略有差别，
以此为据还嫌缴绕的话，我们不妨将文献、甲骨完全相同的句子加
以比较。比如《尚书·召诰》有载："惟二月既望，越六日乙未，
王朝步自周，则至于丰，惟太保先周公相宅。"所谓"王朝步自周"
与甲骨文"王步自𤰞""王步自雇""王步自丹"等句式完全相同。
"步"《孔传》训为"行"，《周本纪》注引郑康成曰："步，行也，
堂下谓之步。丰、镐异邑而言步者，告武王庙即行，出庙入庙不以
远，为父恭也。是步为步行之步矣。"②《武成》篇亦有相同的句子：
"惟一月壬辰旁死魄，越翼日癸巳，王朝步自周于征伐商。"《夏氏
尚书详解》卷十七曰："癸巳兴师，故言'越翼日癸巳，王朝步自
周于征伐商。'翼日是明日也，以今日为主，则明日为辅，故明日为
翼日也。而武王早朝步行自镐京之周而东往伐商也。"这里也指明所
谓"王朝步自周于征伐商"，即"武王早朝步行自镐京之周而东往
伐商也"。《尚书句读》卷六把步理解为步行："武王早朝步行，
自镐京之周而东而往伐商，至其月二十八日戊午，师至孟津，渡孟
津而行至二月初四日甲子，武王灭纣。"马融赞成郑说，也主张将步
训为步行："《集解》马融曰：周，镐京也。丰，文王庙所在。朝
者，举事上朝，将即土中易都大事，故告文王武王庙。郑曰：步，
行也。堂下谓之步，丰、镐异邑而言步者，告武王庙即行出庙入庙

---

① 孙希旦：《礼记集解》，第97～98页，中华书局，1989年。
② 《四库全书·尚书注疏·卷十四·考证》，上海人民出版社、迪志文化出版有限公司，
　1999年光盘版。

不以为远，为父恭也。《索隐》丰，文王所作邑，后武王都镐，于丰立文王庙，按丰在鄠县，东临丰水，东去镐二十五里也。"尽管汉代郑康成、马融诸大儒明确指出《尚书》"王朝步自周"之"步"是指徒步而言，可宋儒黄公绍、清儒毛奇龄则依字书"辇行曰步"语而将"步"改训作"辇行"，他们改训的理由是"皆多道里，自无步行之理"。黄、毛之说影响颇大，于省吾先生誉之"可谓读书得间，具有卓识"。于先生接受黄、毛之说，认为下列辞例中的"步"即是"步辇"：

（1）庚寅卜，今早王其步伐尸（夷）。拓本。

（2）丙寅卜，今早王弜（勿）步伐尸。拓本。

（3）壬戌卜，㱿贞：气令我事步伐呂方，受［㞢］［又］。《殷墟古器物图录》13。

（4）戊子卜，宁贞：卓气步伐呂方，受［㞢］（有）［又］（佑）。十二月。《粹》1072

（5）……叀商方步，立于大乙，䓊㓞方。《粹》144

（6）甲午，王卜贞：多余酉，余步从侯喜正（征）人方。《殷墟卜辞》154［9］

我们认为此说证据不足，应系千虑一失。卜辞有"辇"字，字形作"🈂"①，不必强释"步"为"辇行"。为方便甄别计，不妨将于先生揭举的"徒步"之"步"的辞例亦移录于此：

（1）壬午卜，王步，今日易日。《珠》648

（2）丁丑卜，㱿贞：王征步。《戬》39，10

（3）贞：翌辛子，王弜步。《凡将》19，1

（4）贞：翌庚寅，王步。《凡将》19，2

（5）贞：曰，䧂侯出步。《南明》5，7

---

① 见《合集》29693。

（6）贞：米（燎），告众［人］步于正（征）。《后》上24，3

（7）庚午卜，爭，叀，翌日步射于凵。《甲》3003

试将于先生所揭"徒步""辇行"辞例详加比较，不难看出二者在语法形式上几无差别，尤其是《凡将》19，1与拓本（2），两辞卜问的中心内容都是"王弜（勿）步"，面对完全相同辞例，我们实在想不通于先生为什么会作出两种不同的判断。细味于文，他判断"徒步"和"辇行"好像只有距离远近这一依据。① 那么，何为远？何为近？我们认为，在此地与彼地难以厘清其确切的地理位置的情况下就要断言孰远孰近显然有失客观。再说了，即便确知距离的远近，也很难断定出行者什么时候徒步，什么时候辇行。也就是说，徒步辇行之说看上去似颇通达，其实反转迂曲。于先生虽想调和徒步辇行之矛盾，但并没有从根本上解决问题。我们猜想卜辞"步"可能与商代的军制单位有关，步训徒步，在历朝历代都应该是常解。凡言步者，必有徒步之人，不过卜辞"王步"之"步"，其中的徒步者并不一定是王本人，王在长途跋涉中固有坐车乘辇之可能，但之所以言"步"，想必意在强调有随车的徒众。《周礼·夏官·大司马》："中夏，教茇舍，如振旅之陈，群吏撰车徒。"车徒相随当为商周时代的寻常现象，直至春秋战国时代还是如此。《左传·隐公元年》郑伯"命子封帅车二百以伐京"，杨伯峻先生注："春秋时多以车战，车一辆谓之一乘。杜预本《司马法》，谓车一乘有甲士三人，步卒七十二人。但《司马法》为战国时书，未必合于春秋制度。以《左传》考之，闵二年，齐侯使公子无亏帅车三百乘，甲兵三千

---

① 于文云："以上所举各例，'尸''人方''舌方'都不在殷的近郊，它们距殷都或几百里或千里之遥。末一条的侯喜就是攸侯喜，攸地去人方较近，但也不是几十里的路程。当时的奴隶主决不能徒步远征。第五条的'立'字应读作'涖'，就是说'步辇于商方，临涖于大乙之庙，致祭请求"伐羌方'。总之，上言步，下言征伐，很明显的，'步'就是步辇。"见于省吾：《殷代的交通工具和驲传制度》，《东北人民大学人文科学学报》1955年第2期。

人以成曹，是一车用甲士十人。僖二十八年，晋文公献楚俘于王，驷介百乘，徒兵一千，一车徒兵亦十人。参之隐四年传注所引禹鼎铭文，西周亦一乘徒兵十人。"① 这里姑且不论西周、春秋、战国时代车战组织制度的车与徒兵比例究竟如何，我们只强调一点，即上古时代车与徒如影随形。《左传·宣公十二年》："昔岁入陈，今兹入郑，民不罢劳，君无怨讟，政有经矣。荆尸而举，商农工贾，不败其业，而卒乘辑睦，事不奸矣。"或谓"卒乘辑睦，事不奸矣"，是晋国随武子提出的车步协同作战之理论，且据《史记·封禅书》引《博物志》卷六云："武王伐殷……乘舆三百，乘甲三千。"武王伐殷，其部队有乘舆乘甲之说，那么难道武丁和殷纣王的军旅都是清一色的"机械化"部队？故此，我们认为卜辞强调"王步"，就是要强调随王出行的是车步乘甲之师，上引"叀亚以众人步"可作明证。凡言步者，意在与乘马、乘舟相区别，大抵说到"步"，必有步军跟随，其行军速度不可能快如轻骑，我们认为这才是卜辞着意强调"步"的真正原因。

　　宋镇豪先生在《夏商社会生活史》一书中，肯定夏商社会的交通方式主要是靠徒步出行，这一见解十分精辟。事实上，在几十年以前的中国社会普通人的主要出行方式仍然是靠徒步出行，甚至包括行军打仗都是如此，《南征北战》中的解放军不就是靠两条腿运动作战的吗？宋先生还说"古代的道路，远非后世畅通易行"。② 的确，只要到山西平陆看一看那里的虞坂古盐道，那就什么都清楚了。

　　前面我们说过，中国上古，华北平原，山川沼泽，草深林密，

---

① 杨伯峻：《春秋左传注》，第 13 页，中华书局，1990 年。

② 宋先生云：甲骨文有遵字作"𧾷"（《合集》31030），像一人蹒跚行走在四通衢道之间，特别突出了人的足部，示意徒步行走之状。金文走字或作 ⺀（《三代》14·22·1），以足替代人形，也形象地勾勒了徒步行于道中之状。甲骨文从足止的字多达 260 个以上，从行之字 132 个，其中与足止相系者有 47 个，约占 35.61%，可以窥见当时社会的交通方式主要是靠徒步出行。《夏商社会生活史》，第 294 页。

山西平陆虞坂古盐道［张翀摄］

正如《孟子·尽心下》云："山径之蹊，间介然用之而成路，为间不用，则茅塞之矣。"蝮蛇雄虺是人们出行的可怕障碍，蛇或因形象可怖，上古人不敢直呼其名，而讳称为"它"，《说文解字》："它，虫也，从虫而长，象冤曲垂尾形。上古草居患它，故相问，'无它乎?'"因此人们出行之时，木棒就成了打草惊蛇的必备工具了。宋镇豪先生指出，金文中有字𝆚（《三代》11·18·8），是持棒行走状。甲骨文出发的发写作𝇁（《铁》226·1），或作𝇃（《合集》34095），也是持棒而行之意。持棒探路，可以辟草，可以投击蛇兽，可以御盗劫，起了手杖的作用，是人们最简单最倚重的古老交通护身工具，因此唐代颜师古说："杖谓倚任也。"① 传说有夸父与日逐走，道渴而死，弃其杖。②《淮南子·诠言》谓夏代"羿死于桃棓"，高诱注："棓，大杖，以桃木为之。"后世用桃棓驱邪，实由手杖投击

_____

① 《汉书·李寻传》注。
② 见《山海经·海外北经》《淮南子·墬形训》《列子·汤问》等。

蛇兽演化而来……总之，徒步是最原始最流行的交通方式，古人每以棒类手杖或长兵器为徒步中的交通护身工具，远行时携带的行囊，有额负、头顶、手提、背驮等，不拘一式，要以随时取其便当省力而已。① 考古学家想象的殷代出行图，恰好也是车前车后有步军相随。

殷人迁徙图解［唐传府绘制］

二　锐骑千旅，虎步原隰

自司马迁说赵武灵王首倡胡服骑射以来，② 学界一般主张，前此中原地区的战争、交通皆用马车，也就是说在中国军事史上，赵武灵王是开天辟地的人，战国以后中国才有骑兵。阴法鲁、许树安先生主编的《中国古代文化史》在中国读书界颇具影响力，其中就有这样的文字："我国古代骑马的历史（指中原地区）远比乘车的历

---

① 宋镇豪：《夏商社会生活史》，第 294 页，中国社会科学出版社，1994 年。
② 《史记·赵世家》："赵武灵王谓先王贵臣肥义曰：'今吾将胡服骑射以教百姓，而世必议寡人，奈何？'"第 1806～1807 页，中华书局，1959 年。

史要晚。即所谓'驾车在前，乘骑在后'。而单骑的出现则是与战争分不开的。在春秋战国之交，即公元前307年，赵国为对付'三胡'（即东胡、林胡、楼烦），抛弃了传统的车战，变服骑射，组建了骑兵部队，揭开了我国中原地区古代单骑历史的序幕。历史上著名的赵武灵王'胡服骑射'的行动就是指此。"① 不过，此说影响虽大，然并不能视为定谳。历史学家吕思勉先生曾说："世无知以马驾车而不知骑乘之理，亦无久以马驾车而仍不知骑乘之理。"② 此说虽系推论，然不可不谓通言。其实，中国习骑射始于赵武灵王之说，早有学者质疑。明末清初的顾炎武在其名著《日知录》中就明确指出：骑射之法不始于赵武灵王。③ 清儒毛奇龄在与门生姜垚的对话中讲得更透彻，兹迻录于此：

姜垚问："古马以驾车无负人者，而《说文》释'骑'字专云'跨马'，则实负人矣。或云，战国以前有乘马而无车骑，乘马者，四马，非单马也。其说信否？"古书不记事始，今人但以书之所见者便以为权舆于此，此最不通者。人第见《易》《书》《诗》无骑字，只《曲礼》有，前有车骑语，遂谓骑字是战国以后之字，古人不骑马。若然，则六经俱无"髭髯"字，将谓汉后人始生髭髯？此笑话矣。《孟子·滕文公》："好驰马。"则必前此亦有驰马者。《国策》："赵武灵王好骑射。"则

① 孙机、张正涛：《中国古代的交通工具》，见阴法鲁、许树安：《中国古代文化史》第九章，第362页，北京大学出版社，1989年。
② 吕思勉：《先秦史》，第364页，上海古籍出版社，1982年。
③ 《诗》云："古公亶父，来朝走马。"古者马以驾车，不可言走。【原注】董氏曰："顾野王作'来朝趣马'。曰走者，单骑之称。古公之国邻于戎狄，其习尚有相同者。"【原注】程大昌（耀华按宋儒）《雍录》曰："古皆乘车，今曰走马，恐此时或已变为骑也，盖避翟之遽，不暇驾车。"然则骑射之法，不始于赵武灵王也。见《日知录集释》，第1007页，岳麓书社，1994年。

必前此亦有骑射者。驰马骑射于此见之，不必于此始之也。尝读《绵》诗云："古公亶父，来朝走马。"夫驾车不得云走马也。太王在商时已有单马出走之事。故《春秋》邲之战，晋师败绩，赵旃以良马二济其兄与叔父，使之逃归，则一人一马明是骑马。谁谓骑马始战国耶？是以纣有鸡斯之乘，周文王有林氏之献，晋有屈产，秦穆有沙邱马，春秋唐成公有两骕骦，此皆称名千里，未尝与四牡两骖取对偶者，向非独乘，畜之何用？即鲁昭出奔，卫灵公以良马名启服者馈之，盖讽之使奔归也。故鲁昭在齐时，左师展将挟公使乘马而归，所云乘马，正骑马也。况骑马骑字，虽三经所无，而其字则必非汉后人所得造者，况骑马即跨马，人身两足间名胯，名髀，与两足间之衣之名袴，皆以跨马得名。不然，人之所跨者，舍马则更有何物？可置之两足之间而乃胯，髀与袴以此名体，复以此名衣，则其为骑马造字亦多矣。又况鞍为骑，设鞭与策亦为骑用，故鞍名骑鞍，策名马策，六经虽无骑字，而骑鞍与马策则俱有之。《公羊》载：'齐景公唁昭公于野井，据鞍为几。'则齐景骑马可知，而《论语》载：孟之反，奔而殿，将入门，而策马令前，夫殿不执御，无执策行马之礼。况城门一轨车，必逐轨以递入，虽策马安可令前，是必易车而骑，而始可策之以为名。故楚伯宗曰，古人云："鞭虽长，用以策马，不能及其腹。"此正为乘马者言之。惟乘背，故不及腹。盖腹与背相反矣，况古有驿骑，专用马递，更不用车，此在师中亦用之。文十六年，楚子乘驿会师于临品，至襄二十七年，楚子木使驿谒诸王，二十八年，楚谢郑使曰："吾将使驿奔问诸晋而以告。"谓驿则单骑，迅速也。故夫子作《系词》，自伏羲以来，即有服牛乘马之事，言以牛服车，而马则乘之。《坤卦》"利牝马之贞"，"先迷后得主"。惟乘马独行，故有先后。四马无先后矣。《屯卦》："乘马班如。"

谓六二乘初刚，上六乘五刚，皆以阴乘阳谓之乘马，则亦惟一马一乘，故演一阴乘一。

毛氏不但指出"古马以驾车无负人者"之说最不通，而且断定"商时已有单马出走之事"，而今地下出土的殷商考古资料可为此说提供坚强的证据。先说殷墟出土的单骑物证：

1935 年，在前中央研究院史语所的第 11 次殷墟发掘中，曾于王陵区发现几座马坑，坑中埋马多者 37 匹，少者 1 匹，都带笼头，有铜饰。[1]

1936 年，第 12 次殷墟发掘，小屯 C 区 M164 墓内发现埋一人一马一犬；其人装备有兽头铜刀、弓形器、镞、砺石、玉策等；其马头部有当卢、颔饰等羁饰。石璋如先生曾指出，这种现象"供骑射的成分多，而供驾车用的成分少"，是为"战马猎犬"。[2]

1950 年、1976 年武官大墓前后二次发掘，南、北墓道内共发现马 28 匹，也大多有辔饰。[3]

1959~1961 年苗圃北地发现马坑 3 个，其中一个埋一人一马，另两个各埋一马。[4]

1969~1977 年孝民屯东南地一座编号为 698 的墓内殉有一马。另在白家庄西北地发现的 150 号墓内，出有带羁饰的马二匹。[5]

1971 年后冈一座二墓道大墓的南端，发现祭坑 1 个，内埋二人

① 胡厚宣：《殷墟发掘》，第 82 页，学习生活出版社，1955 年。
② 石璋如：《殷墟最近之重要发现·附论小屯地层》，《中国考古学报》第 2 册，第 24 页，1947 年。转引自《夏商社会生活史》，第 330 页。
③ 郭宝钧：《一九五〇年春殷墟发掘报告》，《中国考古学报》第五册，1951 年。又中国科学院考古研究所安阳发掘队：《武官大墓南墓道的发掘》，《考古》1977 年第 1 期。
④ 中国社会科学院考古研究所编著：《殷墟发掘报告》（1958~1961 年），第 26~27、288 页，文物出版社，1987 年。
⑤ 中国社会科学院考古研究所安阳工作队：《1969~1977 年殷墟西区墓葬发掘报告》，《考古学报》1979 年第 1 期。

二马。①

1976 年王陵区发掘的 110 号墓内，埋有二马，头部有辔饰、铜泡，嘴边有铜镳。②

1978 年王陵区发现马坑 40 个，有马 117 匹，多者埋马 8 匹，少者 1 匹，不少马带有马镳。③

1989 年郭家庄西南地发现马坑 1 个，内埋三人二马。

1991 年安阳后冈 M33 一座一套青铜瓢、爵的小型贵族墓，配备有铜戈 4，石戚 1，铜镞、骨镞、石刀 2，还有 1 件铜马衔。④

次说殷墟卜辞事关单骑之记载：

戊申卜，马其先，王兑比。大吉《合集》27945

（1）〔戊〕辰卜，今日启，不雨。引吉

（2）马其先，王兑比，不冓大雨。《屯南》1127

（1）〔马〕□先，王□每，〔雨〕。

（2）马重翌日丁先。戊，王兑比，不雨。

（3）马弜先，王其每，雨。《屯南》8

（1）弜以，□其每，鲧。

（2）王其岁，丁盟，戊其埶，亡灾。弗每。

（3）弗埶，其每。

（4）丁酉卜，马其先，弗每。

（5）弜先。《合集》27946

---

① 中国社会科学院考古研究所安阳发掘队：《1971 年后冈发掘简报》，《考古》1972 年第 3 期。转引自宋镇豪：《夏商社会生活史》，第 330 页，中国社会科学出版社，1994 年。

② 中国社会科学院考古研究所安阳发掘队：《安阳殷墟奴隶祭祀坑的发掘》，《考古》1977 年第 1 期。转引自宋镇豪：《夏商社会生活史》，第 330 页。

③ 中国社会科学院考古研究所安阳工作队：《安阳武官村北地商代祭祀坑的发掘》，《考古》1987 年第 12 期。转引自宋镇豪：《夏商社会生活史》，第 330 页。

④ 中国社会科学院考古研究所安阳工作队：《1991 年安阳后冈殷墓的发掘》，《考古》1993 年第 10 期。转引自宋镇豪：《夏商社会生活史》，第 331 页，中国社会科学出版社，1994 年。

□未卜，今夕马其先，戊其雨。《合集》27947

（1）庚午卜，贞：翌日辛王其田，马其先，擒，不雨。

（2）擒。《合集》27948

（1）今日辛亥，马其先，不遘大〔雨〕。

（2）……遘。《合集》27949

（1）贞：勎，不雨。

（2）贞：马弜先，其遘雨。《合集》27950

〔叀〕先马，其勎雨。《合集》27951

（1）贞：马……先……贼……

（2）……犬……灾。《合集》27952

（1）于乙迺田，湄〔日〕亡灾。

（2）其先马，不〔遘〕雨《合集》27953

（1）□□卜，其乎马先，弗每，不……大吉

（2）……有雨。《合集》27954

（1）庚午卜……

（2）比先马，其雨。《合集》27955

弜先马，其每。《合集》27957

□马，其每，雨。大吉《合集》27958

（1）其乎马先。

（2）不兑。《合集》27965

以上诸辞中皆有"先马"一词。关于"先马"，于省吾先生曾作如下考证：

　　以上所举"先马"，都是指着殷王田猎说，孙海波疑职官之名。其实"先马"尚未正式成为职官，不过是后世太子官洗马的引子。古字先洗通用，我旧藏的晚周石磬铭文（见《双剑誃古器物图录下》21），"古先"即"姑洗"。如果"先马"在当

时是正式职官名，不应分作"其乎马先""马其先""马弜先"等词例。"先马"就是后世俗语所说的顶马。令鼎（《三代4，27》）"令暨䎃先马走"。古籍也有"先马""导马""前马"。《荀子·正论》："三公奉轭持纳，诸侯持轮挟舆先马。"杨注，"先马，导马也。"《国语·越语》："其（指勾践）身亲为夫差前马。"韦注："前马，前驱在马前也。"《庄子·徐无鬼》："黄帝将见大隗乎具茨之山，方明为御，昌寓骖乘，张若謵朋前马，昆阍滑稽后车。"成疏："前马，马前为导也。"按韦注成疏的意思是说马前引路，但卜辞说"马其先"，是就骑马在前言之。卜辞的"弜先马"和"马弜先"，"弜"应读作"弗"（见《燕京学报》第28期，张宗骞《卜辞弜弗通用考》）。第一条所说的"马其先，王兑从"，"兑"应读作"锐"，《孟子·尽心》："其进锐者其退速"，锐与速互文，锐也是速的意思，《国策·齐策》："使轻车锐骑冲雍门。"高注："锐，利。"利与速义相因。这是说"骑马的引路在前，王在后边急速从之"。从三千多年前一直到专制时代的终了，统治阶级的出行，前呼后拥，威严十足，而在卜辞中竟发现先马的例子，可见这种风气来源很早。[①]

出组卜辞有"御马"之辞，如：

丙辰卜，即，贞：叀必出，于夕御马。《合集》23602

"御马"或解释为祭祀用马，即把马用作牺牲。于省吾先生则说，御解释作用，用马就是乘马。卜辞中还有"叀马乎射"之类的辞例：

（1）叀王射竿鹿亡灾，擒。

（2）叀马乎射，擒。

① 于省吾：《殷代的交通工具和驲传制度》，《东北人民大学人文科学学报》1955年第2期。

（3）……其至𣪘亡灾。《合集》41348 ＝《英藏》2294

□□卜：其乎射豕，叀多马。吉。《屯南》693

（1）甲子卜，其𡆥䏙……

（2）叀马乎𡆥。《合集》27964

（1）于乙巳……禾……。

（2）叀马亡乎，擒。

（3）叀多马乎射，擒。《合集》27942

于省吾先生认为此系田猎之占，呼是令的意思。这是说，惟令骑射，可以擒获。卜辞常见"多马"一词，例如：

庚戌卜，古，贞：令多马卫从盖。

贞：令多马卫于北。《合集》5711

□□卜，宾，贞：令𤼈以多马〔卫〕𡆥。《合集》5712

癸巳卜，宾，贞：多马𤼈巿。《合集》5715

丁亥卜，宾，贞：叀羽乎小多马羌臣。十月。《合集》5717 正

多马羌臣。《合集》5718

令多马。《合集》5719

己丑卜，宾，〔贞：〕令多马……《合集》5720

甲戌卜，贞：多马……《合集》5721

□戌卜，□，贞：翌□亥多马亡〔祸〕。□月。《合集》5722

贞：□马雍□多马。《合集》5723

□□卜，争，〔贞〕：勿巳……多马……枞。十月。《合集》5724

乎多马逐鹿，获。《合集》5775

（1）勿令多马羌。

（2）□令□归。《合集》6762

（1）贞：令多马羌。

（2）贞：勿令多马羌。

（3）……往伐。《合集》6763

　　□□卜：其乎射豕，叀多马。吉。《屯南》693

　　有人认为卜辞之马用作职官之名，是田猎之武官，似指主管马匹进行战争。"多马"是指两个以上的马官。[1] 于省吾先生则说，《合集》27942之类的卜辞也系田猎卜辞，"这是说不用骑射能擒获呢？或者是多用马射能擒获呢"？卜辞"多马方"与"多马羌"互见，是因为那样部族多马善骑而得名的。总之，殷墟发掘既有骑射的遗迹（射在新石器时代的末期可能就有了，当然先有马，后有车），卜辞里又有"先马"和"马射"的例子，那么，可以肯定地说，殷代的单骑和骑射已经盛行了。不但可以解决前人说单骑起于晚周的错误，也可以证明单骑的利用，使交通事业大大向前迈进一步。因为普通单骑奔行的速度，超过旧式马车五倍以上，更不用说牛车了。[2]

　　宋镇豪先生也说，骑马远行，自应是夏商以来已见的交通事象……在战争场合，称"两"的马又每与战车同列，如五期一片征危方卜辞，提到俘获马若干两、车二两。这与周初《小盂鼎铭》说的伐𫟁方，"俘马百四匹，俘车百□两"，意义相类。[3] 显然，称"两"的马自成单元体，义与匹同，盖指带有羁饰的单骑，见于战争场合，则指骑兵之马……在商代，高级权贵出行有马车代步，而一般贵族成员则往往是骑马代步。甲骨文中的"多马从戎"（《合集》5716）、"多马菁戎"（《合集》5715）、"令多马"（《合集》5719）、"令多马卫于北"（《合集》5711）、"多马亚其有忧"（《合集》5710）、"乎小多马羌臣"（《合集》5717）、"惟族马令往"（《合集》5728），还有"马亚""马小臣""戍马"等武职，恐怕也属于骑兵中的大小头目，这也多少反映了在一般贵族阶层骑单马以代徒步的

①　赵诚：《甲骨文简明词典——卜辞分类读本》，第79页，中华书局，1988年。
②　于省吾：《殷代的交通工具和驲传制度》。
③　宋镇豪：《夏商社会生活史》，第329页，中国社会科学出版社，1994年。

习尚……商王朝的一般臣正通常以骑马代徒步，各地的普通贵族成员也大致如此。[1]

三　陆行乘车

中国乘车的历史已经很久远了，至于久远到什么时代则不得而知，或曰黄帝作车，[2] 或曰奚仲作车。[3] 也有人主张车对于中国来说是舶来品，中国马车是由中西亚或欧亚草原传来的。因为，从考古材料来看，世界上目前已知最早的车子皆发现于两河流域、中欧及东欧地区，距今大约六千年左右。不少学者虽然不能具体地说明马车是如何传到中国的，还是以为它是从两河文化输入的，原因是迄今为止在中国找不到马车发展初期阶段的实物证据。最近二三十年来，在苏联中亚地带中不断地发现许多马车的遗迹。这些遗迹包括里海东西两岸出土的车子以及中亚各地发现的岩画，工艺上都和中国的马车类型如出一辙。因为里海的车子比殷墟的车早三百到五百年，并且因为中亚的岩画可以证明在这个时候里海和安阳之间的广漠的地区中已普遍地使用马车，所以认定马车确实是在公元前 1200 年前后通过中亚输入到中国的。[4] 也有学者指出，这种仅靠两个车轮来论证"中国的马车是从西方借鉴来的"的观点，缺乏科学的客观性。中亚地带墓地车子的年代学术界认识不一，有人认为是公元前 1300～公元前 1200 年，有的人则认为是公元前 1500 年左右。也就是说这些材料并不比中国马车的资料早。中亚所出车子在田野发掘

---

① 宋镇豪：《夏商社会生活史》，第 331～332 页，中国社会科学出版社，1994 年。

② 《汉书》："黄帝作舟车，以济不通。"《释名》："黄帝造车，故号轩辕氏。"

③ 《世本·作篇》："奚仲作车。"《说文》："车，舆轮之总名，夏后时奚仲所造。"《玉篇·车部》："车，夏时奚仲造车，谓车工也。"

④ 夏含夷：《中国马车的起源及其历史意义》，《古史异观》，第 99～100 页，上海古籍出版社，2005 年。

时就没有挖清楚，用这类没有挖清楚的、似是而非的资料作为依据，来论证"中国的马车是从西方借鉴来的"观点，是难以有说服力的。①

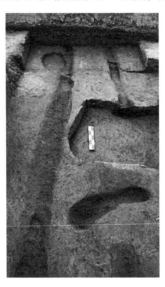

二里头遗址的夏代双轮车车辙［赵海涛先生提供］

总之，马车的起源问题是一个非常复杂的问题，眼下还难以确切定论，这里姑且不讨论马车发明权的归属问题，我们要说的是，中国至迟在夏初即已开始使用马车了，不光《史记·夏本纪》有大禹"陆行乘车，水行乘船，泥行乘橇，山行乘樏"之类的记载，而且在二里头宫殿区南侧大路上还发现了夏代双轮车车辙的考古学证据。② 不过，

① 杨宝成：《殷墟文化研究》，第 151～153 页，武汉大学出版社，2002 年。引按，杨说颇为有力，且在 1986～1988 年发掘的辽宁阜新牛梁河文化遗址中，发掘出牛神庙通向另一庙址的宽阔路面及路上的车轴印痕，此遗址距今 5000 多年，相于仰韶文化晚期。有车轴印痕就说明有车子，其时大大早于中亚马车，由此可见中国马车输自中亚说成立困难。《文物考古工作十年（1979～1988 年）》，文物出版社，1991 年。
② 《二里头（1999—2006）》，第 582 页，文物出版社，2014 年。

实事求是地说夏代马车的材料毕竟还很零碎，我们很难对夏代用车情况作具体说明。与有夏不同，殷商时代不仅有一批又一批马车实物或构件出土，而且在甲骨卜辞中还有关于商代用车的原始记录。

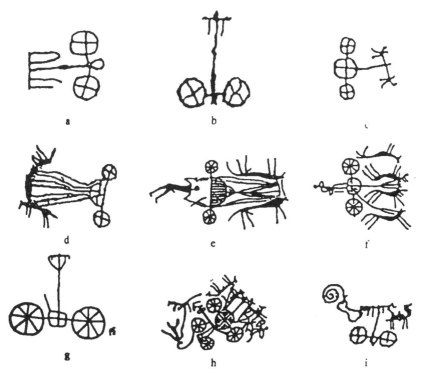

中亚、西亚岩画中的马车

［转引自夏含夷《古史异观》，2005 年，第 110～111 页］

　　据宋镇豪先生统计，迄今为止安阳殷墟共出土商代马车 50 余辆。①

　　殷墟之外，在河南、陕西、山东、山西、安徽、河北等地区的商代遗址也有马车或马车构件出土，共 17 处。②

　　在安阳殷墟还发掘出马车车道。

　　据《殷墟发掘报告》云："在第 I 探区南段灰土东侧还探出断断续续的道路一条。已探出的长度约 90 余米，宽约 2.3 ~ 5.2 米，由碎陶片和砾石铺成。路面上距离地表约 1.2 ~ 2.1 米，由北向南城下，厚约 0.1 ~ 0.3 米。路面上有一层极薄的灰土。"③ 宋镇豪先生说："若按晚商马车轴长在 2.7 ~ 3.1 米计，相当一车的单车道。"④

　　"洹北商城以外与城址有关的遗迹也有所发现。其中西墙槽外北部已钻探到大体同时的陶片。最重要的是南墙槽和东墙槽外发现了一条宽广的商代道路。该条道路从南墙槽东段以南向东北方向延伸，至城的东南角折面向北延伸 1000 余米。路面清晰可见车辙痕迹。轨距约 2.2 米，正是大多数商代马车的轨距。该条道路被殷墟时期的文化层叠压，而路基中的出土物基本上是中商时期的陶片和碎骨。因此这条路的年代极有可能与洹北商城年代相当。"⑤

　　商代用车的原始记录见诸下列卜辞：

　　1.〔癸〕亥卜，㱿，贞：旬亡祸。王占〔曰〕……丁卯，王狩敄，徛车……才（在）车，孚马亦……《合集》584

---

① 宋镇豪：《夏商社会生活史》，第 311 ~ 314 页，中国社会科学出版社，1994 年。

② 参见宋镇豪先生《夏商社会生活史》，第 306 ~ 327 页。

③ 中国社会科学院考古研究所编著：《殷墟发掘报告 1958 ~ 1961》，第 96 页，文物出版社，1987 年。

④ 宋镇豪：《夏商社会生活史》，第 318 页，中国社会科学出版社，1994 年。

⑤ 中国社会科学院考古研究所安阳工作队：《洹北商城的考古新发现》，《中国社会科学院古代文明研究中心通讯》2003 年第 5 期。

2. 癸亥卜，争，贞：旬亡祸。……来艰。五日丁卯王狩……亦
林，才（在）〔车〕……《合集》7139

3. 癸巳卜，㱿，贞：旬亡祸。王占曰：乃兹亦有祟，若偁。甲
午王往逐兕，小臣载车马硪㝬王车，子央亦坠。《合集》10405 正

4. 癸巳卜，㱿，贞：旬亡祸。王占曰：乃〔兹亦有〕祟，若
偁。甲午王往逐兕，〔小臣载车〕马硪㝬王车，子央亦〔坠〕。《合
集》10406 正

5. ……载车……《合集》150 反

6. ……〔旬〕亡祸。王占曰：有祟，……敕斿车……〔车〕，皋
马……亦有𡥝。《合集》11446

7. ……日丁卯……斿车马……《合集》11448

8. ……车……有𡥝。《合集》11449

9. ……日王往虤虎，允亡灾。

……雝车马……京……《合集》11450

10. ……日……〔亥〕车……允……《合集》11451

11. □〔未〕卜……途……〔车〕……《合集》11455 ＝《合
集》40768

12. 戊辰卜，车，允畋贝，今生……《合集》21622

13. □□卜，王其逐鹿……获。允〔获〕八。

壬辰卜：子乎射、发、𪔰取右车，若？

癸巳卜：子叀大令〔命〕，乎比发取右车，若？《花东》416

14. 车不其以十朋。《合集》11442

15. 癸未卜，宾，贞：取唐𢀛。七〔月〕。

丙戌卜，𡥄，〔贞〕：六车。《合集》11452

16. 其𢛳兄辛叀有车，用，屮正。《合集》27628

17. 于车舞。《合集》13624

18. 车不𡆥。《合集》11457

19.……小臣□比伐，擒危美……人二十人四，而千五七十，□百……丙，车二丙，□百八十三，□五十，矢……用□白□于大乙，用□白印……□于祖乙，用美于祖丁，□甘京，易……

《合集》36481

20.……车……弜……《合集》11458

21. 王车……《合集》40146

22. 车。《合集》21778

23.〔车〕。《合集》11453

24.〔车〕。《合集》11454

25.……〔车〕……《合集》6039 正

从上揭卜辞来看，商人用车多是为了畋游（例如 1～14），其次用作祭祀（例如 15～19），类似周代兵车的用例不多见①。因此，有学者指出："在商代的政治及社会生活中马车所起的作用是极其有限的，主要作为王室的象征。后来，马车的这种特权似乎已扩大到了军队，马车在那里被当作一种指挥车来使用。再晚一点，到了西周时期，马车之遗存变得更为常见，而且从其发现之环境与共出物，一望即知与军事有关。"② 这一说法与前文所说"夏商社会的交通方式主要是靠徒步出行"的观点是一致的。

总之，正如宋镇豪先生所言："殷商王朝的马车，主要用于贵族统治者的出行游乐、狩猎或对外战争，为政权利益直接服务，作为交通工具，亦仅限于少数人范围。高级贵显乘车出行，'追琢其章，金玉其相'，权势赫赫，可谓荣极一时。"③

① 22、23 例可能与战争有关，但似不能作为兵车的确切证据。

② 夏含夷：《中国马车的起源及其历史意义》，《古史异观》，第 106～107 页，上海古籍出版社，2005 年。

③ 宋镇豪：《夏商社会生活史》，第 318 页，中国社会科学出版社，1994 年。

殷代车马出土实景 [刘忠伏教授提供]

　　除马车外，据于省吾先生考证商代还有步辇，[①] 顺带在此一并说明。卜辞辇字作𦫵，辇即人挽之车。《诗·小雅·黍苗》："我任我辇，我车我牛。"郑玄笺："有负任者，有挽辇者。"朱熹集传："辇，人挽车也。"辇字亦见于青铜器辇卣和辇作妣癸卣。或以为辇字"其实是象二人立于车上之形"。[②] 卜辞辇字只一见：

①　于省吾：《殷代的交通工具和驲传制度》。
②　孙机：《中国古独𫐐马车的结构》，《文物》1985 年第 8 期。

壬申卜……

弜𤔲。

其乎笝辇，又正。

王其商，于之，又正。

其肇马，又正。

弜肇。《合集》29693 ＝《合集》31181

由于甲骨文中尚未见到专赖人力推拉之车
之史料，故宋镇豪先生认为辇在殷商甲骨文中
仍用指马车。他说："二辞同卜一事。笝，人
名。辇是辇车。'肇马右'犹它辞言'肇马左
右中，人三百'（《前》3·31·2），知'肇马
右'实指三个战车队中的右队，笝应是右队
之长，笝乘坐的辇车自是同队中的马车，而不

甲骨文"辇"字

是人挽之车。辇的意义当如《周礼·地官·乡师》所云：'大军旅
会同，正治其徒役，与其輂辇。'郑注：'輂驾马，辇人挽行。'马
车在行进中，或因道途难行，故又需人前挽后推。《司马法》云：
'夏后氏二十人而辇，殷十八人而辇，周十五人而辇。'说的即是给
战车配备人徒。若以上举甲骨文左、右、中三个战车队列配备人徒
300 言，则每队人 100，又若一队有 6 辆战车，则平均每车约 16 人，
与文献所说大致接近。上引甲骨文'辇'字写作𦥑，在车前衡部再
加二手，正寓这层意义。《夏本纪》中'山行乘檋'，大概不是指别
的交通工具，而是指畜力车走山道时，另需人前拉后搡，即所谓
'輂驾马，辇人挽行'。"①

另外，经于省吾先生研究，商代已有驲传制度。卜辞中的𦥑、
𦥑、𦥑、𦥑、𦥑等字（一般隶定为"迉"），即是驲的本字，驲是迉

---

① 《夏商社会生活史》，第 326 页。

的假借字。兹将相关辞例揭举如下：

1. 贞：勿収虫示綸龃，逐来归。《合集》296

2. 己卯，贞：逐来羌其用于父……《合集》41461 =《英藏》2411

3. □□，〔贞〕：逐来羌，其用于父丁。

《屯南》725

4. 其逐。

《屯南》278

5. 丁丑卜，狄，贞：王其田，逐往。《合集》29084

6. ……大告……衣其逐……《合集》31792

7. 其逐，至于攸，若。王占曰：大吉。《合集》36824

8. 己亥，贞：王才（在）兹央逐。

《屯南》2845

9. 己未，贞：王令逐……于西土，亡。《屯南》1049

10. 戌辟逐之。《合集》28034

11. 癸卯卜，殼，贞：乎弥往，于隹比。

癸卯卜，殼，贞：〔勿〕乎弥往，比逐于隹。《合集》667 正

殷人用"辇"的相关记载〔《合集》29693〕

由上列卜辞可以看出，商人"来羌"、戍守、田猎皆有乘逐往归者。于省吾先生指出"这一系列占卜，显示出殷人交通往来的频繁，

也表明殷代逐传制度是相当发达的"。① 宋镇豪先生亦云："在商统
治中心区的百里之内传命，可能是利用王朝在干道上专为贵族人员
过行寄止而设的'羁'舍食宿，但到了远方，食宿就成问题了。有
的地方榛莽未辟，人烟绝少，有的地方虽有土著族邦，逐者却因身
负重命，怕消息走漏，或安全上的原因，也不得不绕道而行。因此
殷商王朝或在一些必要路段设立逐站，供逐者食宿。"②

四　服牛、服象

除了徒步、骑马、驾车几种出行方式外，殷人还服牛，服象，
这在文献上有所记载。服牛之例如《尚书·酒诰》称妹土殷人：
"肇牵车牛远服贾。"《世本·作篇》亦云："胲作服牛。"1978 年在
安阳武官村北地商代祭祀坑的发掘中曾掘出并排牛架 2 具，头向南，
尾向北，面相对，姿势规整，颈部各系一铜铃，③ 是为殷人服牛之
实证。

据《吕氏春秋·古乐》云："商人服象，为虐于东夷。周公以
师逐之，至于江南。"殷商时代河南产象，已为甲骨文献所证实。卜
辞每有象至、来象、猎象、省象之类的记载。例如：

（1）贞：生月象至。

（2）不其至。

（3）贞：令亢目象，若。《合集》4611

（1）贞：不其来象。

（2）壬辰，贞：来。《合集》9173

---

① 于省吾：《殷代的交通工具和驲传制度》。
② 宋镇豪：《夏商社会生活史》，第 292 页，中国社会科学出版社，1994 年。
③ 中国社会科学院考古研究所安阳工作队：《安阳武官村北地商代祭祀坑的发掘》，《考古》1987 年第 12 期。

（1）□□〔卜〕，〔亘〕，贞：象乎……

（2）……乎〔来〕……《合集》4612

（1）戊辰卜，雀以象。

（2）戊辰卜，雀不其以象。十二月。

（3）戊辰卜，雀以象。

（4）戊辰卜，雀不其〔以象〕。《合集》8984

……我……象……《合集》10224

（1）……今夕其雨。……其雨。之夕允不雨。

（2）……获象。《合集》10222

辛未王卜，贞田𩫏，往来亡灾。王占曰：吉。获象十，雉十有一。《合集》37364

壬〔申王卜〕，〔贞〕：田〔𥝢〕，〔往来〕亡灾……兹〔孚〕……〔获〕象……

乙亥王卜，贞：田丧，往来亡灾。王占曰：吉。获象七，雉三十。《合集》37365

丁亥卜，贞：王田𩫏，往来亡灾。擒佳百三十八，象二，雉五。《合集》37367

□□王卜，贞：田栚，往〔来亡灾〕。王占曰：吉。兹孚……百四十八，象二。《合集》37372

辛巳卜，贞：王〔田〕□，往来亡〔灾〕。擒。获……一，象一……《合集》37373

□□王卜，贞：田𩫏，〔往来亡灾〕。王占曰：吉。兹〔孚〕……三十八，象一。《合集》37374

壬午卜，贞：王田栚，往来亡灾。获惟一百四十八，象二。《合集》37513

（1）丁未卜，象来涉，其乎𢆶射。吉

（2）……射𢆶。

（3）己未卜，象，射鹿既其乎……吉《屯南》2539

商代中原有大象活动之记录 [《屯南》2539]

（1）壬戌卜，今日王省。

（2）于癸亥省象，易日。《合集》32954

唯河南产象，所以河南才简称豫。徐中舒先生云："《禹贡·豫州》之豫，为象、邑二字之合文。《说文》：'豫，从象，予声，'从予乃从邑之讹……甲骨文'为'字从又牵象，为殷人服象之证。"[①]今附甲骨文"为"字于此，殷人服象之迹于此可寻。

［《合集》2953］　［《合集》15180］　［《合集》18151］

在前面提到的 1978 年安阳武官村北地商代祭祀坑的发掘中，还发掘出一个长 2.4、宽 1.7、深 1.8 米的象坑，内埋 1 象 1 猪，象体高约 1.6 米，身长约 2 米，门牙尚未长出，系一幼象个体，身上还佩戴一个铜铃。[②]幼象既系铜铃，表明系驯化之家象，此乃商人服象之物证。

正如前引《吕氏春秋·古乐》所说，大象南迁始于周。《孟子》卷三亦云："周公相武王，诛纣伐奄，三年，讨其君，驱飞廉于海隅而戮之，灭国者五十，驱虎豹犀象而远之，天下大悦。"到了战国时代，大象在黄河流域业已绝迹。所以，《韩非子·解老篇》云："人希见生象也，而得死象之骨，按其图以想其生也，故诸人之所以意想者，皆谓之象也。"《战国策·魏策》"白骨疑象"是其谓也。

正是因为商人服象，他们常与生象亲密接触，故象之造型每每反映到殷人的艺术作品中。商周青铜器中有象尊。

妇好墓出土有玉象和夔龈象牙杯（见《殷墟妇好墓》彩版 29、39，《殷墟的发现与研究》彩版 15）。郭家庄 M160 出土的铜方尊肩部饰有象形兽头（见《安阳殷墟郭家庄商代墓葬 1982 年~1992 年

---

① 徐中舒：《殷人服象及象之南迁》，《徐中舒历史论文选辑》，第 54~56 页，中华书局，1998 年。

② 中国社会科学院考古研究所安阳工作队：《安阳武官村北地商代祭祀坑的发掘》，《考古》1987 年第 12 期。

考古发掘报告》图版 40）。

商周青铜器象尊

妇好墓出土玉象

卜人们在契刻甲骨之时也就有关于象的遣兴之作。

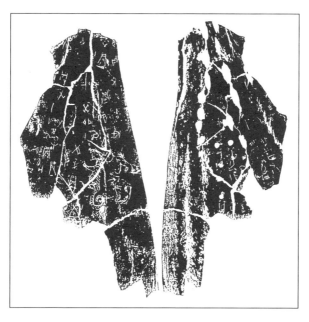

殷人关于象的遣兴之作 [《合集》21472 正、反]

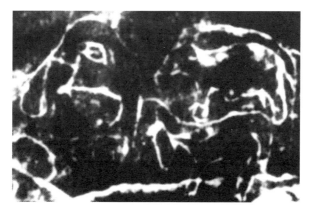

殷人关于象的遣兴之作,《合集》21472 正,象之截面图

五　水行乘舟

陆行乘车，水行乘船，这是中国南北出行民俗的一大特征。我国用舟的历史源远流长，据说黄帝"刳木为舟，剡木为楫，以济不通，致远以利天下"。① 或把舟楫的发明权归黄帝臣共鼓或货狄②，或归帝俊时人番禺，③ 或归尧之工官巧垂，④ 其他说法还有一些，不一一介绍。这些传说的真实性无从证实，不过从考古实物来看，我国舟楫的制造远在黄帝之前。出土于浙江跨湖桥遗址的独木舟，舟体残长约5.6、宽0.52米，舟底弧收，舟头上翘而宽约0.29米，吃水甚浅，系火焦法挖凿而成，这是中国目前所见最早的独木舟，距今约8000～7500年⑤，也被誉为"世界第一舟"。浙江河姆渡遗址出土的遗物中有7000年前的木楫，残长63厘米，用一根整木刻出柄和桨叶，翼宽12.2厘米，做工细致，还刻有线形图案，这是我国目前出土最早的楫。⑥ 七八千年前的先民既已使用了舟楫，那么，其后的殷商先民自然也会用舟。在胶东荣成县毛子沟曾经出土过商周时代的独木舟，独木舟保存基本完整，仅右侧舱壁部分损坏。舟体全长3.9、头部宽0.6、中部宽0.74、尾部宽0.7米；舱的最大深度为0.15米；舟体高度：头部0.18、中部0.24、尾部0.30米。两道低矮的舱隔，把舟分隔为三个舱：头舱最大长度0.84米，前部有一斜坡；中舱最大，长1.3米；尾舱最大长度1米，后部形成台阶。同

---

① 《易・系辞下》。
② 《世本・作篇》。
③ 《山海经・海内经》。
④ 《墨子・非儒下》。
⑤ 《跨湖桥遗址发现中国最早独木舟》，《中国文物报》2003年3月21日。
⑥ 河姆渡遗址考古队：《浙江河姆渡遗址第二期发掘的主要收获》，《文物》1980年第5期。又劳伯敏：《一支七千年前的船桨》，《光明日报》1981年1月12日。

时独木舟到了商周时代已是三舱，前翘后重，此远非原始社会之造舟水平可比①。

浙江萧山跨湖桥出土的 8000 年前的独木舟

[采自《中国文物报》2009 年 12 月 16 日第 18 版]

夏商之际，舟船已是重要的水上交通工具，据《帝王世纪第三》载，帝桀"乃与妹喜及诸嬖妾同舟浮海，奔于南巢之山而死"②。其时，舟楫已经用于战争，帝相"二十七年，浇伐斟鄩，大战于潍，覆其舟，灭之"。③《楚辞·天问》亦曰："覆舟斟鄩，何道取之？"我们今天不仅有幸看到早于殷商时代的舟楫遗物，还可以看到殷商

---

① 王永波：《胶东半岛上发现的古代独木舟》，《考古与文物》1987 年第 5 期。

② 皇甫谧：《帝王世纪》，第 21 页，辽宁教育出版社，1997 年。

③ 《今本竹书纪年》，第 52 页，辽宁教育出版社，1997 年。

先民亲手记下的用舟资料。在殷墟出土的甲骨文中有"舟"字，字形作"夕"，此即舟船之象形。另有"𦩠字，又作𦩟"，张秉权先生释为"服"，郭沫若先生释为"般"，说象一人操舟之形，于省吾先生然其言。甲骨文还有一个从水从舟之字，有"𣱏𣲷𣲩𣲬𣲪"等不同写法，罗振玉先生"疑即舟字"（《待问16》），王国维先生谓方舟之方字。于省吾先生谓罗王二说并误，认为当是"洀"字，其从水，单复无别。《管子·小问》："意者君乘骏马而洀桓，迎日而驰乎？"尹知章注："洀，古盘字。"《殷墟书契》著录甲骨中有："甲戌卜，争贞：来辛巳，其旬洀。"于省吾先生说"旬洀"应读为徇盘。《国语·周语》"乃命其旅曰徇"，韦注："徇，行也。"《说文》："狥，行示也。"狥即徇字，亦通巡。《尔雅·释言》引字诂："徇今巡。"《广雅·释言》："徇，巡也。"然则徇盘即巡盘，为巡行盘游。① 杨树达先生疑为"般"之古文。《说文》："般，辟也，象舟之旋。从舟从殳，殳令舟盘旋者也。"② 姚孝遂先生《甲骨文字诂林》按语说，当释"洀"，读作"汎"……"王洀"连言，均当指汎舟言之。《说文》训"汎"为"浮皃"，训"泛"为"浮"。《广韵》以为同字。王筠《句读》谓："经无泛字，至汉始见。如'汎彼柏舟，亦汎其流'，与泛字义不异，此《广韵》汎泛一字之可从也。"《一切经音义》卷二引《说文》"汎，浮也"，与泛无别。字或作"渢"，《左传》襄公二十九："美哉渢渢乎。""渢渢"即"汎汎"，"汎""泛""渢"之初形实当作"洀"，象汎舟于水之形，《管子·小问》"洀桓"尹注谓"洀，古盘字"，其说非是。盘之古文作"凡"，象槃皿之形。"洀"不得为"盘"之初形，"盘桓"本无正字，皆通假为之。③ 耀华按，姚先生说可从，卜辞有"汎"与"舟"连言者，

---

① 于省吾：《甲骨文字释林》，第93～94页，中华书局，1979年。

② 杨树达：《积微居甲文说》，卷上第45页，上海古籍出版社，2006年。

③ 于省吾：《甲骨文字诂林》，第3172～3173页，中华书局，1996年。

例如：弜𤔲舟。《合集》33691

关于商王泛舟之占卜 [《合集》33691]

卜辞还有为"王汎"而卜问天气者。例如：

庚寅卜，王渹，辛卯昜日。《合集》20272

"昜"通暘（yì），《说文·日部》："暘，日覆云暂见也。"段玉裁注："覆云者，撪（yǎn）于云；暂见者，倐见也。""昜日"即多云间晴。或曰"昜即赐。天气阴沉、晦暗，商代人希望上帝能把太阳赏赐给人间，所以叫赐日。卜辞中的昜日常和𨵵（雾）相对而言，如壬寅赐日，壬寅雾（《续》5.10.3）。商代人认为，太阳出来与否，一定受某种神力的支配，所以为了使太阳出来，也就是使神赐给人间以太阳，常祈求祖先以赐日……既然希望赏赐一个太阳，则这种天气一定是没有出日：可能是阴沉、晦暗，也可能是乌云滚滚，也可能是时阴时雨，也可能是多云蔽日。"① 耀华按，两种解释皆可自圆，要之，"易日"之占，是占问天气，且必与日之出没有关。

　　商王泛舟与田猎一样，并非是一叶扁舟独自浮泛于水。《合集》11477 辞为"甲戌卜，〔争〕，贞：来辛巳其乇洀"，其中的"洀"字写作"𦨲"，杨升南先生指出"𦨲字，作两只舟在河中前后行进状。字形中的两条船，并不是仅有两只船之意，而应是表示有多只舟船的船队"。②《汉书·武帝纪》："自寻阳浮江，亲射蛟江中，获之。舳舻千里，薄枞阳而出。"甲骨文所言商王泛舟与汉武帝寻阳浮江之故事，前后相映，颇为有趣。

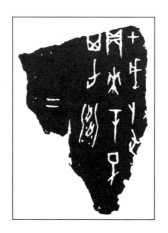

学者据此认为商王已有舳舻相属之船队 ［《合集》11477］

---

①　赵诚：《甲骨文简明词典——卜辞分类读本》，第 191 页，中华书局，1988 年。

②　杨升南：《商代的水上交通工具》，《殷都学刊》2006 年第 4 期。

第八章　循卜辞：商王巡游踪迹之原始记录

一　关于甲骨文“[illegible]”字的考释

甲骨文“[illegible]”字的隶定，一直是文字学上长期聚讼的悬案。孙诒让认为“[illegible]当即德之省文”。罗振玉则径释“德”。林义光释“循”，叶玉森从之。郭沫若释“徝”，王襄释“眚”，疑省、眚古为一字。饶宗颐认为“以释德为是”。[①] 目前甲骨文字书基本上是“德”“徝”“循”“徝”四种隶定并存，普通读者颇难折中一是。

关于“[illegible]”字的考释，李孝定曾经这样评述：

> 《说文》：“循，行顺也。”段氏依《大誓》正义众经音义所引，删顺字。从彳盾声。契文作[illegible]，罗释德。然金文德字均从心作，契文[illegible]字无虑数十百见，无一从心者，可证二者实非一字。且释德于卜辞辞例亦不可通。郭（沫若）隶定作徝若直，谓即直之古文，于字形差近，于卜辞言徝伐训为正伐或读为挞

① 于省吾：《甲骨文字释林》，第2250～2252页，中华书局，1979年。

伐亦可通读，惟卜辞云"丁巳卜贞㣙于□王㣙入"，《甲编》189，"庚辰卜，王贞朕㣙㣙六月"，《甲编》2304，"□㣙今春□方。"《甲编》2838，单言㣙，不与伐字连文，如释直辞意难通。鲁（实先）君谓假为游陟之陟。按陟许训登，经传亦多训登，训升，训上。《甲编》2838 于某方言㣙，如读为陟亦觉不辞。屈（万里）君释省，训为巡视，其义是也。惟省从生媚，契文之㣙无一从生媚作㣙者，其说亦觉未安。惟叶君（玉森）释循，于字形辞义均优有可说。按《说文》："盾，瞂也。所以扞身蔽目。象形。"小徐《系传》"象形"之下有"厂声"二字，沈涛古本考亦宗承徐说。若然，则盾字从直象形，契文㣙字即从彳㣙（盾）声，或谓"厂声"二字乃衍文，则㣙字亦可解为从彳盾省声也。卜辞言循伐者，言以兵威抚循之，《史记·项羽本记》"于是梁为会稽守，藉为禆将，徇下县。广陵人召平于是为陈王徇广陵，未能下"之徇，《集解》引李奇曰"徇，略也"。如淳曰"徇，音抚徇之徇，徇其人民"。《正义》"以兵威服之曰下"。正卜辞循伐之意也。单言循或言循某方者，则巡视之义也。①

由以上引文可知，李孝定是赞成释"循"的。姚孝遂似然其说，他在《甲骨文诂林》"㣙"字条按语中说："字当释'循'，读作'巡'，李孝定已详加论证，唯不必以兵盾为言。"② 然而奇怪的是，在同书"省"字条下按语中，他又隶此字为"徥"，③其前后游移若此。

① 李孝定：《甲骨文字集释》第二册，第 567~569 页，史语所专刊之五十，1991 年影印版。
② 于省吾：《甲骨文字诂林》，第 2256 页，中华书局，1996 年。
③ 于省吾：《甲骨文字诂林》，第 567 页，中华书局，1996 年。

　　笔者认为四种隶法，虽各有理据，然诚如李孝定先生言，"契文
卋字无虑数十百见，无一从心者"，德与卋实非一字。① 且释德确实
于卜辞辞例不通，此字读"德"的可能性可以排除。

　　李先生说"契文之卋无一从生婚作𤯍者"，所言极是，且卋字辞
例与屮（省）字辞例判然有别，因此，无论隶此字为徇读如"省"
或"眚"都不甚妥帖。

　　关于释"循"的理由，李孝定先生已表述得很充分了，单从卜
辞辞例看，其说颇通达。可细究字形，甲骨文盾字并不从目，李先
生隶𢦏为瞂，并云："《说文》：'瞂，盾也。从盾友声。'《诗·秦
风》：'蒙伐有苑。'毛曰：'伐中干也。'是以伐为瞂也，《方言》：
'盾，自关而西东谓之瞂，或谓之干，关西谓之盾。'是字又作瞂，
《玉篇》瞂又作瞂，通作伐。覆之卜辞，当以瞂为正字，瞂为后起形
声字。伐则假借字也。契文象一人左持干而右执戈，篆文省去人形
耳，释为瞂，应可从。"② 由是知李先生也主张盾即干，卋字显然不从
干。这样一来，隶卋为循在字形上就落了空。

　　甲骨文屮字隶为"直"，学术界对此几无异议。就字形而言，卋
字似最应隶为值。可这个值字很生僻，以至于《说文》就不曾收录，
仅见于《玉篇》《集韵》《类篇》《龙龛手鉴》《五音集韵》等较晚
的字书。《玉篇》："值，竹志切，施也。"《集韵》职部："陟、傽、
㑴、隰、徎、值：竹力切。《说文》'登也。'或作傽、㑴、隰、徎、

①　《金文编》110 页德字条下所收的省心德方鼎、德鼎、弔德鼎、辛鼎中的"德"字皆
　　不从心，与甲骨文卋字相同，但此字隶定成德字，缺乏证据。
②　李孝定：《甲骨文字集释》第四、第五册，第 1205 页，史语所专刊之五十，1991 年影
　　印版。

亶。"①《类篇》:"彽,亶:竹力切。登也。或作亶。"《龙龛手鉴》:"亶,陟志反。施也。"《五音集韵》卷十:"亶,施也。"卷十五:"陟、偦、佌、驦、彽、亶,竹力切。升也,进也。"由是知,陟、偦、佌、隚、彽、亶是一组异体字,有施、登、升、进四个义项。将字书给出的这四个义项验诸卜辞,实有扞格不通之处。不过,如果亶与陟确系异体字关系,则陟的义项远不止此,还有远行、长途跋涉、升遐、通"勑"、敬奉、祭祀山岳诸义。例如《书·太甲下》:"若升高,必自下;若陟遐,必自迩。"此处的陟就是行的意思。还有陟方二字连言者,《书·舜典》:"舜生三十征庸,三十在位。五十载,陟方乃死。"孔传:"方,道也。舜即位五十年,升道南方巡守,死于苍梧之野而葬焉。"孔颖达疏:"升道,谓乘道而行也,天子之行,必是巡其所守之国,故通以巡守为名。"陟方即巡狩,这层意义与李孝定先生所讲的循字颇有交合之处。最有意思的是,卜辞中竟有"王屮方""王勿屮方"之类的占卜(详后),与《舜典》"陟方"恰合。如此说来,隶屮为亶,读若陟,似为最佳方案,可问题是甲骨文中另有从𨸏从步的陟字,辞例有"王陟山"语,与《说文》"陟,登也"的训释完全切合,甲骨文中带亶字的卜辞就有 190 余版之多,可在传世文献中亶字的身影却很难觅,这个亶字怎么会一下子突然消失了呢?如果将屮隶定为亶读如陟②,看起来形义俱胜,但无法证明屮是"陟"的或体,也无法解释屮与"𨸏臼"何以同时存在却辞例互歧的原由。所以李孝定先生认为林义光、叶玉森释"循"于字形、辞义均有可说。张秉权先生则径云"王出

---

① 《集韵》,第 1563 页,中国书店,1983 年。
② 正如李孝定先生所言,隶作亶,读如直,对许多卜辞无法解释。

徇"，就是"王出徇"。① 我们认为释徇比较圆融，更重要的是其与辞例较为调达。为称述方便，故我们在后文中将"徇"径写作"徇"，将刻有"徇"字的卜辞称为"徇卜辞"。

殷墟甲骨计有徇卜辞 183 版，以其内容可分为卜问王徇、卜问祭祀、卜问眚灾三类。其中卜问王徇的卜辞最多，以王徇的目的可将此类一分为二，即卜问徇出和卜问徇伐两类。卜问徇出的卜辞特点是商王一路"推恩布泽"，卜问徇伐的卜辞特点是商王一路征讨敌方。考虑到本文写作主要为的是考察商代旅游文化，而王徇卜辞是商王旅游的典型材料，是本文考察的重点，祭祀、眚灾类徇卜辞，因与旅游关联度不大，故略而不论。

二 风行地上，王以省方：商王的徇出与徇伐

（一）"观省风俗"之王徇出卜辞

如上所述，卜问王徇的卜辞可分为卜问徇出和卜问徇伐两类。所谓徇出卜辞即李孝定先生所谓"单言徇或徇某方"者，这类卜辞的特点是，卜问者所要卜问的焦点主要是王要不要"徇出"（又作"出徇"，或省作"徇"）？王应该徇于何地？卜问王徇于某地可以看成是王徇出卜辞的扩展。先看"王徇出"卜辞：

（1）贞：弗其以。

（2）贞：以。

（3）贞：兹以。

（4）贞：庚申勿徇出。

① 于省吾：《甲骨文字诂林》，第 2253 页，中华书局，1996 年。

（5）贞：庚申□王循出。《合集》7241

□□〔卜〕，□，〔贞：〕王循……《合集》9848

……王循……《合集》11529 正

（1）……循……方。

（2）今春。《合集》11530

……王呼……循……《怀特》450

……循。《合集》19589

乙巳……贞：〔朕〕……于循……《合集》20542

辛卯卜，王，贞：朕循……《合集》20541

（1）循。

（2）〔贞：〕王〔勿〕循。《合集》7233

（1）循。

（2）〔贞：〕王〔勿〕循。

（3）其雨。《合集》7234

贞：其循。《合集》7247

（1）贞：〔不〕其循。

（2）……循。《合集》7248

……循，不其……《合集》7255

己巳卜……其循降。六月。《合集》20548

贞：□不其循。《合集》7249

贞：人不其循。《合集》7251

贞：不其循。三月。《合集》7252

（1）贞：循。

王循出卜辞

（2）不其循。《合集》7253 反

贞：不其循。《合集》40794

不其循。《合集》40795

……不其循。《天理》220

贞：不其循。《英藏》712 正

……不其循。《英藏》713

（1）贞：不循。

（2）不其来……《合集》588 反

（1）贞：勿循。

（2）贞：循。《合集》7259

（1）循。

（2）贞：勿循。

（3）循。

（4）贞：循。《合集》7263

……循，不其……《合集》7254

甲戌卜，争，贞：循。《合集》7261

□□卜，韦，贞：循。《合集》7262

贞：循。《合集》7264 正

以上"王循出""王循""王勿循""其循""不其循"，核心语辞是"循"。前文提及"循"在甲骨文中其最基本的意义就是"巡察"，也就是说，甲骨文中"循"相当于后来的"巡"字。"循与巡古通，故循有巡视或巡察之义"。①"循与巡通"的例子在古文献中可以俯拾。《风俗通义》："巡者，循也。狩者，牧也。"《礼记·月令》："循行国邑。"注云："循即巡。"《墨子·迎敌祠》："凡守城之法，县师受事，出葆，循沟防，筑荐通涂，修城。""循沟防"即

---

① 史景成：《加拿大安河皇家博物馆所藏一片大胛骨的刻辞考释》，《中国文字》第 46 册。另见于省吾《甲骨文字诂林》，第 2253 页，中华书局，1996 年。

"巡沟防"也。汉袁康《越绝书·外传枕中》："舜循之历山，而天下从风，使舜释其所循，而求天下之利，则恐不全其身。"此处的"循"义亦同"巡"。唯"循""巡"通用，故"巡行"又可写作"循行"。《墨子·号令》："大将信人行守，长夜五循行，短夜三循行。"晋袁宏《后汉纪·顺帝纪》："既而，从轻骑循行田亩，劝民耕农。""巡狩"亦可写作"循狩"。《玉海·汉郡国祖宗庙》："志：宣帝由武帝正统兴立三年尊为世宗，行所循狩，郡国皆立庙告祠。"

　　既然古文献中循、巡相通，文字学家又一致认为甲骨文"循"的基本义是巡视、巡察，那么，也就可以说所谓的王循卜辞实际上就是关于商王出巡的占卜记录，此类卜辞是研究商代旅游的最为直接的宝贵资料。上揭诸例，旨在占问王要不要出循。古往今来出行安全问题也是行人要首先考虑的，所以卜辞中也有不少关于出循安全的占卜记录。

　　□申卜……〔王〕循，若。《合集》7224 =《合集》40793

　　……〔王〕循，若。《合集》7225

　　（1）王循，若。

　　（2）不若。《合集》7226

　　……朕循……隹（惟）有咎。《合集》7257

　　贞：……循……《合集》13684

　　……循……〔受〕屮又。《合集》5146

　　……祖乙……父乙循……《合集》1660 正

　　循，受屮〔又〕《合集》4001 反

　　以上卜辞中主要是卜问王循"若""不若"？王循会不会"有咎""有害"？王循能不能"受屮又"？"若"，顺也。"受屮又"即"受佑祐"。用现代汉语解释，这些卜辞是要卜问商王视察行程顺利与否？会不会遭遇不测？会不会受到祖先的保佑？可见商王出门前要做的一件极为重要的事情就是，祈求祖先神灵庇护其一路平安。

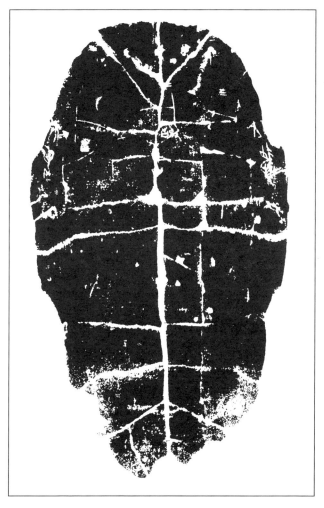

卜问商王出巡安全之卜辞 [《合集》7226]

循卜辞中的王循一类内容，相当于现在的国家元首外出巡行视察记录。今天，国家元首出访，出境叫"国事访问"，不出境叫"工作考察"，上古则统称为巡狩。前引《左传》"王有巡狩"即此之谓也。据说，帝王巡狩古有定制，《礼记·王制》曰："天子五年一巡狩。"①《大戴礼》则说："十有二岁，天子巡狩。"② 从卜辞看，所谓"五年""十有二岁"之说不足征信。根据《尚书·无逸》记载，殷高宗武丁之享国五十有九年，③ 依此推算，武丁巡狩应是 12 次或 5 次，然而卜辞中关于"循"的占卜至少不低于 252 次，即便按"三卜"制推算，再减去不属于武丁时代的"循卜辞"，武丁出巡的次数无论如何也不可能少于 76 次，这还不包括"省田"之出游。看来，所谓"五年""十有二岁"之说诚如顾颉刚先生所说，是东周之后儒学经师将历史整齐化的结果。

　　关于帝王出游动机，《孟子·梁惠王》曰："天子适诸侯曰巡狩。巡狩者，巡所守也。诸侯朝于天子曰述职。述职者，述所职也。无非事者。春省耕而补不足，秋省敛而助不给。"④ 汉刘向《说苑》卷十九所述类此："天子曰巡狩，诸侯曰述职。巡狩者，巡其所守也，述职者，述其所职也。春省耕助不给也，秋省敛助不足也。天子五年一巡狩，岁二月东巡狩至于东岳，柴而望祀山川，肆见诸侯，问百年者就见之。"所谓"春省耕助不给也，秋省敛助不足也"，王者出游似乎不是为了满足自己的审美心理需求，完全是以天下苍生为念，帝王满怀忧国忧民的古道热肠，一路广布恩泽，所以百姓盼望帝王巡狩如久旱盼甘霖。《孟子·梁惠王》："夏谚曰：吾王不游，吾何以休？吾王不豫，吾何以助？"⑤ 既然，子民们如此企盼吾王巡狩，王者"一游一豫"都是"行恩布泽"，按照这一说法，帝王游豫不仅不是劳民伤财的骄奢淫逸，而且还是"阳光工程"，极有进一

① 《太平御览》卷 537，中华书局，1960 年。
② 《太平御览》卷 537，中华书局，1960 年。
③ 见孙星衍《尚书今古文注疏》，第 103 页，商务印书馆万有文库本，1929 年。
④ 《十三经注疏·孟子注疏》，第 2675 页下，中华书局，1980 年。
⑤ 《十三经注疏·孟子注疏》，第 2675 页下，中华书局，1980 年。

步制度化、法律化的必要。前引"五年""十有二岁"之说，大概就是被制度化、法律化、理想化的结果。帝王爱民如子，巡行诸侯所守之土，已为各方诸侯树立了榜样，各路诸侯皆应取法天子，述其所受之职，《孟子·梁惠王》"一游一豫，为诸侯度"即此之谓也。

《周礼·夏官》还说，上古帝王出游专设"职方氏"一职官来管理此事："职方氏掌天下之图，王将巡狩，则戒乎四方。"

文献所载不免有所增饰，或许多不可信。然求诸卜辞，乃知在以下几方面却不无事实之一面。

其一，关于"春省耕助不给"问题。

《合集》3415 这样记载：

□〔亥〕卜，王，白ㄓ曰……藉循，其受（有）又（佑）。

这不是一条完整的卜辞，然残存的"藉循"二字颇值得注意。何谓"藉"？耤，耕耤也。耕藉是古代每年春耕前，天子、诸侯举行的耕作仪式，帝王亲耕藉田，种植供祭祀用的谷物，以示劝农，此乃古代之所谓耕藉礼或藉田礼。因为帝王亲耕，故称"帝藉"。《礼记·月令》："〔孟春之月〕天子亲载耒耜，措之于参保介之御间，帅三公九卿诸侯大夫，躬耕帝藉。"孙希旦《集解》："天子藉田千亩，收其谷为祭祀之粢盛，故曰帝藉。"《淮南子·时则训》："举五谷之要，藏帝藉之收于神仓。"藉田礼规定：天子三推，三公五推，卿、诸侯九推。[1] 汉张衡《东京赋》："躬三推于天田，修帝籍之千亩。"《礼记·祭义》："是故昔者天子为藉千亩，冕而朱纮，躬秉耒。诸侯为藉百亩，冕而青纮，躬秉耒。"郑玄注："藉，藉田也。"就史籍来看，藉田之制，历代皆有，直至清末。《汉书·文帝纪》："夫农，天下之本也，其开藉田，朕亲率耕，以给宗庙粢盛。"《旧唐书·礼仪志四》："玄宗欲重劝耕藉，遂进耕五十余步，尽垄

---

[1]　参见《礼记·月令》，《十三经注疏》，中华书局，1980 年。

乃止。"《清史稿·礼志二》："乾隆三年，帝初行耕耤礼，先期六日，幸丰泽园演耕，届日飨先农，行四推。"北京的先农坛即为明清两代帝王祭祀先农神之遗迹。上古还设有专掌耕藉之官，即甸师也，掌王藉者也。宋王与之《周礼订义》卷七云："王之耕藉，其种则献于六官，其谷则藏于神仓，甸师掌帅其属而耕耨王藉而已。"

　　遗憾的是商王耕藉的时间、地点皆残泐不存，不知商王耕藉是不是在春季，也不知所"循"的目标是不是耕藉地，但从残余之"藉循"可知，商王有可能参加了藉田，"藉"与"循"肯定是有关系的，至于二者关系究竟如何？"藉""循"是两回事还是一回事？因文辞过简不便多作推测。

　　裘锡圭先生在讨论卜辞里的"众"和"众人"的身份时曾说："商王是有很大权力的专制君王，无论是古书记载，还是现代的考古发掘，都可以证明这一点。商王决不可能还没有脱离生产劳动，也不可能亲自去监督奴隶进行劳动。但是他完全有可能参加象周以后帝王所行的藉田之礼那样的仪式性的农业生产活动。""从卜辞看，商王亲自参加的，往往是冏地的农业生产。"[1]

　　在此对裘说略作补充：商王亲自参加农业生产的并不只是冏地，他还参加过"南泚"的劳作，有卜辞为证：

　　（1）〔循〕交〔方〕。

　　（2）丁酉卜，争，贞：今春王勿黍。

　　（3）〔贞：今〕春王黍于南，□□于南泚。

　　《合集》9518

①　裘锡圭：《关于商代的宗族组织与贵族和平民两个阶级的初步研究》，《古代文史研究新探》，第320～323页，江苏古籍出版社，1992年。冏地地望，郑杰祥认为当即后世的牖地，其地在今河南省兰考县东昏故城，在今兰考县北约10公里处，东昏古称户牖，又称作牖乡，它应当就是卜辞中的冏地。详《商代地理概论》，第218页，中州古籍出版社，1994年。

（1）循交方。

（2）丁酉卜，争，贞：今春王勿黍。

（3）〔贞：今〕春王〔黍于〕南，□人〔于〕南沘。

《合集》9519

此系两版牛胛骨上的同文卜辞，从字体文例看，应是同时所卜。卜辞中的"黍"，即种黍，名词用如动词。交方，方国名，具体地望不详。南沘，唐兰、于省吾释为"兆"，董作宾释为"邶"，钟柏生认为于说有误，他从陈盘庵说，谓《诗经·邶风》之邶国乃由沘水而得名，陈引《路史》为证。《路史》国名记丁云："今滑之白马有鄁水，即邶水。"钟氏说："在卜辞中有不少证据，可大略推想出沘水的位置，'沘'之地区相当大，其地望在今河南滑县之东，'孟'地以北的区域里。因为沘水流域的范围相当广大，所以，卜辞中区分为南沘、北沘及东沘三地。南沘是殷朝之田猎及农业地区。"[1] 耀华按，以上两条的第（3）辞"〔贞：今〕春王黍于南"后似有一字，是不是"同"字呢？覆验原拓，看不出一丝"同"的迹象，我们将所有关涉"同"地的卜辞检查一过，没有看出"同"与"沘水"有任何联系。也就是说，"同"地并非是商王唯一耕藉的去处，沘水流域的其他地区也可能是商王光顾藉田的地方。沘水北部的**亯**北，即可能是商王的藉田区。《乙编》8151 可以说明这一点，该版辞为：

乎藉于**亯**北沘，不……

"**亯**"大概也是沘水流域的一个地名。如前所述，沘，钟、郑二氏皆定于今河南滑县之东，滑县位处黄土冲积的豫北平原，北距安

---

① 钟柏生：《殷商卜辞地理论丛》，第56、57页，艺文印书馆，1989年。郑杰祥说与钟大致相同。详《商代地理概论》，第52页，中州古籍出版社，1994年。

阳 70 公里，土地肥美，农业、林业至今仍是该地经济发展的两大支柱，从地理方面考量，商王将此地列为王之藉田区，是颇为合理的。

由上可知，商王武丁确实曾于某年春日丁酉躬耕于冏以及𡶹北、洮流域的藉田，身体力行，亲自种黍，[①] 他的确是一位贤明之君。

其二，关于"省方观民设教"问题。

循卜辞中还有一类常作"王循方""王不循方"者，可以简称"循方"卜辞。例如：

（1）贞：勿循方。

（2）循。《合集》6739

（1）丙戌卜。

（2）贞：王循方。《合集》39908

……王循方〔受〕……《合集》40643

贞：王循方。《英藏》626 正

（1）贞：帝弗其〔𤉲王〕。

（2）王循方，帝𤉲王。《合集》6734

……循方，帝𤉲〔王〕。《合集》6735

……今早王循方，帝〔受〕我屮（佑）。《合集》6736

……王循……〔方〕……《合集》7232

（1）□午卜，㱿，贞：今早王循方，帝受我□。

（2）……侑一牛。

《合集》6737 =《簠·游》1. 1 =《续》5. 14. 4

（1）贞：王勿循方。

（2）贞：王循方。

（3）贞：……。《合集》6738

---

① 商王的藉田之地还有"名"，卜辞有"乎雷藉于名"，详后。

"方"，陈梦家氏以为是方国名，[1] 钟柏生指出"方"是否为方国名不能确定，卜辞中的方或指土方，或指羌方，看来，此方是省称，并非专名。[2] 钟说有理有据，其说可从。

古文献有"省方"之语，《易·观》曰："先王以省方，观民设教。"孔颖达疏："省视万方，观看民之风俗。"《复》曰："后不省方。"《淮南子·精神篇》曰："禹贡省方。"注曰："巡狩为省，省视四方也。"汉班固《东都赋》："乃动大辂，遵皇衢，省方巡狩。"《吕氏春秋·知分》："禹南省方济乎江，黄龙负舟，舟中之人五色无主。禹仰视天而叹曰：'吾受命于天，竭力以养人。生，性也。死，命也。余何忧于龙焉？'龙俛耳低尾而逝，则禹达乎死生之分、利害之经也。"《淮南鸿烈解》卷第七有类似的记载："禹南省方济于江，黄龙负舟，舟中之人五色无主，禹乃熙笑而称曰：'我受命于天，竭力而劳万民，生，寄也。死，归也。何足以滑和？视龙犹蝘蜓，颜色不变，龙乃弭耳掉尾而逃，禹之视物亦细矣。"许慎注解："巡狩为省，省视四方也。济，渡也。"

古人所谓的"省方"实际上就是到四方省视考察，有学者认为卜辞之"循方"与文献之"省方"是一回事儿。[3] 前揭所谓"今早王循方，帝受我□"，"王勿循方"即卜问当时的最高国家领导人商王武丁今早要不要巡省四方，巡省四方会不会得到上帝（天帝）的

---

① 陈梦家：《殷墟卜辞综述》，第298页，中华书局，1988年。

② 钟柏生：《殷商卜辞地理论丛》，第172~173页，艺文印书馆，1989年。

③ 王襄在《古文字流变臆说》中释"𣥚"为"省"，大概正是因为"𣥚方"与《易·观》之"省方"相吻合。兹将王襄考释逐录于后。"契文之省，从彳从𣥚，𣥚从生省，从目，即眚。豆闭敦作𣥚，扬敦作𣥚，均为从生省，从目，借为生。许说省从眉省，从中，中乃生之省文，疑省、眚古为一字，《周礼·大司马》'冯弱犯寡则眚之'，注'犹人省瘦也'。卜辞云'王省方'，又云'王省土方'，又云'王往省牛'，眚牛，即省牛，即周世省牲之礼，《周易·观》：'先王以省方观民设教'，又《复》：'后不省方'，是均可证省、眚为一字。省即《尚书·舜典》巡守之礼，或释循……"转引自于省吾《甲骨文字诂林》，第2251页，中华书局，1996年。

保佑。上揭"循方"卜辞，"今早"着重强调时间，并对所循的地点、项目有所交代。

　　（1）丙子卜，宾，贞：秦年于甫。

　　（2）戊寅卜，亘，贞：王循方《合集》10104

　　（1）贞：𡊅执往。

　　（2）秦年。

　　（3）贞：勿秦年于甫土。

　　（4）循。十三月。

　　（5）〔贞：〕王〔勿〕循方《合集》846

　　（1）贞：𡊅执往。

　　（2）秦年。

　　（3）贞：勿秦年于甫。

　　（4）〔循〕。十三月。

　　（5）贞：王勿循方。《合集》847

　　地点："甫"，项目："秦年"。"甫"，据钟柏生说"其地望应在今山西永济县东南"。[1] 郑杰祥则认为"甫"与蒲古音相通，卜辞的甫地可能就是后来的蒲原城，古蒲原城当在今山西垣曲县旧城以西地带。[2] "秦年"即祈求丰年。"秦"与匄意义相当。年，《穀梁传》："五谷皆熟为有年。"[3] 北京天坛的"祈年殿"，可视为上古"秦年"物化形态之历史孑遗。

　　《合集》7238 可能也是此类卜辞：

　　王勿秦……循𥄂……循于……

　　《合集》7273 同此：

---

①　钟柏生：《殷商卜辞地理论丛》，第280页，艺文印书馆，1989年。

②　郑杰祥：《商代地理概论》，第309～311页，中州古籍出版社，1994年。

③　参见赵诚：《甲骨文简明词典》，第234、324页，中华书局，1988年。

……〔立〕莱……循。

以王循卜辞辞例，𢀝也应该是地名。

就以上"莱年"刻辞看，商王武丁的确不是只顾个人逸豫的人，他十分关心农业的收歉，确有心忧天下之胸怀。

其三，关于商王"行恩布泽"之区域。

如果相信《孟子》所言，把"藉田""莱年"视为"行恩布泽"的具体实例，那么商王不该把"行恩布泽"的足迹仅仅停留在沇水流域、甫、囿等几个地区，然卜辞记事各有侧重，或记载所循季节，不记所循项目，或记载所循项目，不记所循之地点。如要全面了解商王巡狩的来龙去脉，对商王"巡狩"之地加以考察是十分必要的。

下列"循卜辞"，不载商王所循项目、季节，然有地名，是了解商王足迹，以及商代地理、巡狩制度的重要资料。下面就商王所循地点加以考察。

（1）己酉〔卜〕，贞：王循于中商。

（2）己□〔卜〕，贞：……

（3）□□〔卜〕，贞：豭……不其……

（4）□□〔卜〕，贞：……《合集》20540

郑杰祥言"中商"一地不能确指其所在。岛邦男《研究·卜辞的地名》认为中商即今河南省商丘县。陈梦家《综述·方国地理》云："中商是地名诸商之一。安阳战国属赵，为新中。《春秋地名考略》及《方舆纪要》卷四十九引《都城记》曰：'安阳一名殷中，即北冢也。'中商或是殷中之所本。"陈说可从，古代商、殷混称，殷中即商中，就是商王朝的中心区，商中或即中商之倒文，当指为王都附近，可能在今河南省安阳市一带。[①] 钟柏生则明确指出："远

---

① 郑杰祥：《商代地理概论》，第19页，中州古籍出版社，1994年。

在商代，中华民族便有了中央四方的观念；商人以其王畿所在为天下的中央，东西南北四方则以商王畿为轴心。"① 也就是说他认为"中商"就是商之王畿区。但此版"王徝于中商"，显然，商王不可能只是在王城区转悠，中商应该是王畿区的泛称。此版还提到"豕"，"豕"也有可能是地名，郑杰祥认为其地在江苏邳县北。②

□〔卯〕……咸𢦏才（在）𣪊，王〔尊〕□，王徝于□，若。《合集》6902

此版阙所徝地名，由"才（在）"字知"𣪊"为地名。此字郑杰祥读作"悖"，他说其地应当就是后世的贝丘所在地，位于今山东省临清县东南，此地西南距卜辞丘商约130公里。③

（1）贞：〔侑〕于祖丁。

（2）贞：侑。

（3）贞：史人于𡧛。

（4）贞：王徝，若。《合集》5533

辞（3）"史人于𡧛"之"𡧛"当为地名，也可以解释为人名或族名。卜辞卜问𡧛地是否受年者：

贞：𡧛受年？《乙编》5670

可见𡧛与商王朝关系密切。《合集》5533之"𡧛"若读为地名，其义即派人往𡧛地去，若读为人（即族长）名、族名，则可理解为派人到𡧛之部族去。④ 卜辞还有一个𠂤字，郑杰祥认为其字是从人，

---

① 钟柏生：《殷商卜辞地理论丛》，第275页，艺文印书馆，1989年。关于中商的详细讨论，另见该书第39~48页。
② 郑杰祥：《商代地理概论》，第214页，中州古籍出版社，1994年。
③ 郑杰祥：《商代地理概论》，第24页，中州古籍出版社，1994年。
④ "史人于𡧛"也可以理解为派人前去捕猎。"于"可理解为《诗经》"之子于归"的"于"，即"往"也。但考虑到王徝卜辞除此之外再也没有一例田猎之辞，故以为还是将此条的"𡧛"理解为地名为好。顺便说明，甲骨文凡言田猎者皆用"省"而不用徝。"省"与"徝"在字形上虽有同源关系，但在字义上则用各有当。详第九章。

𝚌声，又像以𝚌捕人之状，是个形声兼会意字。𝚌，徐灏、罗振玉、丁山等都认为是毕之初文。许慎《说文》卷四下："毕，田罔也。从𠦜，象毕形。"徐灏笺曰："𠦜、毕一声之转，故《篇》《韵》𠦜又音毕，疑𠦜、毕本一字。"罗振玉云："《说文解字》：'毕，田网也，从𠦜，象毕形。'……卜辞诸字正象网形下有柄，……即许书所谓象毕形之𠦜也。但篆文改交错之网为平直，相当于初形已失，后人又加田，于是象形遂为会意。汉画像石凡捕兔之毕尚与𠦜字形同，是田网之制，汉时尚然也。"《礼记·月令》郑玄注："网小而柄长谓之毕。"卜辞𝚌字酷似长柄小网的形象，实为毕字之初文。𠦜为𝚌字之孳乳字，仍当读为毕字，今简化为毕字。卜辞毕地应当就是春秋时期的毕地，《左传·昭公九年》："我自夏以后稷、魏、骀、芮、歧、毕，吾西土也。"毕地所在杜预无注，按毕与浊古相通用，《尔雅·释天》："浊谓之毕。"郭璞注："掩兔之毕或呼为浊。"邢疏："浊谓之毕者，毕，西方之宿名，一名浊。"《诗·国风·卢令序》："襄公好田猎，毕弋，而不修民事。"郑玄笺："毕，噣也，本亦作浊。"因此卜辞毕地后也当已称作为浊地，其地所在，《史记·赵世家》云："（成侯）六年，中山筑长城。伐魏，败涿泽。"《正义》："音浊。徐广云'长社有浊泽'，非也。《括地志》云：'浊水源出浦州解县东北平地。'尔时魏都安邑，韩、赵伐魏，岂至河南长社也？解县浊水近于魏都，当是也。"《大清一统志·解州》山川条下云："浊泽在州西二十五里，一名涿泽。"清代解州即今山西省解县，古浊泽当位于今解县西 10 余公里，此地北距吉县北约 150 公里，它应当就是卜辞中的𠦜地。①

（1）〔邑〕。

（2）贞：乍邑。

---

① 见郑杰祥：《商代地理概论》，第 286~289 页，中州古籍出版社，1994 年。

（3）邑。

（4）贞：□王循磬，〔若〕。

（5）贞：侑于罔。

（6）贞：王梦隹（惟）之萆。二月。

（7）贞：王梦不隹（惟）之萆。

（8）贞：执。

（9）执。《合集》13507

本版第（4）条"王循磬"，磬，地名。陈梦家《综述·方国地理》以为就是《左传·隐公十一年》与郑人向、盟、州、陉、隤、怀之陉，"约在今沁阳县以北三四十里清化镇一带"。[①] 郑杰祥引高士奇《春秋地名考略》卷一云："按《舆地志》，太行陉在怀庆府西北三十里，一名丹陉。连山中断曰陉，太行首始河内，北至幽州，中有八陉，此其一也。"认为怀庆府即今河南省沁阳市，春秋陉地当在今沁阳市以北10余公里的山王庄一带，此地位于古清水支流丹水以西约5公里，与卜辞所记商王涉滴西至磬地田猎地望相符，它应当就是卜辞中的磬地。

　　……余循𩕎，隹（惟）……《合集》6557

𩕎，王襄释为"羌"；丁山释为"梦"，即曹之鄸邑；叶玉森释为蒙；商承祚释为死；唐兰释为列；于省吾释为髳；李孝定释为冕。钟柏生说："今从字形视之，于说较胜。"他从钱穆先生说，置髳地于豫陕之交界附近。[②] 郑杰祥则隶为"帽"，说其地不能确指，推测可能是蒙县故城，即今商丘县东北商丘市东郊。[③] 钟、郑二说，一西一东，相距数百里。

　　（1）癸丑卜，宾……

---

① 陈梦家：《殷墟卜辞综述》，第261页，中华书局，1988年。

② 钟柏生：《殷商卜辞地理论丛》，第202页，艺文印书馆，1989年。

③ 郑杰祥：《商代地理概论》，第212、213页，中州古籍出版社，1994年。

（2）〔王〕占曰：吉……骨凡。

（3）[illegible]于东，卯。

（4）勿[illegible]于东。

（5）……旨循[illegible]，若。《合集》14199 反

[illegible]，祭名。东，郑杰祥先生认为应当就是文献所说的商族祖先“相土之东都”，从岑仲勉《黄河变迁史》之说，定“东”在古濮阳城。[①] 此说与《逸周书·作雒》《地理志》相抵牾，我们认为卜辞之“东”即《诗经》豳、邶、墉之“墉”，“东”“墉”古音通假。其地如《通典》所云，“墉城在新乡县西南三十二里，今汲县东南”。

（1）贞：王入于皃束循。

（2）贞：勿于皃束。《合集》14161 正

常按，依辞例看“皃束”当为地名。“束”地钟柏生说在“鸡”地附近，“鸡”据郭沫若考证在今河北永年县西南。[②] “皃束”与“束”是不是同一个地方，不可确知。

（1）叀往禺……

（2）戍循往于来，取迺禺[illegible]卫，有𢦏。《合集》28058

郑杰祥认为“来”地当即春秋时期的来地，《春秋·隐公十一年》：“夏，公会郑伯于时来。”《穀梁传·隐公十一年》：“夏，五月，公会郑伯于时来。”《公羊传》又称作“祁黎”，与“时来”音近相通。《左传·隐公十一年》云：“夏，公会郑伯于来。”杜预注：“时来，来也。荥阳县东有厘城，郑地也。”《水经·济水注》：“济水又东迳厘城东，《春秋经》书公会郑伯于时来，《左传》所谓厘也。”京相璠曰：“今荥阳县东四十里有故厘城也。”《大清一统志·河南开封府》古迹条下：“厘城在荥泽县东。”清代荥泽县即汉荥阳

① 郑杰祥：《商代地理概论》，第 171 ~ 172 页，中州古籍出版社，1994 年。

② 钟柏生：《殷商卜辞地理论丛》，第 99 页，艺文印书馆，1989 年。

县，也即今河南省郑州市西北的古荥镇。厘城、时来、来，同地异名，位于今古荥镇东约 20 公里，当在今郑州市以东的花园口一带，此地西距卜辞嘉地约 10 公里，它应当就是卜辞中的来地。[①]

逦、喦、佫、卫，亦是地名，当距离来地不远。

……循北……《怀特》403

郑杰祥认为卜辞的北即《诗经》幽邶墉之邶。北地所在，方浚益《缀益斋彝器款识·北伯鬲鼎》跋云："北伯自是国名字，又作邶。《说文》：'邶，故商邑，在河南朝歌以北。'《诗谱》：'自纣城而北谓之邶。'"高士奇《春秋地名考略》卷五："邶城在今卫辉府东北。"清代卫辉府治在今河南省卫辉市。《大清一统志·河南彰德府》古迹条下："邶城在汤阴县东南。"又引《旧志》云："今日邶城镇，在县东三十里。"《文物地图集》288 页云邶城："城址平面呈长方形。东西长 1564 米，南北宽 1050 米，四周钻探出宽 4.4 米的夯土墙基，据文献记载为周代邶城。城址东部有一座面积 300 平方米、高约 3.5 米的夯土台基，传为武庚观兵台。采集鬲、罐、鼎、瓮、碗、豆等陶器残片。"此地现仍称邶城镇，位于今河南省汤阴县东南约 15 公里，南距纣城即朝歌镇（今淇县县治）约 30 公里，它应当就是卜辞中的北地和文献中邶、"墉"、卫的邶地。[②]

□□〔卜〕，㱿，贞：……王循正。《合集》7231

正，地名，曾见于 YH251、330 两坑卜辞。

正受禾？

长受禾？乙 8812

钟柏生推断其地可能在西方。[③]

（1）贞：〔王〕循。〔之〕从名……

① 郑杰祥：《商代地理概论》，第 71 页，中州古籍出版社，1994 年。
② 郑杰祥：《商代地理概论》，第 26、27 页，中州古籍出版社，1994 年。
③ 钟柏生：《殷商卜辞地理论丛》，第 295 页，艺文印书馆，1989 年。

（2）□□〔卜〕，争，〔贞：〕……省……《合集》7269 正

名，地名，具体地望不详。该地名还见于《合集》9505、9503：

己卯卜，𣪠贞：乎䨓藉于名亯，不滑？《合集》9505

……䨓藉在名，受有年。《合集》9503

一期卜辞中还有两版残辞：

□辰卜……循 ……崔……《合集》7270

……循崔……《合集》7272

以王循卜辞辞例知，崔为地名。乙编 5330 反的刻辞也可证明"崔"确系地名：

（1）勿乎奠于崔。

（2）贞：乎往奠于崔。

（3）己巳卜，争。

（4）获羌

崔地位置不详，所可注意的是其与"奠"有关。下列三版卜辞皆提到"元"，"元"大概也应读作地名。

（1）戊寅卜，贞：令甫比二侯及暨元，王循于之若。

（2）己卯〔卜〕……《合集》7242

子卜，元……王循……若。《合集》7243

丁亥卜，元循御。《合集》40796

元与攸地比邻，具体地望不明，据说其地距今安徽宿县不远。[1] 王循者还有𢆶地：

贞：勿衣循𢆶，戠。《合集》7265

□寅卜，王，贞：〔勿〕衣循〔𢆶〕，戠。《合集》7266

---

① 钟柏生：《殷商卜辞地理论丛》，第 120 页，艺文印书馆，1989 年。

……循□不丧重。《合集》7237

重，于省吾释为"捍"。郑杰祥说"捍"也可借为干，卜辞捍地应当就是后世所称作的干地。其地在清开州北，即今河南濮阳县，干城村今称古干城，位于今濮阳县北约15公里。①

循卜辞还有以下数版带有地名，但其地望不明，权次于后：

（1）丙午卜，宾，贞：旨弗其载王史。

（2）贞：旨载王史。

（3）贞：重㺑令往于岜。

（4）贞：循。《合集》5479

（1）□丑卜，王，贞：余乍……循于之矢。

（2）□巳卜，王，壬申不㑌雨。二月。《合集》20546

丁巳卜，贞：欠于□王循入。《合集》7235

……王勿循入。《合集》7236

（1）庚戌〔卜〕……允其……循于……内及五月。

（2）庚戌卜……亡其……循于……南。《合集》7227

……循于之。《合集》7268

（1）戊寅卜，争，贞：饮，王循于之若。

（2）贞：勿饮，不若。

（3）……河……《合集》16152 正

（1）壬申卜，殻，贞：我立中。

（2）壬申卜，殻，贞：勿立中，卜。

（3）癸丑卜，亘，贞：王比晏伐巴〔方〕。

（4）癸丑卜，亘，贞：王重望乘比伐下危。

（5）贞：祖辛侑。

（6）贞：王其……侑告父正。

---

① 郑杰祥：《商代地理概论》，第171页，中州古籍出版社，1994年。

（7）父乙卯🐚。

（8）贞：父乙弗卯🐚。

（9）今己巳尞。

（10）尞一牛。

（11）尞二牛。

（12）〔尞〕三牛。

（13）贞：侑🔲左……循于之益，若。

（14）子祟骨凡。

（15）子祟弗其凡。

（16）子🔲骨凡有疾。

（17）子🔲弗其凡。

（18）贞：多屯率……

（19）勿🔲用。

（20）贞：雠〔不〕其受年。《合集》811 正

……循，比之，若。《合集》7267 正

……雠……循。《合集》20545

辛巳卜，弜🔲宋🔲🔲循果若。《合集》40896 =《英藏》1777

丁丑〔卜〕……乍侑……延……鬼……𢦏……卒。〔允〕〔循〕。
《合集》14272

（1）辛未卜，争，贞：王〔隹（惟）〕卒循。

（2）辛未卜争贞：王于生七月，入于商。《苏美》003

……〔循〕其不入……《天理》265

由上揭卜辞可以看出，王所循之地：甫、🔲、中商、磬、
🔲、🔲、凫束、来、北、正、崔、之、🔲、果等，包括连带地名
还有东、🔲、🔲、岂、豪、阞、元、雠、商、宋等，其范围大多
没有超出商王所能直接控制的王畿区，即以小屯为中心的方圆直
径约二三百里以内。所循地区多为农业区域，所循事项也多与农

业有关。这很容易理解，民以食为天。这些卜辞似可表明《尚书·无逸》所载殷高宗武丁之事迹可信，[①] 武丁也许真的因为做太子时有劳于外，常和劳动人民接触，颇知稼穑之艰辛，所以特别关注农业生产。

以上这些区域属于商王能够直接控制的区域，故商王时常去"行恩布泽"，但一些偏远一点的区域，总有鞭长莫及之虞。这些诸侯方伯每每反叛，有些或者压根儿就不认可商王朝统治的正当性，每每拉起与商王朝分庭抗礼的架势，为此，商王常常"六师移之"。下文所要讨论的就是这类卜问循伐的循卜辞。

（二）"黜陟幽明"的王循伐卜辞

前文讨论的商王所循事项主要是在"国计民生"方面。所谓"春省耕而补不足，秋省敛而助不给"，可以说是王者治国的软的一手，对于不恤民情的诸侯属国，还有硬的一手，即"贬其爵""削其地"，以至于"六师移之"。《孟子》在《告子》下曾云："天子适诸侯曰巡狩，诸侯朝于天子曰述职，春省耕而补不足，秋省敛而助不给。入其疆，土地辟，田野治，养老尊贤，俊杰在位，则有庆，庆以地；入其疆，土地荒芜，遗老失贤，掊克在位，则有让。一不朝，则贬其爵，再不朝，则削其地，三不朝，则六师移之，是故天子讨而不伐，诸侯伐而不讨。"[②] 循卜辞中也可看到移师方伯属国的例子：

　　□亥卜，争，贞：王循伐方……《合集》6733 正

　　贞：王循伐方，受业〔又〕。《合集》6733 反

---

① 《尚书·无逸》："其在高宗时，旧劳于外，爰暨小人，作其即位，乃或亮阴，三年不言，其惟不言，言乃雍。不敢荒宁，嘉靖殷邦，至于小大，无时或怨。"见孙星衍《尚书今古文注疏》，第 101、102 页，商务印书馆万有文库本，1929 年。

② 《十三经注疏》，第 2759 页，中华书局，1980 年。

□□〔卜〕，〔争〕，贞：王循〔伐〕……《合集》7228

丙戌卜，争，贞：王循伐。《合集》7229

贞：今早王循伐。《合集》7230

……多……不其循伐舌方……《合集》6280

（1）庚申卜，㱿贞：今早王循伐土方。

（2）庚申卜……贞：今早……循……《东大》371 正

（1）庚申卜，㱿贞：今早王循伐土方〔受〕虫〔又〕

（2）庚申卜，㱿贞：……伐土方……《东大》372 正

……循……舌方……《合集》6281

（1）庚申卜，㱿，贞：今早王循伐土方。

（2）庚申卜，〔㱿〕，贞：今早〔王〕循……《合集》6399

（1）壬辰卜，㱿，贞：今早王循土方受，虫〔又〕。

（2）癸巳卜，㱿，贞：今早王循土方，受虫〔又〕。

（3）辛丑卜，争，贞：曰舌方凡𤬢于土……其辠𠂤。允其辠。

四月

《合集》6354 正

（1）□□卜，㱿，贞：五百𠂤用。

（2）□□〔卜，㱿〕，贞：五百𠂤用。

（3）……勿用。

（4）……〔王循〕土方。《合集》558

（1）〔隹（惟）〕人羌……循方于……。

（2）隹（惟）舌方来。《合集》8583

舌方、土方皆是与殷长期为敌的方国。二者的地望及其与殷的关系在《合集》6057 刻辞中表现得最为清楚：

（1）王占曰：有祟，其有来艰。乞至九日辛卯，允有来艰自北。𡿿妻𡿿告曰：土方侵我田十人。

（2）……〔其〕有来〔艰〕……〔允〕有来〔艰〕……

乎……东鄙，𢦔二邑。王步自𣪊，于睡司……□夕𡇧壬寅王亦冬
（终）夕𡇧。《合集》6057 反

（1）王占曰：有祟，其有来艰。乞至七日己巳，允有来艰自西。
𢼊角告曰：舌方出，侵我示𦰩田七十人。五〔月〕

（2）癸未卜，㱿，〔贞：旬亡祸〕。

（3）癸巳卜，㱿，贞：旬亡祸。王占曰：有〔祟〕，其有来艰。
乞至五日丁酉，允有来〔艰自〕西。沚䣊告曰：土方征于我东鄙，
〔𢦔〕二邑。舌方亦侵我西鄙田。

（4）癸卯卜，㱿，贞：旬亡祸。王占曰：有祟，其有来艰。五
日丁未允有来艰，饮御自邑围。六〔月〕……《合集》6057 正

此版有几个重要的地名，即𡇧、土方、舌方、沚。钟柏生认为：
"以上卜辞是说：土方入侵殷地沚及𡇧，沚䣊子嫾告急的情形。例
232〔引案即《合集》6057 正之（3）〕则言沚于殷西，故《前》
6.25.7'西䣊从？'言西䣊，则可证沚䣊是在西方。舌方在沚西，土
方入侵沚东。而例 233〔引案即《合集》6057 反第（1）条〕知：
土方位于殷之北，𡇧地亦位于殷北。综合 232、233 知：土方在殷之
西北方较为合适。土方侵殷后，殷人整军以讨伐之……土方的地望，
《综述》页 272 言：疑即杜国，在沁阳西北。岛氏在研究 419 简图
中，置土方于山西北部，殷之西北方。今以卜辞记载而言，岛氏所
言比较合乎条件，但嫌偏北了些，笔者将土方置于山西中部略东的
位置，由此位置，侵及殷北及沚，较为便利。"[1] 舌方具体位置，岛
邦男定于山西、陕西交界处，钟柏生认为其说大致不差，"但是略为
偏北些，应在两省交界中间偏南比较妥当"。[2] 郑杰祥推测舌方地望
可能位于今山西、陕西交界的石楼、永和县境。[3] 李伯谦根据青铜文

① 钟柏生：《殷商卜辞地理论丛》，第 212、213 页，艺文印书馆，1989 年。
② 钟柏生：《殷商卜辞地理论丛》，第 187～190 页，艺文印书馆，1989 年。
③ 郑杰祥：《商代地理概论》，第 286 页，中州古籍出版社，1994 年。

化类型的分布，结合卜辞，肯定地说："汾河以西以石楼、绥德为中心的黄河两岸高原山地应该就是舌方的居地，石楼、绥德等铜器群应该就是舌方的遗存。富有草原特色的石楼—绥德类型青铜文化或者是单一的舌方文化，或者是该地区包括舌方在内以舌方为主体的与商王朝基本上处于敌对状态的诸敌对方国的文化。"① 由上述引文看，舌方在殷西大家都没有异议，至于其具体位置，钟柏生所说似乎偏南了一点。岛邦男、郑杰祥、李伯谦三家意见大体一致，尤其是李伯谦所论兼顾到卜辞和考古学文化分布两方面，持论更为坐实，我们赞成李先生的说法，将石楼—绥德这一富于草原特色的文化类型定为舌方地望所在。土方的地望郑杰祥认为"当在商王朝的北方，即今河北省的北部地区"，② 与钟柏生所定"山西中部略东的位置"有较大的差距。李伯谦说："至于商的另一大敌土方，从甲骨文中可以看到，该地区某些与商友好的方国在受到来自西边的舌方的侵扰的同时，也曾受到来自东边的土方的侵扰，郭沫若等学者早已作出的舌方在西、土方在东的结论是勿庸置疑的。但甲骨文中不见舌方与土方之间有何更密切的关系，因此土方遗存似未包括在石楼—绥德类型青铜文化之内，其居地或当于商都之北太行山北段左近求之。"③ 此说与郑氏差近，但郑氏所说的土方似乎更靠北。看来土方的位置大家都没有把握。钟先生所说土方的位置与卜辞反映的情况比较切近，尚须得到考古类型学的证明。我想，如果假定灵石、沁县一带，是𢀡、沚等商的与国的分布区域，④ 土方如果也是一个流动性很强的民族，那么即便是土方在"商都之北太行山北段左近"，倒

---

① 李伯谦：《中国青铜文化结构体系研究》，第182页，科学出版社，1998年。
② 郑杰祥：《商代地理概论》，第286页，中州古籍出版社，1994年。
③ 李伯谦：《中国青铜文化结构体系研究》，第182页，科学出版社，1998年。
④ 李伯谦指出：灵石旌介商墓出土的铜器属于典型的商式，铭文族徽也多出土于殷墟和其他商文化遗址。因此我们作此假定。李说详《中国青铜文化结构体系研究》，第167~184页，科学出版社，1998年。

也存在流窜西南入侵之可能。将土方定在河北北部似乎稍远，与卜辞“土方征于我东鄙”的记载不太吻合。

由《合集》6057卜辞知，殷之与国曾遭土、𢀛双方东西夹击，土、𢀛两家是不是事先有约不得而知，如果土、𢀛都是游牧民族，这种可能性还是存在的。

不管整个事情的起因如何，结果十分明白，正如钟柏生所言，土、𢀛此举遭致商王朝的强烈报复，“殷人整军以讨伐之”，所以才有数百版讨伐土方、𢀛方的卜辞。兹将王循土方、𢀛方的卜辞揭举如下：

（1）贞：五〔百〕。

（2）癸丑卜，㱿，贞：五百……。旬壬戌侑用[illegible]。

（3）甲子卜，㱿，贞：〔告若〕。

（4）戊辰卜，㱿，贞：王〔循土方〕。

（5）癸……《合集》562正

（1）□子卜，㱿，贞：五百[illegible]〔用〕。

（2）贞：五百[illegible]勿用。

（3）〔癸〕丑卜，㱿，贞：五百〔[illegible]〕……

（4）癸丑卜，㱿，贞：五百[illegible]用。旬壬戌侑用[illegible]百。三月。

（5）甲子卜，㱿，贞：告若。

（6）戊辰卜，㱿，贞：王循土方。

（7）癸巳卜，亘，贞：𢦏。七月。

（8）癸巳卜，亘，贞：曰□。《合集》559

……卜，宾，贞：王循……方，〔受〕㞢〔又〕

《合集》710

（1）贞：王勿循土方。

（2）贞：王循土〔方〕。

（3）王比戛。《合集》6389

庚申卜，争，贞：王循土方。《合集》6390

贞：王循土方。《合集》6391

（1）……勿循土方。

（2）……再册，王勿〔㞢〕。

（3）……〔王〕循土方。《合集》6392

（1）贞：〔王〕循〔土〕方。

（2）〔贞：〕〔王循〕土〔方〕。《合集》6393

（1）〔贞：〕……

（2）勿自缢。

（3）王自缢。

（4）王自缢。

（5）其鞏。

（6）贞：王勿循土方。《合集》6394

（1）贞：〔王〕勿……

（2）贞：王勿循土方。《合集》6395

（1）王比戛。

（2）贞：循土方。

（3）……王……土。《合集》6396

（1）……循土〔方〕。

（2）……土〔方〕。《合集》6397

（1）庚申卜，㱿，贞：今早王循土方，〔受〕㞢〔又〕。

（2）庚申卜，㱿，贞：伐土方，受〔㞢又〕。《合集》6398

贞：王循土方。

〔贞：〕王〔勿〕循〔土〕方。《合集》39880＝《英藏》580

（1）……日其雨。

（2）……〔王〕循伐土方，受〔有佑〕。《合集》6400

（1）丙寅卜，宾，贞：我……

（2）〔庚〕辰卜，争，贞：翌辛巳〔王往〕……

（3）□申卜，争，贞：王循土〔方〕。

《合集》39881 =《英藏》578

（1）〔庚辰卜〕，争，贞：翌辛巳王往……

（2）□〔申〕卜，争，贞：王循土方。

《合集》39882 =《英藏》579

所谓“王循伐土方”，即商王亲自统领大军，攻打土方。甲骨文中关于征伐𢀛方、土方卜辞多达779版（其中𢀛方617，土方162版），不便一一称引。

商王朝除了要对付𢀛方、土方这些宿敌外，还要对付时服时叛的侯伯方国。例如《合集》第32版：

（1）乙卯卜，㱿，贞：王比望乘伐下危，受有佑。

（2）乙卯卜，㱿，贞：王勿比望乘伐下危，弗其受佑。

（3）贞：王比望乘。

（4）贞：王勿比望乘。

（5）丁巳卜，㱿，贞：王学众，伐于[illegible]方，受有佑。

（6）丁巳卜，㱿，贞：王勿学众[illegible]方，弗其受有佑。

（7）贞：王叀沚戛比伐〔[illegible]〕。

（8）贞：王勿比沚戛伐[illegible]。

（9）叀戛比。

（10）勿隹（惟）比戛。

（11）庚申卜，㱿，贞：乍宾。

（12）庚申卜，㱿，贞：勿乍宾。

（13）王叀出循。

（14）王勿隹（惟）出循。

下危、（髳）方、方皆方国名。关于"危"，卜辞中有"危方""下危"两个不同的称谓，钟柏生说二者可能不是一地，但相离不远，危方地望在商丘以南，下危则在危方之南。[①]"危"是商的封国，爵位为"伯"，有卜辞为证：

……危伯美于之，及□望。《合集》28091

……卜，狄□：危方美……酉……《甲编》1269

美是危伯的私名。危方之于殷时服时叛。到殷季商王曾经"步于危"，还在"危"进行占卜活动：

（1）辛酉王卜，才（在）燮，贞：今日步于□，亡灾。

（2）□亥王卜，才（在）风，贞：步于危，亡灾。

《合集》36961

（1）戊□〔卜〕，□，贞：……灾。

（2）戊辰卜，尹，贞：王其田亡灾。才（在）正月。才（在）危卜。

（3）□□〔卜〕，尹，〔贞：〕……王其步……宫亡〔灾〕

《合集》41075

（1）庚辰〔卜〕，〔才（在）〕危，贞：〔王步〕于又，〔亡灾〕。

（2）辛巳卜，才（在）又，贞：王步于白，亡灾。

（3）□□〔卜〕，才（在）□，贞：王步〔于〕相〔亡〕灾。

《合集》36901

""即"苎"（髳），于省吾谓："即《书·牧誓》'及庸、蜀、羌、髳、微、卢、彭、濮人'之髳，亦即《诗·角弓》'如蛮如髦'之髦。诗郑笺：'髦，西夷别名。武王伐纣，其等有八国从焉。'"[②]从前面引钟说可知，其地在今豫陕交界处。

---

① 钟柏生：《殷商卜辞地理论丛》，第230、231页，艺文印书馆，1989年。
② 于省吾：《甲骨文字释林》，第17页，中华书局，1979年。

　　🔶，方国名，钟柏生说🔶在西方，与"🔶方"有关的地方是"东🔶"。这其中有帚好的封地（由受年卜辞得知），但其地望不知。① 郑杰祥隶🔶为"抑"，说此地是今山西省太谷县南、武乡县西的古昂车关，此地北距太谷县约70公里。②

　　下危、🔶（辇）方、🔶方是商都西、南的方国，与商王朝的关系不睦，但并非是强敌。此版中的"王叀出循""王勿隹（惟）出循"之"循"也许可以理解为"循抚"，即叶玉森所云："卜辞言循伐者，以兵威抚循之。"《公孙龙子·坚白论》："循石，非彼无石，非石无所取乎白石。"《礼记·内则》："适子、庶子，已食而见，必循其首。"孙希旦集解："循，犹抚也。"《汉书·李陵传》："立政等见陵，未得私语，即目视陵，而数数自循其刀环。"颜师古注："循谓摩顺也。"由"摩顺"进而引申为威服是很自然的。此可视为商王"观省风俗，黜陟幽明"之举。③

　　与循辇方相关的还有以下两版：

　　……🔶……循伐辇〔方〕……《合集》6545

　　（1）贞：克……

　　（2）……循……辇……七月。《合集》6546 正

　　🔶方也是"王循"的对象之一，例如：

　　（1）□□卜，㱿，贞：今早王循🔶方，受虫〔又〕。

　　（2）……弗受〔虫〕。《合集》6534

　　……王循🔶方，〔受虫又〕。《合集》6535

　　……王循🔶方，〔受〕……《英藏》600

---

① 钟柏生：《殷商卜辞地理论丛》，第211页，艺文印书馆，1989年。
② 郑杰祥：《商代地理概论》，第320～322页，中州古籍出版社，1994年。
③ 王禹偁：《〈皇华集〉序》："古者天子五载一巡狩，肆觐群后，观省风俗，黜陟幽明而已。"

屮方具体地望不详，郭沫若认为屮方乃为东方之国，岛邦男推定屮方位于殷之西北。其依据是王曾经曾地往屮，曾与甬地并称，可见位于甬的附近。① 钟柏生认为岛氏所据的前6.54.1是断片，文例不全，"甬"在卜辞中亦可作为动词用。但他仍"暂从岛氏之说"。② 我们认为以下卜辞可支撑岛氏的观点：

(1) □卯卜，㱿，贞：犬延其有剢。

(2) □□卜，㱿，贞：犬延亡剢。

(3) □□卜，㱿，贞：王囟（次）于曾，遄乎𪊨屮〔方〕。《合集》6536

……王囟（次）〔于曾，遄乎〕𪊨〔屮方〕。《合集》6538

(1) □□〔卜〕，□，贞：……伐𢍰方，帝受我〔𠙹〕。

(2) □□〔卜〕，争，贞：今早王伐屮方，受〔𠙹又〕。《合集》6542

(1) 壬寅卜，争，贞：今早王伐屮方，受𠙹又。十三月。

(2) □午卜，㱿，贞：王伐𢍰，帝受我𠙹。十〔三〕月。《合集》6543

(1) ……伐屮方，〔受𠙹又〕。

(2) ……𢓾𢍰〔方〕……《合集》6544

(1) 贞：今〔早王〕比仓侯虎伐𢍰方，受𠙹又。五

(2) 贞：勿比仓侯。《合集》6554

从卜辞看，屮方与曾、𢍰方相距不远，由前文知，𢍰方地望在今豫陕交界处，屮与曾应该皆在西方，其具体位置尚难以确定。甲骨文关于屮方的刻辞，只有区区19版，且皆属武丁时代。商王武丁为征伐屮方曾投入五千兵力，大概收到了毕其功于一役的效果，卜辞中从此再也看不到屮方反叛的记载。关于武丁征服屮方的战役的

---

① 　岛邦男：《殷墟卜辞研究》，第403页，台北鼎文书局，1975年。
② 　钟柏生：《殷商卜辞地理论丛》，第207页，艺文印书馆，1989年。

具体资料，见诸以下三版卜辞：

〔贞：今早〕王伐𢀛〔方，登人〕五千乎〔𠂤〕。《合集》6539

贞：今早王伐𢀛方，〔登〕人五千乎〔𠂤〕。《合集》6540

（1）贞：勿登人五千。

（2）贞：勿伐𢀛方。

（3）贞：王伐𢀛方，受㞢又。

（4）贞：弗其受㞢又。

（5）受㞢。

（6）□辰。《合集》6541

通过上述讨论，我们可以获知，商王朝曾经以兵威循抚过舌方、土方、下危、𢀛方、𢀛、𢀛等六个方国。就这六个方国与商王朝的关系而论，并不均衡。下危与商关系更近一些，他是商的属国，曾经受封于商，为伯爵之国，它向商王朝执牺牲玉帛的时间多，干戈相向的时间少。𢀛位于商之西北，𢀛（髳）方在商之西南，其与商王朝之关系或与下危情形相当，但其是否受商封爵不得而知。𢀛方亦在殷之西南，其军力比下危、𢀛、𢀛等稍强，但远不及舌方、土方。舌方、土方不是商王朝与国，尤其是舌方，其民族文化与商有较大的差别，它所代表的是草原文化，常常与商发生战争。

此类王循卜辞有一个共同的特点，就是距商王畿区较远，此正所谓"山高皇帝远"。这些方国的地理多有天然屏障，凡与商有地缘关系者，与商之关系相对较好。由这类卜辞可以看出，商工循某方的过程，也是商王国拓展疆域的过程。此类王循卜辞所展示的内容，与今天国家元首出国进行"国事访问"有本质的差别，在这类卜辞中几乎看不到商王逸豫享乐的一面。

第九章 回看射雕处：甲骨文中有"观猎"

提起观猎，人们很容易想起王维的《观猎》名句："回看射雕处，千里暮云平。"由是知观猎活动在青春盛唐很受追捧。观猎刺激，莫说热血男儿喜欢，就连女人，即使是老妇人也喜欢。《汉书·外戚传》记载着这样一件事儿，汉元帝建昭年间，一天汉元帝心血来潮，带着左右贵人、傅、昭仪等一干人马进入御苑驰猎逐兽，孰知驰逐之中，突发意外，熊竟冲出围栏，直奔汉元帝。观众此时像炸了窝一般，争相逃窜，就在元帝命悬一线之际，说时迟，那时快，只见一女子冲了上去，当熊而立，熊被这个奇女子的行为吓呆了，元帝手下左右这才一拥而上，格杀此熊，此女便是宫中后妃冯婕妤。[①] 故唐人贾至才有《咏冯昭仪当熊》诗称赞冯昭仪："逐兽长廊静，呼鹰御苑空。王孙莫谏猎，贱妾解当熊。"据《宋书·周朗传》云，庐陵内史周朗老母也对观猎感兴趣："母薛氏欲见猎，朗乃合围纵火，令母观之。"不曾想，火随风势，风助火威，这把大火像脱缰野马一样到处乱窜，竟把郡府官署也给烧着了。

---

① 《汉书·外戚传下·冯昭仪》："建昭中，上幸虎圈斗兽……熊佚出圈，攀槛欲上殿。左右贵人傅昭仪等皆惊走。冯婕妤直前当熊而立，左右格杀熊。上问：'人情惊惧，何故前当熊？'婕妤对曰：'猛兽得人而止，妾恐熊至御坐，故以身当之。'"

　　夏商时代的王公贵族也颇热衷此道，《管子·七臣七主》说，桀纣"驰猎无穷，鼓乐无厌"。①《管子》的话，或以为是"成者为王，败则为寇"的春秋横议，可有趣的是殷墟出土的甲骨文中竟也有同类的记载。

一　卜辞之"省田"与"观猎"

　　卜辞常有"王往屮""王出屮""王屮牛""王屮从某（方位名词或地名）""王其屮某（地名）田"，或"王叀田屮"之类辞语，"屮"字孙诒让隶为"省"②，罗振玉隶为"相"③。甲骨文中另有从木从目之字，字形作𣶉者，与小篆"相"字符洽，故学术界一般认为，"𣶉"即"相"字，"屮"应隶为"省"。④

　　"省"字在文献中多用作动词，有省视、省察之义。《诗·常武》云："赫赫明明，王命卿士。……率彼淮浦，省此徐土。""省此徐土"，郑玄《笺》云："省视徐国之土地。"⑤ 又，《礼记·礼器》："礼不可不省也。"孔氏曰："省，察也。"⑥ 卜辞"省"的用法也多与此同，兹拈举几例：

　　（1）□□卜，宾，贞：王往省。

　　（2）□□卜，宾，贞：〔自今至〕……《合集》5123

　　〔贞：〕王勿〔往〕省……《合集》5126

　　（1）王往出省。

　　（2）贞：王勿出〔省〕。《合集》5121

①　《二十二子·管子》卷十七，第 157 页，上海古籍出版社，1986 年。
②　孙诒让：《契文举例》，第 80 页，齐鲁书社，1993 年。
③　于省吾：《甲骨文字诂林》，第 626 页，中华书局，1996 年。
④　"相"在卜辞中用作地名，至今未见有用作动词者。
⑤　《十三经注疏》，第 576 页，中华书局，1980 年。
⑥　孙希旦：《礼记集解》，第 644 页，中华书局，1989 年。

　　贞：王往出省。《合集》5122

　　壬子卜，永，贞：王往省。《合集》3888

　　上揭卜辞中"王往省""王往出省"的"省"字一般认为与文献中常见用法省视、省察同。

　　卜辞中还常见"省田""叀田省"之类的辞例，这里的"省"和"田"究竟何意，学者们的意见颇有分歧。叶玉森主张"省田""乃省耕或观猎之谊。如言'王往囧西'（《后》上29.12）即王往省西方也"。① 陈邦怀先生认为："叶玉森氏旧说省田即省耕甚是，惟谓或为观猎之谊则转失之。"② 依陈先生的意见，卜辞"省田"之"田"即农田，商王"省田"是视察农田，而不是省观田猎。

　　我们认为，陈先生是非所是，非非所非，商王所"省"的就是田猎活动，即后世所称的观猎，而非是观耕。之所以作出这样判断，主要是基于以下考虑。

　　首先，卜辞每见"省""狩"并举之例：

　　（1）王叀〔田〕省，亡〔灾〕。

　　（2）其狩，亡灾。

　　（3）□乙其田，亡灾。《合集》28639

　　（1）壬王叀田省，亡灾。吉

　　（2）其狩，亡灾。大吉《合集》28640

　　（1）□狩〔亡〕戋（灾）。

　　（2）王〔叀田〕省，〔亡戋（灾）〕。《英藏》2324

　　（1）弜田。

　　（2）贞：叀田省，亡戋（灾）。

---

① 李孝定：《甲骨文字集释》，第1202页，史语所专刊之五十，1991年。

② 李孝定：《甲骨文字集释》，第1199页，史语所专刊之五十，1991年。

（3）□狩亡戋（灾）。《合集》28653

（1）其狩，亡戋（灾）。

（2）叀田省，亡戋（灾）。

（3）……戋（灾）。《合集》28649

（1）弜田，其□。

（2）叀田省，亡戋（灾）。

（3）狩，亡戋（灾）。

（4）……戋（灾）。《合集》28650

（1）其狩……

（2）……田省□戋。《合补》9164

（1）……〔省〕……戋（灾）。

（2）……〔狩〕……戋（灾）。《屯南》3920

（1）弜□。

（2）王叀田省亡戋。

（3）……狩……戋。《合补》9818

王其省□，延狩。《合集》28786

正因为卜辞每将"省""狩"并举，故闻一多先生说省就是田猎。[①]

其次，甲骨文"田省""省田"卜辞计数百例，经排比知，卜辞凡言"省田"者，几无一事涉耕作。[②]

[①]　闻一多先生云："卜辞动词之田皆当读为畋，名词之田亦谓狩猎之地，非田畴之田也。此曰'叀田省'惠义与往略近，田为名词，犹言往田中狩猎，故与'狩''射鹿'并举。"于省吾：《甲骨文字诂林》，第573页，中华书局，1996年。

[②]　《合集》28230辞曰：

　　　（1）王……盂……省……不……

　　　（2）癸卯卜，王其延二盂田，竹受禾。

其三，所省之田皆为田猎地，并在某些田猎地有猎获记录。例如：

贞：叀向田省，亡灾。《合集》28948

（1）戊寅卜，王其达于向。

（2）……〔其〕省向，翌日……射……〔鹿〕，擒。

《屯南》598

叀向〔田〕省，亡戋（灾）。《英藏》2319

叀桧田省，亡戋（灾）。《合集》28937

贞：〔王〕□桧田〔省〕。《合集》28938

……叀桧田省亡戋（灾）。《怀特》1443

叀桧田省亡灾。《合补》9179

（1）壬午卜，今日壬王……

（2）叀桧田省，亡戋（灾）。

（3）〔叀〕盂田〔省〕，亡戋（灾）。

《合集》28936

（1）弜以万。

（2）叀丧田省，亡戋（灾）。

（3）叀盂田省，亡戋（灾）。

（4）叀宫田省，亡戋（灾）。《屯南》249

（1）庚……

（接前）此版辞（2）卜问“𠷎地是否受禾”，似关农事，虽然如此，“受禾”之卜，亦非观耕。盂为商王常去之田猎地，详后。郑杰祥先生指出商代有两个盂地，其中有一个盂地与覃、丧、宫、向等地相近，这个盂地应当位于商都以东，因此应当称之为“东盂”，而与滴水相近的盂，位于商都以西，因此应当称之为“西盂”。西盂即今河南省沁阳市的邗台镇，邗台镇位于今沁阳市北约10公里。见郑杰祥：《商代地理概论》，第63、64页，中州古籍出版社，1994年。

(2) 于壬王乃田，亡𢦏（灾）。
(3) 辛，王叀田省，亡𢦏（灾）。
(4) 其狩，亡𢦏（灾）。
(5) 从丧，亡𢦏（灾）。
(6) 从盂，亡𢦏（灾）。大吉
(7) 从宫。吉《屯南》271
(1) 辛丑卜，王其田……
(2) 于壬，王乃田……
(3) 叀丧田省。
(4) 叀盂省。《合集》28994
(1) 叀□〔田〕省。
(2) 其狩，亡𢦏（灾）。
(3) 叀丧田省。大吉
(4) 叀盂田省。大吉
(5) 叀衣田省。《合集》28995
(1) 弜……丧……其〔雨〕。
(2)〔叀〕盂〔田〕省，〔亡〕𢦏（灾）。《合集》29082
(1) 壬王异盂田，弗〔每〕。
(2) 弜省，其每。《合集》29090
……省盂田。《合集》29094
王叀盂田省，亡𢦏（灾）。《合集》29095
王叀盂田省，亡𢦏（灾）。《合集》29096
(1) □□田省，亡〔𢦏（灾）〕。
(2) 叀盂田省，亡𢦏（灾）。
(3) 叀宫田省，亡𢦏（灾）。《合集》29097
(1) 弜〔黴〕阬。
(2) 叀盂田省，亡𢦏（灾）。

（3）……省□田……《合集》29098

（1）□□田省，亡戋（灾）。

（2）叀盂田省，亡戋（灾）。《合集》29099

（1）弜田，其每。

（2）叀盂田省，亡戋（灾）。

（3）叀宫田省，亡戋（灾）。

（4）〔叀〕盂田省，亡戋（灾）。《合集》29100

（1）叀盂田省，亡戋（灾）。

（2）……省……《合集》29101

（1）辛酉……

（2）叀盂田省，亡戋（灾）。

（3）……省……至……《合集》29102

（1）其冓雨。

（2）叀盂田省，亡戋（灾）。《合集》29105

（1）弜冓（遘）□。

（2）叀盂田省，湄日亡戋（灾）。

（3）乙丑。《合集》29106

叀盂田省，〔亡〕戋（灾）。《合集》29109

（1）弜……

（2）弜省盂田。《合集》29111

（1）乙丑……

（2）……盂〔田省〕，亡戋（灾）。《合集》29132

（1）贞：叀□□省，不□。

（2）……盂田〔省〕，亡灾。《合集》29110

（1）叀宫田省，亡戋（灾）。

（2）叀〔盂〕田省，亡戋（灾）。

（3）……其……《合集》29166

（1）叀盂……大吉

（2）王叀丧……

（3）叀宫田省，亡戋（灾）。《合集》29167

（1）叀宫田〔省〕，亡〔戋（灾）〕。

（2）〔叀〕盂〔田省〕，亡戋（灾）。《合集》29169

（1）其每。

（2）王〔叀〕丧田，亡戋（灾）。

（3）叀宫田省。

（4）〔今〕日乙王叀盂田省。

（5）……省……田《合集》28976

（1）王〔叀〕丧〔田〕省，〔亡戋（灾）〕。

（2）叀盂田省，亡戋（灾）。

（3）叀宫田省，亡戋（灾）。

（4）……田……《合集》28980

（1）翌〔日〕□叀□〔田〕省，〔亡戋（灾）〕。

（2）叀盂田省，亡戋（灾）。

（3）叀丧田省，亡戋（灾）。《合集》28986

（1）辛……亡戋（灾）。

（2）叀率鹿射，弗每。

（3）□□卜，翌日……其省田……三十。《合集》28353

（1）弜□其□。

（2）叀田省，亡戋（灾）。

（3）其狩，亡戋（灾）。

（4）叀𧰨田，亡戋（灾）。

（5）叀率田，亡戋（灾）。

（6）……戋（灾）。《英藏》2321

王叀南田省，延往于率，弗每。《合集》29240

卜辞省田皆与田猎有关 ［《合集》28353 ］

（1）王省率〔田〕。

（2）□田，其每。《合集》29244

（1）弜……

（2）□牢田省，〔亡〕灾。《合集》29358

（1）贞：于壬省田。

（2）……牢……擒。《合集》29267

（1）王叀𤔔田，亡灾。

（2）……王……省……《合集》29231

（1）弜……其……

（2）叀𠂤田，亡戈（灾）。

（3）叀牢田，亡戈（灾）。

（4）叀𤔔田，亡戈（灾）。

（5）叀田省。《合集》29235

（1）王叀田省，亡戈（灾）。

（2）其狩，亡戈（灾）。吉

（3）弜田𤔔。吉

（4）王叀〔田省〕……

（5）大吉《屯南》2269

（1）叀㕚，弗每，亡戈（灾），侃王。

（2）叀宫𩛥省，弗每，亡戈（灾），侃王。大吉《合集》29185

（1）叀敝，〔亡〕戈，侃〔王〕。

（2）……省……侃王。

（3）……王……《合集》29406

（1）王其□𤔔，有麋。

（2）叀有狐射，擒。

（3）王叀盂田省。

（4）弜省盂田，其每。《合集》28317

（1）弜田其每。吉

（2）王其田，以万，弗每。吉

（3）弗以万。吉

（4）叀宫田省，亡戋（灾）。吉

（5）叀盂田省，亡戋（灾）。吉《屯南》2256

（1）弜……盟……其每。

（2）王其省盂田，延从宫，亡戋（灾）。

（3）弜〔延〕从宫，其每。《屯南》2357

（1）弜田，其每。

（2）王叀宫田省，亡戋（灾）。

（3）叀盂田省，亡戋（灾）。《屯南》4022

（1）叀盂田，省亡戋（灾）。

（2）……田盂……至戋〔亡〕戋（灾）。《英藏》2318

王叀盂田省，亡灾。《怀特》1428

（1）叀宫田省，亡戋（灾）。

（2）叀盂田省，亡戋（灾）。

（3）叀丧省，亡戋（灾）。《怀特》1434

叀盂省，〔亡〕戋。《合补》8987

（1）叀盂省，亡〔戋〕

（2）〔叀〕丧省，〔亡〕戋。《合补》9002

〔叀〕盂田其省〔亡〕灾。《合补》9145

叀盂田省亡灾。《合补》9191

省盂田……《合补》9193

盂田省延至……《合补》9195

（1）叀盂〔田〕省亡〔灾〕。

（2）〔叀〕丧〔田〕省〔亡〕灾。《合补》9242

（1）叀向〔田〕省亡□。

（2）……盂……《合补》9243

（1）乙……

（2）弜田，其每。

（3）王叀宫〔田〕省，亡戋（灾）。《合集》29159

（1）弜壬田，其每。

（2）今日王叀宫田省，亡戋（灾）。

（3）……田省，亡戋（灾）。《合集》29160

（1）弜田，其每。

（2）〔翌〕日辛，王□宫田省，亡戋（灾）。《合集》29161

王叀宫〔田〕省，亡戋（灾）。《合集》29162

（1）叀宫田省，亡戋（灾）。

（2）其乎万步。

（3）……田〔省〕，亡〔戋（灾）〕。《合集》29163

（1）叀……

（2）叀宫〔田〕省，亡戋（灾）。《合集》29168

叀宫省，亡戋（灾）。《合集》29170

（1）叀□田省，亡〔戋（灾）〕。

（2）叀宫〔田〕省，〔亡〕戋（灾）。《合集》29171

（1）叀宫田省，亡戋（灾）。

（2）〔叀〕丧田省，亡戋（灾）。《合集》28983

（1）弜田，其每。

（2）壬，叀宫田省，亡戋（灾）。吉

（3）叀丧田省，延至于之，亡戋（灾）。大吉。兹用。

（4）……至于……

（5）叀……

（6）……方叀庚……。吉《合集》28991

……其省宫田……《屯南》3196

……宫田省亡戋。《合补》8992

（1）弜省田。

（2）其风。吉

（3）叀宫田省。大吉《合补》8995

……宫省……戋。《合补》8998

叀宫〔田〕省……《合补》9152

王叀宫田省亡灾。《合补》9197

……宫田省亡灾。《合补》9198

叀宫□省……《合补》9200

省丧田。《合集》29001

（1）叀田省，亡灾。吉

（2）从丧，亡灾。《合集》29006

□□卜，王叀丧田省，亡戋（灾）。大吉《合集》28978

（1）于□，亡戋（灾）。

（2）于丧，亡戋（灾）。

（3）戊申，王叀宫田省，亡戋（灾）。吉

（4）叀丧田省，亡戋（灾）。吉

（5）叀沓田，亡戋（灾）。吉

（6）叀𩵋田，〔亡戋（灾）〕。

（7）叀𪊮〔田〕，亡戋（灾）。大吉《合集》28982

〔叀〕丧田省，亡〔戋（灾）〕。《合集》28987

叀丧〔田〕省，亡戋（灾）。《合集》28988

（1）辛卯卜，王其田，亡戋（灾）。吉

（2）弜田，其每。

（3）王叀丧田省，亡戋（灾）。吉

（4）……田……戋（灾）。《屯南》621

辛，王其省丧。《合集》28974

（1）叀……亡……

（2）……丧〔田〕省亡戈。《合补》9004

（1）丁卯卜，翌日戊，王其田，亡〔戈（灾）〕。吉。用。

（2）弜田，其每。吉

（3）叀田省，亡戈（灾）。大吉。用。

（4）叀□田，亡戈（灾）。吉

（5）叀□田，亡戈（灾）。

（6）叀□田，亡戈（灾）。吉。用。

（7）叀□田，亡戈（灾）。吉。

（8）其狩，亡戈（灾）。《屯南》2386

□寅卜，壬，王叀戈田省，亡戈（灾）。《合集》29379

（1）庚申卜，王其省戈田，于辛屯日亡戈（灾）。

（2）于壬屯日亡戈（灾），侃王。兹用

（3）……王其省戈田，于乙屯日亡〔戈（灾）〕，侃王。《屯南》1013

上揭田省卜辞所省之地向、椃、盂、丧、宫、衣、阞、率、□、牢、□、□、□、□、敝、□、沓、□、□、□、□、戈等几乎全是田猎地，尤其其中的盂、宫、丧、椃、向、□等地在商代田猎地中尤为著名[1]，有些地方（例如盂）还专为商王修建有离宫别馆。[2] 且《合集》28353 中还有"叀率鹿射""擒""不擒"等字眼，显然这些卜辞皆与田猎有关。

其四，卜辞省田常在夜间，夜间无法"观耕"，此与"日出而

---

① 钟柏生先生曾对卜辞田猎地名做过细致的统计，除盂、宫、丧、戈四地既见于钟氏所列的田猎地，又见于农业地名外，其余皆为田猎地名。

② 《合集》30271 有"于盂壆，不雨"之辞，盂后之"壆"字，经前辈学者考证，就是后来的壜字。壜是天子外出在平地休息住宿时设置的一种有土围墙的临时宫室，亦即商王之离宫别馆。

作，日入而息"农作习俗抵牾，请看以下辞例：

（1）叀宫田省，亡戋（灾）。

（2）……叀。《合集》29164

（1）翌日壬王□其省丧□叀，不〔遘〕
大雨。

（2）□暮不遘大雨。《合集》28973

……其省田叀……《合集》28629

……莫（暮）省田叀□入亡戋（灾）。
《合集》28630

（1）乙……

（2）弜田其每。

（3）王其省盂田不雨。

（4）暮往夕入不冓（遘）雨。

（5）王其省盂田，暮往叀入不雨。

（6）夕入不雨。《屯南》2383

（1）□日乙王弜省……

（2）弜省丧田，其雨。

（3）……王其省田……叀入，不雨。《合
集》29003

（1）弜田，其每。

（2）叀盂田省，亡戋（灾）。

（3）叀丧田省，亡戋（灾）。吉

（4）王叀入，亡戋（灾）。《合集》28984

上揭卜辞中的"叀"字，甲骨文有、
、、诸形，在甲骨文里是表时间的名词，

商王夜间田猎卜辞
〔《合集》28984〕

其具体时段是指黄昏后的上灯时分。① 省田卜辞中恒见"湄日亡戋""湄日不雨"之辞。例如：

（1）方燎重庚酌，有大雨。大吉

（2）重辛酌，有大雨。吉

（3）翌日辛王其省田𫄧入不雨。兹用 吉

（4）夕入不雨。

（5）□日入省田，湄日不雨。《合集》28628

（1）戊午卜，今日戊，王重衰田。

（2）……盂田先省，迺从宫入，湄日亡戋（灾）。《合集》28975

（1）今日辛，王其田，湄日亡灾，不雨。

（2）贞：王其省盂田，湄日不雨。

（3）……田省……灾，不〔雨〕。《合集》29093

（1）甲申卜，翌日乙，王其省盂田，湄……大吉

（2）……射有鹿，弗每。《屯南》495

（1）翌日〔亥〕重𫍣〔田〕，湄日亡戋（灾）。擒。

（2）重𫍣田，湄日亡戋（灾），侃王。吉 大吉 兹用《合集》29239 甲

---

① "𫄧"字罗振玉释为苣，说与燎同意。王襄释凤，说像人执炬以观风向之形。叶玉森"疑为古爇字，许书训烧也"。商承祚释为禋，谓当是炬之本字。唐兰指出以上诸说，斯为妄矣。他认为此为"𫄧"之初字，而其意则当于后世之热若爇，烧也。卜辞用于某地之下者，当解为烧，火烈俱举也，或以为纪时，如云"𫄧入不雨，夕入不雨"，读为爇入，殆如上灯时候矣。宋镇豪先生根据卜辞"重……"的辞例中，中间的几个字往往是用于记日、记时的规律，进一步论定唐兰说之可信，见宋师《试论殷代的记时制度》，《全国商史学术讨论会论文集》殷都学刊增刊，1985 年。中国社会科学院考古研究所：《小屯南地甲骨》下册，北京，中华书局，1980 年，见第 2383 片考释认为此字是一个表时间概念的字。常玉芝先生根据自己拼合的一块胛骨，上面有三条辞，依次卜问"莫往""𫄧入""夕入"，指出"这个时序说明'莫'时之后的'𫄧'时，即日入之后是上灯之时"。见《殷商历法研究》，第 144 页，吉林文史出版社，1998 年。

（1）甲戌卜，翌日乙，王其田，湄…… 大吉

（2）弜田，其每。吉

（3）王叀〔田〕省，〔亡〕戈（灾）。吉《合集》29239 乙

盂田省湄日…… 吉《合补》9192

（1）王涉滴，射轪鹿。

（2）弗擒。

（3）……〔省〕凡田，从宫、从……至盂，湄日不□

《合集》28340

（1）戊寅卜……

（2）叀丧田，湄日亡戈（灾）。

（3）叀昏田，湄日亡戈（灾）。

（4）弜省田，其每。吉

（5）王其田于宫，湄日亡戈（灾）。侃王。《合集》29155

叀丧田省，湄日〔亡戈（灾）〕。《合集》28996

"湄"字于省吾先生隶作"沺"，于先生云：

甲骨文沺字从水曲声，曲乃眉字的初文。沺与妹昧音近通用，甲骨文晚期以妹为昧，周器免簋昧作杳，《说文》"杳，尚冥也，从日勿声"。段注："汉人杳昧通用不分，故幽通赋昒昕寤而仰思，曹大家曰，昒昕，晨旦明也。"甲骨文称："往其田牢，枹，沺（昧，下同）日亡戈○莫（暮）田亡戈"（《后》上14.6）又："今日庚，沺日至昏……"（《京津》3835）前一条以昧日与暮对贞，后一条以昧日至昏连言，无疑都是指时间早晚言之。又："□翌日戊，旦沺至昏不雨"（《邺初》33.3）既以旦昧二字连称，又以至昏不雨为言，则旦昧为早昧之时，更为明显。又"……旦至于昏不雨。"（《京津》4450）旦下省沺字。旦昧典籍也作昧旦，《诗·女曰鸡鸣》的"士曰昧旦"，

《左传》昭三年的"昧旦不显",是其证。昧旦犹言昧爽,《书·牧誓》的"时甲子昧爽",《伪传》:"昧冥,爽明,早旦。"按未明谓之昧,已明谓之旦或爽,指天将明时言之。第四期甲骨文泅日也作㳷日,①(《掇》447)㳷乃泅之繁构。……吴大澂《说文古籀补》:"《释名》,妹昧也,犹日始出历时少尚昧也。盂鼎妹辰即妹晨,假借字。"由此可见,周初犹沿用商代末期的以妹为昧。

总之,甲骨文的泅日旧日不得其解。其实,以泅为昧,无论在声音之通假或词义之训释方面,都是符恰的。至于中、晚期甲骨文称商王田猎和泅日连言者,习见繁出。《庄子·齐物论》:"梦哭泣者,旦而田猎。"甲骨文称:"于旦王乃田,亡弋。"(《粹》984)由此可见,旦昧田猎,乃古代统治阶级的常见作风。"②

上揭卜辞中商王省田的时间常在黄昏时分的"埶"时和"日始出历时少尚昧"的昧辰,由此可知"田省"绝非为"观耕"。大家知道,"日出而作,日落而息"是古人田间耕作基本规律,商王埶、昧之时前往"田省"能"省"什么呢?与耕作相反,古人常于夜间打猎,并将之称为"獠",《尔雅·释天》:"宵田为獠,火田为狩。"选择夜间捕猎当与捕获对象的生活习性有关,入夜之后,鸟归巢,兽归林,此可谓捕猎的天赐良机。据《汉书·东方朔传》记载,汉武帝出猎,"微行以夜漏下十刻乃出,常称平阳侯。旦明,入山下,驰射鹿豕狐兔,手格熊罴,驰骛禾稼稻粳之地"。③汉代出猎的时间安排正好与卜辞所载契合,此绝非偶然。

其五,此类卜辞每每卜问王省田是否有灾,田猎是危险的游戏,

---

① 即历组卜辞。
② 于省吾:《甲骨文字释林》,第 121~124 页,中华书局,1979 年。
③ 王先谦:《汉书补注》,第 1278 页,中华书局,1983 年。

故安全问题是占卜者关心的一大主题，观耕通常不会发生不测，由此可知省田必非观耕。

　　"省田"活动事关田猎，上揭五端信可为证矣。然"省田"之"省"字究竟该当如何解释呢？徐中舒《甲骨文字典》曰："省"为视察，"省田"即视察田猎。[①] 闻一多则说省即田猎，所谓"省田"即"猎于田中"。郭沫若、杨树达与闻先生的表述略有异同，但并没有实质区别。郭沫若云："省当读为狝。《礼·明堂位》'春社秋省'，注云：'省读为狝，狝，秋田名也。'又《玉藻》：'唯君有黼裘以誓省。'注亦云：'省当为狝，狝，秋田也。'"[②] 杨树达谓："郭君读省为狝，是也。然郑训狝为秋田，施之甲文，颇觉不安。何则？甲文田字皆作动字田猎义用。本书前片 965 云：'壬辰卜贞：王其田，亡灾？'本片亦云'弜（弗）田'，皆其证也。甲文云'叀盂田省'。如省读为狝，训为秋田，则与田字义复，文不可通。余谓'狝，杀也'。《周礼·大司马》注云：'秋田为狝，狝，杀也。'然则卜辞盖问：王当田于盂与宫，大杀兽，有无灾害也。本书 1019 片云：'叀斿田，射。'此文言杀，犹彼文言射也。本书 987 片云：'辛酉，卜，王其田，叀省虎。'郭君云：'省读为狝。'（《考释》129）按郭君之读是也。此狝亦当训杀，叀省虎即杀虎也。此诸辞郭君读皆得之，惟偶遗狝杀之训，今为补明云尔。"[③]

　　将"省田"之"省"解释为田猎动词，对于大多数省田卜辞来说，能解释得通，尤其值得强调的是，《合集》7269 中有 屮、省对举的例子，此例表明"省"与"屮"极有可能为同义词。在第八章中我们业已述及，"循"与"徝"或为同源字关系，无论将"屮"隶为"循"或是隶为"徝"，其字义皆通"巡"，有"巡视"之义，

① 徐中舒：《甲骨文字典》，第 376 页，四川辞书出版社，1989 年。
② 见郭沫若：《殷契萃编》966 片释文，科学出版社，1965 年。
③ 杨树达：《积微居甲文说》，第 32 页，上海古籍出版社，1986 年。

据此将“省”字解释为“巡省”“省观”“省察”是十分合宜的，换句话可以说，“省田”之“省”，可释为“巡视省观”，“省田”亦即“观猎”，这样解释起来十分畅达。① 其实，“观猎”与“田猎”说是二事，又实难分别，观猎者本为观者，然随应着田猎壮观现场的刺激，观者随时就有可能加入田猎者的行列，故王充曰：“猎者获禽，观者乐猎，不见渔者之，心不顾也。”②

（1）叀丧田省，亡𢦔（灾）。

（2）叀盂田省，亡𢦔（灾）。

（3）□□田省，亡𢦔（灾）。

（4）□□田省，亡𢦔（灾）。

（5）其狩，亡𢦔（灾）。

（6）王其射𢀛鹿，亡𢦔（灾），擒。

（7）……射……鹿……擒。《合集》28341

上例卜辞可作这样的解释，商王在丧、盂、𢀛等地观猎，然“猎者获禽，观者乐猎”，商王或受狩猎壮阔情景的激发，也就投身其中，竟亲自操弓射起鹿来。

二　卜辞之“省牛”与“田猎”脱不了干系

与省田相关，卜辞中还提到“省牛”，在《合集》9504 中，萃刻着省牛、刍牧、田猎、耕藉、祭祀诸事：

---

① 我们在《循卜辞与商王之巡游——甲骨文与商代旅游研究之一》一文中曾说“省、循、值三字是同源关系，见《夏商周文明研究·九 甲骨学 110 年：回顾与展望 王宇信教授师友国际学术研讨会论文集》，北京：中国社会科学出版社，2009 年。此说不妥，今改正之。

② 语出《论衡》，意思是说打猎者猎获到禽兽，旁观的人就对打猎感兴趣。由于没有看到捕鱼，所以观者心里也就不会向往这方面的事情。参见北京大学历史系《论衡》注释小组：《论衡注释》，第 1104 页，中华书局，1979 年。

(1) 甲午卜，𡧊，贞：翌乙未侑于祖乙。

(2)〔贞：〕翌乙未侑于祖乙。

(3) 贞：乎省专牛。

(4) 丙申卜，古，贞：乎见𠙵、𦉢刍〔弗〕其𡩀（擒）。

(5) 丙申卜，古，贞：乎见𠙵、𦉢刍𡩀（擒）。

(6) 丙午卜，宾，贞：王往出田，若。

(7) 丙辰卜，争，贞：乎耤于𨸏，受侑年。

(8) 贞：乎𠭯归田。

(9) 贞：勿乎𠭯归田。

(10) 贞：妣己害〔王〕。

(11) 贞：妣己弗〔害〕王。

(12) 贞：侑载自示。

(13) 贞：亡载自示。

这是一版龟腹甲，属于武丁卜辞。第（3）条所说的“省专牛”，与第一期卜辞常见的“省牛”的性质应该相同，① 兹揭举辞例如下：

(1) 丙寅卜，𡧊，贞：王往〔省牛于𦎫〕。

(2) 贞：王勿往省〔牛〕。三月。《合集》11170

(1) 丙寅卜，𡧊，贞：王往省牛于𦎫。

(2) 贞：王勿往省牛。三月。

(3) 贞：□凡多沚。《合集》11171

(1) 贞：王往省于𦎫。

(2) 贞：王勿往省牛。三月。《英藏》459

丁□〔卜〕，□，贞：〔王往省〕牛〔于〕□。《合集》11173

① 商王往出“省牛”的记载，可以把它称之为“省牛”卜辞，这类卜辞不见于二、三、四期卜辞，第五期仅一见。

省牛、田猎、耕藉诸事杂契于一版［《合集》9504］

（1）贞：□其□。

（2）贞：王往省牛。《合集》11175

（1）贞：王往省牛。

（2）贞：勿往省牛。

（3）贞：𡒅牛百。《合集》11176

（1）丙午卜，宾，贞：〔乎〕省牛于多奠。

（2）贞：勿乎省牛于多奠。《合集》11177

贞：……省〔牛〕。《合集》11178

□卯卜，宾，〔贞：〕……省牛，不𢦏。《合集》11179

（1）……勿乎……

（2）贞：勿〔往〕省牛。《合集》11180

（1）贞：王往省于𩵋。

（2）贞：王勿往省牛。三月。《合集》40181

何谓"省牛"？学术界有不同看法。罗振玉、商承祚认为"省牛"即《周礼·大宗伯·小宗伯》之"省牲"。《周礼·充人》曰："掌祭祀之牲牷。祀五帝则系于牢，刍之三日……凡散祭祀之牲，系于国门使养之，展牲则告牷。……"《肆师》注曰："展，省阅也。"是展牲即省牲。学界一般多从罗、商之说，闻一多则以为此说未谛。他认为"养牲之处，近则密迩明堂，远亦不过国门，然则省牲不用远行，明矣。……今卜辞曰'往省牛'，曰'往省牢于𩵋者'，𩵋为田猎之地，而往𩵋有必须卜问往来无灾，是其地去国都颇远，因之，卜辞之'省牛'非《周礼》之省牲亦可断言"。他推测"此省牛盖即可考牧之事欤"。[①] 闻说虽系推测，却持之有故，值得重视，且上揭《合集》11177乎省之地有"多奠"，所谓"多奠"乃为商代的外服区，"商代外服的属地分为三类：1. 以军事据点为中心发展起来

---

① 于省吾：《甲骨文字诂林》，第571～573页，中华书局，1996年。

的商属地；2. 在附属国族势力范围内通过垦田占有的土地；3. 在附属国族分布区通过置"奠"正式建立起来的行政区，统称'多奠'"①。上引《周礼·充人》说的明白，展牲之牛是"系于国门"，然卜辞中的"省牛"的地点却是外服的"多奠"，故"省牛"究竟是祭祀展牲，抑或为考牧之事尚有考虑的余地。再说本节开始提到的《合集》9504 中的"省专牛"与"省牛于辜""省牛于多奠"事情相类，区别只是句式不同而已。专与辜、多奠皆为地名，多奠与专、辜的差别在于一专称，一是集合称谓。由省专、辜、多奠之牛可知，卜辞所谓"省牛"与《周礼·充人》之"系于国门"之"省牛"性质不同，一为在内，一为在外。卜辞之"省牛"或真如闻一多所云，与考牧有关。《合集》9504 第（5）（6）辞卜问"刍擒，刍弗擒？"似可为之佐证。古代田猎、耕牧每为一事，开垦荒地、除田保苗，常连带着捕猎活动，刍牧割草也一样，民间至今还有"割草打兔子，顺便捎带"之语。单看第（7）条"王往出田"，"田"字字义是田猎，抑或藉田颇难裁断，若说藉田，似无不可，因为第（8）条中还有"乎耤于陲，受侑年"之语。② 若是"耤田"，其与田猎关系就不太大了。③ 若理解为田猎，则与辞（5）（6）"刍擒，刍弗擒"相水乳，尤其是"田"后还有一"若"字，若者，顺也，④ 该辞意在卜问王

----

① 见林欢博士学位论文《晚商地理论纲》之第三章《商人的外服经营方式——奠、牧的源流及其作用》，未刊。
② 此条所说的"陲"为耕藉之地。彭邦炯对其具体位置有考证："陲从阜从隹（惟），从阜与从土古可通，所以陲即堆，又堆与敦亦通，《尔雅·释丘》曰：'丘，一成（或）为敦丘。'郭璞注：'今江东乎京堆者为敦。'郝懿行《尔雅义疏》引《太平寰宇记》：'敦丘在观城县南二十里。'宋代观城县即今山东阳谷县西南的观城集。卜辞所说的陲地，盖即此。由此可见商王派往耕耤的地方东边已达于山东阳谷。"彭邦炯：《甲骨文农业资料考辨与研究》，第 368 页，吉林文史出版社，1997 年。
③ 藉田问题详第八章第二节。
④ 《书·说命中》："明王奉若天道，建邦设都。"《穀梁传·庄公元年》："不若于道者，天绝之也。"范宁注："若，顺。"

往出田顺不顺，依此，"田"解为田猎似比藉田更为顺畅，藉田只不过是帝王所举行的一种象征性仪式而已，[①] 行藉田礼对于帝王来说只是依样画葫芦，年年若此，无所谓"若"与"不若"，而田猎则每每遭遇鸷禽猛兽，行动中充满变数，甚至不能避免性命之虞，故田猎刻辞常常卜问"若"与"不若"。

退一步讲，即便以此"田"字字义必是藉田，也不能推翻闻说。商王耕藉的主要意义是行藉田礼，是为了劝民劳作，而不是为了满足观看壮观的藉田场面，作为"观耕"的直接证据在甲骨文中很难找到。有两版关于商王省黍的卜辞：

　　贞：王往省黍。《契》492

　　……〔王〕勿往省黍，祀弗若。

　　……往省黍，祀〔若〕。《合集》9613

黍今称黍子，或称糜子，去皮称大黄米。[②] 胡厚宣先生谓："殷代最普通之农产物为黍与稻，则殷代之酒者，必以黍稻为之也。"[③]《诗·周颂·丰年》："丰年多黍多稌，亦有高廪，万亿及秭，为酒为醴。"《说文》黍字条下云"孔子曰黍可为酒"。《契》492 与《合集》9613 是正反对贞卜辞，是为商王武丁前往视察所种之黍所作的占卜，也与"观耕"无关。

总之，卜辞之"省牛"极有可能如闻一多所云，是考牧之意，考牧即省视畜牧，此与省田颇有相似之处。

---

① 正如前引裘锡圭先生言："商王是有很大权力的专制君王，无论是古书记载，还是现代考古发掘，都可以证明这一点。商王决不可能还没有脱离生产劳动……但是，他完全有可能参加像周以后帝王所行的藉田之礼那样仪式性的农业生产劳动。"见《古代文史研究新探》，第 324 页，江苏古籍出版社，1992 年。帝王藉田到后来纯粹是作政治秀，在老百姓眼里就是在演戏，因此苏轼《元祐三年春贴子词·皇帝阁》之四云："苍龙挂阙农祥正，父老相呼看藉田。"

② 于省吾：《甲骨文字释林》，第 242 页，中华书局，1979 年。

③ 胡厚宣：《甲骨学商史论丛初集》（外一种）下，第 754 页，河北教育出版社，2002 年。

三 卜辞之“省从”为“田猎”说献疑

介绍动作行为发生的处所是“从”字在古汉语中最常见的用法之一。卜辞中的“王往（出）省从某（方位名词或地名）”之中的“从”，如果理解为介词，看作是对视察地点的选择，大多是没有问题的。然卜辞中有“从省田”与“从省盂田”，“从噩田”与“省噩田”并见的例子，因此，闻一多先生说“从”与“省”意思差不多，亦为“田猎”之义，兹摘录其说如下：

从与省义近。《诗·还》：“并驱从两肩兮。”《传》：“从，逐也。”从即從字，孳乳为蹤，又变作踵。《说文·足部》：“踵，追也。”追逐为猎兽之手段，故田猎谓之从。……从义既明，则凡曰“省从”者，省亦谓田猎也。……《礼记·玉藻》：“唯君有黼裘以誓省。”注：“省当为狝，狝，秋田也。”又《明堂位》：“是故夏礿，秋尝，冬烝，春社，秋省，而逐大蜡，天子之礼也。”注：“省读为狝，狝，秋田名也。”案《尔雅·释天》：“春猎为蒐，夏猎为苗，秋猎为狝，冬猎为狩。”蒐，苗，狝三字，论其意义当属一系。蒐于言搜也。(《穀梁传》桓四年《释文》引《尔雅》麋氏本，蒐又作搜) 凡有所搜求者，必周行侦察之。田猎谓之蒐，殆即此义。因之，蒐或与阅互训，《左传》成十六年注：“蒐，阅也。”昭七年注：“阅，蒐也。”阅者，《汉书·车千秋传》注：“阅，经历也。”《管子·度地篇》注：“阅为省视。”经历而省视之，即蒐之义。苗之言覒也。《书·尧典》“窜三苗于三危”，《山海经·海外南经》作三毛，《说苑·修文篇》引《春秋传》“苗者毛也”。《说文·见部》“覒，择也，读若苗”，择与视意义相因，（《说文》：“罜，司（伺）视也。”）故《广雅·释诂

一》又曰："睍，视也。"今口语曰瞄，即视察审谛之谓，实苗之
形声孳乳字。变作睍，从毛与从苗声同，从见与从目义同，古者
田猎谓之苗，苗即瞄字耳。曰蒐，曰苗，义并与视相关，省亦视
也，是秋田之名，字本当作省，郑君顾谓省当为睍，昧其本根矣。
（《甲骨文字诂林》第 574、575 页）

闻说于文献有征，可备参考，但不必视为定谳，下列卜辞似可
证明，此类卜辞中的"从"还是应作介词解。

（1）田从北西。

（2）田从东。《合集》10902

（1）贞〔乎〕田〔从〕西。

（2）贞乎田从北。

（3）贞乎田从东。

（4）贞乎田从南。《合集》10903

（1）……王往省，从南。

（2）……贞：勿……《合集》5115

……〔王〕往省，从北。《合集》5117

（1）……之日王往于田，从东，允获豕三。十月。

（2）壬辰……王往〔于〕田，若。十月。《合集》10904

……之日王往于田，从𪓐京，允获麂二，雉十七。十月。
《合集》10921

……〔王往〕省，从名。《合集》5118

（1）贞：告于祖乙。

（2）王往省，从𪓐。《合集》5119

〔贞〕：王〔往〕省，〔从〕□。《合集》5120

〔王往〕省，从□。《合集》5124 正

（1）□□〔卜〕，贞……〔复〕……

(2) 戊申卜，贞：王往于田，从丧，从□。《合集》10930

乙酉卜，宾，贞：王往，从丧。《合集》10931

乎子商从𠂤有鹿。《合集》10948

(1) ……往从归逐。才宫。

(2) ……□月。《合集》10987

……从见田。《合集》11014

贞：从来至于岂。《合集》19471

己卯卜，争，贞：今早令𠤎田，从𡕥至于𪚲，获羌。王占曰：艰。《合集》199

尤其是后两例皆作“从×（地名）至于×（地名）”，其中的“从”字与“自”字相当，卜辞中有“自×（地名）至于×（地名）”，例如《合集》28188：

(1) 自瀼至于大，亡灾。吉

(2) 自瀼至于膏，亡灾。大吉

(3) 弜宿，若。

据此可证“从”字当读作介词，其功能与“由”“自”同。除了上揭诸例，下列卜辞似也应如是解：

(1) 贞：王其往出省，从西，告于祖丁。

(2) 丁酉……《合集》5113 反

贞：翌癸丑王勿往省从〔东〕《合集》5112 正

贞：王往〔出省〕，从西。五〔月〕。《合集》5114

(1) 丁酉卜，古，贞：王往省，从西，〔大〕……

(2) 自□……《合集》5116

(1) 丙辰卜，争，贞：沚𢦔启，王从，帝〔若〕，受我佑。

(2) 贞：沚𢦔启，王勿从，帝弗若，不我其受佑。八月。

(3) 丙辰卜，争，贞：王往省，从西，若。

(4) 贞：王勿往省，不若。《合集》7440

（1）乙亥卜，贞：令多马亚徙蒿❖，省陕啚，至于仓侯，从❖川，从❖侯。九月。

（2）贞：勿省，才南啚。《合集》5708 正

乙亥卜，〔贞：令〕多马亚〔徙蒿〕❖，省陕啚，至于仓〔侯，从❖川，从❖侯。九月。〕《合集》5709 正

（1）壬寅卜，〔争〕，贞：叀丁令从。

（2）贞：〔勿〕令。

（3）己未卜，内，贞：周载，擒。

（4）己未卜，内，贞：……载，擒。

（5）壬戌卜，㱿，贞：乎多犬网鹿于蔂。八月。

（6）壬戌卜，㱿，贞：取犬乎网鹿于蔂。

（7）辛未卜，争，贞：生八月帝令多雨。

（8）贞：生八月帝不其令多雨。

（9）戊寅卜，内买……

（10）勿〔乎〕雀买。

（11）戊子卜……三

（12）丁酉雨至于甲寅旬有八日。〔九〕月。

（13）贞：叀❖令云疾。

（14）勿隹❖令。

（15）勿乎雀帝于西。

（16）贞：□乎犬❖省，从南。《合集》10976

（1）去束。

（2）王去束。

（3）贞：田夂牛。

（4）王往省，从西。

（5）王往出省。

（6）〔王往省〕。《合集》11181

（1）王涉滴，射𪊨鹿。

（2）弗擒。

（3）……〔省〕凡田，从宫、从……至盂，湄日不□。
《合集》28340

（1）叀弗每，亡灾。

（2）叀田省，湄日亡灾。

（3）王叀犬从，〔湄〕日亡灾。《合集》28656

（1）庚……

（2）于壬王迺田，亡灾。

（3）辛，王叀田省，亡灾。

（4）其狩，亡灾。

（5）从衾，亡灾。

（6）从盂，亡灾。大吉

（7）从宫。吉《屯南》271

（1）癸卯卜，其尞……

（2）从……多……

（3）……〔众〕以省畺。《屯南》180

（1）弜……盟……其每。

（2）王其省盂田，延，从宫，亡灾。

（3）弜〔延〕，从宫，其每。《屯南》2357

（1）王叀桧田省。

（2）叀宫田省。

（3）王其省田，先从宫田。《合集》28935

（1）戊午卜，今日戊王叀衾田。

（2）……盂田先省，迺从宫入，湄日亡灾。《合集》28975

（1）叀田省，亡灾。吉

（2）从衾，亡灾。《合集》29006

（1）翌日壬王其省田，从宫。

（2）从栐。

（3）从丧。

（4）从盂。《合集》29156

第十章　驰骋畋游：商代贵族主要之游乐方式

一　田猎刻辞之数量及其判断标准

田猎是商代贵族旅游活动的主要项目之一。

田猎刻辞在甲骨文中占有很大的比例，很早就引起学者注意。1925 年，天津王襄在其《簠室殷契征文》中曾将所藏甲骨"分拓若干本，类别十二，曰天象、地望、帝系、人名、岁时、干支、贞类、征伐、游田、杂事、文字各为一编，后附考释"，是书收录游田刻辞 135 版，这大概是对田猎刻辞系统整理的最初成果了。其后，研究田猎刻辞者代有其人，诸如董作宾、郭沫若、胡厚宣、陈梦家、李学勤、岛邦男、松丸道雄、钟柏生、黄然伟、饶宗颐、沈建华、陈炜湛、郑杰祥等。

田猎刻辞牵涉社会生活的方方面面，研究者无可回避，研究的论著也颇为可观，截止到目前，计有成果近百种，这些成果多以论文的形式或书中的章节行世。第一个以专著形式出现的是陈炜湛的《甲骨文田猎刻辞研究》。该书研究内容主要包括甲骨文各期田猎刻辞概述、有关甲骨文田猎刻辞的文字考订与辨析、关于甲骨文各期

田猎地点及田猎中心的讨论、甲骨文田猎刻辞选粹摹本、甲骨文田
猎刻辞选粹释文、各期贞人所卜田猎刻辞辑录、甲骨田猎刻辞论著
辑录、甲骨文田猎刻辞论著要目等七部分。

　　陈著首先对田猎刻辞数量作了估计与分析。他说："正如目前无
法精确统计出土甲骨文的总数一样，要精确统计现有田猎刻辞的片
数也几乎是不可能的。精确统计有很多困难，其中有重复的问题，
碎裂的问题，散失（或尚未发表）的问题，需要去重、缀合、调
查。"① 诚如陈先生所言，田猎刻辞很难给出一个准确的数字，除了
陈先生所说的困难之外，最重要的是难以确立一个大家共认的判断
标准。田猎刻辞看起来单纯，统计起来似乎不会有大的出入，但实
际情况却非如此。刘兴林先生曾对《甲骨文合集》中的田猎刻辞以
及农业卜辞做过精确的统计，他说："《甲骨文合集》记有田猎刻辞
2880 片，是农业卜辞总数（1054 片）的 2.7 倍。"② 日本学者松丸
道雄也对田猎刻辞做过精深研究，他说田猎刻辞有"近三千片"。③
这个数字与刘说仿佛，只不过这一说法较具弹性而已。陈炜湛在其
《甲骨文田猎刻辞研究》中说："我的估计是这样的：甲骨文迄今出
土十余万片（说详《甲骨文简论》，胡厚宣先生《八十五年来甲骨
文材料的再统计》一文则认为'国内外共收藏甲骨 154604 片'），
其中田猎刻辞约四千五百片，相当于总数的二十分之一。四千五百
片之中卜辞完整可读可资研究者约三千五百片，重要并清晰可观者
约五百片。"④陈氏的数字比前两说居然多出一千五六百片。究竟哪
种说法与实际情况更为接近？这就要看他们统计的根据是什么，对

① 陈炜湛：《甲骨文田猎刻辞研究》，第 1 页，广西教育出版社，1995 年。
② 引按，刘氏文中未就统计标准加以说明，因此，我们无法得知这些精确的数据之所从
　来。刘文见《殷商以田猎治军事说质疑》，《殷都学刊》1997 年第 1 期。
③ 松丸道雄：《关于殷墟卜辞中的田猎地——殷代国家的构造研究》，《东洋文化研究所
　纪要》第三十一册。
④ 陈炜湛：《甲骨文田猎刻辞研究》，第 1 页，广西教育出版社，1995 年。

此前两种说法未作交代，陈炜湛先生的"估计的主要根据是《甲骨文合集》，其次是《小屯南地甲骨》"。陈先生对其数据来源作了如下解释：

　　《甲骨文合集》（简称《合》，一九七九至一九八二年，中华书局出版）是著录甲骨文原材料的学术巨著。经过去重、缀合，凡一九七三年以前出土的甲骨文，稍有研究价值的，大部分已集中于此。全书凡著录甲骨文四万一千九百余片，按时代及内容编排为十三巨册（第十三册为摹本），田猎刻辞即归入各期的"社会生产"大类内（称"渔猎畜牧"）。收入此书的田猎刻辞主要见于下列各册：

　　第四册（第一期武丁）：

　　10196～11422（片号，下同）

　　计 1227 片

　　第七册（第一期附）：

　　21586，21759～21765，22043，

　　计 9 片

　　第八册（第二期祖庚祖甲）：

　　24444～24607

　　计 164 片

　　第九册（第三期廪辛康丁）：

　　28300～29684

　　计 1385 片

　　第十一册（第四期武乙文丁）：

　　33359～33689

　　计 331 片

　　第十二册（第五期帝乙帝辛）：

36984～37833

计 850 片

第十三册（摹本）：

第一期 40075～40076，40125（另有拓本），
40126～40181

计 59 片

第二期 40957，41075～41088

计 15 片

第三期 41345～41388

计 44 片

第四期 41544～41572，
41650～41652

计 32 片

第五期 41801～41835

计 35 片

陈氏对于《合集》田猎刻辞的总数未加说明，我们根据他所列出的《合集》各册所见片数知，陈氏总数为 4151 片，比刘氏多出1271 片。

除《合集》《屯南》二书之外，陈氏还统计了以下著录书，兹将相关文字移录于后：

许进雄《怀特氏等收藏甲骨文集》（简称《怀特》，一九七九年，加拿大）著录八十五片，松丸道雄《东京大学东洋文化研究所藏甲骨文字》（简称《东京》，一九八三年，日本）著录三十五片，李学勤等《英国所藏甲骨集》（简称《英集》，一九八五年，中华书局）著录一百十二片，雷焕章《法国所藏甲骨

录》（简称《法录》，一九八五年，利氏学社）著录五片，伊藤道治《天理大学附属天理参考馆藏品甲骨文字》（简称《天理》，一九八七年，日本）著录四十七片。这五部书著录的甲骨都是海外公私藏家所藏之物，有些以前发表过，与《合》会有重复。①

令人困惑的是，各家统计的都是《甲骨文合集》，何以会有如此巨大的差距？是刘氏有所脱漏还是陈氏有所增饰？为了解开这个谜团，我们除对陈氏所说诸书进行了彻底排查之外，连同新的著录资料《甲骨文合集补编》和《殷墟花园庄东地甲骨》也一并进行了清理，清理之后方知陈先生不仅没有增饰，相反却有不少遗漏。如陈氏说《合集》第七册计 9 片，但实际上仅第七册中的子组部分就有 27 版。陈氏说《小屯南地甲骨》中田猎刻辞有 286 片，清理的结果却是 450 多片。我们排查其他诸书与陈氏数据也稍有出入，总的来看，陈先生的统计偏于保守，田猎刻辞的实际数字比陈先生的数字还大，加上《甲骨文合集补编》②《殷墟花园庄东地甲骨》两书，田猎刻辞的实际片数当在五千五百版左右③，约占上述诸书著录甲骨总数的十分之一。④ 五千多片已是相当可观，但可以肯定地说，我们网罗的只是田猎刻辞的重要资料而绝非全部。如果想要竭泽而渔，那就要把《铁云藏龟》之后的所有著录资料全部摸排一遍，这是理想

---

① 陈炜湛：《甲骨文田猎刻辞研究》，第 3 页，广西教育出版社，1995 年。

② 《合补》田猎刻辞指的是删汰重之后的片数。

③ 根据笔者的分类统计，田猎卜辞计 5485 版，这不包括省田卜辞，如上所述，省田卜辞实际也是田猎卜辞，如加上此类卜辞，田猎卜辞总数若加上省察类的 38 版省田卜辞，田猎卜辞总数当不少于 5523 版。如果把渔猎卜辞计算在内，田猎卜辞总数就突破 5600 版了。

④ 杨升南《商代经济与科技》中说狩猎卜辞是 5200 余条（包括渔猎），此与余说最为接近。

的做法，但基本没有可能，同时也没有必要。说不可能是指上百种
著录书再加上上百种散篇且不说搜集齐全何其难哉，即便置于案头
仅校重一项工作就不胜其烦。再者也没有必要，在已出版的著录书
中有些片子上只有一个字甚至半个字，这些片子对于甲骨缀合有一
定用处，但对于田猎等问题的研究应该说可有可无，因此，《甲骨文
合集》并没有将所有著录资料都收进去。基于这一原因，我们排查
的著录书就是上揭七种，已出版的重要甲骨资料基本上尽于此矣。

　　前文说到，诸家数据相差很大的最重要原因是判断田猎刻辞的
标准不同。由于判断标准不一，操作起来就有很大的游移空间。譬
如《合集》6121 有这样的记载：

　　（1）贞：……

　　（2）贞：隹（惟）黄□。

　　（3）往出狩。

　　（4）贞：舌方不亦出。

　　（5）……王……

意思是说商王武丁要外出狩猎，却担心敌对的舌方趁火打劫，故反
复卜问，舌方是不是也会有所行动。从第（3）条"往出狩"看，本
版是典型的田猎刻辞，将本版归入田猎刻辞绝不会受人质疑。再看
《合集》6122、《合集》6123、《合集》6124 三版：

　　（1）其出。

　　（2）贞：舌方不亦出。

　　（3）贞：上甲祟王。

　　（4）〔贞：〕侑于〔唐〕至于大甲。《合集》6122

　　贞：舌方不亦出。《合集》6123

　　贞：舌方不〔亦〕出。《合集》6124

　　以上三版也是卜问舌方有无出动的可能，它们与《合集》6121
的联系是一目了然的，这三版刻辞要不要划归田猎刻辞？划入田猎

刻辞，似无不可。这种异版同文卜辞极有可能是一时所卜。如果确是一时所卜，在归类时由于一些细微的差别而将之一分为二，似乎说不大通，但以其无"田""狩"之类的田猎动词，就将之归为田猎刻辞又进退失据，类此究竟应该如何划分呢？再看《合集》6105、《合集》6106、《合集》6107，以及《合集》6114、《合集》6115、《合集》6116、《合集》6084、《合集》6085、《合集》6086 诸版：

……舌方其出，不……《合集》6105

贞：舌方其出。《合集》6106

〔贞：〕舌〔方〕其出。《合集》6107

（1）贞：舌方不出。

（2）……其亦出。《合集》6114

（1）贞：舌方不允〔出〕。

（2）贞：勿往省。

（3）往省。

（4）贞：父乙不害。

（5）贞：父乙害。《合集》6115

（1）舌〔方〕其〔亦〕出。

（2）贞：舌方不出。

（3）贞：舌〔方〕……

（4）贞：雨。《合集》6116

（1）舌方不隹（惟）祸。

（2）……不……祸。《合集》6084

舌〔方〕出不〔隹（惟）〕我祸。《合集》6085

（1）舌方出隹（惟）我有乍祸。

（2）不隹（惟）我有乍祸。

（3）其不允出。

（4）允出。《合集》6086

很显然以上几版与《合集》6121也是有关联的。再看下面四版：

（1）□午□□贞：舌〔方〕其亦出。十月《合集》6117

（1）贞：舌方其亦出。

（2）……〔帚〕妌受黍年。《合集》6118

（1）贞：舌方其亦出。《合集》6119

（1）贞：小疾勿告于祖乙。

（2）告于祖乙。

（3）贞：舌方不亦出。

（4）〔贞：舌〕方〔其〕亦〔出〕。《合集》6120

将以上诸版联系起来，似有这样的故事发生：武丁某年十月，由于商王武丁兴师田狩，此举引起商之西北劲敌舌方的警惕，商王出狩的最初动机是不是消遣不得而知，可事情的结果却是"舌方亦出"，这样就形成了两军对垒的局面。[①]至于双方是谁首先发难并不清楚，但有一点则十分明了，这次田猎最终导致了一场大规模的旷日持久的民族战争，从《合集》6167、《合集》6168、《合集》6169、《合集》6170、《合集》6171、《合集》6172、《合集》6173、《合集》6174、《合集》6175版卜辞看，商王投入的兵力最低不会少于五千人。

（1）贞：翌甲午勿侑于祖〔乙〕。

---

① 田游确有可能引发战争，这一点毋庸置疑。《太平御览》卷832引《春秋后语》云，赵王行猎，引起其邻国魏国的恐惧，"于是，北境举烽火，传言赵寇至"。关于此事《史记·魏公子列传》第2377页也有记载：公子与魏王博，而北境传举烽，言"赵寇至，且入界"。魏王释博，欲召大臣谋。公子止王曰："赵王田猎耳，非为寇也。"复博如故。王恐，心不在博。居顷，复从北方来传言曰："赵王猎耳，非为寇也。"魏王大惊，曰："公子何以知之？"公子曰："臣之客有能深得赵王阴事者，赵王所为，客辄以报臣，臣以此知之。"是后魏王畏公子之贤能，不敢任公子以国政。

（2）贞：翌甲午侑于祖乙。

（3）贞：翌甲午侑于祖乙。

（4）贞：舌方亡闻。

（5）贞：登人五千乎视舌方。

（6）贞：勿登人五千……《合集》6167

（1）贞：于大甲。

（2）贞：登人三千乎伐舌方，受佑祐。

（3）贞：勿乎伐舌方。《合集》6168

（1）己亥卜，争，贞：勿乎依辇墉。

（2）庚子卜，宾，贞：勿登人三千乎〔伐〕舌方，弗〔其〕受佑祐。

《合集》6169

（1）□卯卜，㱿，贞：收人三千乎……

（2）壬辰卜，㱿，贞：勿🐚，登人……舌方……《合集》6170

戊寅卜，㱿，贞：勿登人〔三千〕乎伐舌方，弗〔其受佑祐〕。

《合集》6171

（1）丁卯卜，㱿，贞：翌辛未令〔伐舌方，〕受〔佑祐〕。

（2）癸巳卜，㱿，贞：收人〔乎伐〕舌方，受佑祐。

（3）丙午卜，㱿，贞：登人三千乎〔伐舌方，受佑祐〕。

（4）丙午卜，㱿，贞：翌丁未酒……《合集》6172

（1）〔丁卯卜〕，㱿，贞：翌辛未令伐舌〔方，受佑祐〕。

（2）癸巳卜，㱿，贞：收人乎伐舌〔方〕，受〔佑祐〕。

（3）〔丙午卜，㱿，贞：登人〕三千乎伐舌方，受〔佑祐〕。

（4）〔丙午卜，㱿〕，贞：翌丁未酚中丁，易日。《合集》6173

（1）〔丁卯〕卜，㱿，贞：翌辛未令伐舌方，受〔佑祐〕。

（2）癸巳卜，㱿，贞：收人乎伐舌〔方〕，受〔佑祐〕。

（3）〔丙午卜，㱿，贞：登〕人三千乎伐舌方，受〔佑祐〕。

（4）〔丙午〕卜，㱿，贞：翌丁未酒中丁，易日。《合集》6174

（1）□□〔卜〕，□，贞：奴人乎视舌〔方〕。

（2）……〔登〕人四千乎以……《合集》6175

……〔登人〕三千〔乎〕伐舌〔方〕……《合集》6176

"奴"或隶定为"登"，杨树达说："当释为登，读为征，登人犹征人也。"① 换句话说"登人"就是征兵。有学者指出："商代出征，也要先聚众，这就是甲骨文中的'登人''共人'。据今所见以一次征集三千人的情况最为常见……"② 从上揭卜辞看在伐舌方的这场大战中，征集三千、四千、五千的情况都具备了，如果征集的兵力全部投入战斗，商人投入的兵力可能逾万。有意思的是，参与征战的还有一位名叫霝妃的女将③。战争进行得十分惨烈，霝妃曾有性命之忧，有4版卜辞卜问她的生死：

（1）〔辛〕丑卜，㱿，贞：舌方其来，王勿逆伐。

（2）〔辛〕丑卜，㱿，贞：霝妃不死。《合集》6197

（1）辛丑卜，㱿，贞：舌方其来，〔王勿〕逆伐。

（2）辛丑卜，㱿，贞：霝妃不蕴。《合集》6198

（1）辛丑卜，㱿，贞：舌方其来，王勿逆伐。

（2）辛丑卜，㱿，贞：霝妃不蕴。《合集》6199

（1）辛丑卜，㱿，贞：舌〔方其来，王勿逆伐〕。

---

① 杨树达：《卜辞琐记》，第13页，另见《甲骨文字诂林》，第944、954页。

② 罗琨、张永山：《中国军事通史·夏商西周军事史》，第130页，军事科学出版社，1998年。

③ 霝妃的"妃"，字形与"妃"字颇相似，但并非是"妃"字，学者已辨之矣。《甲骨文字诂林》隶为"姒"，并引《尔雅·释亲》："昆弟之妻相谓为姒。"此"霝妃"是不是某之昆弟之妻，不好妄加推测，但"妃"字从女，则极有可能是女将，甲骨文中女将参战者屡见，最著名者莫如商王武丁之妻妇好了。

（2）辛丑卜，㱿，贞：霝妃不蕴。《合集》6200

这次战争持续到十二月，大概是以商王获胜而告结束。

（1）丙戌卜，□，贞：……于……

（2）乙酉卜，争，贞：往复从臬执舌方。十二月。《合集》6333

伐舌方卜辞数量很多，这些是否都要纳入田猎刻辞里来？这的的确确是一个问题。不把这些卜辞归入田猎，当然是恰当的，按道理把它应该归为战争卜辞最为合适，然而，这样就割裂了历史事件的连续性。若反过来，将伐舌方算作田猎刻辞，那么，田猎刻辞的边界未免太宽泛，如此，田猎刻辞恐怕还要再多出一两成，这显然也是不合适的。

由于统计标准难以确定，所以，要说出准确的数字是不可能的，因此，陈先生有粗估××片云云。也许正是这个原因，治田猎刻辞诸家估定的数目差别很大。

读者也许要问，本书是如何处理此类卜辞的呢？也可以换句话问，本书确定田猎刻辞的标准是什么？

我们不赞成把田猎刻辞扩大化，研究田猎刻辞不是韩信将兵，多多益善。无论研究什么都须有一个比较明确的界域。我们在筛选田猎刻辞时选择一些标志性的田猎动词作为判断标准，如畋、田、狩、逐等。即便是这些词语，也不是见字必收，如"田"字除了常见的田狩之外还有"衰田"，"衰田"一般认为就是垦田，是典型的农业卜辞，因此，此类卜辞虽然带有"田"字，我们一般不予收录。但也不能一概而论，开垦农田常常连带着捕猎，在对农作物进行田间管理时也需要捕猎，在鲁迅的《故乡》里还有闰土刺猹的故事呢。对于"圣田"之类的卜辞，如果其间有擒、获之类的字眼，一般视为田猎刻辞，否则不予录取。甲骨文中有很多"往田""往于田"的刻辞，陈炜湛认为"往于田"之田"既非'畋猎'，又非农田，确是一个地名"。但最近出土的《花东》35、《花东》50及《花东》

395 三版卜辞足证陈说非是，"往于田"者皆为田猎卜辞。卜辞中凡带"狩"字者，均为狩猎卜辞，这一点都无异议，但田字卜辞就比较复杂，甲骨文中的田可以解释为田猎之田，也可以解释为农田之田。我们通过对甲骨刻辞"田"字辞例的排比发现，凡与王有关者皆为田猎之田。乎、令在甲骨文中每每对举，其义颇为近似，但在田卜辞里，它的用法与令确有严格的区别，凡"乎田"者一般是田猎之辞，凡"令田"一般是农田之田。农田之田一般不卜灾，所卜者多与雨水有关，因此大体可以确定，将卜问田某灾否之类的卜辞定为田猎卜辞应该没有问题。

　　殷墟卜辞中的"䢱""䢱""䢱""䢱"字，隶释多歧，或隶定为"徯"，释为"迹"或"践"；或隶定为"迖"，读为"过"；或隶定为"迍"或"迖"，读为"越"或"遊"；或隶定为"徲"，释为王之游踪；或隶定为"迒"。① 陈炜湛先生认为卜辞作䢱、䢱者与作䢱、䢱者，"字形有别，确为二字，不可混而为一"。② 然《甲骨文字诂林》姚孝遂按语指出，"据《珠》一三三，䢱、䢱见于同版，当从戈，可以无疑"。③ 覆按《珠》一三三，姚说不诬，䢱、䢱的确同见于一版，且所处语境完全相同，由此知䢱、䢱同字异形，不能强为区分，至于此字是不是从戈，可以讨论。李学勤先生隶定为"迖"，读为弋猎之弋。④ 裘锡圭先生隶定为"迉"，读为惩前毖后的毖，说是有敕戒镇抚意义。此字常见于第三和第五期卜辞中，对于田猎卜辞的甄别来说极为重要，为方便讨论，兹将裘先生的相关论述转引于下：

---

① 　详于省吾：《甲骨文字诂林》，第 2256～2258 页。
② 　详陈炜湛：《甲骨文田猎刻辞研究》，第 25～28 页。
③ 　于省吾：《甲骨文字诂林》，第 2262 页。
④ 　李学勤：《殷代地理简论》，第 1 页。

　　第五期的"迟"大概也应该读为"毖"。对某一对象加以敕戒镇服，往往需要到那一对象的所在地去。①《洛诰》说"伻来毖殷"，上引卜辞说"戍往毖证"，都反映了这一点。"迟"字所以加表示行走义的"辵"旁，大概就是由于这个缘故。

　　……

　　第五期甲骨里有大量卜问王在行路或田猎时会不会遇到灾害的卜辞。这些卜辞，凡是前面说"田"的，后面一定说"往来亡灾"，例如：

　　戊戌王卜，贞：田弋，往来亡灾。王占曰：大吉。在四月。兹卩。

　　隻（获）狢十又三。《前》2.27.5

　　凡是前面说"步"的，后面一定只说"无灾"，例如：

　　壬寅卜，在曹，贞：王步于瀧，亡灾。《前》2.5.5

　　贞迟的卜辞多数说"往来亡灾"，可见迟跟一般的行路不同。但是，迟也不会是田猎的一类行为。因为贞田的卜辞常常在辞末附记田猎中的擒获，贞迟之辞的末尾则极少有记猎获的。偶尔有，所记数量也极少。例如有一条卜辞说："己丑卜贞：王迟于召，往来亡灾。在九月。兹卩。隻（获）鹿一。"这一头鹿应该是在途中偶然得到的。（编按：《合》37460："戊戌卜贞：王迟于召，往来〔亡灾〕。兹卩。获麋一"，所记获兽数也只有一头。同版的一条卜辞说："壬子卜贞：王田于斿，往来亡灾。兹御。获麋十一"，所记获兽数字要大得多。又《续》3.22.1上方一辞，据《综类》所摹当释为"甲寅卜贞：王迟于召，往

---

① 陈炜湛先生认为宜释迟训守，并说迟与田猎事相似处甚少，更有可能是一种军事性质的行动，或即后世所谓"勒兵而守"。陈说与裘先生说有相似之处，详《甲骨文田猎刻辞研究》，第28页。"迟"字在甲骨刻辞中共574见，如果这种说法正确，那么杨升南先生所说的田猎刻辞版数与我们的统计就基本一致了。

来亡灾。兹卪。获鹿二"。从《续编》拓本看，"甲"似当为
"壬"字之残文，"亡灾"下有泐痕，"二"字不在"鹿"字下
而在左方，位于"亡灾"行泐痕之下，是否应读为"鹿二"尚
是问题。）上引贞逖之辞的第1至第5条，是刻在同一块卜骨上
的一组卜辞。从这组卜辞可以知道，商王是为了逖于某地，可
以花很长的时间，走很远的路程。这说明逖是具有很严肃意义
的一种行动。第6辞说"其振旅，征逖于盂"。这又说明为了
"逖"还需要兴师动众。从上述情况看来，把"逖"读为有敕戒
镇抚之义的"毖"是合理的。①

在上引那段话里，先生每用"大概""应该"之类词语，表明
了先生的审慎。我们认为先生所言"贞逖之辞的末尾极少有记猎获
的"确系事实，然似不能据此确定"逖""不是田猎的一种行为"。
我们之所以做出这样的研判，主要是基于以下几点理由：

1. 卜辞有逖（逖）、狩并举者，例如：

（1）甲申卜，翌日乙王其逖于衰。

（2）王其逖于衰，□狩。《合集》29027

2. 卜辞又有逖（逖）、擒并举者，例如：

（1）今日王其逖于衰，亡灾。擒。

（2）……灾。《合集》29035

（1）丁酉卜，擒。吉

（2）弗擒。

（3）菁在行。

（4）弗擒。吉

① 裘锡圭：《释秘》，《古文字论集》，第25、26页，中华书局，1992年。

卜辞辻（逊）、狩并举者例［《合集》29027］

（5）于桧，亡灾。吉

（6）于丧，亡灾。吉

（7）于盂，亡灾。引吉

（8）庚子卜，翌日辛，〔王其〕迖于召，亡灾。引吉

（9）吉《屯南》2718

3. 卜辞还有迖（悉）、获并举者，例如：

□□〔卜〕，〔贞：〕王迖〔于〕，□〔往〕来亡灾……获鹿……《合集》37446

（1）丁酉〔卜〕，〔贞：王〕迖〔于〕□，往〔来亡〕灾。一

（2）□寅卜，贞：王迖于𤇷，往来亡灾……兹御。获鹿一。

（3）……兹〔孚〕……鹿三……《合集》37440

在通版卜辞皆为田猎记录情况下，要说迖（悉）"不是田猎的一种行为"于情于理有点儿说不过去。尤其令人不解的是，"𤇷卜辞"不仅集中在第三、第五期卜辞中，而且所"𤇷"的地点几乎都是田猎区，商王为什么总是在盂、宫、召这些田猎地敕戒镇抚？难道这些地方不是田猎地而是屡"悉"屡叛的暴民聚集地？"悉""田"二字卜辞每每对举，是不是商王悉某地必田猎，田猎时又必悉某地？以上例证表明，读"𤇷"为"悉"悖于常理。我们觉得与其否认"𤇷"是田猎行为倒不如索性承认它与田猎相关反倒情通理顺，词义相安，这样，也便于解释"𤇷卜辞"因为什么大多出现在无名组和黄组这一问题。史载武乙、帝辛淫于田游，所谓无名组和黄组卜辞就是武乙、帝辛时代的卜辞，卜辞与载籍实际上是合若符节。如果承认"𤇷"与田猎有关，就不必强拉第6辞所谓的商王"振旅"为"悉"辩护了。其实，即第6辞的"振旅"帮不了释"悉"多大的忙。因为，强调"振旅"无非是意在说明商王之"𤇷"是一种具有很严肃意义的军事行动，而不是一种逸豫其心的田猎活动，军事行动的目的为了"敕戒镇抚"敌对者。可问题是，所谓的商王"振

旅"不光不能作为反驳"𰊙"有田猎性质的有效证据，而且也无力证明"振旅"的目的就一定是为"敕戒镇抚"敌人。① 与之相反，"振旅"对解释成田猎则更为有利，因为古人田猎的主要目的之一就是教民习战，教民习战就少不了"振旅"，并且第 6 辞"其振旅"之后所说的也正是"征（延）𰊙于盂"，而"盂"恰恰就是商王的田猎地。

　　以上讨论的是卜辞辞例，下面再谈字形。𰊙、𰊙、𰊙、𰊙、𰊙、𰊙等字所从的"辵"和"彳"在古文字中可以通借，这是大家都知道的可以不必讨论。值得注意的是，右边或右上写作"𰊙""𰊙""𰊙""𰊙""𰊙"的那个字与西周金文及战国简牍、帛书、玺印等材料上的"弋"字字形几乎完全相同。金文"弋"字作"𰊙""𰊙""𰊙"诸形，郭店楚简的"弋"既写作"𰊙"② 又写作"𰊙"，③ 帛书的"弋"字也有写作"𰊙"者。就字形而论，甲骨文从"辵"（或"彳"）从"𰊙""𰊙""𰊙"的那个字与后代的"弋"或"戈"字字形最为密切，与"必"字字形则相对为远，若说"必"字多出的点皆为羡画恐怕缺乏说服力。也就是说，"𰊙"等诸字最应该隶定为"迖"或"迖"。"弋"和"戈"长得很像，我们怀疑在作偏旁使用时，古人对"弋"和"戈"可能区分得不是很清楚，前面提到的郭店楚简把"弋"既写作"𰊙"又写作"𰊙"就是这样例子。那么，这个字隶定成"迖"好还是隶定成"迖"好呢？我们倾向于后者，因为无论是在西周金文还是在战国文字中"戈"字皆无写作"𰊙"者，而金文农卣的"弋"字却是这样写的。所以，我们赞成

① 《诗·小雅·采芑》："伐鼓渊渊，振旅阗阗。"毛传："入曰振旅，复长长幼也。"孔颖达疏引孙炎曰："出则幼贱在前，贵勇力也；入则尊老在前，复常法也。"《汉书·陈汤传》："臣与吏士共诛郅支单于，幸得禽灭，万里振旅，宜有使者迎劳道路。"颜师古注："师入曰振旅。"
② 见《郭店楚简·鲁穆》2，见《郭店楚简·鲁穆》4。
③ 见《郭店楚简·唐虞》12。

将此字隶定为从辵从弋的"迲"，读如《吕氏春秋·处方》"韩昭厘侯出弋"之"弋"，高诱注："弋，猎也。"文献又有罼弋、毕弋、田弋、畋弋、渔弋之语，其义皆为狩猎活动。文献中"弋"用作狩猎的例子可以俯拾，例如《诗·齐风·卢令序》："襄公好田猎毕弋，而不修民事，百姓苦之。"郑玄笺："毕，噣也；弋，缴射也。"《周礼·夏官·司弓矢》："田弋，充笼箙矢共赠矢。"贾公彦疏："田，谓四时田时；弋，谓弋凫与雁。"《左传·哀公七年》："及曹伯阳即位，好田弋。"《史记·管蔡世家》："曹野人公孙强亦好田弋，获白雁而献之。"晋葛洪《抱朴子·君道》："缓赈济而急聚敛，勤畋弋而忽稼穑。"《晋书·谢安传》："出则渔弋山水，入则咏属文。"

以上从字形和辞例两方面论证了将"鎓"隶"迩"，读作"毖"是有问题的，此字当隶为"迲"读作"弋猎"之"弋"。中国历史博物馆 2003 年入藏的作册般铜鼋铭可为我们的看法提供强有力的支持。作册般铜鼋铭讲的是商王渔猎的故事，其中有"王□于洀"之语。（详第十一章《殷商渔猎之研究》）"王"后"于"前一字拓本不是十分清楚，发表者据实物观察隶定为"迲"。如果所隶不错，那么，此铭可视为"迲"当读为"弋猎"之"弋"而不当隶"迩"读作"敕戒镇抚"之"毖"的铁证。因为，铭文内容讲的是射鼋，且有实物为证，再说了，洀是殷都所在，商王不可能"毖"于洀。此铭也证实了"迲"是一个田猎的动词，把它作为判定田猎刻辞的标准之一完全没有问题。① 除此之外，甲骨文中还有陷、阱、毕、擒、焚等一些标示田猎行为的字，这些都可以看作是判断田猎刻辞的刚性标准。

---

① 裘锡圭先生在后来发表的《谈谈殷墟甲骨卜辞中的"于"》一文中也指出此字"可以肯定是一个指巡行、田游之类行为的动词"。见《裘锡圭学术文集》第 529 页。

二　殷商的苑囿围场与离宫别馆

前文说到，古代帝王狩猎除讲武之外其最主要的动机其实就是为了游乐，楚庄王好猎的故事也足可为此佐证。《绎史》云："楚庄王好猎。大夫谏曰：'晋楚，敌国也。楚不谋晋，晋必谋楚。今王无乃耽于乐乎？'王曰：'吾猎将以求士也，其榛蓁刺虎豹者，吾是以知其勇也；其攫犀搏兕者，吾是以知其劲有力也；罢田而分所得，吾是以知其仁也。因是道也，而得三士焉，楚国以安。故曰：苟有志，则无非事者，此之谓也。'"狩猎固有补充食物来源或讲武之用，然若仅仅如此，楚大夫就不能以"无乃耽于乐"这样的话来劝谏庄王了。因为楚国不能不补充食物来源，楚国更不能不讲武。由是可知，古代帝王之田猎通常就是为体验驰骋刺激之快乐。《管子·侈靡》云："饮食者也，侈乐者也，民之所愿也。"饮食侈乐，既为普通庶民所愿，作为人君，侈乐侈乐岂非亦情理之事？古代载籍并不讳言帝王侈乐之事，张居正《苑田纪》有云："臣闻设苑以资观游……有国者所不废也。"商汤、周文王都曾建设苑囿，《淮南子·泰族训》云："汤之初作囿也，以奉宗庙鲜犒（gǎo，干肉）之具，简士卒，习射御，以戒不虞。及至其衰也，驰骋猎射，以夺民时，疲民之力。"①《诗·大雅·灵台》云："经始灵台，庶民攻之，不日成之。经始勿亟，庶民子来。王在灵囿，麀鹿攸伏，麀鹿濯濯，白鸟翯翯。王在灵沼，於牣鱼跃。虡业维枞，贲鼓维镛，於论钟鼓，於乐辟廱。於论钟鼓，於乐辟廱，鼍鼓逢逢，蒙瞍奏公。"诗中所说

---

① 《二十二子·淮南子》，第1302页，上海古籍出版社，1986年。

的王即周文王。① 前引《淮南子》所谓"及至其衰也"指的是"有南面之名而无一人之德"的商王纣，据《荀子·成相》云，商纣王任用飞廉、恶来父子，"卑其意志，大其苑囿，高其台"。② 《括地志》引《竹书纪年》："纣时稍大其邑，南据朝歌，北据邯郸及沙丘，皆为离宫别馆。"③ 董仲舒《春秋繁露·王道》："桀纣皆圣王之后，骄溢妄行。侈宫室，广苑囿，穷五采之变，极饰材之工。"《史记·殷本纪》说得更具体："帝纣资捷辨疾，闻见甚敏；材力过人，手格猛兽；知足以距谏，言足以饰非；矜人臣以能，高天下以声，以为皆出己之下。好酒淫乐，嬖于妇人。爱妲己，妲己之言是从。于是使师涓作新淫声，北里之舞，靡靡之乐。厚赋税以实鹿台之钱，而盈钜桥之粟。益收狗马奇物，充仞宫室。益广沙丘苑台，多取野兽蜚鸟置其中。慢于鬼神。大冣（音 jù，同"聚"）乐戏于沙丘，以酒为池，悬肉为林，使男女倮相逐其间，为长夜之饮。"

"骄溢妄行"四字是司马迁对商纣王的评价，他不仅要"大其苑囿"，跑马圈地，而且还广建离宫别馆。"大其苑囿"的具体例子是"益广沙丘苑台"，④ 河北省广宗县西北沙丘平台据说就是商纣王昔日"大其苑囿"的位置所在，⑤ 从这里仡立的两通石碑上人们很难想象出麒麟奔窜、熊罴逸踊的热闹景象。除了汤初作苑囿和沙丘苑台之外，甲骨文中还有一些关于商代苑囿的记载：

　　□酉卜，□，贞：翌□□王往……囿，亡〔祸〕。《合集》9488

　　（1）〔癸〕酉……翌□□王往囿。

---

① 《后汉书·班固传下》："外则因原野以作苑，顺流泉而为沼，发苹藻以潜鱼，丰圃草以毓兽，制同乎梁驺，义合乎灵囿。"李贤注："此言鱼兽各得其所，如文王之灵囿也。"张居正《苑田纪》："然而灵囿之咏，独归周文。"

② 《二十二子·荀子》，第349页下，上海古籍出版社，1986年。

③ 见《史记·殷本纪》注引，第106页。

④ 见《史记·殷本纪》注引，第106页。

⑤ 承蒙刘顺超先生告知，在毗邻广宗沙丘的平乡发现商代遗址。

河北省广宗县沙丘苑台故址全貌［刘顺超先生提供］

（2）贞……卯……《合集》9490

（1）癸卯卜，亘，贞：乎圃叀止。

（2）贞：王往出。《合集》9489

……圃圃……《合集》9491

（1）丁亥卜，〔贞〕：岳石有从雨。

（2）贞：𡩋石有从雨。戊戌雨。

（3）乙未卜，贞：黍才龙圃奋，受佑年。二月。《合集》9552

（1）庚辰卜，王，圃人见蛊生十月。

（2）御〔蛊〕生十月，卜祝。

（3）御……之。《合集》21172

以上甲骨大率是武丁时代的遗物，由是知武丁时代也有苑圃，"圃"和"龙"大概是苑圃名。看来武丁苑圃不只是"垣墙以养禽

河北省广宗县沙丘苑台故址局部［刘顺超先生提供］

兽”的动物园，同时还是“可树之果蔬珍异之物”的植物园，恰如《夏小正》所云“囿有见韭”“囿有见杏”。

　　我们现在已知商代确有苑囿，那么商代这么大的范围是如何管理的呢？答案就在甲骨卜辞中。

　　贞：犬亡祸。《合集》4640

　　〔贞〕犬〔弗〕其……《合集》5669

　　贞：犬……亡其……《合集》5670

　　丁巳卜，□，贞：犬……〔台□〕……自示……《合集》5671

　　壬申卜，亘，贞：令犬……《合集》40352 =《英藏》1106

　　贞：令犬……嘾〔侯〕……受……《合集》5668

　　上揭卜辞中的主角是“犬”，李学勤先生指出：“商王狩猎的场所可分为两种：一种是行途所经适于行猎之地，一种是特殊设定的

沙丘平台出土器物［刘顺超先生提供］

园囿。在后者，设有职司的猎物人员，称为犬。"① 杨树达先生亦谓殷人犬职盖与《周礼·地官》之迹人相当。迹人职云："掌邦田之地政，为之厉禁而守之，凡田猎者受令焉。禁麛卵者与其毒矢射者。"据此知迹人与犬名号虽异，职掌实同，……郑注《地官·序官·迹人》云："迹之言跡，知禽兽处。"《说文》十篇上犬部云："臭，禽走，臭而知其迹者，犬也。"犬知禽兽之迹，故狩必以犬。狩初文之獸，后起之狩，字皆从犬，是其义也。犬知禽兽之迹，司犬之人亦因犬而知禽兽之迹，故能有告麋之举，此与郑注"迹之言跡，知禽兽处"正相合。……②卜辞习见"犬""犬告"之语：

　　□丑卜，尹，〔贞：〕犬告曰……不……《合集》23688

① 李学勤：《李学勤早期文集》，第165页，河北教育出版社，2008年。
② 杨树达：《积微居甲文说》，第31页，上海古籍出版社，1986年。

沙丘平台出土器物［刘顺超先生提供］

……犬告曰：有……其……《合集》27900

……才（在）潇，犬告狐，王……引吉《合集》27901

〔犬〕告……《合集》27906

辛丑卜，犬告……鸣才（在）□……《合集》27918

（1）乙未卜，才（在）盂，犬告有〔鹿〕。

（2）乙未卜，王往田，……。

（3）……弗擒。《合集》27919 反

盂，犬告鹿，其从，擒。《合集》27921

（1）乙丑卜，王往田，亡灾。

（2）□□卜，犬来告，有麋。

（3）……王其匕，比潚……《合集》33361

（1）丙寅卜……

（2）其雨。

（3）丙寅卜，〔犬〕告，王其田……一

（4）丁卯卜，王往田，亡灾。

（5）从……

（6）丁〔卯〕卜，□日不雨。

（7）其雨

（8）辛未卜，〔王〕往田，亡灾。《屯南》941

（1）庚申卜，〔犬〕〔告〕曰：有鹿〔其〕匕，擒一

（2）弗擒。

（3）庚申卜，翌日辛，雨。

（4）不雨。

（5）庚……《屯南》2290

戊辰卜，才（在）漕，犬中告麋，王其射，亡灾，擒。

《合集》27902

（1）甲子卜……

（2）于丧，亡灾。

（3）于盂，亡灾。

（4）于宫，亡灾。

（5）牢，犬□告，王其比，亡灾，擒。《合集》27920

（1）弜比。

（2）其比犬口，擒，有狐。兹用。允擒。

（3）弗擒。

（4）不雨。《合集》28316

叀智，犬口比，屯日……兹用《合集》27751

王叀狈比，亡灾。

叀口比，亡灾。《萃》925

……令……狈。《合集》18375

李学勤先生云："'中''口''狊'等是人名，犬是他们的职名，'潢''来''求'等是其所司之地。由卜辞可知，当司之地出现猎物时，犬即向王报告，并导王前猎。"① 以下诸辞中雝、𦥑也应是为王前导的犬官的私名。

□□卜，贞：才（在）𝌆，犬雝告……其比，叀戊申利，亡……《合集》36424

（1）癸未〔卜〕，〔贞：〕……𝌆，告……王……衰……

（2）乙未卜，贞：犬𤰁壬……兕……〔翌〕日辛丑……

（3）丁酉卜，贞：翌日壬寅王其衰兕，其唯𤞤夹𦥒马，𝌆，王弗每。

《合集》37387

（1）贞：王……兹孚……狐十……麋……。

（2）癸□王卜，〔贞：〕于翟……

（3）戊戌卜，贞：才（在）鸡，犬𦥑告鹿叀鹿，王其比射，往来亡灾。王□杏

（4）丁巳卜，贞：王麓𤞤𤣥，往来亡灾。王杏。《合集》37439

《诗·卫风·伯兮》："伯也执殳，为王前驱。"周代为王前驱的伯之职司与商之犬官相类，汉画中猎车前面执殳前导的那一位应该是卜辞犬官的嗣继者了。

李学勤先生所说的犬官所司的潢、来、求、盂、𝌆、𤞤、牢等地实际就是商代的围场，② 大概与文献中所说的野囿相当，《周礼·地官·委人》："凡疏材，共野委，兵器，与其野囿财用。"郑玄注："野囿之财用者，苑囿藩罗之材。"孙诒让《周礼正义》："六遂之外，亦有苑囿为田猎之所，对囿人所掌郊内之囿言之，谓之野囿。"除以上所揭，下列卜辞提到的那些地名也应该是"野囿"：

① 李学勤：《李学勤早期文集》，第166页，河北教育出版社，2008年。
② 李学勤：《殷代地理简论》，科学出版社，1959年。

汉画中类似犬官前导的画面

[自黄明兰、郭引强，《洛阳汉墓壁画》，1996 年]

王其田，叀成犬比，擒，亡戋。《合集》27915

叀成犬皋比，亡灾。擒。引吉《屯南》2329

……戊王其比盂犬舌田斱，亡〔戋〕。《合集》27907

甲辰卜，狄，贞：叀斱犬凡比，亡灾。《合集》28892

叀成犬𩵋比，湄日亡𢦏，侃王。《合集》27914 = 《合集》29349

叀宕犬𣏾比，亡𢦏。《合集》27903、《合集》27904

王叀阤犬……《合集》27916

叀㲋犬陕比，亡〔𢦏〕。《合集》27898

（1）丁丑卜，翌日戊王叀才（在）牢，犬……大吉。兹用。

（2）叀才（在）𫝀，犬壬比，亡灾，擒。吉。

（3）叀才（在）澅，中比，亡灾，擒。吉。

（4）……述□衮。

（5）于向。《屯南》625

王叀綏犬比，亡𢦏。

叀盖犬比，亡𢦏。《屯南》4584

（1）叀𦤔□比，亡

（2）叀祝犬比，亡𢦏。《屯南》106

□寅卜，王其比𫎇犬……壬湄日亡𢦏。侃〔王〕。《合集》27899

叀盍犬豕比，亡〔𢦏〕。《合集》27911

叀𫎇犬𢦏比，亡𢦏，擒。《合集》29207

叀䚘犬□比，屯日……兹用。《合集》27751

叀□犬姞比。

叀𦥑〔犬〕比，湄日亡𢦏。《合集》29342

成、𦤔、宕、阤、㲋、襄、綏、盖、祝、𫎇、盍、𫎇、䚘、𫝀、䚘诸地与刚才讨论的澅、来、求、盂、⊘、𫎇、牢等相加总共是 22 个，这些与称作"囿"的"𡆥"和"龙"的围场或有区别。

除了设有犬官的围场之外，卜辞还屡见行途所经适于行猎的田猎地，据钟柏生先生统计，见诸甲骨文的田猎地多达 374 个。[①] 东西南北皆有，商王与周穆王相比并不逊色，亦可谓周行天下了。

---

① 钟柏生：《殷商卜辞地理论丛》，第 153～165 页，艺文印书馆，1989 年。

在外远游就有住宿问题，要住宿就一定有可供住宿的建筑物。《诗·郑风·缁衣》："适子之馆兮。"孔颖达疏："馆者，人所止舍。古为舍也。"由此可知古人确有类乎今天的宾馆酒店之类的建筑。前引《史记》提到商纣王"北据邯郸及沙丘，皆为离宫别馆"，典籍中还有多处桀、纣的豪华酒店——琼台、璇室。晋潘尼《乘舆箴》："辛（即商纣王）作璇室，而夏兴琼台。"晋王嘉《拾遗记·殷汤》："纣之昏乱，欲讨诸侯，使飞廉、恶来诛戮贤良，取其宝器，埋于琼台之下。"晋张协《七命》："云屏烂汗，琼璧青葱。应门八袭，琁台九重。"晋王嘉《拾遗记·魏》："琼室之侈，璧台之富，穷神工之奇妙，人力勤苦。"《晏子春秋·谏下十八》："及夏之衰也，其王桀背弃德行，为璇室玉门。"同书还说："殷之衰也，其王纣作为顷宫、灵台，卑狭者有罪，高大者有赏，是以身及焉。"《淮南子·本经训》："晚世之时，帝有桀纣，为琁室、瑶台、象廊、玉床。"高诱注："琁、瑶，石之似玉，以饰室台也……琁或作旋，瑶或作摇，言室施机关，可转旋也，台可摇动，极土木之巧也。"建于三千多年前的桀、纣璇室，居然可以旋转摇动，太夸张了！放在今天也会被评为伟大建筑，夏商帝王之豪奢足令今人瞠乎其后。当然，这样高规格的"七星级"酒店，不可能到处都是。在一些较为偏僻的景区，还有一些称之为"傻"的建筑，卜辞中多次提到它：

（1）……傻……之……

（2）于新，☒北，☒南，弗每。

（3）弜乍傻《怀特》1460

（1）于杬宿，亡灾。

（2）于籍乍傻，□灾。大吉。《屯南》2152

（1）弜乎祝。

（2）其执。

（3）弜执，乎归，克缢王史。引〔吉〕。

（4）其乍偟于丘木丁。

（5）弜乍。《合集》27796

□□卜，王其乍偟栚，于寙……吉《合集》30266

（1）不受禾。

（2）才（在）酒、盂田，受禾。

（3）弜受禾。

（4）才（在）下偟南田，受禾。《合集》28231

（1）辛卯卜，壬王其田，至于犬偟东，湄日亡灾，侃王。

（2）于乙。

（3）于壬。《合集》29388

（1）不遘雨，启。

（2）今日丁酉卜，王其宛麓偟，弗每。

（3）……雨……亡〔灾〕。《合集》30268

（1）其以。

（2）叀大雨。

（3）贞：其延，勿丁戋，有正。

（4）其于栚偟。《合集》30269

（1）……于盂偟，不菁大风。

（2）于翌日壬迺畋麀，不菁大风。

（3）弜翌日壬，其风。《合集》30270

（1）于盂偟，不雨。

（2）乙不雨。

（3）兹不雨。《合集》30271

……偟于兹丘……《合集》30272

（1）弜……万……

（2）于远偟。

（3）才（在）狀噂。《合集》30273

噂牢，亡灾。《合集》30274

……其寻牢〔噂〕。《合集》30275

（1）丁卯，王其寻牢噂，其宿。

（2）弜宿，其每。吉。大吉《合集》27805

……噂单，亡灾。《合集》30276

（1）弗……〔噂〕……于……

（2）王往于……

（3）……王……《合集》30279

（1）于南门旦。

（2）于王迶噂。《合集》34071

（1）□□卜，勿乎雀伐。

（2）己未卜，御子噂于母萑。《合集》3227

噂以百。《合集》9049

（1）弜黲，有雨。

（2）其黲祖辛噂，有雨。

（3）弜黲。

（4）其黲祖辛噂，重豚，有雨。

（5）重羊。

（6）其黲父甲噂，有雨。

（7）弜黲。《合集》27254

（1）王其寻，各噂以□。

（2）弜以万。兹用。雨。

（3）重父庚麑奏，王侃。

（4）重祖丁麑奏。

（5）……至……弗每，不雨。《合集》27310

王其乍㙳，于旅□邑人，其受又。《合集》30267

……〔王〕㙳〔于〕……《合集》30277

……于㙳……弗每。《合集》30278

（1）于㙳。吉。

（2）……㊅于……吉用。《合集》30280

……〔其〕乍㙳于……《合集》30281

（1）其……于……

（2）于叀🕱斿。

（3）其🕱斿才（在）宰。

（4）于㙳🕱。《合集》31136

（1）其合令有正。

（2）叀伊㙳引。《苏美》259

庚申卜，翌日辛，王其宛🕱㙳，亡尤。《屯南》2636

"㙳"字常常出现于"乍"（作）字之后，句子结构为"于某地乍㙳"或"乍㙳于某地"；"才（在）㙳之方位田"或"……㙳于某地点"；或"祭于（某祖先）㙳"，或"叀（某祖先）㙳祭祀"。鉴于"㙳"字所处的语法地位，一般认为该字是建筑类名词或建筑类名词用如动词，郭沫若先生释此㙳为城塞之塞。[1]

李孝定先生不然郭说，指出"塞字音虽近而形则相远。卜辞每云'在某地名㙳''乍㙳'亦无以证其必为塞字。"[2] 姚孝遂先生说："'㙳'当为行宫离馆之类，商代于田猎地多有'㙳'，为商王休憩之所，卜辞累见'作㙳'于某地，又祖妣亦多有'㙳'，乃宗庙之类的建筑。商王于此进行祭祀。"[3] 钟柏生先生在将甲骨文"㙳"和《睡虎地秦简》的"塞"字作了仔细比对之后，指出二者字形完全

---

① 郭沫若：《卜辞通纂·释别》，第10页，科学出版社，1983年。

② 李孝定：《甲骨文字集释》，第4008页，史语所，1991年。

③ 《甲骨文字诂林》，第3135页。《小屯南地甲骨》，第984页，说与此同。

不同，他说"塞"与"塞"不是同一字是可以肯定的。不过，他同时又肯定"郭氏及诸家所释之义是极有启发性的"。"塞是某类建筑物，这类建物可以早先便存在，或是可以因需要短时间作成的，它的用途乃供殷王田游或是其他任务临时性住宿，其内可安置外出所携带的祖先神主，此其之所以在卜辞中称'且辛塞''父甲塞'之由。"① 钟、姚二先生的意见颇有相合之处。钟先生还进一步推断甲骨文的"塞"就是后来的壝字。②壝是天子外出在平地休息住宿时设置的一种有土围墙的临时宫室。《周礼·天官·掌舍》："掌舍掌王之会同之舍，设梐枑再重。设车宫、辕门。为坛、壝宫、棘门。为帷宫，设旌门。"壝宫，郑玄注："谓王行止宿，平地筑坛，又委壝土，起墒埒以为宫。"贾公彦疏："止宿之间，不可筑作墙壁，宜掘地为宫，土在坑畔而高则墒埒也。"也就是说，"壝宫"实质上就是简易的离宫别馆。

　　如果上述意见正确，那么，从上引卜辞可知商王在枳、箙、牢、宛麓、桇、盂、远、狱、箙、犬等田猎之地均建有"壝宫"，有些建筑在山丘之上，有些建筑于别邑之中。

　　除上揭诸塞之外，卜辞还有才（在）官、于戍官入、于官它、乎某官、帝官、帝不官、𠭯官、弜步某官、令某取官之语，或以为卜辞之"官"即后世之"馆"之古文，③ 意为馆舍，用作动词，用现代汉语来说就是住宾馆，兹揭举辞例如下：

　　（1）庚辰卜，贞：才（在）官。
　　（2）丙戌卜，贞：翌丁亥侑于丁牢。
　　（3）……乙……《合集》1916

---

① ②《钟柏生古文字论文自选集》，第162～163页，艺文印书馆，2008年。
③ 卜辞官，陈梦家训为忧，李孝定从颜师古注"官谓官舍"。于省吾谓官字应读作宽，是宽待优容之义。赵诚曰：官字构形不明。即馆之初文。甲骨文用作名词，为馆舍之义，用作动词，为馆于舍之义，用现代汉语来说近似于住宾馆之义（《甲骨文简明词典》，第336～337页）。姚孝遂亦谓"官者馆之古文也"。《甲骨文诂林》，第3035页。

商代建筑中铺设的排水管道 ［唐际根教授提供］

（1）辛未卜，亘，贞：乎先官。

（2）乙亥卜，韦，贞：翌戊……

（3）贞：……箇……《合集》4576 =《合集》39744

（1）贞：帝官。

（2）帝不官。《合集》14228

官。《合集》18754

（1）壬辰卜，扶，令竹取官。十月。

（2）壬〔辰〕……

（3）庚戌〔卜〕，𠂤，入。

（4）庚□卜……令……卫。《合集》20230

（1）贞：余官。

（2）……六月。《合集》21507

……戌官入，有正。《合集》28032

于戌官入，有正。《合集》28033

（1）叀丁卯步。

（2）丁巳卜，弜步↓官。《合集》34158

丁未卜，酚宜伐百羌于官□。《英藏》2466

总之，商王在各旅行地建了一些规格不同的离宫别馆，住宿不成问题。因此甲骨文中常有卜问商王要不要住宿、在何处住宿、选择某地住宿吉不吉利之类的卜辞，例如：

（1）己亥……〔呈〕宿，亡灾。

（2）弜宿。吉

（3）王其田，才（在）畾。吉

（4）于呈宿，亡灾。大吉

（5）叀翌日辛田，〔亡〕灾。大吉《合集》29351

……其田，宿于𡉚。《合集》29384

以上卜辞"于"后"宿"前的那个字，如"呈""畾""𡉚"

肯定是商王旅行的目的地，在这些地方也应该建有离宫别馆。这些
离宫别馆的建筑风格是什么样子，今天很难判断，所谓桀、纣璇台、
琼宫之说，或有夸饰的成分在，考古学家根据商代建筑所复原的商
代建筑模型，大概比较符合实际。

河北藁城台西商代晚期居址布局复原图

三　甲骨文所见商代田游之组织

在整个殷墟卜辞中田猎类卜辞几乎占去十分之一，这一事实充
分表明狩猎是殷商贵族社会生活的重要组成部分。为狩猎，殷人投
入了大量的人力、物力。从畋游队伍之组织成分来看，上至商王，
下至"众人"[1]，有男有女，几乎包括了殷商社会的各个层面。如第
一章所述，古人田猎具有多重目的，游玩娱乐只是多重目的中的最
为重要的目的之一，如载籍所言田猎与古代的军事训练确有关系，
事涉军旅就应有相应的组织体系。

---

[1]　杨升南先生根据狩猎者的阶级地位的不同，将其分为三个层次：即商王；王室臣僚诸
　　侯和普通平民及奴隶。见其《商代经济史》。

就组织体系而言，凡有王参与的田猎活动其核心领导自然是王。王之臣工则是王之左膀右臂。① 田猎卜辞常常围绕着商王而占卜，或卜问王是否可以前去田猎，或卜选王田猎的日期，或卜问王去捕获什么猎物，或卜问王外出捕猎会不会有所擒获，或卜问王捕猎所应采用的出行方式，或卜选王之田猎地，或预卜王田猎天气者，或预卜王田猎是否安全。兹揭举辞例如下：

卜问王是否可以前去田猎者例：

癸未卜，宾，贞：王往田。《合集》10523

王勿往田不。《合集》10534

（1）……𠨭其……来。

（2）……兄……〔不〕隹（惟）〔兄〕戉。

（3）勿往田。《合集》10535

卜选王田猎的日期者例：

乙卯卜，争，贞：王于丁巳狩，隹（惟）。《合集》10589

前文讨论的诹日卜辞实际上也可归为此类。

卜问王田猎会不会有所擒获或擒获何种猎物者例：

〔戊〕戌卜，宾，〔贞：〕翌己亥〔王〕往狩，擒。《合集》10600 正

（1）王田隻鹿。

（2）不隻……《合集》267 反

戊戌卜，贞：王往〔逐鹿〕……《合集》10266 正

壬戌卜，王，狩，擒〔虎〕。《合集》20764

卜问王田猎所应采用出行方式者例：

（1）贞：……往……

（2）丁亥卜，宾，贞：王往涉狩。《合集》10602

---

① 详杨升南：《商代经济史》，第309页，贵州人民出版社，1992年。

甲申卜，㱿，贞：王涉狩。《合集》10603

卜选王田猎之方位地点者例：

（1）□子卜……

（2）……王往田，从南擒。

（3）庚寅卜，其区𤞥。

（4）弜区𤞥。《屯南》629

贞：王其狩区。《合集》685

（1）癸未卜，宾，贞：王狩。

（2）……麦……获……《合集》10580

壬戌卜，贞：王往于田之……《合集》10524

戊戌卜，贞：王往于田。《合集》10525

（1）贞：商于丁。

（2）壬戌卜，贞：王〔往〕于田。《合集》10527

甲戌〔卜〕，〔贞：〕王往〔于〕田。《合集》10528

预卜王田猎天气者例：

癸丑卜，王其逐豕，获。允获豕。《合集》10230

壬戌卜，贞：王往田，〔不〕雨。《合集》10532

……王往田，不雨。《合集》10533

预卜王田猎是否安全者例：

壬寅卜，古，贞：王往于田，亡灾。十月。《合集》10529

（1）己酉卜，贞：王往于田，亡灾。

（2）□亥〔卜〕，贞：……《合集》10530

（1）戊□卜，贞：王往于田，亡灾。

（2）……十一月。《合集》10531

此类卜辞甚多，不必一一揭举。在田猎卜辞中，有些常常省略田猎活动组织者和参加者，如：

（1）贞：涉狩，若。

（2）贞：勿涉狩，若。《合集》10606

……涉狩。《合集》10604

……涉狩。《合集》10605

……于〔虎〕涉狩。《合集》10949

（1）戊子卜，〔争〕，贞勿涉狩。九月。才（在）鰷。

（2）……十月。

（3）庚寅卜，宾，〔贞〕……叀……《合集》10993

将此与以下卜辞联系起来看，可知这些省去主语的卜辞，其行动之主体应为商王。

（1）贞……往……

（2）丁亥卜，宾，贞：王往涉狩。《合集》10602

（1）贞：父乙弗害王。

（2）〔贞：王〕往狩。

（3）勿往狩。《合集》10601 正

甲申卜，殻，贞：王涉狩。《合集》10603

下两例也应该作如是观：

辛未卜，亘，贞：逐豕获。《合集》10229

贞：其逐兕，获。《合集》10399

此类卜辞亦夥，不烦一一揭举。

在商王为主体的田猎队伍中，除了商王，各级臣僚担当着相当重要的责任。有的担当驾驭戍守角色，有的担当前导任务，如前文提到的犬官，有的助王祭祀问卜，有的助王射获猎物。总之，商王一般不会独自出猎，凡王出猎都要提兵振旅，像《诗·吉日》中的周宣王那样，前呼后拥，车流滚滚，浩浩荡荡：

吉日维戊，既伯既祷。

田车既好，四牡孔阜。

升彼大阜，从其群丑。

……

瞻彼中原，其祁孔有。

儦儦俟俟，或群或友。

悉率左右，以燕天子。

商王所率之左右群臣多是王室成员、身边近臣，也有诸侯、方伯之属。

贞：呼伲逐兕，获。《合集》10403

贞：乎伲逐鹿……《合集》10261

贞：伲不其获鹿。《合集》10262

贞：伲不其获鹿。《合集》10263

贞：〔伲〕不……

……伲……鹿……获。《合集》10264

辛亥卜，王，贞：呼弜狩麋，擒。七月《合集》10374

壬戌卜，王，贞：令雀田于□。《合集》10567

……令画执兕，若。《合集》10436

癸丑卜，令介田于京。《屯南》232

□卯，贞：王令臬……田〔于〕京。《合集》33220

贞：勿令臬田于京。《合集》10919

（1）……戌……令臬往田。臬……不……

（2）……戌……臬……《合集》10147

叀般令田于并。《合集》10958

叀般乎田于并。《合集》10959

甲午卜，古，贞：令重执麑。十二月。《合集》10389

己卯卜，□，贞：令〔子〕汏〔鹵〕。《合集》10660

丁巳卜，令甫狩，丁丑启。《合集》20749

□巳卜，甫狩，获鹿十，虎一，……《合集》20752

壬申卜，殼，贞：甫擒麋。丙子阱（陷），允擒二百又九。一月。

《合集》10349

戊午昃阱（陷），擒。允擒二□。二月。《合集》10951

戊寅卜，呼侯敄田。《合集》10559

卜辞中提到的小臣①、㒸、弜、雀、画、介、臬、般、🥁、子汰、甫、㬊、侯敄等人皆为商王之肱骨之臣。随王田猎的还有多子、多射、多犬、多马之类官员。例如：

〔乎〕多子逐鹿。《合集》3243

贞：乎多子……《合集》3244

（1）乎多射雉？

（2）不其获？《合集》5739

□□〔卜〕，〔古〕，贞：乎多射雉，获。《合集》5740

（1）丁酉雨至于甲寅旬又八日。九月。

（2）贞：乎犬 ✤ 省从南。

（3）己未卜，内，贞：周載，擒。

（4）己未卜，内，贞：……載，擒。

（5）壬戌卜，殼，贞：乎多犬网鹿于蒦。八月。

（6）壬戌卜，殼，贞：取犬乎网鹿于蒦。《合集》10976 正

（1）于乙巳……。

（2）叀马亡乎，擒。

（3）叀多马乎射，擒。《合集》27942

田猎活动的主导者固然是商王及其臣僚，但大规模的狩猎活动单靠少数贵族显然是不行的，所以，卜辞每见有王之族人参与行猎，还有其他贵族的族人，这些族人的身份是平民。卜辞中提到的有

---

① 如前文言及导致商王车祸的小臣載，见《合集》10405、《合集》10406。

"王人"、大左族、右人，这些人不但自己要随王田猎，而且还要率族人参加。例如：

（1）丙寅……象……人……

（2）……〔卜〕，载，王人……狩……南……《合集》20748

（1）弜执。

（2）辛亥卜，在攸贞：大左族，有擒。《合集》37518

（1）丁酉，中麓卜，在分贞：在戍田口，其以右人弜。亡灾。

（2）不雉众。《合集》35344

"王人"一词见于西周金文"宜侯矢簋"铭，其中有"在宜王人"之语，此为周康王器。所谓"王人"即是王族之人，[1] 在王族中地位并不算高，《春秋·庄公六年》："春王正八月，王人子突救卫。"杜预注："王人，王之微官也。"杨升南先生认为上例中的"王人"或指为商王室之族。[2] 上例中的"大左族"中的"大"很可能是一个族长，《合集》《花东》卜辞中每见称其为子，其地位与子弜仿佛：

癸酉：子炅在𢎥，子乎大子禦丁宜，丁丑王入？用。来狩自𦎧。《花东》480（H3：1472）

癸丑卜，争，🏺缶于大〔子〕。

癸丑卜，争，勿🏺缶于大子。《合集》3061

贞：御子〔弜〕大子小宰。十月。《合集》3256

……卜，王，大子□彙。《合集》20026

丁卯卜，于大子侑。《合集》39695

丁卯卜，于大子侑。侑犬。兹用《合集》41496

乙亥卜，王其侑大子，王受佑。吉《英藏》2350

---

① 见裘锡圭：《关于商代的宗族组织与贵族和平民两个阶级的初步研究》《古代文史研究新探》，第329、330页，江苏古籍出版社，1992年。

② 杨升南：《商代经济史》，第311页，贵州人民出版社，1992年。

"大子"又称"子大"：

贞：翌甲□子大正昌《合集》7631

大又称"臣大"，他还向商王贡龟：

臣大入一。《合集》914 反

大有"大御于祖乙"之祭：

乙亥卜，宾，贞：合♨大御于祖乙。《合集》1076

从《花东》416（H3：1307）、《花东》475（H3：1467）看，大其人地位低于《花东》辞主"子"而高于"发"：

癸巳卜：子更大令〔命〕，乎比发取右车，若？《花东》416（H3：1307）

庚戌卜：子更发乎见丁，暨大亦燕。用。昃

《花东》475（H3：1467）

由此可见，"大"是一个颇有实力的家族的首领，其家族可能人数不少，故又有左、右族之分。①

关于《合集》35344 中的"右人"的身份，杨升南先生认为"右人"当是军队中一种编制，或为右师、右旅、右戍之人。编入军队中的"人"，皆为普通的平民，他们与具有奴隶身份的众、羌、臣等不同。② 卜辞中还有"以人田""以人狩"之语，杨先生认为这些人是为商王提供田狩的服役人员。③

商王田猎，既要兴师，又得动"众"的记载：

贞：乎众人出麋，克。《合集》15

以众。……田省。《合集》26904

丁丑卜，狄，贞：其用兹卜，异其涉兕同。

贞：不同涉。

---

① 参见杨升南：《商代经济史》，第 311 页，贵州人民出版社，1992 年。
② 杨升南：《略论商代的军队》，《甲骨探史录》，三联书店，1982 年。
③ 参见杨升南：《商代经济史》，第 312 页，贵州人民出版社，1992 年。

贞：叀马亚涉畀。

贞：叀众涉畀。吉 《合集》30439

甲子卜令众田，若。《屯南》395

其以众田，湄日亡戈。不擒。《苏美》253

……贞：郭以众田，有戈。《合集》31970

"众"曾一度被认为是奴隶，① 现在学术界多从裘锡圭先生说，认为众是指被排斥在宗族组织之外的商族平民。② 杨升南先生认为参加狩猎者可能确有奴隶，这便是卜辞中的羌，如：

羌其陷麋于斿。《合集》5579 正

辛卯卜，品，贞：呼多羌逐兔，获。《合集》154

贞：多羌不获鹿。《合集》153

贞：多羌获。《合集》00157

……贞：〔羌〕……其获。《合集》00160

甲午卜，设……

贞：……羌……获…… 《合集》00162

贞：多羌获。《合集》00158

贞：多羌获。《合集》156

一般认为羌是被俘的羌族人，他们常被用以作为祭神的牺牲，毫无人身自由。参加狩猎的羌"是商统治者役使的劳力"。③

以上所述是商王田猎队伍的组织情况，从卜辞来看，商王之外，其他贵族首领也可以自行组织田猎。这一点可从《花东》辞主"子"的卜辞中得到证明。例如：

---

① 关于"众人"的身份，或以为是奴隶，姚孝遂非之，他认为"众"或"众人"是商代从事劳动生产及参加军事组织的基本人员，是具有自由身份的氏族成员。详姚氏《甲骨刻辞狩猎考》，《古文字研究》第六辑，中华书局，1981 年。

② 裘锡圭：《关于商代的宗族组织与贵族和平民两个阶级的初步研究》，《古代文史研究新探》，第 320 页，江苏古籍出版社，1992 年。

③ 杨升南：《商代经济史》，第 312 页，贵州人民出版社，1992 年。

壬卜，子其往田，丁不戁（虞）。《花东》3（H3：7 + 34 + 94 + 269 + 1559）

乙卯夕卜，子弜往田。用。《花东》7（H3：22 + 1515 + 1575）

（1）丙寅夕，俎（祖）在新束，牝一。

（2）丙寅夕，俎（祖）在新束，牝一。

（3）丙寅夕卜，〔由〕……戁（虞）于子。

（4）丙寅夕卜，侃不戁（虞）于子。

（5）辛未卜，从生往田。用。

（6）辛未卜，从生往田。用。

（7）辛未卜，𤔲。用。

（8）辛未卜，𤔲田。

（9）辛未卜，往〔田〕。《花东》9（H3：24 + 50）

（1）甲卜，子其延休，翌日乙若。

（2）甲卜，子其延休，翌日乙若。

（3）甲卜，子其往田。曰又祟，非戁（虞）。

（4）甲卜，戠……。

（5）甲卜，弜戠，戠裸，子其往田。《花东》181（H3：553）

丁卯卜，既雨，子其往于田，若。孚。

《花东》244（H3：723 + 990 + 1512）

（1）乙亥：岁祖乙牢，〔隹（惟）〕狩……于……。

《花东》302（H3：905）

癸丑卜，翌甲寅往田。子占曰：其往。用。从西。

《花东》316（H3：963）

（1）辛未卜，其延繫麊。

（2）辛未卜，翌获入。用。

（3）辛未卜，子其往于田，弜入戠𩵋。用。

（4）辛未卜，弜入麊，其繫。用。

（5）壬申卜，子其往于田。用。

（6）壬申卜，母戊袴。

（7）壬申卜，祼于母戊，告子齿〔疾〕。〔用〕。

（8）癸酉卜，子其往于田，从剺，擒。用。

（9）癸酉卜，子其擒。子占曰：其擒。用。四麂，六兔。

（10）癸酉卜，既乎子其往于田，西亡史。用。　《花东》395
（H3：1258）

（1）壬申卜，子往于田，从昔斩用。罕（擒）四鹿。

（2）壬申卜，既乎（呼）食，子其往田，用。　　《花东》35
（H3：119）

（1）辛未卜，子其亦彔往田，若。用

（2）壬申卜，目丧火言曰：其水。允其水。

（3）壬申卜，不允水。子占曰：不其水。《花东》59（H3：207）

（1）辛丑卜，子妹昧其获狼。孚。

（2）辛丑卜，叀今逐狼。

（3）辛丑卜，于翌逐狼。

（4）辛丑卜，其逐狼。获。

（5）辛丑卜，其逐狼。弗其获。

（6）辛丑卜，翌日壬，子其以□周于狄。子曰：不其□〔孚〕。
《花东》108（H3：356＋917＋947＋1565）

（1）戊午卜，子又乎逐鹿，不迓（奔）马。用。

（2）庚申卜，于既乎……。用。

（3）辛酉卜，从曰：昔斩擒。子占曰：其擒。用。三鹿。

（4）壬戌奠卜，（擒）。子占曰：其〔擒〕，用。
《花东》295（H3：882）

（1）丁卜，在米：其东狩。

（2）丁卜，其二。

（3）不其狩，入商。在米。

（4）丁卜，其涉河，狩。

（5）丁卜，不狩。

（6）其涉河狩，至于粪。

（7）不其狩。《花东》36（H3：126＋1547）

（1）丁亥卜，子立于右。

（2）丁亥卜，子立于左。

（3）乙未卜，子其田，从生求豕，冓。用。不豕。

（4）乙未卜，子其〔往〕田，重豕求，冓。子占曰：其冓。不用。

（5）乙未卜，子其往田，若。用。

（6）乙未卜，子其往田，重鹿求，冓。用。

《花东》50（H3：189＋217＋284＋1529＋1542）

（1）丙寅夕卜，子又言在宗，隹（惟）侃。

（2）丙寅夕卜，非侃。

（3）辛未卜，（擒）。子占曰：其（擒）。用。三麑。

《花东》234（H3：674＋848）

壬寅卜，子又（擒）。子占曰：其又（擒）。

《花东》241（H3：713）

（1）戊午卜，我人（擒）。子占曰：其（擒）。用。在罩。

（2）戊午卜，㞢（擒）。

（3）戊午卜，在罩：子立（位）于麓中彐。子占曰：企枏。

《花东》312（H3：985）

（1）戊戌夕卜，翌〔己〕，子〔求〕豕，冓，（擒）。子占曰：不三，其一。用。

（2）弗其（擒）。

（3）（擒）豕。子占曰：其（擒）。用。

《花东》378（H3：1199）

（1）乙酉卜，子又之阰南小丘，其𤞞，获。

（2）乙酉卜，弗其获。

（3）乙酉卜，子于翌日丙求阰南丘豕，茻。

（4）以人，茻豕。

（5）乙酉卜，既𦥑往（敫），茻豕。

（6）弜（敫）。

（7）茻（阰）鹿。子占曰：其茻。《花东》14（H3：52）

（1）叀……又𡎸若。

（2）癸亥，岁癸子。

（3）癸亥，岁癸子牝一。

（4）丙卜，子其往于田，弜由𡥓若。用。

（5）丙寅卜，宁（贾）马〔异〕弗马。

（6）丙寅：其御□宁（贾）视马于癸子，叀一伐、一牛、一
𡭊、册梦。用。

（7）丁卯卜，子其往田，从西𠳄，茻，狩。子占曰：不三，
〔其〕一。厄。《花东》289（H3：760）

　　这些卜辞卜问花东卜辞辞主"子"可不可以去田猎，或到何地
田猎。[①] 上揭卜辞中"子"的田猎活动应该是花东"子"的自发的
行为，而不是随从商王田猎。卜辞所言"子其往田""子弜往田"
即是证据。就情理而言，凡随王田猎者，王之臣下之活动皆应由王
安排，而不劳诸子自己去占卜，王若乎令臣下随行田猎，难道臣下
还有不去的自由？所以说，凡言"子其往田""子弜往田"者，皆
为子自行田猎之卜辞。当然，花东卜辞中亦有随王田猎者，例如：

---

① 此类卜辞的占卜主体是"子"，一般认为是贵族之族长，见裘锡圭《关于商代的宗族
　组织与贵族和平民两个阶级的初步研究》，《古代文史研究新探》，江苏古籍出版社，
　1992年。

（1）子炅获，畾。

（2）子炅获，弗畾。

（3）子炅获，弗畾。

（4）子炅获，弗畾。

（5）盧（速）丁（帝）。

（6）弜盧（速）丁（帝）。

（7）餴窜迺盧（速）丁（帝）。

（8）盧（速）丁（帝）。

（9）弜盧（速）丁（帝）。

（10）乙卜，丁（帝）又（有）鬼梦，亡祸。

（11）丁（帝）又（有）鬼梦，蚩在田。

（12）丙卜贞：多尹亡祸。

（13）贞：多尹亡害。

（14）多〔尹〕在田，祸，若。

（15）面多尹四十牛妣庚。

（16）五十牛入（纳）于丁（帝）。

（17）酯四十牛妣庚，凶〔莱〕其于狩。若。

（18）三十牛入（纳）。

（19）三十豕入（纳）。

（20）叙人哉，于若。

（21）丙入（纳）肉。

（22）弜入（纳）肉。

（23）己卜，贞：子亡（无）不若。

（24）庚卜，子兴又疾，子曰叀自丙。

（25）夕用五羊，辛迺用五豕。

（26）传五牛酒发以〔生〕于庚。

（27）叀三牛于妣庚

（28）其乍官鯀东《花东》113（H3：368＋430）

戊辰卜，丁（帝）往田。用。《花东》318（H3：972）

（1）丙寅卜，丁卯子劳丁（帝），再菁圭一、緝九。在𢸑。来狩自𦊪。

（2）癸酉卜，在𢸑，丁（帝）弗窟祖乙彡。子占曰：弗其窟。用。

（3）癸酉：子炅在𢸑，子乎大子御丁（帝）俎（祖），丁丑王入。用。来狩自𦊪。

（4）甲戌卜，在𢸑，子又令己，丁（帝）告于𢸑。用。子𣪊。

（5）甲戌卜，子乎鄰，嘉妇好。用。在𢸑。

（6）丙子，岁祖甲一牢，岁祖乙一牢，岁妣庚一牢。在𠚕，来自𦊪。

《花东》480（H3：1472）

（1）辛巳卜，新𢀖于以蘿，在麃入。用。子占曰：莩艱（艱）孚。

（2）辛巳卜，子叀宁（贾）视。用。逐。用。获一鹿。

（3）乙亥卜，……。

（4）一。《花东》259

（1）辛酉卜，丁先狩，迺又伐。

（2）辛酉卜，丁其先又伐，迺出狩。《花东》154（H3：484）

以上各例中田猎的第一主角应该是"丁"和子的身份，陈剑先生推断"丁"是商王武丁。裘锡圭先生读为"帝"，第五章已讨论过，不再赘述。在这些卜辞中花东"子"邀请"丁（帝）"前来田猎，看似行为的主动者，然一旦将"丁（帝）"请来，在田猎活动中他就变主动为被动，只能听从"丁（帝）"的吩咐了，甚至还要为"丁（帝）"祖道，献给"丁（帝）"田猎所获以及其他物品。以下几版卜辞亦应与此有关：

丁丑卜，其御，子往田，于小示。用。《花东》21（H3：67）

辛卜，丁（帝）不涉。

辛卜，丁（帝）涉，从东沸狩。《花东》28（H3：101＋168＋1549）

（1）癸子羊一。癸子牝一。

（2）乙酉卜。嘉，妇好六人若，侃。用。

（3）乙酉卜，……〔嘉〕，妇好……。

（4）〔戊〕子卜，迺……暨𡧊

（5）戊子卜，其乎子画勾〔马〕不死。用。

（6）戊子卜，其勾马又力〔引〕。

（7）甲午卜，不叀（速）不其各（至）。子占曰：不其各（至），乎繘用𦮃祖甲乡。

（8）甲午卜，丁（帝）其各（至），子叀僤玉肇丁（帝）。不用。𦮃祖甲乡。

（9）乙未卜，子其往于阷，获。不鼀。获三鹿。

（10）乙未卜，子其往于，获。子占曰：其只（获），用。只（获）三鹿。

（11）乙未卜，子其入（纳）三弓，若，侃。用。

（12）己亥卜，母（毋）往于田，其又事。子占曰：其又事。用。又俎（祖）。

《花东》288（H3：865）

（1）己丑，岁妣庚牝一，子往于㵎御。

（2）壬辰，子夕乎多尹□阷南豕，弗冓。子占曰：弗其冓。用。

（3）于宁（贾）视。

（4）于宁（贾）视。

（5）于㲋黑左□。

（6）丙申夕卜，子又鬼梦，祼告于妣庚。用。

《花东》352（H3：1113）

（1）乙丑卜，〔皂〕……宗，丁柴，乙亥不出狩。

（2）乙丑卜，丁弗柴，乙亥其出。子占曰：庚、辛出。《花东》366（H3：1162）

花东"子"地位很高，可以自行组织田猎，其他地位稍低的贵族首领也可以组织田猎，如午组卜辞辞主"子"就有这样的记录：

（1）丁未〔卜〕，〔其〕御。

（2）丁未卜，其御。

（3）丁未卜，其栾。

（4）丁未卜，不正圅，翌庚戌。

（5）丁未卜，其正圅，翌庚戌。

（6）丁未卜，贞：令钺、光有获羌刍五十。

（7）丁未卜，田于西。

（8）〔丁〕未〔卜〕，贞：其田东。

（9）庚戌卜，往田于东。

（10）庚戌卜，往田东。

（11）往市。

（12）庚戌卜，贞：余令阱比羌田，亡祸。

（13）庚戌卜，贞：比羌田于西，祸。

（14）丙子卜，贞。

（15）戊寅卜，步师……

（16）丁□……步师……

（17）癸未。《合集》22043

他们能不能田猎似乎不用请示商王，只要请示祖先神也就够了。例如：

惠叚，御量于天庚，允田。午组《合集》22097

子组卜辞辞主"子"似亦曾自行前去田猎：

（1）丙子，子卜：朕……

（2）丁丑，子卜：佳（惟）田获。

（3）丁丑，子卜：亡归受。子组《合集》21658

但他多是和别人一同田猎。例如：

癸亥，子卜：多臣乎田羌，允。《合集》21532

□□〔卜〕，贞：中子肱疾，乎田于凡。《合集》21565

非王无名组的"子"也是如此：

丁未卜，□比田亡祸。《合集》22374

总的来说，就田猎卜辞而论，田猎的主导者一般是商王。不过，其他贵族首领亦可自行组织田猎活动，就田猎活动范围看，商王可以周行天下，而"子"们自行组织田猎的活动范围似乎较为有限。

四　甲骨文所见田猎之器具

在田猎活动中，捕捉不同的动物都要有相应的器具。网是上古最常用的狩猎工具之一，汉字中从网之字不下四十，古书中关于网类的名目可谓至多至繁，如"罝罟罗罔缳罜罺"皆是。《礼记·月令》"〔季春之月〕田猎罝罘罗罔"汉郑玄注："兽罟曰罝罘，鸟罟曰罗罔。"《诗·豳风·九罭》"九罭之鱼"毛传："九罭，缳罟，小鱼之网也。"陆德明释文："今江南呼缳罟为百囊网也。"《尔雅·释器》："缳罟谓之九罭；九罭，鱼罔也。"郝懿行《义疏》："缳之言总也，《孟子》所谓数罟，言其网目细密，故毛以为小鱼之网。"《礼记·中庸》："驱而纳诸罟攫陷阱之中。"陆德明释文："罟，网之总名；攫，《尚书》传云：捕兽机槛。"《管子·势》："兽厌走而有伏网罟。"《鬼谷子·反应》："其张罝网而取兽也，多张其会而司之。"《汉书·货殖传序》："豺獭未祭，罝网不布于埜泽。"《吕氏春秋·季春》："田猎罼弋、罝罘、罗网、餧兽之药，毋出九门。"《淮南子·主术训》："鹰隼未挚，罗网不得张于溪谷。"汉扬雄《太玄·应》："次四，援我罘罝，絓罗于野，至，测曰，援我罘罝，不能以仁也。"网罟捕猎常见于甲骨刻辞，例如：

□（戌）卜……网，获。《合集》10752

甲骨文中有一"𦥑"字，字形从网从手，当是张网的专用字：

贞：𦥑。《合集》10759

（1）……王曰：子𦥑，其获。

（2）……王曰：子𦥑，不其获。《合集》10848

网罟毕罗之类，既可以捕获雉鸡之类的飞禽，又可以捕获鹿、麋之类的走兽，甚至还能捕获豕等较为凶猛的动物，例如：

（1）庚戌卜，毌获网雉。获十五。

（2）庚戌卜，㝵获网雉。获八。

（3）甲寅卜，乎鸣网雉。获。丙辰风，获五。

（4）甲戌卜，𡧧征，不其擒。十一月。

（5）甲戌卜，𡧧征，擒。获六十八。

（6）之夕风。

（7）……隹（惟）……

（8）……隹（惟）……

（9）启入。《合集》10514

上例是用网捕获雉。网是古人传统的捕鸟工具，捕鸟也叫离，捕鸟的网又叫罗。《诗·王风·兔爰》"雉离于罗"毛传："鸟网为罗。"甲骨文中的"网雉"与《诗经》"雉离于罗"是一回事儿。以网捕鸟，效果不错，一次可以捕获雉鸡五六只，甚至几十只。上例第（5）条中的"擒，获六十八"所获虽然卜辞没有确指，但依承前省略卜辞通例来看，所获的极有可能是"雉"。

甲骨文"𤳊"字的本义应该是以带柄网网鸟的专用字，即后世的"毕"或"离"字，《诗·小雅·鸳鸯》："鸳鸯于飞，毕之罗之。"《周礼·夏官·大司马》:"罗弊,致禽以祀坊。"郑玄注:"罗弊,罔止也。"孔颖达疏:"罗则张以待鸟,毕则执以掩物。"《庄子·胠箧》也说:"夫弓弩毕弋机变之知多,则鸟乱于上矣。"作为专用字,其字本身已经表明了猎取对象是"隹",故刻辞中就可以省略宾语,即猎获对象。例如:

(1)……令……

(2)王于出寻。

(3)庚寅卜,贞:𩰲弗其𢦏,亡𢦤。四〔月〕。

《合集》10812 甲

(1)……至……乙未……啓。

(2)庚寅卜,〔贞:〕𩰲𢦏,亡𢦤。四月。《合集》10812 乙

(1)辛卯卜,不雨。

(2)癸酉〔卜〕,王,〔勿〕𢦏。《合集》10813

(1)……有𢦤。

(2)……不〔隹(惟)〕……《合集》10814

贞:弗其𢦏。《合集》10815

……有𢦏。《合集》10816 正

贞:勿𢦏𢦏。《合集》10817

……𢦏。《合集》10818

……𢦏。《合集》10819

……𢦏。□月《合集》10820 正

其壬𢦏。《合集》10821

……弗……𢦏。《合集》10822

……𢦤……《合集》10823

丙子〔卜〕,〔贞:〕……𢦏,亡□。允亡,在□。八月。

《合集》10828

"𢦏"由捕"隹"引申为"擒获",也就是说"擒获"的对象不

光是"隹"，也可以是其他动物。如：

（1）□□〔卜〕，扶，贞：豕获。允获七豕。

（2）□□〔卜〕，王，∩豕。允𤩮。《合集》20736

此例中"允𤩮"的对象显然是"豕"。甲骨文中有一"𤩻"字，大概是以网捕豕的专用字。辞例为：

壬申卜，〔贞：〕……令𠦪，𤩻印𨙻。《合集》4761

除上揭"𤩮""𤩻"二字，还有一些字例与其同，甲骨文中的"𤩖"，应该就是以网擒麋的专用字。例如：

……王占曰：〔有〕……豕𤩖率〔擒〕……《合集》10727

……〔逐〕……在〔车〕……𤩖率〔擒〕……《合集》10728

……往𤩖〔豕〕……莫𤩖……《合集》10729

……〔𤩖〕。王占曰：有……〔𤩖〕豕𤩖率……《合集》10726

……其……擒。王占曰：其〔𤩖〕。《合集》10749

甲骨文中较常见的"𤩻"字，从网从兔，最初大概也是张网捕兔的专用字，后来转化为一般的田猎动词，甚至成为主管田猎的职官名。从下列刻辞不难看出"𤩻"字词义衍变的轨迹：

丙子卜，……𤩻。获十七。《合集》20773

……𤩻。《合集》20774

甲戌卜，翌乙亥□征𤩻，不往𤩻，𢦏……《合集》20775

（1）辛酉，子卜，贞：𤩻获今丁。

（2）辛酉，子卜，贞：□有事。《合集》21679

（1）贞：王往……𤩻……一

（2）……王往……《合集》10736

……不其𤩻……十月。在盍。《合集》10737

辛丑卜，王，翌〔壬〕寅我〔𤩻〕……获。允获。　《合集》10750

（1）□□〔卜〕，〔争〕，贞：叀畀……𤲸丘𤩻……

（2）……🔲有……《合集》4824

……狄🐗……《合集》17857

（1）癸亥卜，虎……九月。

（2）其🐗执。《合集》20708

甲□〔卜〕……燎，于潢🔲🐗虎。《合集》20710

（1）戊午……🔲兕……三

（2）丁……🐗……《合集》20725

〔甲〕子卜，贞：今□王勿🔲归。九月。《合集》10719

……〔麋〕🐗……《合集》17094

壬午卜，〔殼〕，贞：尹执🐗。王占曰：其执。七日戊〔子〕尹
允〔执〕。

《合集》5840

贞：乎取🔲任于🐗。《合集》1248 正

🐗从网从兔应是以网网兔的专用字，🐗，从网从虎，应是以网网
虎的专字。下面的刻辞中的"🐗"应是主管田猎的职官名，或与他辞
的"犬人"相当。

辛卯卜，殼，贞：隹（惟）🐗乎竹🔲🐗。《合集》1109 正

……丁雨……不……《合集》1109 反

于🔲勿……《合集》1110 反

（1）贞：不隹（惟）🐗乎竹🔲🐗。

（2）丙子卜，殼，贞：勿乎鸣比钺史🔲。三月。

（3）庚辰卜，殼，贞：于🔲。

（4）贞：王往出于🔲。《合集》1110 正

……🐗乎竹🔲🐗。《合集》1111

贞：不〔隹（惟）〕🐗乎竹〔🔲🐗〕《合集》1112

□□卜，王，令🐗兕，冬。《合集》20729

丁丑卜，今日令医🐗，不🔲（遭）🔲。允不。兔十四。

《合集》20772

"✦"还是师般所要比的对象，比有亲近、联合之意。他曾经参加了伐舌〔方〕的战役：

（1）贞：不隹（惟）竹毁。

（2）贞：今二月师般至。《合集》1113

（1）戊寅卜，毁，贞：勿乎师般比✦。

（2）庚寅卜，毁，贞：勿卯人三千乎望舌〔方〕。《合集》6185

与"✦"相似的还有"✦"字，此字可能是以网网豕的专用字：

癸未卜，毁，贞：王✦□□，若。二月。《合集》5410

……曺……✦✦。《合集》6940

贞：曺✦✦。《合集》6941

贞：✦……获。《合集》10701

□□卜，〔争〕，〔贞：〕……✦获……〔王〕……《合集》10702

贞：……〔✦〕。《合集》10709

贞：✦。《合集》10704

甲午卜，亘，贞：✦不其……《合集》10707

……✦……《合集》10710

（1）……其赢。

（2）勿✦。

（3）……令……《合集》10711

卜辞所网者除兔、鸟、豕、麋等较为常见外，还有网鹿的例子，如前引《合集》10976 版第 5、6 条有乎（呼）网鹿于蓑之例，其他还有：其网鹿。《合集》28329；□巳卜，古贞：王陷□网鹿。《合集》10666；叀阵鹿网擒。《合集》28352。合集 10756、10757 有一个从网从✦的字，✦是麋鹿的麋字的简略字形，由此说明，网也是一种常见的捕鹿工具，辞例如下：

贞：不隹（唯）我有✦。《合集》10756

　　贞：不隹（唯）我有🕸。《合集》10757

　　贞：不〔隹（唯）〕我有🕸。《合集》10758

　　从网从𤣥又写作🕸，例见《合集》10726、10727、10728、10729、10730、28332。从网从目的🕸字当是以网捕麑的专字，目当是麑的省略形。🕸、🕸应为🕸字之简体，𤣥、🕸即"虎"字之省形。从网从豕的字当为以网捕豕字之专字。

　　以上所举网罟毕罗之类的狩猎工具是卜辞中常见的，除此之外，其他田猎工具并不多见。依理而论，田猎活动虽然有消闲性质，但同时又有经济目的和军事目的，故当时武器装备在田猎时都能应用。尤其是对付虎豹野猪这些凶猛的动物时，其危险性不亚于任何敌人。狩猎同战争一样，其攻防工具一般也应分为攻击型武器和防守型武器。商周时代是中国青铜的鼎盛时代，卜辞中缘何鲜见诸如刀、戈、戚、钺、矛、弓、镞之类的青铜武器的记载呢？我想这要从卜辞的占卜主体来考虑，占卜者通常最关心的是此次狩猎顺不顺利，会不会有所收获，捕获什么动物，狩猎天气如何。至于使用什么工具完全取决于他们的个人意志或传统习惯，他们不必为此而请示神谕，也就是说，这不是他们的疑难问题，因此也用不着卜问。虽然如此，由于工具是田猎或战争决胜的重要因素之一，所以甲骨刻辞中总还透漏出一些相关的信息，如用于攻击的戈、戚、钺、弓、镞等。

　　先说说戈。"戈"字之于甲骨刻辞至少87见，但多为人名或族名、国名讲。

　　明确用作战争武器或狩猎工具者，大概只有以下几例：

　　（1）壬寅，易苚🕸十、戈十、弓十。

　　（2）……五……苚……千……今……《合集》22349

　　（1）己酉卜，叀□兹用

　　（2）叀兹戈用。

　　（3）叀兹戈用。

（4）〔叀〕兹戚用。《屯南》2194

（1）甲辰卜，叀戈。兹用

（2）甲辰卜，爽叀戚、三牛。兹用《屯南》783

其罟戈一，斧九。《合集》29783

　　甲骨刻辞中所见戈字用作兵器的资料虽然不多，可在出土的考古实物中戈却为寻常之物。陈志达先生对此做过专门研究。他说："戈是殷墓中最常见的随葬品之一，约 710 余件。出土时，少者一件，多的达数十件。"①

甲骨文所见兵器戈与戚［《屯南》2194］

---

①　中国社会科学院考古研究所：《殷墟的发现与研究》，第 308 页，科学出版社，1994 年。

梁思永、高去寻还在《侯家庄第五本·1004 号大墓》一书中对殷墓所出铜器的组合情况作了描述："侯家庄西北冈 HPKM1004 的戈压在盔、矛之上，分三排放置：一排在西，21 个；一排在东，29 个，锋向北，柄向东；一排在东北段，19 个，锋向西，柄向南。戈柲全长 1 米。"①

殷墟出土的直内戈［采自《世界遗产·中国——殷墟》，2008 年］

铜戈是商代主要的进攻性武器。商代前期的戈已较夏代有所改进，在援、内之间做出了栏，安柄时可起加固作用，不过还不能有效地防止后陷，使用仍以啄击为主。此后进行了一系列的改进，如除了安秘的戈外，还出现了以銎受秘的銎内戈，结合的牢固程度有所改进，进一步完善了作为"啄兵"的功能。商代后期随着战车部队的发展，对武器提出新的要求，战车有较快的速度，又在颠簸中行进，刺兵与啄兵都难以准确命中，于是形制全新的有胡有穿戈应

①　梁思永、高去寻：《侯家庄第五本·1004 号大墓》，第 35 页，插图 17，史语所，1970 年。

殷墟出土的鸟形曲内戈 ［采自《世界遗产·中国——殷墟》，
2008 年］

运而生。这种戈是按勾兵要求制作的，第一，它的援部上仰，与栏
成钝角相交，能减小下刃受到的阻力，加大切入深度。第二，下刃
以较大的弧度过渡为胡，援、胡连为一体，砍伐、勾割功能空前增
强。第三，安秘方法突出克服倾斜，杜绝脱秘现象。它以直内和榫
孔式戈秘兼容，而且设胡加穿，应用了杠杆原理，以结合点下移增
强戈体抗倾斜能力，同时增加了结合体的数量，使戈体和戈秘牢固
结合，能满足勾兵的要求。① 殷墟后期墓葬和车马坑都出土过长胡四
穿戈，这一时期戈秘长约 1 米。这种适宜用下刃勾杀的武器，能在
颠簸的战车中，利用车错毂的短暂时间有效地命中敌人，给以严重
杀伤，提高了车兵和战车在战斗中的作用。②

　　已发现的商代兵器中有大量的铜戈，此外也有铅戈和玉石戈。
铅戈主要用于随葬，不是实用器。玉戈主要作为礼器，如玉援铜内
戈制作精致、锋利，用作仪仗，是身份地位的象征。石戈有的也作
实用器，但不装备主要作战人员，如殷墟发掘出的战车中，曾见以
石戈或短刀为御者护身武器，其余甲士则配备铜戈和弓矢③。

①　参见沈融：《论早期青铜戈的使用法》，《考古》1992 年第 1 期。
②　罗琨、张永山：《中国军事通史》，第 145～146 页。
③　参见石璋如：《小屯第一本·北组墓葬》，史语所，1970 年。

铜戈，出自殷墟花园庄 54 号墓葬。该件铜戈出土时，
尚带有木质的木把在内［唐际根教授提供］

　　陈志达先生将殷商的戈的形制分成五型。并说戣或称戕，也有
称为戈的，数量较少（8 件）。有两种形式：

　　第 I 式援呈宽三角形，其上有一个圆穿和两个长方形穿。有中
脊，有的有侧阑。直内，由援本上半挺出。内中部有一个或两个圆
形穿，有的在内两面饰绿松石目纹或兽面纹，[1] 长 21～23.1 厘米。
第 II 式援亦作宽三角形（个别的呈舌状），其上也有一个圆穿和两个
长方形穿，有中脊。直内，由援本中部挺出，内上有穿或无穿，有
的饰花纹[2]，长 20～21 厘米。从年代上看，I 式戣可确知出于殷墟
第一期墓的有二件；II 式戣分别出于殷墟第二、三、四期墓，但数
量极少。其显著变化是内部下移。也许戣的杀伤力不及戈，因此自
始至终没有得到发展。[3]

　　除以上几例外，甲骨文中还有一个从戈从虎的"𢼔"，裘锡圭先
生释为"虣"，认为"这个字所从戈旁倒写在虎旁之上，以戈头对
准虎头，显然是表示以戈搏虎的意思"。[4] 具体辞例如下：

---

① 中国社会科学院考古研究所：《殷墟的发现与研究》，图 171，1，科学出版社，1994 年。
② 中国社会科学院考古研究所：《殷墟的发现与研究》，图 171，2，科学出版社，1994 年。
③ 中国社会科学院考古研究所：《殷墟的发现与研究》，第 310 页，科学出版社，1994 年。
④ 裘锡圭：《说"玄衣朱襮袡"——兼释甲骨文"虣"字》，《古文字论集》，第 350～
352 页，中华书局，1992 年。

（1）壬辰卜，争，贞：其虤，获。九月。

（2）壬辰卜，争，贞：其虤，弗其获。

（3）〔辛巳卜，宾，贞：〕重翌甲申立人。

（4）辛巳卜，宾，贞：勿隹（惟）翌甲申立人。

（5）辛巳〔卜〕，宾，贞：立人。

（6）辛〔巳卜〕，宾，贞：勿立人。《合集》5516

（1）……日王往虤虎，允亡灾。

（2）……雔车马……京……《合集》11450

……潢虎……虤……《合集》10206

（1）壬寅卜，在曹，贞：王步于潢，亡灾。

（2）甲辰卜，在□，贞：王步于□，亡灾。

（3）□申卜，在□，贞：王〔步〕于竹东，〔往〕来亡灾。

（4）□□卜，在□，贞：王〔步〕于□，〔亡〕灾。

《合集》36828

《合集》36828 第（1）条"于"后一字，从水从虤，是地名，裴锡圭先生认为，即是虤后的封地。古有暴国。《尔雅·释乐》埙字条下释文："《世本》云暴辛公所作也。"《太平御览》卷591 等引《世本》宋均注谓暴辛公是周平王时诸侯。暴国之地后来为郑国所有，就是《春秋》文公八年公子遂会雒戎于暴的暴，故地在河南原阳县一带。《合集》27887 中的"……小臣……虤"以及《合集》30998 中的"□子卜，王其虤粪……"中从虎的字，裴先生说"这很可能也是虤字的异体"。裴先生还说："根据甲骨、金文里虤字的字形，还可以纠正古人训诂上的一个错误，《诗·郑风·大叔于田》毛传：'暴虎，空手以搏之。'《吕氏春秋·安死》及《淮南子·本经》高诱注也都以'无兵搏虎'解释'暴虎'。从古文字字形看，暴虎可以使用兵仗，认为只有'空手''无兵'而搏虎才叫暴虎，是不正确的。古书里又常常把暴虎解释为'徒搏'（见《尔雅·小旻》毛传，《论

语·述而》集解引孔注），这大概是比较早的古训。很可能最初说徒
搏是指不乘田车徒步搏虎，汉代人错误地理解为徒手搏虎了。"①

殷墟出土青铜兵器中还有所谓的"戠"，其形状很像甲骨文中的
"我"，在甲骨卜辞中看不出戈与戠的区别。我、戈、戠三者究竟是
不是一物未可知也。

商代的砍劈兵器为斧钺，砍劈兵器在实战中使用不多。钺，在
甲骨文中出现的频率大大高于"戈"字，刻有"钺"字的甲骨至少
有 207 版。然除下面的《屯南》2445 是兵器名外其余皆为人名。
《屯南》2445 辞为：

（1）弜用，其每。

（2）三钺，王率用，弗每，〔禾〕。

（3）二钺，用。

（4）……钺。

"钺"作为兵器名少见于甲骨并不奇怪。就出土情况而论，钺的
数量较少，约 10 余件。大致有大、小两种。妇好墓出土的两件大型
钺成对，形似今之斧，肩部有两个长方形穿，两侧有对称的血槽六
对。钺身两面布有精美纹饰，一饰虎扑人头纹，另一为一头两身的
龙纹。② 一面各有"妇好"铭文。通长 39 厘米余，重分别为 8.5 公
斤和 9 公斤，从实物观察，不宜于实战，大概作仪仗之用。林沄先
生主张：钺曾是军事统率权即王权的象征，③ 陈志达先生认为林说有
一定道理。陈先生把小型钺分为四种形式：第 I 式，钺身窄长，束
腰，弧刃，长方形内，有的钺身中部有一圆穿，内上有侧阑。④ 妇好

---

① 裘锡圭：《说"玄衣朱襮袡"——兼释甲骨文"虣"字》，《古文字论集》，第 351 ~
352 页，中华书局，1992 年。

② 中国社会科学院考古研究所：《殷墟的发现与研究》，第 312 页，图版 30、2，科学出版社，
1994 年。

③ 林沄：《说王》，《考古》1965 年第 6 期。

④ 中国社会科学院考古研究所：《殷墟的发现与研究》，图 172，1，科学出版社，1994 年。

墓出土的两件肩部两侧各有一长方形穿，内中部一穿。内上有"亚启"二字铭文；[1] 第Ⅱ式，钺身较宽，中部有一大圆孔，肩部各有一长方形穿。长方形内，上有一穿；[2] 第Ⅲ式，钺身较宽，肩部两侧各有一长方形穿，弧刃，长方形内；[3] 第Ⅳ式，钺身窄长，中部一穿，弧刃，长方形内，有上下阑。[4] 从年代上看，Ⅰ、Ⅱ式钺分别出土于殷墟第一、二期墓；Ⅲ、Ⅳ式钺分别出自殷墟第三、四期墓。由于数量较少，具体形制演变不甚清楚。至于它们的用途，除标志奴隶主的军事权和地位外，可能也用于实战。[5]

于省吾先生《释岁》一文说，甲骨文的"岁"即"其阔刃处作弧形，有类于近世武术家所用之月牙斧，其上下刃尾卷曲回抱"之商器斧钺。[6] 类似的钺在很久以前已经见于著录了。北宋晚年编成的《博古图》卷二十六第 50 页有所谓的"汉片云戚"，实即这种斧钺。[7] 这种钺在甲骨刻辞中之所以很少作为兵器名出现，估计与其非用于实战不无关系。

与钺类似的还有"戚"，从甲骨文看大概是用于祭祀的仪式上的仪仗器，关于戚见诸以下 10 版刻辞：

（1）叀戚桒。

（2）……〔旧〕……其延。《合集》31027

（1）乙弜峀戚，其雨。

---

① 中国社会科学院考古研究所：《殷墟的发现与研究》，图172，2，科学出版社，1994 年。

② 中国社会科学院考古研究所安阳队：《殷墟259、260 号墓发掘报告》，图18，5，《考古学报》1987 年第 1 期。

③ 中国社会科学院考古研究所安阳工作队：《安阳殷墟西区一七一三号墓的发掘》，图 7，2、3，《考古》1986 年第 8 期。

④ 马得志等：《一九五三年安阳大司空村发掘报告》，图版14，3，《考古学报》第九册，1955 年。

⑤ 《殷墟的发现与研究》，第 311 页，科学出版社，1994 年。

⑥ 于省吾：《甲骨文字释林》，第 66 页，中华书局，1979 年。

⑦ 参见李学勤：《比较考古学随笔·片云戚的故事》，广西师范大学出版社，1997 年。

殷墟出土的青铜钺［采自《世界遗产·中国——殷墟》，2008 年］

（2）于丁亥莱戚，不雨。

（3）丁弜莱戚，其〔雨〕。

（4）其莱〔戚〕重……《合集》31036

□亥，贞：陟，大御，于高祖〔王亥〕……以戚。《合集》34278

工重戚。《合集》35335

（1）甲辰卜，重戈。兹用

（2）甲辰卜，奭重戚、三牛。兹用《屯南》783

重戚麂用。《屯南》1501

（1）〔吏〕……

（2）吏兹戚用。

（3）王卜。《屯南》3572

（1）弜□。

（2）丁亥卜，祖乙……庸用。

（3）吏戚庸用。

（4）吏兹册用。《屯南》4554

……巳卜其⿰戚，吏乙。《怀特》1402

（1）□出〔王〕戚不冓雨。不冓。

（2）帝令……《英藏》2086

从上列各辞看，凡出现"戚"者多与求雨之事相关。值得注意的是"戚"还与"庸"字相连，据裘锡圭先生考证，"庸"即古代的大钟"镛"，古书往往写作"庸"。由此可知戚也非用于实战的武器。

与戈、钺、戚之类密切相关的还有镈，镈是戈、钺之类武器木柲下端的附件，出土数量不多，只有 10 件，其形制不一。侯家庄 HPKMl001 翻葬坑出土的六件镈，圆柱形，下端锐尖，上端有核形深銎，可安柲。銎口饰几何形纹，其下为牛角兽面纹，兽口之下有头相对的鸟形纹。纹饰相当精细。全长多在 36 厘米左右，重量 2.3 ~ 2.95 公斤。妇好墓的一件（M5：847）全角似鸟足，四爪，上端有圆形銎。表面饰三角形纹。高 13.8 厘米，重 350 克。殷墟西区墓出土的三件，其中一件（M781：1）呈尖锥形，上端有圆銎。中部侧旁有一个弯钩，长 12.4 厘米。镈字不见于甲骨文，镈的数量仅此 10 件，陈志达先生推测"多数戈是不安镈的，只有少数铜钺和戈才安有镈"。①

---

① 中国社会科学院考古研究所：《殷墟的发现与研究》，第 316 ~ 317 页，科学出版社，1994 年。

甲骨文中刻有"刀"的卜辞 18 版，也皆为人名、方名或地名，从来没有作兵器讲者。与钺、戚二器不同，刀肯定可以用作防身甚至用作攻击的武器。据陈志达先生讲，商代出土刀的数量较多，约 90 多件，形制多样，大致有兽头、夔柄、脊棱、环首、直柄以及长条形等六种。兽头刀的数量很少。刀身窄长，拱背凹刃，有下阑，柄部呈弧形外凸，头端分别铸成马头、牛头、羊头、卷龙形，形象生动。有的还有绿松石。一般制作较精，质厚重。长 29～36 厘米之间，重 218～450 克。应是实用之器。夔柄刀仅一件，刀背微凹，夔口外伸，与刀身相接，全长 14.6 厘米。脊棱刀为数较少，皆直柄，刀背有一条镂空的脊棱。背下有纹饰。大约长 45.7 厘米，重 725 克，可能作武器用。① 从攻击性来看，刀似不能与戈相提并论，故陈志达先生把刀归为工具与生活用具类，是有道理的。这也许是甲骨文中刀只作为人名、国名而没有作为武器名出现的原因。但大一点的刀，如陈先生说，可作为武器用应该没有问题。青铜刀确有用作兵器者，据陈志达先生说，青铜兵器还有大型卷头刀，在墓葬中成对出土。刀背近首处有一个套管，中部及下部有管形銎以安柲，长 30 厘米以上，宜于实战，类似的大刀还见于西北岗大墓，伴出的有被斩首的人骨架多具。② 此外还有鹿首、羊首、环首短刀，为甲士护身之用。也偶见短剑，通长近 30 厘米，刃锋利，有脊，两侧有血槽。③

甲骨文中虽然至今没有发现"矛"字，但商代有矛这种武器是毫无疑问的。矛在殷墟墓中的出现次数不及戈，但数量却超过了戈，

<hr>

① 中国社会科学院考古研究所：《殷墟的发现与研究》，第 301 页，科学出版社，1994 年。
② 陈志达：《殷墟武器概述》，《庆祝苏秉琦考古五十五年论文集》，文物出版社，1989 年。
③ 马玺伦等：《山东沂水发现商代青铜器》，《文物》1989 年第 11 期。

殷墟出土的青铜刀［《世界遗产·中国——殷墟》，2008 年］

共约 900 余件。① 安阳王陵区侯家庄西北岗 HPKM1004 号大墓，经多次盗掘破坏仍存铜盔百余顶、铜戈 370 件、铜矛 731 件。其中新铸成尚未装柄的 360 件铜矛与铜盔等集中堆放，② 显然不是为墓主本人使用，而是用来武装他的军队的。

作为刺兵的矛是步卒的主要武器之一。在商王朝的边远地区有石矛出土，而在中心地区大量出土的是铜矛。常见的形制主要有两种：凹腰尖叶形矛，多出于殷墟中小型墓；三角叶形矛则成批出于西北岗大墓中。从考古发现的实物朽痕看，柄长约在 140 厘米上下。此外在河北藁城台西遗址的商代墓葬中，出土有用木柲联装的戈矛合体，③ 既可用于直刺，又可用于啄击，这应是出于增强兵器效能的一种尝试，亦即后来青铜戟的雏形。

箭镞，李济先生称之为长兵，是远程攻击的重要武器。④ 安在箭头的镞，后世称为矢镞，甲骨文中叫"矢"，"矢"字就是箭镞的象形。但是，与戈、钺情况相似，"矢"在甲骨文中一般也是用作人名，如：

（1）癸未卜，夕……犬……

① 中国社会科学院考古研究所：《殷墟的发现与研究》，第 312 页，科学出版社，1994年。
② 梁思永、高去寻：《侯家庄第五本·1004 大墓》，史语所，1970 年。
③ 河北省文物研究所编：《藁城台西商代遗址》，文物出版社，1985 年。
④ 张光直、李光谟编：《李济考古学论文选集》，第 644 页，文物出版社，1990 年。

殷墟出土的青铜矛 [采自《世界遗产·中国——殷墟》, 2008 年]

（2）癸未御……洀……

（3）丙戌卜，雨它。

（4）丙……

（5）令𪔠矢，若。

（6）己丑。《合集》21972

此版的"矢"似是人名。类似的还有下例：

（1）□□〔卜〕，□，贞：……昪……

（2）……〔矢〕……步……麂。《合集》15941

卜辞中似乎还有以"矢"为祭名者。例如：

□□卜，𣪊，贞：凡羊矢……《合集》19717

（1）贞：亚不矢。

（2）贞：其矢。《合集》5699

（1）〔辛〕酉卜，亘，贞：□祟矢束。

（2）贞：勿祟矢束。《合集》4787

（1）□丑卜，王，贞：余乍……循于之矢。

（2）□巳卜，王，壬申不𤳊雨。二月。《合集》20546

第七章揭举商王缴获危方的战利品中有函五十、矢若干（见《合集》36481），那是唯一可以确定为兵器的箭镞。

镞是消耗性武器，殷墟出土的镞有相当一部分为蚌质、骨质、石质。蚌质的大约不会作实际的攻击用；石质的不多见，许是别处的输入；骨质的最多，形制的变化亦最甚。如王陵1001大墓出土骨镞6583枚，1003大墓出土骨镞达5621枚，[1] 形制多种多样，如凸棱形、三棱形、圆柱形短铤、双翼有铤形等。骨镞数量大，不仅因为当时制骨手工业发达，加工较容易，而且原料充足，除兽骨外，还大量使用人骨。[2] 骨镞的杀伤力也很强，郑州商城曾出土一件射入人骨的骨镞。

铜质的数目仅次于骨质的。在战场上铜镞和骨、石镞是配合使用的，如小屯北组墓葬的车墓M20有石镞一束10枚、铜镞两束20枚。M40有骨镞一束10枚、铜镞两束20枚。妇好墓随葬铜镞、骨镞

田猎器具青铜箭镞［安阳博物馆周伟馆长提供］

①　梁思永、高去寻：《侯家庄第二本·1001大墓》，《侯家庄第四本·1003大墓》，史语所，1962、1967年版。

②　赵全古等：《郑州商代遗址的发掘》，《考古学报》1957年第1期。

射入人骨的骨镞

[见《启封中原文明——20 世纪河南考古大发现》，2009 年]

各两束外，还有铜镞 37 枚、骨镞 9 枚。可见至少在王族军队中铜镞
的使用不少于骨镞。商代的镞不仅大量使用铜制，而且形体上有了
很大改进，主要表现为两翼夹角逐渐增大，翼末倒刺日趋尖锐，沿
着两翼的侧刀呈现出明显的血槽。这样的镞射入人体不仅能扩大受
创面，而且难于拔出，从而增大了杀伤力。这时最常见的铜镞有长
脊双翼式，长 6.5 厘米上下；短脊双翼式，长 5 厘米上下。[①] 镞的铤
部插入木杆中，战车上的箭长约 87 厘米，单骑用的箭长约 80 厘
米。[②] 出行时十枚一组放在竹木或革质的矢箙中。[③]

　　从殷墟出土的矢镞情况来看，青铜镞大约 980 个，不及骨镞之
十分之一，道理正如柴尔德教授（Gordon Childe）在论欧洲铜器文

①　参见杨泓：《弓和弩》，《中国古兵器论丛》，文物出版社，1980 年。
②　石璋如：《中组墓葬》，史语所，1972 年。
③　参见罗琨、张永山：《中国军事通史》，第 146 页，军事科学出版社，1998 年。

化时所说：

> 金属料只有到了最便宜的时候才用着作箭头，实际上说，在青铜文化时代，作箭头最普遍的材料仍是骨与燧岩……（The Bronze Age. P. 94）

这就是说用铜的时代并不一定用铜作箭头。这原因是很容易说明的。箭头不像别的武器，可以长久地用；多半只用一次就算消耗了。且实际的效用，铜矢并不特别的超过骨矢或石矢。要是铜料的价不到很低廉的程度，社会的经济绝不允许这种质料如此消耗。所以在欧洲青铜文化时代，大部分的箭头仍旧用骨与石制造。这种经济的原则在中国早期的文化中当然也不会例外。殷墟铜矢只有一个形制，可以说是到了矢形演到这个阶级的时候，铜与锡的来源忽然丰富，范铸的技术也臻到纯熟的境界，短时间可以成就很多的出品，因此青铜就被采用制造这种武器了。[1]

殷墟出土的青铜镞多是分散的，成束的镞只有 5 束。陈志达先生把镞分作五种形式。第 I 式，短脊，镞本与关近平，两翼较宽。圆柱形铤；第 II 式，长脊，本短于关，有的两翼较宽，有的两翼较窄。圆柱形铤；第 III 式，脊与铤相连，两翼较宽；第 IV 式有脊有铤，无翼；第 V 式，筒脊中空，两翼较宽，无铤。……成束的镞，妇好墓出土了两束，每束十个，均为长脊式（ II 式）。M5：77 的一束，由上往下排成四排，在镞铤上多数有纤维痕迹。镞长都是 5.6 厘米。[2]

---

① 李济说"殷墟铜矢只有一个形制"，陈志达则将其分作五种形式，详后文。李济说见张光直、李光谟：《李济考古学论文选集》，第 524 ~ 525 页，文物出版社，1990 年。
② 中国社会科学院考古研究所：《殷墟的发现与研究》，第 315 页，科学出版社，1994 年。

　　岳洪彬、岳占伟先生曾对殷墟的镞的形态做过深入的考察，他们说："从其形态来看，不外乎带尖锋的锋刃镞和不带尖锋的平头镞两种。其中锋刃镞数量占绝大多数，其用途已明了无疑义，不带锋尖的平头镞和圆头镞虽占比例较小，但其用途往往令人费解。"他们结合甲骨刻辞和商周金文中的"矢"和"射"字的字形，考察各种镞的不同功能，指出："平头镞射获的猎物主要有豕、鹿、麋、兕四种，其中相当多的辞例中有擒获的'擒'字，从这些刻辞内容，可以推测使用平头镞射猎的目的主要是为了生擒捕捉对象。"① 平头镞的功能就是把猎物击晕，从而达到不伤及皮毛的目的。②

　　与镞配套的武器是弓。弓作兵器名者，只有一例，即前揭《合集》22349，其余 17 版皆为人名。

　　商代的弓普遍使用铜弓柲（弓形器），表明这时的弓体是用多片木或竹材，重叠制成的复合弓，有着良好的弹性。铜弓柲就是为了保持其良好弹性，在弛弓时缚于弓体内侧的部件，③ 所以它的使用标志着弓体制作和使用达到一个新水平。据殷墟车马坑中弛弓的遗迹，推测当时的弓差不多与人等高，约 160 厘米。这样的弓张力大，弹力强，有相当远的射程。单骑或步卒的弓要稍小一些。④

---

① 　岳洪彬等：《殷墟的镞与甲骨金文中的"矢"和"射"字》，《纪念世界文化遗产殷墟科学发掘 80 周年——考古与文化遗产论坛会议论文》，第 258～265 页，2008 年。

② 　二岳先生的研究对于镞的功能的认识颇具启发意义，不过我们对平头镞是不是能射获兕包括豕等大型动物这一点还有怀疑。古代狩猎有三等杀之说。《诗经·车攻》毛传云："自左膘而射之，达于右腢，为上杀；射其右耳本，次之；射左髀，达于右䯊，为下杀。"《穀梁·桓四年》范宁云："上杀中心，死速，乾之以为豆实；次杀射髀䯊，死差迟，故为宾客；下杀中肠污泡，死最迟，故充庖厨。"（引自吕友仁校点《礼记正义》卷十七，上海古籍出版社，2008 年，第 506 页。）由此知古代田射即便是上等杀，也会自动物左膘而达于右腢，要想利用箭镞射猎动物而又不伤及毛皮实在太难了，尤其是兕、豕之类的大型动物，要想将之击晕谈何容易？

③ 　唐兰：《弓形器（铜弓柲）用途考》，《考古》1973 年第 3 期。

④ 　参见罗琨、张永山：《中国军事通史》，第 146 页，军事科学出版社，1998 年。

弓形器的数量不多，约有 20 多件，主要出自墓葬和车马坑。一般形状是"弓"身呈扁长形，略拱起，两端连弧形的臂。按臂端造型的差异，大致有圆铃形、马头形、蛇头形等三种，以圆铃形占比例最多，其次是马头形，蛇头形最少。有的在"弓"身表面铸有精美的纹饰，或龙、或蝉、或兽面。妇好墓出土的一件（M5：70）弓面两端各铸一龙，头相对，屈身卷尾，尾端作蛇头形，全长 40.4 厘米，重 650 克。这是弓形器中的精品。

关于弓形器的用途，以往有多种说法。石璋如根据弓形器与镞、皮盔等伴出现象，认为：弓形器是弓中心部位的弣，弛的时候，弣在外面，张的时候，弣在内里。[①] 唐兰先生以古文献和金文为依据，结合实物进行了全面的研究，认为弓形器就是"番生簋"和"毛公鼎"铭文中所称的"金簞弼"，不应叫"弣"，因为"弣"是弓整体中的一个部位。而"金簞弼"是青铜做的"簞弼"，是弓上的辅助器物，"它是用在弛弓时，缚在弓背中央部位以防损坏的。当挂上了弦，张弓的时候，弓背反过来就成为里侧了"。[②] 唐先生的说法是可信的。弓形器应是弓上的一个附件，在某种意义上说，也起装饰作用。

这里顺便谈一下弭。弭安装在弓干的两端，有铜、玉和象牙三种质地。小屯 M20 出土铜弭、玉弭各一对；小屯 M238 的一件弭则是象牙制成的。[③] 但所发现的弓形器中，很多都不伴出弭，可见当时不少的弓是没有安装弭的。[④]

---

① 参阅石璋如：《小屯殷代的成套兵器》，《历史语言研究所集刊》第二十二本，第 43 页，台湾，1950 年。

② 唐兰：《"弓形器（铜弓柲）"用途考》，179 页，《考古》1973 年第 3 期。

③ 石璋如：《小屯殷代的成套兵器》，《历史语言研究所集刊》第二十二本，第 36 页，1950 年；关于铜弭的出土情况及其形状，可参考《殷墟墓葬之一·北组墓葬（上）》插图 42、插图 43，图版 71、72，史语所，1970 年。

④ 中国社会科学院考古研究所：《殷墟的发现与研究》，第 315～319 页，科学出版社，1994 年。

　　考古发现表明，以上的青铜兵器往往是成套装备军队，步兵多用戈或矛，或戈、镞、矛、镞相配成套。车兵多用戈和弓矢，有的还配有刀，作护身用。步兵以戈为主，配备的器械重量较轻；车兵的装备中，弓矢占更重要的地位，所用器械较厚重。一般士兵只装备武器，军官或高级士兵还有护身的头盔、皮甲、皮盾，兵器制作精良，形制纷繁。总之，青铜武器已装备于主要战斗人员了。

　　此外，文献记载的古代兵器中还有殳，《说文·殳部》："殳，以杖殊人也。《礼》：'殳以积竹，八觚，长丈二尺，建于兵车，旅贲以先驱。'"《诗·卫风·伯兮》："伯也执殳，为王前驱。"毛传："殳，长丈二而无刃。"《文选》张衡《西京赋》："但观罼罗之所罥结，竿殳之所揘毕。"薛综注："殳，杖也。八棱，长丈二而无刃。或以木为之，或以竹为之。"有人认为殳是一种用于格斗的短兵器。有人认为这是前端有棱的长木棍，为商代步卒的主要武器，但未能得到考古学证明。近年西周铜殳的发现和研究成果表明，殳是由史前"多头石斧""环形石器"演化成的一种球形多齿锤状器，中有圆銎贯通，是周文化的要素之一，[①] 商代是否使用这种武器，尚不得而知。[②]

　　以上是攻击形武器。此外还有一些用于自身防卫的装备。例如安阳王陵区 1004 号墓，经多次盗掘破坏仍存铜盔不少于 141 顶（不包括因抗日战争在南京遗失的铜胄），但可复原的较少，都出土于侯家庄西北岗 HPKM1004 南墓道北段戈、矛丛下的夯土中。全形似今之钢盔，正面下方开一个长方形缺口。盔中部有脊棱，顶中部竖立一个小圆管。盔的横断面呈卵形。外表铸有瑰丽的纹饰，主要纹饰可分五种：（1）牛角兽面，位于缺口之上；（2）羊卷角兽面，正当

①　参见沈融：《中国古代的殳》，《文物》1990 年第 2 期。
②　罗琨、张永山：《中国军事通史·夏商西周军事史》，第 142～151 页，第 160～162 页，军事科学出版社，1998 年。

缺口之上；（3）双卷角兽面，也在缺口之上；（4）圆葵心圆圈内有一条蟠龙纹或虫纹，在盔之两侧面；（5）椭圆形眼纹，也在盔的两侧面。值得注意的是，在盔上发现铭文和符号共 16 种 47 个，计有"贮""合""鼎""皿""㞢""殳""五"等以及一些符号。[1] 其中 R15338 的一件盔全高 26 厘米，宽 20.6 厘米，残重 2620 克。联系到侯家庄西北岗 HPKMl003 大墓中出土有讲究的皮革盾和良甲，表明殷代军队的确具有精良的装备。[2]

甲骨文所见与田猎有关的工具除了上揭进攻和防守性武器之外，还有车以及与车有关的车马配件等辅助性工具。另外还有马、犬之类的动物，也是商人狩猎的得力助手。因它们并不是狩猎工具，故不予以讨论。

与田猎相关的还有斧、斤、锛、凿、锯、钻、铲、耒耜、辰之类的用具，是伐木或挖坑的重要工具。斧在甲骨文中仅两见：

……斧㞢。《合集》18456

其㞢戈一，斧九，又……《合集》29783

斧出土实物也只有 6 件。大司空村 SM539：4 的一件斧身呈长方形，中部有一圆孔，弧形双面刃，后端有管形銎，表面饰联珠纹，长 14.6 厘米。安阳小庄采集的一件，近长方形，束腰凸刃，銎端两侧翘起，单面刃。解放前出土的七件标本，李济称之为"斧斤形器"，[3] 其外形接近锛。

锛字不见于甲骨文，但出土的数量却十倍于斧，约 60 余件。大致有两种型式：第 I 式长方形，平顶弧刃，顶端有长方形銎，表面

[1]　梁思永、高去寻：《侯家庄第五本·1004 号大墓》，第 133～139 页，史语所，1970 年。

[2]　中国社会科学院考古研究所：《殷墟的发现与研究》，第 316 页，科学出版社，1994 年。

[3]　李济：《记小屯出土之青铜器（中篇）》，《中国考古学报》第四册，第 6～8 页，图版贰拾 9～15，1949 年。

有的有"十"字形纹。长 8.5～11 厘米间。第Ⅱ式为扁平长条形，多为偏刃，顶端有梯形銎，个别的銎部有"共"字铭文①。表面或饰简化饕餮纹或饰兽面纹和三角形纹或为双层蝉纹。长 8～15 厘米间。武官大墓出土的一件銎部两面饰饕餮纹，其下有一组三角垂花纹。两侧面饰以夔纹，极精细。长 17.8 厘米。妇好墓出土的一件大型锛，长 22 厘米，重 750 克，较少见。②

凿、锯二字作为单字不见于甲骨文，但在一些字的偏旁中却可以认定凿、锯之类的工具确实存在。如《合集》17272 有"设"字：

（1）癸卯，王占曰。

（2）癸丑卜，㱿贞：旬亡祸。庚申有设，千□戬……三月

（3）癸亥。

（4）癸酉卜，㱿，贞，旬亡祸。

"设"甲骨文写作，文字学家一般认为此字左下即是凿，凿的出土实物也是斧的五倍，约 30 多件。一般形状为扁平长条形，上宽下窄，有偏口刃和双面刃两种，顶端都有梯形銎。有的表面有"十"字形纹。长度在 8～17 厘米。有的墓往往锛凿，或锛凿刀，或锛刀共出，看来三者有一定的关联。③

作为偏旁"锯"出现在""字中，如：

贞：仆八十人，不蕴。《合集》580

（1）□□卜，争，贞：往不〔……〕。

（2）□〔未〕卜，㱿，〔贞：〕王往，〔去〕柬，若。四月。《合集》861

---

① 中国社会科学院考古研究所安阳工作队：《1969—1977 年殷墟西区墓葬发掘报告》《考古学报》1979 年第 1 期。

② 中国社会科学院考古研究所：《殷墟的发现与研究》，第 303～304 页，科学出版社，1994 年。

③ 中国社会科学院考古研究所：《殷墟的发现与研究》，第 305 页，科学出版社，1994 年。

……贞其……〔*〕百人，……蕴。《合集》1042

甲骨文的"*"字有*、*、*、*、*、*、*、*、*诸
形。《乙编》2730 中的"*"字中的"*"裘锡圭先生认为"显然
是一把装柄的锯子"，"这个字的各种写法中的人形，无例外地都是
接近锯形的一足较短。把各个部分综合起来看，这个字所象的显然
是用锯断人足之形。……从甲骨文可知刖刑用锯自商代即已如此"。[1]

锯、钻出土数量甚少，主要出土于制骨作坊遗址。大司空村制
骨作坊遗址出土青铜锯 3 件、青铜钻 4 件。其中一件青铜锯背部平
直，齿面微凸，共有锯齿 14 个。残长 3.6、宽 0.4 ~ 0.6、厚 0.11 厘
米。[2] 北辛庄制骨作坊遗址出土青铜锯 2 件、青铜钻 4 件。锯作扁平
长条形，齿多残损。残长 5.1、宽 0.9、厚 0.1 厘米。钻有两种形式，
一种为长条锥形；另一种为扁平长条形，长度在 6 ~ 8 厘米。[3] 虽然，
殷墟出土遗物中目前还未见用于砍伐或加工木材的青铜锯，但既然
锯能够锯人腿和骨料，用以锯木头也应为情理之事。

"铲"字不见于甲骨文，殷墟出土遗物中却有 15 件青铜铲，大
致有四种形式：第Ⅰ式平刃，上端两角内卷，直柄圆銎或椭圆形銎。
铲身上部、两角和柄部的两面都饰云纹与菱形纹。长 10 ~ 12 厘米，
完整的重 250 ~ 300 克。第Ⅱ式铲身呈长方形，平刃，有使用痕迹。
直柄，长方形銎。銎口有"箍"。长 22 厘米上下。其中一件重 800
克。第Ⅲ式，略似Ⅱ式，但铲身中腰稍窄，直柄，椭圆形或长方形
銎，长 14 ~ 17 厘米。妇好墓出土的两件分别重 325、400 克。第Ⅳ
式仅一件，铲身近方形，刃近平，直柄通一面的刃部，椭圆形銎。
长 117 厘米，重 250 克。

---

① 裘锡圭：《甲骨文所见的商代五刑——并释"*""刵"二字》，《古文字论集》，第
210 ~ 211 页，中华书局，1992 年。
② 中国社会科学院考古研究所：《殷墟的发现与研究》，第 93 ~ 94 页，科学出版社，1994 年。
③ 中国社会科学院考古研究所：《殷墟的发现与研究》，第 96 页，科学出版社，1994 年。

　　上述的铲，有些有使用痕迹，制作亦较粗糙，应是实用的农具；有些无使用痕迹，且制作精细，如妇好墓出土的四件卷云形铲，专家推测大概是殷王室和贵族在举行某种仪礼时所执握的一种象征性工具。从年代上看，铜铲在殷墟第二、三、四期墓葬中都有少量出土，由此证明，它并不是一时的偶然产物。①

　　耒耜在甲骨文中也未作为单字出现过，但甲骨文有耤田之"耤"作"🜚"或作"🜚""🜚""🜚""🜚"诸形，② 徐中舒先生认为其偏旁即从耒。③ 上古文献时时提及，如《管子·海王》："耕者必有一耒一耜一铫，若其事立。"《礼记·月令》："〔孟春之月〕天子亲载耒耜，措之于参保介之御间。"郑玄注："耒，耜之上曲也。"但令人不解的是殷墟至今未见有耒耜实物出土。耒是古代一种可以脚踏的木制翻土农具。

　　"辰"在甲骨文中多作干支之用，但文字学家认为此字取象于发土的农具。

五　甲骨文所见猎获之动物

　　据动物学家研究，中国现存的动物种类至少可追溯到第三纪后期。当时，中国哺乳动物的现在种类都已先后出现，南方和北方的动物群，基本上属于一个动物区系（fauna），通常称为"三趾马（Hipparion）动物区系"或"地中海动物区系"，分布范围包括欧亚大陆及非洲的大部分，中国东北、华北及蒙新地区当时处于亚热

---

① 中国社会科学院考古研究所：《殷墟的发现与研究》，第307页，科学出版社，1994年。

② "耤"字的文例见前第八章藉田引文。

③ 徐中舒：《耒耜考》，《徐中舒历史论文选辑》，第73页，中华书局，1998年。

带—温带，如马、犀牛、猛犸象、鸵鸟、羚羊等分布各处。①

就目前所知，在距今50万年生活在周口店一带的北京人，就过着猎捕动物和采集植物的生活。他们生活的时代有众多猛兽和有害的生物，在与恶劣的自然环境及猛兽斗争的过程中，积累了有关动物的知识。到了三千多年前的商代，商人生活的中心区域安阳的动物区系和生活环境与北京人时代已经有了较大的变化。杨钟健和德日进（P. Teilhard de Charddin）曾经对那里所出土丰富的亚化石进行系统的研究（1936），他们说："安阳之哺乳动物，迄今为止（1949年）共二十九种。""在一千以上者仅肿面猪（Sus）、四不像鹿（麋 Elaphurus）及圣水牛（Bubalus）三种……。在一百以上者为家犬（Canis familiaris）、猪（Sus scrofadomestica）、獐（Hydropotes ineermis）、鹿（Ceruus）、殷羊（Ouis shangi）②及牛（Bostaurus）等六种……。在一百以下者，为数最多，计有狸（Felis bengalensis）、熊（Selenarctos thibetanus）、獾（Meles meles）、虎（Panthera tigris）、黑鼠（Rattus rattus）、竹鼠（Rhizomvs）、兔（Lepus）及马（Equus caballus）等八种。在十以下者，为狐（Vulpes υulpes）、乌苏里熊（Ursus arctos）、豹（Panthera pardus）、猫（Felis domestica）、鲸（Cetacea）、田鼠（Microtus）、大熊猫（貘）（Ailuropoda melanoleuca）、犀牛（Rhinoceros）、山羊（Capra hircus）、扭角羚（Spiroceros）、象（Elephas maximus）及猴（Macaca）等十二种。……在一百以上者均为易于驯养或猎捕之动物，……一百以下之八种有四者为肉食类，……无饲养之可能。"③ 从甲骨刻辞所见动物名称来看，商

---

① 郭郛、李约瑟、成庆泰：《中国古代动物学史》，第1～2页，科学出版社，1999年。

② 周本雄认为是家绵羊（Ouis aries）。

③ 转引自郭郛、李约瑟、成庆泰：《中国古代动物学史》，第31页，科学出版社，1999年。

代先民的动物学知识已经相当丰富。有人把甲骨文中的关于动物的刻辞，称之为"中国最古老的最原始动物学纪录"。[①] 商代先民已经熟练地掌握了动物雌雄的辨识、动物的家化驯养、动物去势和动物生长发育以及解剖学知识。也具有一定的动物分类知识，就其命名来看，已有集合名称与类名、专名之区别。如"刍"，即被饲养之牲畜，类名有牛、羊、豕、虎等。殷人还从不同角度为动物命名，如以颜色分：哉、驳；以雌雄分：牡、牝、𪊨、羘；以形体年龄分：𩣑、鶵。𩣑，有人认为是一种高六尺的马。鶵，即后世的"雏"字，指幼鸡；以用途分：牢、宰。牢，即豢养在栏圈里专门供祭祀用的牛。宰，即豢养在栏圈里专门供祭祀用的羊。动物史专家郭郛先生曾对甲骨文中有关动物进行过研究，他说"商殷的甲骨文中所记载的动物种类，已知的约有 40 余种，并有鸟和兽两大类的总名"。[②] 他曾就甲骨文中的动物种类做过统计：

①猴（夒，甲 2336）（monkey，Macaca）

②兔 （乙 918）（hare，Lepus）

③犬 （狗，乙 2639）（dog，Canis faniliaris）

④狼 （前 6. 48. 4）（wolf，Cants lupus）

⑤狽 （人 673）（貉?，N yctereutes? 狼群 1 员）

⑥鹿 （合集 19965）（deer，Cervus nippon）[③]

⑦麐 （存 2. 915）（麟，hartebeest，Alcelaphus）

⑧麋 （续 4. 55）（mi，Pere David's deer，Elaphurus davidianus）

⑨麇 （京 1345）（麏、獐，water deer，Hydropotes inermis）

---

① 郭郛、李约瑟、成庆泰：《中国古代动物学史》，第 23 页，科学出版社，1999 年。

② 其实，《尔雅》的虫、鱼、鸟、兽的分类系统在甲骨文里业已出现。郭郛、李约瑟、成庆泰：《中国古代动物学史》，第 132 页，科学出版社，1999 年。

③ 此版著录版号有误，应为《合集》19956。为忠实原书面貌，著录书的简称也一仍其旧，不加书名号。

⑩牛（甲2916）（Cattle，Bos taurus dmoestica）

⑪麢（南明472）（麢、野牛gaur. wild cattle，Bos gaurus）（麢、犋、大额牛，big frontalcattle，Bos frontalis）

⑫兕（合集10403）（犀，Rhinoceros sondaicus；兕，R. unicornis）

⑬豕（合集10228）（猪，pig，Sus scrofa domestica）[①]

⑭彘（合集11258）（野猪，wild pig，Sus serofa）

⑮羊（甲644）（sheep and goat. Oυis aries，Capra hircus）

⑯马（合集32994）（horse，Equus caballus）

⑰象（合集10222）（elephant，Elephas maximus）

⑱虎（前4.44.5）（tiger，Panthera tigris）

⑲豸（=豹，存1.1306）（leopard，Panthera pardus）

⑳狐（存2.359）（fox，Vulpes υulpes）

㉑**龟**（5后上9.4）（蹷鼠，jumping mice，Sicista；跳鼠，jerboa，Allactaga），鲁（1—乙3404，鼠免，Ochotona）

㉒鼍（合集6163）（鳄，龙，alligator，Alligator sinensis）

㉓蛙（前4.56.2）（鼃，黾，frog，Rana）

㉔龟（合集9000）（龟，turtoise，Geoclemys）

㉕鼋（合集6480）、鼋（鼋，Pelochelys bibroni）

㉖鳖（合集8996）（鳖，turtle，Amyda sinensis）

㉗蛇（合集14354）［它，Snakes Ophidia（蛇亚目）］

㉘鸡（京4455）（鸡，fowl，Gallus gallus domestica）

㉙雉（乙8751）（野鸡，pheasant，Phasianus colchicus）

㉚鶾（前6.36.2）（锦鸡，golden pheasant，Chrysolohus）

㉛鹬（铁134.4）（鹬科的通称Scolopacidae）

---

① 引按《合集》10228是“彘”而不是“豕”。

㉜鸿（后上9.12）（鸣，鸿雁，swan goose，Anser cygnoides）

㉝鹳（后下6.7）（雚，鹳 stork，Ciconia）

㉞雀（京2134）（雀，sparrow，Passer）

㉟燕（前6.44.8）（玄鸟，swallow，Hirundo；鹰）

㊱凤（合集13372）（凤，极乐鸟科，凤鸟科，Paradisaeidae）

㊲蝗（合集14158）（螽，蚂蚱，Locust，Locusta）

㊳蚕（合集5450）（桑蚕，家蚕，silkworm，Bombyax mori）

㊴蝉（粹1536）（知了，cicada，Cryptotympana）

㊵蜀（邺1，40.4）（家蚕）、（黏虫，葵虫，arnlyworm，Leucania）

㊶蜂（合集32968）（蠭，honeybee，Apis cerana）

㊷蜻蜓（佚135）（蜻，dragonfly，Aeschna）

㊸蝎（合139）（蝎，scorpin，Buthus）

㊹蜈蚣（存2，184）（蚣，centi－pede，Scolopendra）

㊺蜘蛛（合集17748）（鼅鼄，蛛，Spiders Araneida）

㊻贝（前5.10.4）（斧足纲，Pelecypoda）

㊼蚯蚓（甲3918）（蚓，引，earthworm Annelida）。蛔（1乙6375，round worm，Ascaris）

㊽鱼（合集10483）（fish，fishes Pisces）

这是动物学家的统计数字。① 古文字学家赵诚在其《甲骨文简明词典——卜辞分类读本》一书中收录动物字共计65个。② 具体名

① 需要指出的是，这一统计数字大体不差，但还有一些问题。如有些字的隶定并不确切，如（41）的“蜂”，覆按原片并无此字，大概是将“今秋”之“秋”误为“蜂”字了。（26）的“鳖”字，覆按《合集》8996，实为“龟”字之误。还有（46）的“贝”在甲骨文中也从无用作活着的动物的例证。（43）的“蝎”字，当隶为“萬”，甲骨文“萬”字即象蝎子之形。其他如鹰、鼋、鳖、鶾、鹬、蜻蜓、蚯蚓等字不见于甲骨文。

② 赵诚：《甲骨文简明词典——卜辞分类读本》，第195～206页，中华书局，1988年。

称如下：

（1）刍，（2）牛，（3）牡，（4）牝，（5）物，（6）牢，（7）戠，（8）兕，（9）羊，（10）羘，（11）羒，（12）宰，（13）豙，（14）豕，（15）𧱏，（16）𧰽，（17）剢①，（18）豖，（19）豚，（20）彘，（21）犬，（22）龙，（23）象，（24）马，（25）䭾，（26）𩡡，（27）[illegible]，（28）驳，（29）驪，（30）[illegible]，（31）鹿，（32）[illegible]，（33）[illegible]，（34）麑，（35）麐，（36）麋，（37）兔，（38）虎，（39）[illegible]，（40）[illegible]，（41）狼，（42）犷（狐），（43）猱，（44）鼠，（45）龟，（46）[illegible]，（47）[illegible]，（48）黾，（49）鼍，（50）鱼，（51）它，（52）蜀，（53）龙，（54）凤，（55）鸟，（56）隹（惟），（57）雀，（58）鸢，（59）雚，（60）鸽，（61）鸡，（62）雉，（63）燕，（64）萬，（65）[illegible]。

这个数字也不完全，甲骨文关于动物的字还可以随手揭举几例：

（1）駭，（2）騽，（3）駚，（4），（5），（6）馰

以上6字跟赵著所收从马那几个字一样，皆是根据马之不同特性命名的区别称谓，兹举辞例如下：

（1）戊午卜，才（在）泆贞：王其㝱大兕。叀駭暨騽，亡灾。擒。

（2）叀[illegible]暨駚子，亡灾。

（3）叀左马暨，亡灾。

（4）叀驪暨小騽，亡灾。

（5）叀暨騽，亡灾。

（6）叀并[illegible]，亡灾。

上例11个从马的字，由连词“暨”连接，处于相同的语法地位，可知其性质相同，皆是马类动物。《合集》36986辞曰：

① 此字应该隶定为“豭”。

（1）叀駉用。

（2）叀小犐用。

此是关于祭祀用牲的卜问，駉和小犐皆为祭祀备选之牲，由是知，駉和小犐具有相同的生物属性。

（7）䝅。此字见于《合集》11265：

□卯……于丁……䝅？

"䝅"字从白从豕，应为白色的"豕"的专称。

（8）𪇹。卜辞有"逐𪇹""获𪇹"之语，字从隹从❈，是知此为鸟类动物或简写为❈，或繁写为𪇹。辞例如下：

癸未卜，贞：翌戊子王往逐𪇹。《合集》10506

辛□〔卜〕，王……𪇹。《合集》10507

……王……牧……𪇹。《合集》10508

……令……牧……𪇹。《合集》10509

（9）翟。字作𦐂，从羽从隹，即山雉，俗称野鸡。《书·禹贡》："羽畎夏翟。"孔传："夏翟，翟雉名，羽中旌旄。"前揭《合集》37439 整版内容皆事关田猎，辞中的"翟"应该是猎物野鸡。

（10）鲔。水生脊椎动物除了"鱼"这一统称，还有区别称谓，"鲔"即其例。详本书第十一章第一节。

（11）"豹"，字作𧲚，《说文》："似虎圜文。"辞例如下：

……豹……《合集》18314

……豹〔其〕……御……《合集》10208

甲骨文中有人名豹者：

戊戌卜，㱿，贞：王曰：侯豹，母归。《合集》3297

……〔侯〕豹母（毋）〔归〕。《合集》3299

贞王曰侯〔豹〕……《合集》3297

《甲骨文字诂林》"豹"字条姚孝遂按云："'豹'字旧均混同于'虎'字，唯王襄释'豹'是正确的。'豹'形义与'虎'迥然有别。但迄今尚未发现卜辞以'豹'为兽名之例。"（第1624页）诚如姚先生言，迄今未见豹为兽名辞例，不过，殷商考古遗址中出土有豹骨（详后），可证商代确有豹这种动物。

甲骨学家杨升南先生根据甲骨文记载和地下出土禽兽骨骼所见，将商代动物种类分作兽类和禽鸟两类并进行过细致的统计，他说："商人狩猎的对象中哺乳动物有虎、象、兕、豕、鹿、麋、麛、狐、兔等9种，实际当不止此。还有一些动物或者卜辞还未见到（因卜辞内容所限），或见于卜辞而未予释读出来，这只有待今后的研究。"[①] 杨先生在杨钟健、刘东生之安阳殷墟哺乳动物群兽骨鉴定表的基础上，去其家畜的部分，将见于甲骨卜辞和《逸周书·世俘解》周武王于商土狩猎所获的野生动物加以比较，制成下表：[②]

名称＼项目	材料约计		估计总数	是否见于卜辞	《逸周书·世俘解》载周武王灭商狩猎所获
	第一次鉴定	第二次鉴定			
狐		三个头骨及破碎之下鄂骨	10以下	见	
狸	三个下鄂骨（"鄂"，原稿如此，下同）	若干上下鄂	100以下	未见	
熊	一上鄂及两个下鄂骨	上下鄂及牙及指骨	100以下	未见	获151只
乌苏里熊	一下鄂骨		10以下	未见	
獾	二下鄂骨	数头骨及肢骨	100以下	未见	

---

① 杨升南：《商代经济史》，第304页，贵州人民出版社，1992年。
② 见杨升南：《商代经济史》，第305～306页，贵州人民出版社，1992年。

名称 项目	材料约计		估计总数	是否见于卜辞	《逸周书·世俘解》载周武王灭商狩猎所获
	第一次鉴定	第二次鉴定			
虎	若干头骨及下鄂骨	二十余头骨及少数肢骨	100 以下	见	获 22 只
豹	二上鄂骨一下鄂骨	？	10 以下	未见	
猫		一后大腿骨	10 以下	未见	2 只
鲸	脊椎骨及肢骨		100 以下	未见	
黑鼠	二头骨	四头骨及下肢	10 以下	未见	
竹鼠	三下鄂骨	二头骨及下鄂骨	100 以下	未见	
田鼠		三头骨数下鄂及肢骨等	10 以下	未见	
兔	头骨上下鄂	二头骨上下鄂及肢骨	100 以下	见	
獏	一左下鄂 一右下鄂	？	10 以下	未见	
犀牛		二指骨	10 以下	见	获 12 只
肿面猪	二头骨及上下鄂骨	大量上下鄂及肢骨等	1000 以上	未见	
猪	下鄂	破碎之上下鄂	100 以上	见	获 152 只
獐	头骨下鄂骨	头骨肢骨等	100 以上	未见	
鹿	下鄂	头骨上下鄂骨及肢骨	100 以上	见	获 5208 只
四不象鹿（麋）	角上下鄂及肢骨	大量角上下鄂及肢骨	1000 以上	见	获 5235 只
扭角羚		一对角及若干可能归此种之肢骨	10 以下	未见	
象	肢骨、牙	牙、肢骨及脊椎骨	10 以下	见	

续表

名称	项目	材料约计		估计总数	是否见于卜辞	《逸周书·世俘解》载周武王灭商狩猎所获
		第一次鉴定	第二次鉴定			
猴		上下鄂	一头骨及牙齿	10 以下	未见	
麂					见	
牦					未见	获 721 只
貉					未见	获 18 只
麈（鹿）					未见	获 16 只
麝					未见	获 50 只
麋					卜辞只作人名用	获 30 只
罴					未见	获 118 只
总 计 30 种		18 种	19 种（存疑 2 种）		9 种	13 只（作者注：原文如此）

由杨表知，周武王大蒐，捕获的鹿科动物超过其他野生动物的总和。覆按卜辞，鹿也是商王田猎的最主要的战利品。殷高宗武丁曾于某年八月乙丑日在敝麓田猎，一次就猎获鹿 393 头。[1] 在甫地的田猎时，一次就猎获四不象（即麋）209 头。[2]

殷墟甲骨中有一版鹿头骨刻辞，非常有名，辞为：

戊戌，王蒿〔田〕，……文武丁祊……王来征……《甲编》3940

---

[1] （1）乙〔丑〕〔卜〕，□，贞：翌〔丁〕卯王其〔狩〕敝录。擒。八月。

（2）乙〔丑卜〕，□，贞：翌〔丁〕卯其狩敝录，弗〔其〕擒。《合集》10970 正 三百九十三鹿。《合集》10970 反

[2] （1）甲子卜，㱿，贞：王疾齿隹……易……

（2）壬申卜，㱿，贞：甫擒麋。丙子㒸，允擒二百有九。《合集》10349

　　此版为黄组字体。辞中的"薅田"应读为"郊田",即在郊外行猎。衸,庙也。李学勤先生指出:"《甲编》3940 鹿头乃商王出征归来田猎所得,曾献于文武丁庙,从而刻辞以纪其盛。"①

商王郊田所获鹿头骨之刻辞 ［《甲编》3940］

　　兕,乃上古寻常之动物,可后世茫然不知为何物。《墨子·公输篇》:"荆有云梦,犀兕麋鹿满之。"何谓兕?《尔雅·释兽》云:"兕似牛。"郭璞注云:"一角青色,重千斤。"《楚辞·招魂》:"君王亲发兮惮青兕。"王逸注:"言怀王是时亲自射兽,惊青兕牛而不能制也。"李时珍《本草纲目·兽一》则说,兕就是雌犀。按李时珍的说法,兕就是犀,犀就是兕,但《周礼·考工记·函人》:"函人为甲,犀甲七属,兕甲六属。"此以犀兕对举,可见兕和犀是有分

―――――――――――

① 李学勤:《释郊》,《文史》第 36 辑。又《李学勤集》,第 164 页,上海辞书出版社,2005 年。

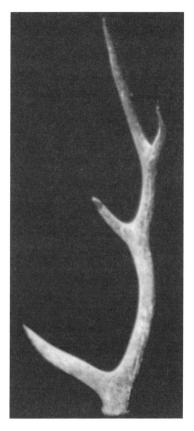

殷墟出土赤鹿角 ［采自《殷墟的发现与研究》图版46］

别的。动物学史学者说："兕似牛。兕、印度犀（Indian rhinoceros，Rhinoceros unicornis），身体较大象牛。犀似豕。犀、爪哇犀（Java rhinoceros，Rhinoceros sondaicus），身体较小，象猪。"① "犀牛（Rhinoceros）食植物，《山海经·南山经》：'犀好啖棘（有小刺灌木如酸枣 Ziziphus）'；《抱朴子·登涉篇》：'通天犀（角）所以能煞毒

_____

① 郭郛、李约瑟、成庆泰：《中国古代动物学史》，第103页，科学出版社，1999年。

殷墟出土麋鹿角［采自《殷墟的发现与研究》图版47］

者，其为兽专食百草之有毒者，及众木有荆棘者，不妄食柔滑之草木也.'虽然犀牛的食性不是专拣有毒的食物吃，但能吃草本及小灌木。"① 兕，皮厚，可以制甲。《说文》云："兕如野牛，青毛，其皮坚厚，可制铠。"《淮南子·说林训》："矢之于十步，贯兕甲；及其极，不能入鲁缟。"

兕，甲骨文作"🦌"，董作宾先生曾误释为麒麟之麟。惟其体大且性情凶猛，古人常将之与虎相提并论，汉张衡《西京赋》："威慑

① 郭郛、李约瑟、成庆泰：《中国古代动物学史》，第168页，科学出版社，1999年。

兕虎，莫之敢当。"《老子》："盖闻善摄生者，陆行不遇兕虎，入军不被甲兵。"能与兕虎搏斗，古来号为勇士。晋葛洪《抱朴子·行品》："赴白刃而忘生，格兕虎于林谷者，勇人也。"由于逐兕极具刺激性，故逐兕成了商王最为热衷的狩猎游戏，商王亲自参与逐兕的卜辞多达二百余版，商王似有逐兕之癖。请看辞例：

王其刚射大兕，亡灾。《屯南》2922

……〔今〕日王往〔逐〕兕。

辛卯卜，贞其狩炆，擒。

壬〔辰〕卜……有……

〔庚〕子卜，翌辛丑王逐兕。《合集》10402

王其射兕，亡灾。

弜射。《合集》28391

叀壬射有兕。

擒有兕。《合集》28392

叀壬射有兕。

弗□有□。

乙擒有兕。

擒有兕。《合集》28393

叀有兕擒。《合集》28394

贞……鹿。

王擒有兕。《合集》28395

弗擒□兕。《合集》28396

今日……兕……擒〔兕〕。《合集》28397

王异戊其射在穆兕。

弗擒。《合集》28400

甲……

叀戊擒。

〔王〕异戌其射在穆兕，擒。《合集》28401

弗〔擒〕。

己卯卜，王逐兕，〔擒〕，弗……

弗擒。《合集》33372

卜辞记载，商王一次获兕竟多达三四十头：

庚申〔卜〕，贞王……虎……获鹿二。擒。兹兕四十，狐一。《合集》37375

壬辰卜，癸巳在□，王狩，擒。允〔兕〕十……擒兕……

甲午卜，今日王逐兕。

甲□擒兕。允。在云。

乙未，今日王擒。《合集》33375

□卯卜，庚辰王其〔狩〕……擒。允擒，获兕卅有六。《屯南》2857

一次捕兕20头者有3次：

□子卜……□巳……兕廿……

己……有……《合集》20728

戊〔寅〕……历〔狩〕……三日庚辰……橐暨𤓰……获兕廿……一，豕〔五〕……《合集》10425

乙巳卜，在……王田□，亡……兕廿有……〔王〕来正人〔方〕。《合集》36501

一次捕兕10头者有5次：

……兹孚。获兕十有二。

□辰卜，〔贞〕王迍〔于〕□，往〔来〕亡灾。

……〔亡〕灾。《合集》37376

□□〔卜〕，□，〔贞〕□我其狩𤊾……允擒。获兕十一鹿〔鹿〕七十有四，豕四，兔七十有四。《合集》40125

翌癸卯其焚，擒。癸卯允焚，获……兕十一、豕十五、虎□、

◂廿。《合集》10408 正

　　戊戌王卜，贞田鸡，往来亡灾。王占曰：吉。兹孚。获狐。一

　　辛丑王卜，贞田✦，往来亡灾。王占曰：吉。

　　壬寅王卜，贞田寁，往来亡灾。王占曰：吉。

　　戊申卜，贞田✦，往来亡灾。王占曰：吉。兹孚。获兕六、狐。

　　壬子卜，贞田宰，往来亡灾。王占曰：吉。兹孚。获兕一，虎一，狐七。

　　乙卯王卜，贞田✦，往来亡灾。王占曰：吉。

　　戊午卜，贞王田朱，往来亡灾。王占曰：吉。兹孚。获兕十，虎一，狐一。

　　辛酉卜，贞王田✦，往来亡灾。王占曰：吉。《合集》37363

　　□ 未卜，出，贞王狩木。〔于〕之日王狩木，……兕十……鹿……《合集》24444

　　对所获之兕还专门标注出毛色。例如：

　　壬午，王田于麦麓，获商戠兕，王赐宰丰寑小𥏬兜，在五月，隹王六祀，肜日。《佚存》518

　　《佚存》426 与《佚存》518 同文，商承祚先生在《殷契佚存》518 版释文作说明："此辞与 426 版同文，彼残下截，两行 14 字，皆正面镂华文，形似兽角。由古生物学家定为兽肋骨。"[1] "戠兕"之"戠"，商先生引《说文》："埴黏土也。"《禹贡》"厥土赤埴坟。"《释文》："埴，郑作戠。""是埴戠同声假借，《释名·释地》：'土黄而细密曰埴。'是戠乃黄色也。则卜辞之戠牛（《前编》卷 1 第 21 页四版）与此之戠兕皆指颜色黄言。"[2] 或以为戠为褐色。黄色也好，褐色也罢，要之意在强调兕之毛色。商王所获还有白兕。《佚存》427 辞为："辛巳，王𣪊武……麓获白兕，丁酉……"该版与《佚

①　商承祚：《殷契佚存》，金陵大学中国文化研究所丛刊甲种，第 71 页，1933 年。
②　商承祚：《殷契佚存》，金陵大学中国文化研究所丛刊甲种，第 71 页，1933 年。

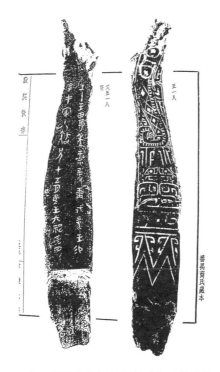

商王猎获戠兕食肉寝皮后并于其肋骨
上雕刻花纹 ［《佚存》518］

存》426 一样都是骨之正面花纹孔中嵌松石。商先生疑此即兕骨治
以为柶，"以旌田工，非用具也"。① 商说不诬，殷人尚白，正如闻
一多先生言："殷人以获白兕为盛事，周亦宜然。"② 故治兕骨为工
艺品以旌田工也。殷人还将此类刻辞铭于兽头骨者：

　　……于𬊈麓获白兕，𤔲于……在二月，春王十祀，彡日，王来
　　正盂方白□。《甲编》3939 = 合集 37398

――――――――――――――

① 商承祚：《殷契佚存》，金陵大学中国文化研究所丛刊甲种，第 63 页，1933 年。
② 闻一多：《闻一多全集》第二卷，第 404 页，三联书店，1982 年。

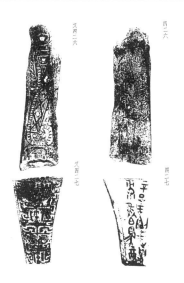

殷人于兽肋骨刻辞和镂刻花纹

［《佚存》426、《佚存》427］

　　《甲编》称此版为牛头骨刻辞，笔者疑此应即所获白兕之头骨。兕与牛为同一属类，此与前举鹿头骨刻辞一样，皆为纪盛所刻。闻一多先生云"周初习俗，多与殷同"，即周人亦崇尚逐兕，《楚辞·天问》昭王"逢彼白雉"，闻一多先生说雉当为兕，声近之误。《吕氏春秋·至忠篇》"荆庄襄王猎于云梦，射随兕"，《说苑·立节篇》作科雉，《史记·齐太公世家》"苍兕苍兕"，《索隐》曰："一本或作苍雉。"《初学记》六引《纪年》曰："昭王十六年，伐楚荆，涉汉，遇大兕。"①

　　商王猎获的大型动物还有野象：

　　（1）壬寅王卜，贞田瑶，往〔来〕亡灾。王占曰：〔吉〕。兹孚。获狐□，鹿一，麂六。

---

① 闻一多：《闻一多全集》第二卷，第404页，三联书店，1982年。

商王田猎获白兕头骨刻辞［《甲编》3939］

（2）乙巳王卜，贞：田木，往来亡灾。王占曰：吉。

（3）戊申王卜，贞：田呈，往来亡灾。王占曰：吉。

（4）辛亥王卜，贞：田𦊆，往来亡灾。王占曰：吉。

（5）壬子王卜，贞：田桧，往来亡灾。王占曰：吉。

（6）乙丑王卜，贞：田𦊆，往来亡灾。王占曰：吉。

（7）辛未王卜，贞：田，往来亡灾。王占曰：吉。获象十，雉十有一。

（8）□□王卜，贞：〔田〕□，往来〔亡灾〕。王占曰：吉……获……兕□。《合集》37364

一次田猎即获10头野象，可见商王田猎规模之大。

妇好墓出土的象牙杯［采自《世界遗产・中国——殷墟》图48］

日本林巳奈夫先生在《神与兽的纹样学》一书中，通过对上古青铜纹饰的研究，推断出在殷商时代可能还有盘羊、羚牛、戴胜鸟以及貘之类的动物。① 盘羊和羚牛是生活在高山上的动物。貘现在在中国已经绝迹，其形体特征是长鼻、圆耳、四肢及尾皆短，现在在马来半岛、爪哇、苏门答腊岛上还生存着这种动物，学名叫马来貘（Tapirus Indicus Cuvier）。林先生推断以前的环境并不是像现在这么干燥，他的结论与竺可桢的研究颇为一致。

六 甲骨文所见田猎之方式

甲骨文所见田猎活动一般都是集体活动，很少见到个人单独出猎的记载。这大概与卜辞的性质有关，卜辞是商王或其他贵族进行占卜活动的记录，所以，其刻辞内容所反映的一般是商王及其与之密切关联的人和事，作为王公贵族，他们有条件也有能力组织大规模的田猎活动，并且将这种活动记录下来。生活在社会底层的普通猎户之狩猎有可能是"散兵游勇"式的单独狩猎，因不见记载，不好妄加推测。以田猎规模及其收效大小而论，结合田猎工具、设置及手段，可将商人的狩猎方法分为射猎、设陷、鞭驱、张网、围猎五大类。

（一）射猎

如前所述，狩猎是人类最古老、延续时间最长的谋食方式，据

---

① 林先生云：不可思议的是，在商朝以后的青铜器上却出现了像盘羊、羚牛等生活在商朝文化圈以外的高山动物。安阳殷墟的西侧是太行山脉，贯穿于太行山的漳河经过殷墟的北部向东流去，其中也有一部分经太行山脉的西侧进入殷文化圈内。太行山脉有高达3000米的山，虽然高度适合，但现在都变成秃山了，因此没有像西藏高原上那样的大型野生动物生存。但我们完全可以想象以前的环境并不是像现在这么干燥，因此这样的生物曾经生存在这个地方，所以当时的人们也就有机会把它们画作神像。商朝迁都安阳以后，在神像中就出现了包括高山动物在内的野生动物。这也许是因为商朝的人通过漳河，有机会与那些能够频繁接触高山动物的人充分交流的缘故吧。见林已奈夫著，常耀华、王平等译：《神与兽的纹样学》，第15~17页，三联书店，2009年。

人类学家讲，假如人类已有四百万年的历史，99％以上时间是靠从事狩猎和采集为生的。估计自古以来地球上共曾生活过800亿人，90％以上的人是狩猎—采集者。[①] 最初的狩猎方式大概是众人合围，举木为兵，也不排除徒手相搏之可能。但无论是徒手搏击还是举木为兵，只能是近距离地较量，近距离狩猎不仅危险，而且成功率不高，许多动物都十分机警，要想靠近它们并不容易。随着人类的进步，人们发明了弓箭，这种远程武器的出现，使上述情况得到大大改观。弓箭的发明究竟源于何时，很难说出其确切的时间，但从考古发掘可知，这种狩猎方式至少在三万年前就已经出现了。在山西朔县峙峪村旧石器时代后期遗址里曾经发现的石箭头（石镞），推测其时代大约在三万年前。[②] 前文我们谈到，在殷墟遗址中出土过数以千计的石镞、骨镞，还有青铜镞，也有青铜弓。在甲骨文中常见关于射猎野兽的记载，其中以射鹿、麋为最多。例如：

乎射鹿，获。《合集》10276

贞：其射鹿。获。《合集》10320

（1）……曰射〔麋〕……

（2）……麋……《合集》10360

射，获。《合集》10692

壬戌卜，射，获不。《合集》10693

……射鹿，获。《合集》10694

〔射〕鹿。《合集》20722

贞：其令马亚射麋。《合集》26899

贞：其令乎射麋，驭。《合集》27255

辛卯卜，贞：今日王其述，其于□从丘。兹〔用〕

丁酉卜，贞：翌日己亥王其□姬麓□麋，其以□，王弗每。《合

---

① 汪宁生：《文化人类学调查——正确认识社会的方法》，第61页。

② 贾兰坡：《什么时候开始有了弓箭》，《郑州大学学报》1984年第4期。

集》35965

（1）贞：王……兹御。……狐十……麋……二。

（2）癸□王卜，〔贞：〕于瞿……

（3）戊戌卜，贞：在鸡，犬██告鹿██鹿，王其比射，往来亡灾。
王□侃。

（4）丁巳卜，贞：王麓████，往来亡灾。王侃。《合集》37439

□午〔卜〕，王叀██鹿射，亡〔灾〕。《屯南》3207

（1）王其□██，有麋。

（2）叀有狐射，擒。

（3）王叀盂田省。

（4）弜省盂田，其每。《合集》28317

甲骨文中射兕卜辞也很常见，除了前面讨论到的，下面这些或
卜问射何地之兕，或卜问何时射兕，会不会有所斩获，或卜问射兕
时会不会遭雨，或卜问商王应当先射还是后射，或卜问射兕会不会
有灾。

（1）壬寅卜，在██，〔贞：〕王其射柳〔兕〕……

（2）弗擒。

（3）不遘大雨。

（4）其遘大雨。

（5）其于七月射柳兕，亡灾，擒。

（6）弗擒。

（7）丙午卜，在██，贞：王其田，衣逐，亡灾。擒。

（8）不擒。《英藏》2566

（1）……擒……〔兹〕孚……狐……

（2）……兹孚……兕一。

（3）……壬王……射……〔亡〕灾。擒……《合集》37384

辛亥卜，争，贞：王不其获肱射兕。《合集》10419

射兕卜辞〔《合集》24391〕

贞：王不其获肱〔射兕〕。《合集》10420

……获肱射兕。《合集》10421

（1）贞：其隹（惟）王获射兕。一月。

（2）……〔兕〕……《合集》10422

……贞：……兕其射，亡祸。《屯南》3221

庚戌卜，𢀛，叀翌日步，射兕于◗。《合集》20731

癸未卜，王曰，贞：有兕在行，其左射，获。《合集》24391

（1）……擒𨑊兕。

（2）王其射𨑊兕，擒，亡灾。大吉《合集》28402

……王叀翌辛射𠭯兕，亡……《合集》37396

（1）叀戊□襄□，亡〔灾〕。

（2）叀戊射𨑊兕，亡灾。《合集》28403

王叀辛射𨑊兕，〔亡〕灾。《合集》28404

王其射𨑊……《合集》28405

王酒射𨑊，亡灾。《合集》28406

（1）王叀……兕……

（2）弜襄兕先射，其若。

（3）王叀眢兕先射，亡灾。

（4）弜眢兕先射，其若。《合集》28407

叀壬射商兕，弗擒。《合集》28409

（1）丁巳卜，贞：王其田，亡〔灾〕，擒。

（2）王其射穆兕，擒。

（3）弗擒。

（4）戊午卜，贞：王其田，亡灾，擒。于䖵亡灾。

《合集》33373

……射眢兕。不冓大雨《屯南》1032

（1）丙寅卜，王其田瀼，叀丁往，戊……大吉

（2）叀戊往，己征，亡灾，侃王。大吉

（3）叀壬往，曾征，亡灾，侃王。吉

（4）王其田瀼，延射大麓兕，亡灾，侃王。吉

（5）王……宋……亡灾，侃〔王〕。吉

（6）壬……

（7）……射……《屯南》1098

（1）丁酉卜，王其埶田，不冓雨。大吉。兹允不雨。

（2）弜埶田，其冓雨。

（3）其雨，王不雨燕。吉

（4）其雨燕。吉

（5）后王射兕，䍐。

（6）弜䍐。

（7）辛亥卜，今日辛，王其田，湄日亡灾。

（8）辛多雨。

（9）不多雨。

（10）壬多雨。

（11）不多雨。

（12）翌日壬雨。

（13）不雨。《屯南》2358

（1）于大〔乙〕日出……洒射沓兕，〔亡灾〕。〔吉〕

（2）〔翌〕日戌，王其逐🏹，亡灾。吉

（3）于□，亡灾。引吉《屯南》2579

王其刚射大兕，亡灾。《屯南》2922

狐和豕也是商王射猎的对象，如：

（1）……〔王〕〔其〕射狐……

（2）弗擒。《屯南》4561

（1）戊王其射睯狐，湄日亡灾。擒。吉

（2）其乎射睯狐，擒。大吉《合集》28318

寅卜，王其射智白狐，湄日亡灾。《屯南》86

值得注意的是"白狐"，殷人尚白，能够遇见白狐，商王自然是不肯放过的。关于射豕的卜辞有以下几版：

（1）丙戌卜，史，贞：令□射豕。

（2）……〔亡〕祸。

（3）……〔湄〕。《合集》10248

王其射有豕，湄日亡灾，擒。大吉《合集》28305

王其射龐大豕。《合集》28307 正

王射大豕。《合集》28308

涉滴至龗，射左豕，擒。《合集》28882

□　□卜：其乎射豕，重多马。吉。《屯南》693

卜辞中还有箭射飞禽的记载：

（1）贞：入。

（2）勿卒入。

射豕卜辞 ［《合集》28882］

（3）贞：入。

（4）取唐罕。

（5）乎多射雄。

（6）不其获。《合集》5739

　　□□〔卜〕，〔古〕，贞：乎多射雄，获。《合集》5740

　　"雄"是什么鸟今天无从知晓，其字从隹，隹字的本义是短尾鸟。《说文·隹（惟）部》："隹，鸟之短尾总名也。"段玉裁注："短尾名隹，别于长尾名鸟。云总名者，取数多也。"

　　（二）设陷

　　设置陷阱是一种非常古老以至于今天还在沿用的狩猎手段。甲

骨文中有 （麛）、（麛）、（韓）、、、、、、，诸字所从∪，《说文》作"凵"，并谓"凵，张口也，象形"。朱骏声《说文通训定声》谓："一说坎也，堑也，象地穿。"于省吾认为"朱说甚是。古文∪字象坑坎形，小篆讹作凵，下横平，故《说文》误训为张口。∪字典籍通作坎，∪为本字，坎为借字。《说文》：'坎，陷也，从土欠声。'坎陷叠韵，以音为训。章炳麟《文始》谓'凵又孳乳为坎'，在本部则变易'为臽''为陷'。按典籍坎字也通作欿或埳。《易·坎》释文谓'坎，京，刘本作欿'，《尔雅·释言》谓'坎本作埳'。《一切经音义》三谓'埳亦坑也'。典籍以坎代凵，凵、坎和陷、欿、埳等字又由于音近而通用"。①

田猎卜辞中又有从鹿从井之字，写作""，一般隶定为"韓"，此字与"麛"或以为是一字之异体。姚孝遂先生云："卜辞麛字象掘地为坎以陷麋之形，而韓字则象掘井以陷麋之形。这两种形体的用法，在卜辞中没有区别。《说文》以'臽'为'小阱'，而以'阱'为'大陷'（据玄应《一切经音义》引）。然则'臽'与'阱'只是掘地为坎的大小深浅之别，至于其用以陷兽，则是一致的。过去诸家考释，多以从人之为'臽'，而以从毘、从鹿、从毘之、、等为'阱'，是不恰当的。字均当释'臽'。卜辞以陷人者为，陷毘者为，陷鹿者为，陷毘者为，至小篆乃统一作'臽'，不复区分。……卜辞'韓'字从'井'，可见张禽兽者亦谓之井，'阱'是'井'字的累增字，这和'陷'是'臽'的累增字是一样的。麛和韓在卜辞中用法完全相同，均用作动词，是韓字当释作'臽'，不得释作'阱'。卜辞武丁时人名有'子韓'，也作'子麛'（前7·40·1），这也是'韓'，'麛'同字的有力佐证。"②

耀华按，以上两版中的"子韓""子麛"用作人名，极有可能是

---

① 于省吾：《甲骨文字释林》，第271~272页，中华书局，1979年。

② 姚孝遂：《甲骨刻辞狩猎考》，《古文字研究》第六辑，中华书局，1981年。

同一人，据此说明ᵃ和ᵇ在卜辞中用法完全相同，均用作动词，是ᵇ字当释作"臽"，不得释作"阱"，似乎颇为通达，然必须指出，通观卜辞文例看，ᵃ与ᵇ字用各有当，判然不混。

ᵃ（麀）、ᵇ（臽）、ᶜ（舝）、ᵈ、ᵉ、ᶠ、ᵍ、ʰ、ⁱ、ʲ、ᵏ既是动词，又是名词，譬如ᵃ字，作为动词其义是指挖坎陷鹿之动作，作为名词其义是指陷鹿之坎。古汉语动名相因是为常例，坎字除动词用法外还有名词用法。掘地的行为叫坎，所掘之地也叫坎，掘地而埋物其中也叫坎。① 是故以上诸字浑言可不分，析言则有别。卜辞所反映的实际情况是ᵃ是陷鹿之坎，ᵇ是陷麋之坎，ᶜ是陷麋之阱，ᵈ是水边之陷麋之阱，ᵉ是陷麚之阱，ᶠ是陷兕之阱，ᵍ是陷虎之坎。诸字判然不混，从该字作为狩猎动词与所及名词（动物）的分布情况来看，诸字从不混用，如ᵇ后所跟的名词，皆为麋，概无例外。请看辞例：

（1）……今夕雨。

（2）□□〔卜〕，史，贞：今夕亡祸。

（3）……其ᵇ麋于斿。

（4）……于斿。《合集》5579

（1）……王ᵇ麋……

（2）……麋〔擒〕……吉。擒……《合集》10361

戊申卜，□，贞：今日……ᵇ麋……《合集》10362

□巳其ᵇ麋。《合集》10363

……〔翌〕庚辰……ᵍ麋……ᵇ……《合集》10364

（1）□未卜……ᵇ……

（2）不……《合集》10371

贞：于〔翌〕己巳ᵇ麋。《合集》10383

① 参见裘锡圭：《释坎》，《古文字论集》，第48页，中华书局，1992年。

（1）己卯卜，㱿，贞：我其畋，擒。

（2）己卯卜，㱿，贞：弗其擒。《合集》10655

（1）贞：我其畋，擒。

（2）己卯卜，㱿，贞：弗其擒。《合集》10656

□　□〔卜〕，〔争〕，贞：……今日畋……〔之〕日王……擒……有《合集》10657

（1）□□卜，㱿，〔贞：翌〕……

（2）□〔丑〕卜……畋，弗〔擒〕。

（3）……弗畋。

（4）弗其擒。

（5）……其……《合集》10658

己卯卜，□，贞：令〔子〕汰〔畋〕。《合集》10660

（1）甲戌〔卜〕，贞：叀丙子畋。

（2）贞：叀……畋。《合集》10661

（1）□□卜，〔贞：〕叀癸……畋……

（2）己卯卜……畋……《合集》10663

……畋，若。《合集》10664

〔丙〕午卜，古，贞：翌丁未畋。《合集》10665

贞：……〔翌〕癸……畋□。《合集》10667

……畋，〔擒〕……《合集》10668

……乎往畋。《合集》10669

〔贞：于〕……畋……《合集》10671

（1）……〔畋〕……

（2）……〔擒〕。八月。《合集》10672

……叀辛未畋。《合集》10673

□〔卜〕，史，贞：畋。《合集》10674

壬戌卜，王，畋侑于□丁。《合集》16201

巳卜，古，〔贞：〕王歜□网鹿。《合集》10666

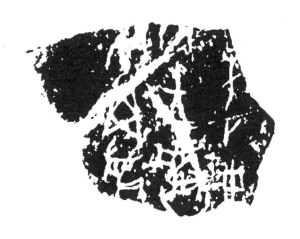

殷人卜问捕鹿之方式〔《合集》10666〕

与"歜"字相连者，从无麋、麝、麇之类的字，更无兕、豕之类的字。例如：

……歜，擒。《合集》10662

□卜，〔㱿〕，贞：〔子〕商歜。《合集》10670

……贞：令……歜。《合集》10659

王叀冯麋取〔㡿〕……《合集》28375

贞其麋㡿，王……《合集》28797

……贞乙亥㡿，擒七百麋，用皀……《屯南》2626

附带讨论一下"歜""䕫"二字。武丁时有名"子歜""子䕫"者，由辞例知，是同一人名的不同写法，"歜""䕫"二字一从麋从凵，一从麋从穽，凵和穽皆狩猎陷阱，区别只在大小深浅不同，二者语义相通没有问题，可二字语音地位相差很远，显然不是通常意义上的异体字，此人究竟读如"子陷"或"子穽"是个问题。

"㲋"，罗振玉《考释》释窜，还说当是"穿麇"二字之合文。裘锡圭先生认为"此说极为有理，不过'穿麇'应改为'陷麇'"。(《古文字论集》第 48 页) 我认为合文说成立困难。因为卜辞有"㲋麋"连言者，"陷麋麋"不辞，㲋只能读为陷。与其例相类者还有从𤓰从牛之㸎，从𤓰从羊之㺝，从𤓰从马之㻅，不能因为这些字都是专为祭祀而圈养之牲的意义，就把它们当作是异体字一样。

前文说到，对于凶悍的兕，商人多以射猎的方式捕获，但也有掘阱捕获者：

……其𦦞，叀……擒。《合集》28798

𦦞擒。大吉《合集》28864

戊辰卜，其𦦞叀……擒，有兕。吉《屯南》2589

甲骨文中还有一个圓字，辞例为：

(1) 甲戌卜，㝸圓印。

(2) 甲戌卜，圓获印。《合集》21768

该字可能也是掘坎猎虎的意思。大概商人会根据想要猎获的对象，设计不同的陷阱。

(三) 鞭驱

甲骨文中有一个"𢾭"字，从丙从攴，乃"更"字之异构。"更"即古文"鞭"字。《说文》："鞭，驱也。"从甲骨辞例看，鞭之用法如于省吾先生所说，是用鞭驱兽，使之陷入坑坎，[1] 以便擒获。例如：

□丑〔卜〕，〔贞：〕王更 (鞭) ……麋……《合集》10380

(1) 壬辰卜，王，我获鹿。允获八，豕一。

(2) 壬辰〔卜〕，〔王〕，〔我〕不其〔获鹿〕。□月。

(3) 丁未卜，王，其逐在蚰鹿，获。允获七。一月。

---

[1]　于省吾：《甲骨文字释林》，第 392 页，中华书局，1979 年。

（4）戊午卜，更幽，擒。允擒二……二月。

（5）戊午卜，更幽，弗其擒。《合集》10951

鹿是温顺的动物，故可以以鞭驱之，使之就范。从甲骨辞例看，较为凶猛的动物，也可以用鞭驱逐，估计驱兕只是用鞭发出响声，以恫吓之。请看示例：

壬□卜，王……更……兕……《合集》10952

（1）丙戌卜，〔贞：〕……叀己丑……

（2）丁酉〔卜〕，〔贞：〕更来……豕弗其阱。在□。

（3）□□卜，〔贞：〕……征。《合集》19361

还有一些刻辞，"更"后的驱逐对象残泐，估计也是麋鹿之类的动物。

……子更（鞭）……《合集》18668

戊午卜，贞：更（鞭）……《合集》18673

□午卜，伐……更（鞭）……步。《合集》20118

（1）乙巳卜，王，贞：……取。终夕。

（2）贞：宁（贾）亡戠。

（3）乙巳〔卜〕，□，贞：……‖

（4）丙□卜，王，贞：余更（鞭）……曰巫。终夕。

（5）癸□〔卜〕，王，〔贞：〕……丧……《合集》20279

□□〔卜〕，王……更（鞭）。……蕴。《合集》21371

更（鞭）。《合集》40708

（四）张网

如前所述，利用网罟狩猎和设陷阱一样古老，一直到今天都还在沿用，笔者少年时曾参与过此类活动。关于张网捕猎，田猎工具一节已有详述，不复赘述。

（五）围猎

关于围猎，前贤已经做过较为深入的研究，姚孝遂先生把围猎分成狩、逐、焚等三种不同形式。下面分别论述：

1. 狩

卜辞狩字作ǎ、ǎ、ǎ、ǎ、ǎ诸形体，一般隶定作"嘼"，即"兽"或"狩"字。姚孝遂先生指出："古文字'狩'与'兽'是无所区别的。魏三体石经狩之古文即作兽。"① 他不赞成董作宾、张秉权等先生所谓"在殷代，旧派如武丁，如文武丁，皆称田猎为狩，而新派自祖甲起，都称之为田，不称狩"的说法，认为卜辞的"田"是田猎的通称，"狩"是一种具体的狩猎手段，二者断然有别，不能混同。他举出《甲》1656 这一董氏所谓新派卜辞仍然称"狩"且和"田"是相对为言的例证，指出"狩"在此只能是田猎的一种方式。② 陈炜湛先生则不然其说，认为"'兽'是田猎名称，其义犹如'田'"。③ 也就是说，狩与田义同，皆为田猎之总名。

杨升南先生也主张狩是专名，"甲骨文中的'狩'可能是以多人进行合围的一种方式"。他说："狩字卜辞作从单从犬，即后世的兽字。"叶玉森认为所从的单"象捕兽之器，其形似叉，有干。V象叉上附着之铦锋似镞"④。罗振玉认为"古兽狩实一字"，又云"古者以田狩习战阵，故字从战音，以犬助田狩，故字从犬"⑤。李孝定认为甲骨文中的"兽"字其"初谊谓田猎，本为动词，继谓兽所获为兽"。⑥ 杨先生认为"这些解释都是有据可从的"。⑦

卜辞中有狩、焚两种方式同见一辞者：

（1）弗擒。

① 姚孝遂：《甲骨刻辞狩猎考》，《古文字研究》第六辑，中华书局，1981 年。
② 姚孝遂：《甲骨刻辞狩猎考》，《古文字研究》第六辑，中华书局，1981 年。
③ 陈炜湛：《甲骨文田猎刻辞研究》，第 18 页，广西教育出版社，1995 年。
④ 叶玉森：《殷契钩沉》。又《前编集释》卷 1，第 123 页，上海中华书局，1929 年。
⑤ 罗振玉：增订《殷墟书契考释》（中），第 69 页下。
⑥ 李孝定：《甲骨文字集释》第 14 卷，第 4201 页，史语所，1991 年。
⑦ 杨升南：《商代经济史》，第 277 页，贵州人民出版社，1992 年。

（2）叀徛麓焚，擒，又小狩。

（3）……擒。《屯南》2326

据此杨先生指出："小狩"可能在规模上与一般正规的狩有所区别。有的研究者认为"狩"是田猎的总称，从上引《屯南》2326一版卜辞知，狩和焚有别，是"焚"不包括狩，故狩仍是猎方式这一种为谊。①

民族学家汪宁生先生主张"狩即围守"，这一看法与杨先生颇为一致，但他又指出狩又是打猎之总称。②

一般认为田是田猎活动之总名。然"为何称猎为田"？汪先生从民族学的角度对"田"名称的由来作出如下解释：

> 打猎在早期农业社会经济生活中仍起一定作用，为了不妨碍农事，多与农业活动结合进行。在云南的佤、布朗等族之中，三四十年前尚可见此遗风，他们从事刀耕火种的轮作农业……一年的农事以冬末春初准备耕地开始，无论是住森林中开辟新地，或者在已耕种过的熟地上清除草莱、禾秆，必先砍倒地面上一切植被，晒干以后以火烧之，既可平整耕地以待播种，又赖植物灰烬以为肥料。火起时野兽逃窜，人们守在火场周围行猎。此后，田地上作物成长，在从锄草到收获各种农作中，仍不时伴随着小规模狩猎活动。每晨出耕，男子携带弩弓砍刀，妇女身背箩筐，在进行农业劳动之余，便猎取鸟类或小动物，或采集野生植物。

> 古代打猎又称"田"者，应得名于这种与农业生产相结合的打猎方法。虽然中原地区与西南多山地区自然环境有异，农业形态未必尽同，然中原地区远古农业亦曾借助于火以整理耕

---

① 杨升南：《商代经济史》，第277、278页，贵州人民出版社，1992年。
② 汪宁生：《说田猎》，《古俗新研》，第77~86页，敦煌文艺出版社，2001年。

地，并乘机行猎，这一点颇有文献可征。卜辞中有对"焚"的卜问，或连言获兽之事。《春秋》及三《传》中有关于"焚"的记录。大概到了战国时期，中原地区仍有火田之事。

"田"为打猎之"总名"（《白虎通》），而不同季节及场合之打猎还各有专称。《尔雅·释天》："春猎曰蒐，夏猎曰苗，秋猎曰狝，冬猎曰狩"（《周礼·大司马》《左传·隐五年》略同）；又《公羊传·桓四年》："春曰苗，秋曰蒐，冬曰狩"；《穀梁传·桓四年》："春曰田，夏曰苗，秋曰蒐，冬曰狩"；《韩诗内传》（《御览》卷八三一引）："春曰畋（田），夏曰苗，秋曰蒐，冬曰狩。"诸家记载互异，或言一年四时行猎，或言三时行猎；某一类狩猎，或言在春，或言在夏或秋。……今天可得而言的是古代打猎确是分为各种类型，而且都曾实行，因为这些名称曾散见于先秦可靠文献之中。例如，在《春秋》中"蒐"凡五见，"狩"凡三见；《夏小正》中有"十有一月王狩"的记录；"苗"则见于《诗经》；"狝"在《国语》《管子》《周礼》等书中都有记载。

汪先生还顺带谈了狩何以称守的问题：

狩即围守。《国语·周语》韦昭注："狩，围守而取之。"《左传·隐五年》杜预注："狩，围守也，冬物毕成。获而取之，无所择也。"（《尔雅·释天》郭璞注、《穀梁传·桓四年》范宁注略同）诸家解释无异词，惟《公羊传·桓四年》何休注云："狩，犹兽也，冬时禽兽长大，遭兽可取。"说法与众不同。今从上述佤族狩猎习惯可知，围守之说近乎事实。盖狩为一年中最大一次行猎，在冬季举行，与清理耕地相结合，其特点就是用火。《尔雅·释天》：火田为狩。《春秋·桓公七年》孔颖达疏：放火烧草，守其下风。《诗·小雅·车攻》"田车既好……驾言行狩"。下《毛传》：大芟草以为防……然后焚而射焉。火势既起，自不能进入火场，人们只能守在四周，以待野兽逃出时猎取。"狩"即得名于守，《说文》："狩，犬田也。"或围守中还用犬助猎，卜辞中有司田猎的人，称"犬"或"某犬"（胡厚宣《甲骨续存》序）。

由于狩的规模最大，获取猎物甚丰，故后世狩猎连称，作为一切打猎之总称。①

我们认为汪先生将田狩问题讲得很通达，他将狩之专名、总名折衷一是，尤其精辟。覆按狩卜辞，不如此难以通解，例如：

丁卯〔卜〕，□，〔贞：〕狩正……擒获……鹿百六十二，……百十四，豕十，旨一。《合集》10307

（1）……其〔狩〕，擒。壬申允狩擒，获咒六、豕十有六、兔百有九十有九。

（2）……壬申王勿〔狩〕，不其擒。壬〔申〕狩，擒。

（3）……有……获……

（4）贞：王狩，擒。

（5）贞：御于有妣。

（6）贞：勿御，亡疾。《合集》10407 正

基于一次"擒获……鹿百六十二，□百十四，豕十，旨一"，一次"获咒六、豕十有六、兔百有九十有九"这一事实，若说狩必为围猎，非围猎不能取得如此大的收获，当然是令人信服的，不过要说这里的狩即"田猎"，则更无不妥。

我们认为汪氏所谓关于狩之专名、总名说法是不易之论。从以

① 汪宁生：《说田猎》，《古俗新研》，第77~86页，敦煌文艺出版社，2001年。

上引文我们还可以知道，汪先生还有"狩在冬季举行"的说法，这在卜辞里却无从验证。因为，甲骨文中只有"春""秋"而没有"夏"，虽有"冬"字，但"冬"只借作"终"，从无作冬季之"冬"者。学者据此认为商代只有春、秋两季而无冬夏。① 故此可以推测，汪先生所谓"狩在冬季"的制度大概是周以后产生的。

那么殷代之狩是在何时呢？下列卜辞对此有明确记载：

（1）甲午……翌……

（2）甲午卜，贞：不其擒。一月。

（3）乙未卜，今日王狩，田率，擒。允获虎二、兕一、鹿十二、豕二、麑百廿七、虎二、兔廿三、〔雉〕七。□月。

（4）乙未卜，贞：弗其擒。

（5）廿……麋……

（6）……犬……允……三……《合集》10197

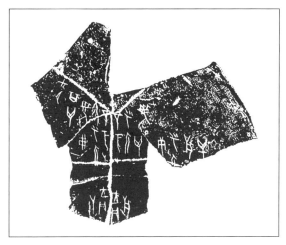

有明确狩猎时间的卜辞［《合集》10374］

① 参见陈梦家：《殷墟卜辞综述》，第227页，中华书局，1988年。

（1）□〔巳〕卜，〔贞：今〕夕〔亡〕祸。

（2）……麋……一月。《合集》10376

（1）贞：乎取□。

（2）贞：勿乎取。

（3）贞：勿乎取。

（4）贞：多介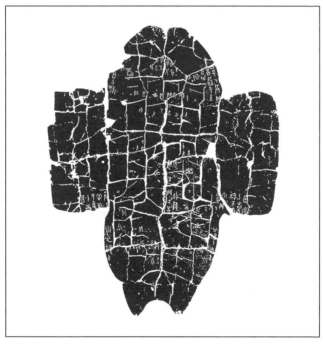。

（5）介。

（6）介。

（7）贞：生五月陟至。

（8）翌癸卯狩，擒。

甲骨文狩在五月

（9）翌癸卯勿狩。《合集》10613 正

癸卯卜，贞：丁出狩 今……《合集》21729

（1）庚□〔卜〕，〔王〕，〔贞：〕乎𠬝狩□，擒。

（2）辛亥卜，王，贞：乎𠬝狩麋，擒。

（3）辛亥卜，王，贞：勿乎𠬝狩 麋，弗其擒。七月。《合集》10374

〔辛〕亥卜，王，贞：〔余〕〔狩〕麋不𤈦擒。七月。《合集》10377

（1）乙〔丑〕〔卜〕，□，贞：翌〔丁〕卯王其〔狩〕敝麓，擒。八月。

（2）乙〔丑卜〕，□，贞：翌〔丁〕卯其狩敝麓，弗〔其〕擒。《合集》10970 正

（1）……贞：……𠦪……羌……百人……用。

（2）……用。

（3）……狩……八月《合集》1041

（1）癸丑卜，宾，贞：酒大甲，告于祖乙，一牛，用。八月。

（2）……贞：酒大甲，周𧘋宗，用。八月。

（3）王自往从狩。九月。

（4）……酒……《合集》10611

（1）……狩……亡〔灾〕。九月。在□。

（2）……屮……丁。十月。

（3）贞：……取……《合集》10628

贞：狩 勿至于𡳨。九月。《合集》10956

（1）戊子卜，〔争〕，贞：勿涉狩。九月。在鯀。

（2）……十月。

（3）庚寅卜，宾，〔贞〕：……〔网〕叀……《合集》10993

（1）己亥卜，不歪，雨，狩双（琡）印。

（2）庚子卜，不歪，大风，狩双。

（3）庚子卜，狩双（琡），不冓戎。

（4）庚子卜，医，步不歪，鬼。

（5）步，延双（琡）。

（6）庚子卜，于戊步。

（7）于辛丑狩双（琡），步延双（琡）。小告

（8）辛丑卜，医，狩双（琡），其冓虎……九月。

（9）辛丑卜，狩双（琡），其……

（10）庚戌卜，今日狩，不其擒印。十一月。《合集》20757

（1）癸未卜，争，贞：王在兹𤕦，咸狩。

（2）辛卯……令众……𥬠……十月。《合集》7

（1）癸巳……狩……启。允启。十一月。

（2）翌丁未其启。《合集》13120

　　□丑卜……狩。不其启。十一月。《合集》20754

　　从以上记月的狩卜辞看，商王出狩的时间集中在 7、8、9、10、11 月。其出狩频率从高到低依次为 7 月 5 次；8 月 5 次；9 月 5 次（包括 7 月卜生月狩一次）；10 月 4 次；11 月 3 次；1 月 2 次；5 月 1 次。未见 2 月、3 月、4 月、6 月、12 月的狩猎卜辞。商代的 7、8、9、10、11 月是商代的什么季节呢？甲骨文中还有 5 版关于春与月份的记载。

　　（1）戊寅卜，争，贞：今春众业工。十月。

　　（2）……工。

　　（3）壬午〔卜〕，□，贞：……再……

　　（4）贞：畓启，载。

　　（5）畓启，不其载。

　　（6）贞：〔䵼〕启，〔载〕。

（7）酛啓，不其载。《合集》18

（1）癸丑卜，宾，贞：今春商𢎥舟由。

（2）己未卜，宾，贞：舌方其亦征。十一月。《合集》6073

……春令〔𦣹〕……□商。十三月。《合集》4672

〔乙〕亥王〔卜〕，〔贞：〕自今春至……翌，人方不大出。王占曰：吉。在二月。遘祖乙彡。隹（惟）九祀。《合集》37852

（1）丁□〔王卜〕，在□𠧩〔贞：〕今日……从……往来亡灾。在正月。

（2）己亥王卜，在春𠧩贞：今日步于㴬亡灾。《合集》41780

（1）庚寅王卜，在𤅫𠧩贞：舌林方亡灾。

（2）壬辰王卜，在𤅫贞：其至于𤠔𦮃……𠧩，往来亡灾。

（3）甲午王卜，在𤅫𠧩贞：今日步𡤥亡灾。十月二。隹（惟）十祀彡。

（4）丁〔酉王卜〕，在𤅫𠧩〔贞：〕……今日……从……往来亡灾。在正月。

（5）己亥王卜，在𤏲（春）𠧩贞：今日步于㴬亡灾。

《英藏》2563 ＝《合集》41757

由以上 5 版知，商代的 10、13、1、2 月是春。常玉芝先生据此把殷历的一年分为春、秋两季，并将其各季所包含的殷历月及夏历月的对应关系制成一表：①

季 历　月	春						秋					
殷历	10	11	12	1	2	3	4	5	6	7	8	9
夏历	2	3	4	5	6	7	8	9	10	11	12	1

———

①　常玉芝：《殷商历法研究》，第 369 页，吉林文史出版社，1998 年。

　　根据上表将商王出狩的季节、月份转换为大家所熟悉的夏历（即农历），其出狩的月份覆盖了春夏秋冬四季，具体所分布的月份是11月、12月、1月、2月、3月、5月、9月。其中9月最少仅1次，5月份2次。11～3月出狩最为频繁。这虽与汪宁生所说的"狩在冬季"不完全相恰，然从农时节令看，应该说比较合理。商代是农业社会，民以食为天，商王安排活动，除非不得已，一般不能有违农时。就华北地区而言，到了夏历9月，农事已基本结束，一直到来年的4月底都可视为农闲的季节，以前揭商王出狩月份来看，大体上也是这一段时间。唯一令人困惑不解的是商王武丁居然在殷历的1月，也就是夏历的5月还组织两次狩猎，从"获虎二、兕一、鹿十二、豕二、麑百廿七、口二、兔廿三、〔雉〕七"的战果看，绝不是小规模的狩猎。大家知道夏历5月对于生活在华北地区的殷商先民意味着什么，《月令七十二候集解》："五月节，谓有芒之种谷可稼种矣。"意思是说大麦、小麦等这些有芒的作物种子已经成熟，必须立即抢收，华北农谚有"收麦种豆不让晌"之说，故将夏历五月一日之后的那个节气叫"芒种"。农谚还有"芒种忙，三两场"之说，意即芒种节到来之时，已经打了两三场麦了，也就是说，已经开始大忙了。农谚还说"春争日，夏争时"，五月之后的一两个月农民既要夏收、夏种，又要夏管，所以农民称这段时间叫"三夏"大忙季节。在这焦麦炸豆，收麦如救火，龙口夺粮的当口，一代名王武丁，怎么能置国计民生于不顾，而组织如此规模的围猎活动呢？[①]

　　2. 逐

　　"逐"在甲骨文中分别写作 𧗊、𧗂、𧗤。凡从止者皆与行动有关。

---

① 《国语·周语》云："王治农于籍，蒐于农隙。"见董增龄《国语正义》，第86页，巴蜀书社，1985年。《管子》亦云："举事不时必受其菑"，见《二十二子·管子》，第193页，上海古籍出版社，1986年。

从豕从止，从犬止，或从兔从止，就作为行为动词来说其义相同，都是追逐之义，"而从豕者为其主要形体，三者通用无别"。① 有《合集》154 为证：

（1）己丑卜，㱿，贞：翌庚寅帝好冥。

（2）贞：翌庚寅帝好不其冥。一月。

（3）辛卯卜，品，贞：乎多羌逐兔，〔获〕。

第（3）条之"逐"字即从豕从止，所追逐者即是兔。㣇、㣇、𨑒三字可以通用，但"追"与"逐"二字的用法在甲骨文里区别却极为严格。杨树达指出："余考之卜辞追逐二字用法划然不紊，盖追必用于人，逐必用于兽也。"② 覆按卜辞，此说不诬。大概自周之后追与逐的用法就没有什么分别了。"逐"的对象可以是人，例如，《左传·隐公十一年》："公孙阏与颍考叔争车，颍考叔挟辀以走，子都拔棘以逐之。"《汉书·李广传》："其先曰李信，秦时为将，逐得燕太子丹者也。""追"的对象也可以是兽，如《孟子》："如追放豚。"

逐这种狩猎方式所"逐"之兽有鹿、麋、麂、豕、兕、虎、兔、燕、米（粲）等。逐的参与者有王，子汰（《合集》7075 反、《合集》10314），侃（《合集》10261、《合集》10262、《合集》10263、《合集》10264、《合集》10631），弔（《合集》10294），子央（《合集》10405 正、《合集》10406 正），归（《合集》10967），子□（《合集》10645），萪（《合集》10927、《合集》10928），雀（《合集》10202），𠦪（《合集》390），亢（《合集》10302 正），良（《合集》10302 正、《合集》10306、《合集》10386、《合集》10501、《合集》10505），小臣（《合集》10405 正、《合集》10406 正），多羌（《合集》154），多子（《合集》3243、《合集》3244、《合集》3245、《合集》3246、《合集》3250、《合集》3251、《合

---

① 姚孝遂：《甲骨刻辞狩猎考》，《古文字研究》第六辑，中华书局，1981 年。
② 杨树达：《积微居甲文说》，第 15 页，中国科学院出版社，1954 年。

集》3253、《合集》10302）等。例如：

〔乎〕多子逐鹿。《合集》3243

贞：乎多子……《合集》3244

壬申卜……率乇……多子……《合集》3245

□□卜，贞：今四月多子步画。《合集》3246

丙子卜，贞：多子其延 教邑，不莃大雨。《合集》3250

□□〔卜〕，争，贞：……以多子……《合集》3251

……羽……多子……获……《合集》3253

（1）贞：多子不其获……允……

（2）多子获。

（3）……〔多子〕……〔告〕……《合集》3242

由"逐"的参与者多羌、多子这些集合称谓可知，"逐"是有一定规模的围猎形式，参加者很多，这些人不可能齐头并进地追逐某一类动物，必定是各有其位，分进合击，形成围追堵截之势。《缀》176辞曰：

其逐皂，自西、东、北，亡灾？自东、西、北逐沓鹿，亡灾？

该辞卜问："自西、东、北逐麋鹿不会有灾祸吧？自东、西、北逐沓地之鹿不会有灾祸吧？"由此可知，逐沓地之鹿所采用的是由西、东、北三个方向围追，给鹿留出南面一条路。笔者年少时参加的张网捕兔的狩猎行动也是如此，不过留给野兽的绝不是可以逃生之路，而是通向死亡之网，此版的情形可能也是如此。

逐的地点有万（《合集》10950），而（《合集》10201），丧（《合集》10927、《合集》12928、《合集》10929），东（《合集》10927），磬（《合集》10500），敝（《合集》10405 正、《合集》10406 正、《合集》11446），莫（《合集》10227），画、夫（《合集》10302），元（《合集》10301），蚰（《合集》10950、《合集》10951），𢀡（《合集》10229），甬（《合集》10244、《合集》10343），

䍸（《合集》11009），𧈒（《合集》10937 正），𦥑（《合集》14295），商（《合集》21160），沚（《合集》10503）等。

3. 焚

所谓"焚"，即火田，即王筠《说文句读》所谓："烧宿草以田猎也。"由前引汪宁生《说田猎》可知，上古火田可得垦田与狩猎双重之便。故《尔雅·释天》曰："冬猎为狩，火田为狩。"火田这种狩猎方式，纵火山林，野兽无从逃遁，可得聚而猎之，故所获数量多，且有大型动物，甲骨文所反映的情况即是如此：

（1）贞：翌辛亥王出。

（2）……擒。

（3）翌戊午焚，擒。

（4）戊午卜，殼，贞：我狩麓，擒。之日狩，允擒。〔获〕虎一、鹿四十、狐〔二〕百六十四、麑百五十九。𧈒赤𧈒友二赤□四□。《合集》10198

（1）翌癸卯其焚，擒。癸卯允焚，获……兕十一、豕十五、虎□、兔廿。

（2）翌癸卯勿〔焚〕。

（3）贞：于甲辰焚。

（4）勿于甲。

（5）于甲〔辰〕焚。

（6）〔勿〕于〔甲〕焚。《合集》10408 正

……焚兕……𠂤……师……月。《合集》10691

于己□焚𪊕，擒有兕。《屯南》4462

这种狩猎方式有利有弊，有得有失。其好处如《大司马·仲春田猎》云："火弊献禽以祭社。"郑氏云："春田主用火，因除陈生

新。"① 然弊端更为明显，《吕氏春秋·义赏》即云："焚薮而田，岂不获得，而明年无兽。"这种"焚林而田，竭泽而渔"（《淮南子·本经训》语）的田猎方式对于人类自身无异于双刃剑，《韩非子·难一》指出："焚林而田，偷取多兽，后必无兽；以诈遇民，偷取一时，后必无复。"古人对于这一点也有清醒的认识，所以《礼记·王制》对田猎有种种严格规定："天子不合围，诸侯不掩群。"《礼记集说》亦云："田不可废，亦不可过。唯不可废，故无事则必田，无事而不田，是不知事神接人之道，斯为不敬也。唯不可过，故其田必以礼，田而不以礼，是荒于田猎，斯为残暴天所生之物也。天子不合围，诸侯不掩群，天子杀则下大绥，诸侯杀则下小绥，大夫杀则止佐车，佐车止则百姓田猎。"长乐陈氏曰：《春秋传》曰："惟君用鲜，众给而已。是天子诸侯有四时田猎之礼，士大夫不与焉。故郑丰卷将祭请田而子产止之也。"严陵方氏曰："用大者取愈广，位卑者禁愈严。"《王制》曰："禽兽不中杀，不粥于市。"《穀梁》曰："不成禽不献，则士不取麛卵可知矣。"②《礼记·王制》还说："昆虫未蛰，不以火田。"为防止随便火田，还设置了掌行火令之官，名曰司爟，《周礼·夏官·司爟》云："司爟，掌行火之政令，四时变国火，以救时疾。"③"凡国失火，野焚莱，则有刑罚焉。"与火田相关的甲骨文中还有 字，过去大家认为此字与 是一个字，都释作"焚"。姚孝遂先生认为这两种形体在结构上很难说就是一个字。姚先生把前者读作"爇"，将后者读作"焚"，他的看法是卜辞的围猎，通称田"狩"，围而驱之，不执火曰"逐"，执火则曰"爇"，火田则曰"焚"。④ 姚先生意见值得重视。

①　孙诒让：《周礼正义》第九册，第 2401 页，中华书局，1987 年。
②　见《四库全书》本。
③　孙诒让：《周礼正义》第九册，第 2393 页，中华书局，1987 年。
④　姚孝遂：《甲骨刻辞狩猎考》，《古文字研究》第六辑，中华书局，1981 年。

第十一章　逞欲畋鲛：殷商渔猎之研究

一　商代贵族畋渔动机及其鱼类资源

渔猎与田狩一样是早期人类获得肉类食物的主要方式之一。但是，从甲骨刻辞来看，渔猎卜辞不足 150 版，赶不上田狩卜辞的一个零头。可见，渔猎在商人生活中已经不是一项必不可少的作业，渔猎之于商人只是生活的调适。

商代人们渔猎活动的目的，是以所从事人群的阶层不同而有别的。商王及其贵族们，狩猎的主要目的有三：一是游玩；二是军事训练；三是"获鲜"，用以祭神并饱口福。平民之渔猎，则更具有经济意义。杨宝成先生亦有见于此，他说："殷王的田猎与普通平民的渔猎活动的性质是不同的。前者是有逸乐享受性质，并有军事意义，平民的渔猎活动是其经济生活的一部分，对有些人来说，是谋生手段。"[①]

研究商代渔猎活动的资料，主要是借助于商晚期即安阳殷墟出土的甲骨文。地下出土资料和古文献也有一些，但都很简略，即便如此，我们仍可从中获得一些重要信息。如《史记·齐太公世家》记载着这样一段故事：

---

① 中国社会科学院考古研究所：《殷墟的发现与研究》，第439页，科学出版社，1994年。

　　吕尚盖尝穷困，年老矣，以渔钓奸周西伯。西伯将出猎，卜之，曰"所获非龙非口，非虎非罴。所获霸王之辅"。于是周西伯猎，果遇太公于渭之阳，与语大说，曰："自吾先君太公曰'当有圣人适周，周以兴。'子真是邪？吾太公望子久矣。"

　　吕尚、西伯皆临渭阳渔畋，其心境则完全不同。吕尚最终能够达到藉渔钓以奸西伯之目的，是因为他知道西伯素有渔畋之雅兴，并且他熟悉渭水之阳为西伯必去之地。[①]西伯昌渔畋不是为经济计，这一点用不着论证，商王畋渔之动机与西伯应无二致。

　　契刻在甲骨上的渔猎资料，记载的虽是商王及其贵族们"穷游观之娱，极畋渔之欢"[②]的情形，然在渔猎所获动物的种类、渔猎技术等方面，贵族与平民之间应无太大的差别。

　　殷商民族是生活在北方的农业民族，也许是自然环境的原因，殷人的鱼类知识远不及兽类知识丰富。虽然，甲骨文中也有十几个由鱼字组成的字体，但从中几乎看不出他们关于鱼的分类知识。在卜辞中鱼用作名词时一般只是类名而非专名，因此要想对殷代鱼类有所了解就不能不乞灵于出土实物和殷人留下的工艺美术资料。甲骨文中有一个从"屮"从"鱼"的"𩵋"字，杨升南先生读为"鲔"，该字鱼上所从，与侑祭之"侑"字的写法相同，[③]或依此之故，杨先生直接隶此字为"鲔"，这样隶定有字形依据，卜辞恒假"屮"为"有"。如果此字释读不误，此可谓殷人对鱼分类的确切证据。不过，此字或疑为"方国名"。[④]杨先生又举出出土实物为证，

---

①　此一节文字，说的虽是西伯、吕尚之事，然此时二人垂钓之事时代为晚商，故可视为殷人猎渔逐乐之宝贵资料。西伯昌作为一方侯伯，即常常出猎渔钓，那么，甲骨文所见渔猎卜辞之休闲性质也可于此获得证明。

②　语出晋葛洪《抱朴子·知止》。

③　杨升南：《商代经济史》，第 326 页，贵州人民出版社，1992 年。

④　徐中舒：《甲骨文字典》，第 1255 页，四川辞书出版社，1990 年。

1987 年春天，中国社会科学院考古所安阳工作站在小屯东北甲组建筑基址群中的一号灰坑中，出土一块鲟鱼的侧线骨版。①

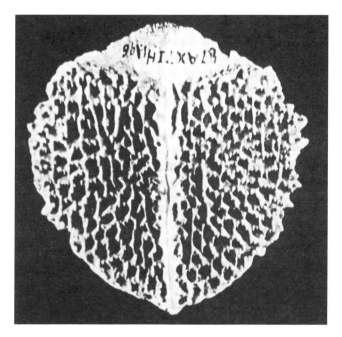

小屯 87XTH1 出土的鲟鱼骨片［采自《殷墟的发现与研究》1994 年，图版四六］

鲔是鲟鱼和鳇鱼的古称，汉焦赣《易林·泰之大壮》："水流趋下，远至东海。求我所有，买鲔与鲤。"明李时珍《本草纲目·鳞四·鲟鱼》："〔鲔〕其状如鳣，而背上无甲，其色青碧，腹下色白。其鼻长与身等，口在颔下，食而不饮。颊下有青斑纹，如梅花状。尾岐如柄。肉色纯白，味亚于鳣。"《周礼·天官·庖人》："春献王

① 中国社会科学院考古研究所：《1987 年安阳小屯村东北地的发掘》，《考古》1989 年第 10 期。

鲔。"孙诒让《周礼正义》:"王鲔,鲔之大者。《月令》季春:'荐
鲔于寝庙。'疏:'春献王鲔'者。《毛诗·周颂·潜》叙亦云'春
献鲔',郑笺云:'春鲔新来,献之者,谓于宗庙也。'注云:'王
鲔,鲔之大者。'《说文·鱼部》云:'鲔,鮥也。'《周礼》:'春献
王鲔。'《尔雅·释鱼》云:'鮥、鮛、鲔。'郭注云:'鲔,鳣属也。
大者名王鲔,小者名鮛鲔。'《诗·卫风·硕人》孔疏引陆机疏云:
'鲔鱼形似鳣而色青黑,头小而尖,似铁兜鍪,口在颔下,其甲可以
磨姜,大者不过七八尺,益州人谓之鳣鲔。大者为王鲔,小者为鮛
鲔。一名鮥,肉色白,味不如鳣也。'又云:'鳣鲔出江海,三月中
从河下头来上。'《水经·河水篇》郦注云:'巩县北有山临河,其
下有穴,谓之巩穴。直穴有渚,谓之鲔渚。'成公子安《大河赋》
曰:'鳣鲤王鲔,暮春来游。'"耀华按,郦道元所谓鲔渚,离安阳
不远,殷人所得鲟鱼的侧线骨版与此地有无关系,可引发无限怀想。
杨先生说"甲骨文中有捕获鲔的卜辞",[1] 他举以下两版为例:

　　　翌……豸……〔获〕鲔……《怀特》347[2]

　　乙未卜,贞:豸获鲔。十二月。允获十六。《合集》258

　　杨先生还说"鲟是一种大型经济鱼类,体长可达三米左右,重
可达千斤,其肉鲜美,卵呈黑色,是一种珍贵的食品。其鳔和脊索
可制鱼胶,此鱼周身是宝。在我国现存有三个品种:史氏鲟(又名
东北鲟),分布于黑龙江、乌苏里江;小体鲟和裸腹鲟,分布于新
疆;中华鲟又称扬子鲟和达氏鲟,仅分布于长江流域。[3] 这种有重要
经济价值的大型鱼类,商人一次竟能捕获16条之多,可见其捕鱼技
术已具有相当水平。但捕捉这种大型鱼也非易事,故捕鱼前要多次

---

① 杨升南:《商代经济史》,第 326 页。
② 此版似应隶为"……翌……豸……鲔𩵋……水……"。
③ 侯连海:《记安阳殷墟早期的鸟类·俯记》,《考古》1989 年第 10 期。转引自杨著第
　　326 页。

占卜问神，能否有所获。他举出《合集》5330 "□未卜，王，贞：三卜豸幸鲔" 为例，并说 "幸字象手枷形，即执、抓捕之义。'三卜' 是经过第三次占卜。第三次占卜才得到可以捕捉到鲔的吉兆，可见商人是常捕捉鲔这种大型鱼类的"。[①]

覆按《怀特》347 原拓，"鲔" 后还有 "᚛……水……" 两字，"᚛" 为祭名，"水" 前一字残，不知何水，然由此二字可知 "鲔" 或与献祭有关，正好与 "春献王鲔" 符洽。除此之外，以下两版与献祭也许不无关系。

□丑〔卜〕，贞：以鲔。《合集》9005

乙未〔卜〕，豸不……鲔。《合集》10494

与甲骨卜辞记载的情况相同，商代考古的渔猎资料也很有限。据古生物学家鉴定，在殷墟遗址中出土的鱼骨中有黄颡鱼、青鱼、鲤鱼、草鱼、赤眼鳟及鲻鱼等，"除鲻鱼是产于江海交汇地区需咸水外，其他五种皆仍为豫北所有之鱼，今仍见于河南北部地区，……此五种鱼类分布之广，即今日河南北部尚盛产之"。[②] 在河南省郑州市二里岗的商代遗址中，出土有陶石网坠、铜鱼钩等遗物。[③] 在江西新干商代大墓中出土鱼镖形器 15 件。有长式和短式两种。长式鱼镖形器 5 件。标本 XDM：259～263，状若单翼镞。前锋有棱，锋端尖锐，器身截面为菱形；单翼似钩，后铤截面为扁平的六边形。其中一件有节三对。通长 13.4～14.7、铤长 6.2～6.6 厘米。平均重 50 克（图六四，6；彩版三六，3）。短式鱼镖形器 10 件。标本 XDM：249～258，前锋立面也呈三角形，唯三角形前锋的一侧延长成单翼。通长 7.6、宽 2.6、铤长 4.2 厘米。平均重 20 克（图版四五，2）。[④]

---

① 杨升南：《商代经济史》，第 326 页，贵州人民出版社，1992 年。
② 伍献文：《记殷墟出土之鱼骨》，《中国考古学报》1949 年第 4 册。
③ 河南省文化局文物工作队：《郑州二里岗》，第 42 页，科学出版社，1959 年。
④ 江西省博物馆等：《新干商代大墓》，第 123 页，文物出版社，1997 年。

在河北藁城台西商代遗址中出土铜鱼钩 2 件，蚌鱼钩 1 件，陶质网坠 54 件，可分四式：（1）圆柱形，近两端处刻成对称的凹槽。（2）梭形，中有銎可以贯通。（3）两端细，中间粗，略呈腰鼓形，有銎贯通。（4）一端粗，一端细，略呈锥形，中有圆銎。① 在河南偃师商城商代早期王室祭祀遗址内，"有的单独使用牛头作牺牲，之后又埋入大量的鱼"。② 在湖北省沙市的周梁玉桥商代遗址中，出土有当时人们食后所抛弃的鱼骨，其种类除有黄河流域的鲤鱼、青鱼外，还有盛产于南方的大口鲇鱼和鳜鱼。③ 其他商代考古遗存的灰坑里也还有一些渔具遗物出土，不再一一赘述。

二　殷人的渔猎手段

由商代考古和甲骨卜辞知，商代人们所使用的捕鱼方法，大致有以下几种：

（一）网捕　《说文·网部》："网，庖牺氏所结绳以渔也。"在我国古典文献里大凡上溯自庖牺氏时代的都意味着历史渺远。的确，从考古材料看，我国至迟在新石器时代的仰韶、龙山文化等遗存中，就不断有网坠之类的网具出土。前已有述，甲骨文不仅有"网"字，由网组成的字不在 40 以下。可见，商代在网的制作和使用方面已具备相当丰富的知识。商代人懂得用网来捕获飞鸟和野兽，更懂得用它来捕鱼。在甲骨文中用网捕鱼的卜辞虽不多见，但鉴于商代遗址里每有渔网之网坠之类的渔具出土，殷民用网捕鱼殆无疑问。且甲

---

① 河北省文物研究所编：《藁城台西商代遗址》，第 61、83、86 页，文物出版社，1985年。
② 中国社会科学院考古研究所：《河南偃师商城商代早期王室祭祀遗址》，《考古》2002年第 7 期。
③ 彭锦华：《沙市周梁玉桥商代遗址动物骨骸的鉴定与研究》，《农业考古》1988 年第 2期（总 16 期）。

白鲟：Psephurus gladius

［据1999年，郭郛、李约瑟、成庆泰：《中国古代动物学史》］

骨文"𩵋"字就是张网捕鱼之象形，下列卜辞应与张网捕鱼有关：

　　□□〔卜〕，古，贞：幼𩵋，才（在）……《合集》52

　　丙戌卜，王，余□圣𩵋。《合集》10478

　　……〔𩵋〕。五月。《合集》10479

　　其𩵋。《合集》28427

　　其𩵋。《合集》28428

　　弜𩵋。《合集》28429

壬弜𤉲，其狩。《合集》28430

戊王……𤉲……

不擒。《合集》28432

弜𤉲。

……𤉲……有〔正〕。《屯南》3060

癸酉卜，宗其𤉲，其祝……《屯南》3062

……以𤉲……《怀特》1462

杨升南先生指出"《合集》10478 鱼字横刻，像手持网拦鱼，十分形象。……此字甲骨中常见，当是商人常采用的一种方法。从字形上观察，网作长条状，手持网的两端，当是一种'拦网'。这种网是用以拦截一定的水域，逐渐围收于岸边，以获取鱼。它是一种大型的、需多人合作的捕鱼方法"。[1]

前已述及，商代安阳及其周边地区自然生态与今大有不同，河流纵横，湖泊棋布。卜辞中有卜问至某水捕鱼者。例如：

叀滴𤉲，以……《合集》28426

弜至。

其𤉲，《合集》28427

"滴"即滴水，或曰滴，是今漳水，[2] 或曰是今沁水[3]。两说何者为确姑且不论，要之，商代先民常张网到河里捕鱼，此可谓确证。

从卜辞看，商王渔猎去的地方最多的是甫，甫也许是最早见于记载的中国皇家园囿。例如：

乙亥〔卜〕，囗，贞：其……𩥉衣于亘，〔不〕冓雨。十一月。才（在）甫鱼。《合集》7897

---

① 杨升南：《商代经济史》，第 328 页，贵州人民出版社，1992 年。

② 葛毅柳：《说滴》，《史语所集刊》第 7 本第 4 分册。杨树达：《积微居甲文说》卷下《释滴》，中国科学院出版社，1954 年。

③ 李学勤：《殷代地理简论》，第 13 页，科学出版社，1959 年。

贞：今日其雨。十月。才（在）甫鱼。《合集》14591

……皿……甫〔鱼〕。《合集》2941

贞：其〔风〕。十月。才（在）甫鱼。《合集》7894

贞：今其雨。才（在）甫鱼。《合集》7896

辛未卜，贞：今日鲞，庸。十一月。才（在）甫鱼。《合集》24376

武丁卜辞有一版记载，主管田猎的𢓜会不会捕获鱼3万。[1] 辞中没有提及捕鱼方法，想必亦是网捕，否则，要用其他方法捕鱼3万是很难想象的。当然，或许有人会想到竭泽而渔的方法，这种方法虽可获鱼至巨，然这与殷人的捕鱼制度是相悖的。详下节。

（二）垂钓　垂钓是很原始的一种捕鱼方法。这种方法从新石器时代历经商周以至于今，经久不衰。甲骨文中有字作𤉡、𣁽者，即便是不认识甲骨文的人，也一看便知其字是持竿垂钓（见《合集》48、《合集》8105、《合集》8108、《合集》10993、《合集》10994、《合集》24382、《合集》24383等），此字在甲骨文中常作为地名（见《合集》10993、《合集》10994、《合集》14149等）。这里大概是殷商贵族经常垂钓的地方。

钓鱼用的鱼钩，在商代遗址中常有发现，有铜、骨、蚌质制品。郑州二里岗出土的一件青铜鱼钩个体较大。[2] 前揭藁城台西出土的两件青铜鱼钩的钩尖上有倒刺，与今日用的鱼钩相同，其中一件长5.9厘米。图五四：15那件蚌鱼钩，在系绳处有一凹槽，钩上无倒刺。[3] 在山东省济阳县邝家村商代遗址中出土一件蚌质鱼钩，钩角成70度，高6.8厘米，宽3.2厘米，系绳处有凹槽两道，有明显的使用

---

① 癸卯卜，𢓜获〔鱼其〕三万不。《合集》10471。

② 河南省文化局工作队：《郑州二里岗》，第37页，科学出版社，1959年；《郑州商代遗址的发掘》，《考古学报》1957年第1期。又，河南省文物考古研究所编著：《郑州商城》，第620页，文物出版社，2001年。

③ 河北省文物研究所编：《藁城台西商代遗址》，第83、85、86页，文物出版社，1985年。

痕迹①。

（三）矢鱼　据《春秋》记载："五年春，公（鲁隐公）矢鱼于棠。"鲁隐公此举在当时颇具轰动效应。然关于此事不同的注家甚至同一注家却有不同的表述。"矢鱼"，《穀梁》作"观鱼"，《公羊》既作"矢鱼"又作"观鱼"，《左传》既作"观鱼"，又云"陈鱼"。兹抄录《左传》原文如下：

> 五年春，公将如棠观鱼者。臧僖伯谏曰："凡物不足以讲大事，其材不足以备器用，则君不举焉。君，将纳民于轨、物者也。故讲事以度轨量谓之轨，取材以章物采谓之物，不轨不物，谓之乱政。乱政亟行，所以败也。故春蒐、夏苗、秋狝、冬狩，皆于农隙以讲事也。三年而治兵，入而振旅。归而饮至，以数军实。昭文章，明贵贱，辨等列，顺少长，习威仪也。鸟兽之肉不登于俎，皮革、齿牙、骨角、毛羽不登于器，则公不射，古之制也。若夫山林、川泽之实，器用之资，皂隶之事，官司之守，非君所及也。"公曰："吾将略地焉。"遂往，陈鱼而观之，僖伯称疾不从。书曰"公矢鱼于棠"，非礼也，且言远地也。②

由于三家表述互歧，自此之后"矢鱼"一词便成了聚讼的焦点。有曰"矢鱼"为观鱼者。例如：

> 五年春，公矢鱼于棠。《公》《穀》并作"观"。左氏传：公将如棠观鱼者，臧僖伯谏曰："凡物不足以讲大事，其材不足以备器用，则君不举焉。君，将纳民于轨、物者也。故讲事以

① 熊违平：《济阳邝冢遗址出土商代蚌鱼钩》，《农业考古》1988 年第 2 期（总 16 期）。
② 杨伯峻：《春秋左传注》，第 42～45 页，中华书局，1990 年。

度轨量谓之轨，取材以章物采谓之物，不轨不物，谓之乱政。乱政亟行，所以败也。故春蒐、夏苗、秋狝、冬狩，皆于农隙以讲事也。三年而治兵，入而振旅。归而饮至，以数军实。昭文章，明贵贱，辨等列，顺少长，习威仪也。鸟兽之肉不登于俎，皮革、齿牙、骨角、毛羽不登于器，则公不射，古之制也。若夫山林、川泽之实，器用之资，皂隶之事，官司之守，非君所及也。"公曰："吾将略地焉。"遂往，陈鱼而观之，僖伯称疾不从。书曰："'公矢鱼于棠'，非礼也，且言远地也。"《公羊》传曰："棠者何？济上之邑也。"《谷梁传》传曰："常事曰视，非常曰观。礼尊不亲小事，卑不尸大功。鱼，卑者之事也，公观之非正也。伊川先生解："诸侯非王事，民事不远出，远出观鱼，非道也。"杜氏注："高平方与县北有武唐亭，鲁侯观鱼台。泰山孙氏曰：观鱼非诸侯之事也。天子诸侯无非事者动必有为也。"故孟子曰："天子适诸侯曰巡狩。巡狩者，巡其所守也。诸侯朝于天子曰述职。述职者，述其所职也。是故春省耕而补不足，秋省敛而助不给。"隐公怠弃国政，春观鱼于棠，可谓非事者矣。棠鲁地。①

　　五年春，公矢鱼于棠。左氏曰：陈鱼而观之。书曰"公矢鱼于棠"，非礼也，且言远地也。厚斋王氏曰："案《淮南·时则训》：'季冬，命渔师始渔，天子亲往射鱼。'则左氏陈鱼之说非矣。"陈仲蔚说："'公矢鱼于棠'，或谓'矢'如'皋陶矢厥谟'之'矢'。"朱子曰："便是乱说，今据传曰：则公不射。则矢鱼是将弓矢去射之，如汉武帝亲射江中蛟之类。何以见得？夫子作《春秋》，征只书征伐，只书伐不曾恁地，下一字'遂往，陈鱼而观之'，这几句却是左氏自说，据他上文则无此意。"

愚谓左氏云："则公不射"，本为鸟兽而言耳。陈鱼固不可通，矢鱼亦未必当。不若从《公》《穀》"观鱼"为简易也。《公羊》曰："何以书？讥何？讥尔远也。公曷为远？而观鱼登来之也。百金之鱼公张之登来之者何？美大之之辞也。棠者何？济上之邑也。案书观鱼于棠，讥其弃国政而事游观也，非特讥远而已。登来以下，辞尤缪，至何氏谓耻与百姓争利，故讳使若以远观为讥，则穿凿甚矣。"《穀梁》曰："常事曰视，非常曰观。"视与观之别，非字训。孔子曰："非礼勿视"，非礼即非常也，未尝不曰视也。①

有曰"矢鱼"为陈鱼者，例如：

经：五年春公矢鱼于棠。注：书陈鱼以示非礼也。书棠，讥远地也。今高平方与县北有武唐亭，鲁侯观鱼台。疏注正义曰："陈鱼者，兽猎之类。"谓使捕鱼之人陈设取鱼之备，观其取鱼，以为戏乐。非谓既取得鱼而陈列之也。其实观鱼而书陈鱼者，国君爵位尊重，非搜狩大事，则不当亲行。公故遣陈鱼而观其捕获，主讥其陈，故书陈鱼，以示非礼也。传曰："非礼也，且言远地"，故知书棠讥远地也。②

有曰"矢鱼"为"百金之鱼公张之"者，例如：

《春秋》"矢鱼"，《易》称"射鲋"，似矢鱼者，射鱼也。然《易林》曰："操笥拕狸，荷弓射鱼，非其器用。自令心劳。"言捕狸不以笥，罔鱼不以弓，则古无射鱼之事矣。《公

---

① 《四库全书·经部·春秋类·三传辨疑·卷一》。
② 《四库全书·经部·春秋类·春秋左传注疏·卷二》。

羊》云："百金之鱼公张之。"张之者，谓张大之。齐语名为登来，登来者，美大之之辞也。或引汉武射蛟为证，岂其然乎？①

有曰"矢鱼"为射鱼者，例如：

《公羊》《穀梁》皆作"陈鱼"。左氏作"矢鱼"。杜预解"矢"义遂以为"陈"，盖见《公》《穀》作"陈"，而左氏云"遂往陈鱼而观之"故云尔。非也，矢无陈义，如"皋陶矢厥谟"之矢，乃训直而不隐，审曰"观鱼"字当为"渔"，不当为"鱼"。《月令》季冬之月"命渔师始渔，天子亲往，乃尝鱼，先荐寝庙"。使观而得，礼亦何伤乎？盖古者祭必亲射牲，故各因四时之田而取之。《大司马》所谓"遂以蒐田献禽以祭社"之类是也。而臧僖伯谏隐公，始言"春蒐、夏苗、秋狝、冬狩，皆于农隙以讲武"事。末言"鸟兽之肉不登于俎，皮革、齿牙、骨角、毛羽不登于器，则公不射"，射之为言，盖矢也。岂隐公本以观鱼不因于狩，而假射牲以为之名乎？则观正当为矢，不当言陈，是于义虽无大利害，然亦以见先儒不晓经旨，而以意揣量者每如此。微僖伯之言则无以考也。《周官·射人》："祭祀，则赞射牲，相孤卿大夫之法仪。"司弓矢共射牲之弓矢，《外传》载楚观射父之言曰："天子郊禘之事，必自射其牲。""诸侯宗庙之事，必自射其牛。"所谓法仪者，于礼无见。独《公羊》《穀梁》载四时之田，有上杀、次杀、下杀之辨。以为惟所先得，一为干豆，二为宾客，三为充君之庖。田猎之获，亦以共宗庙，则凡祭而射牲，宜皆若是也。盖祭祀之牲，充人掌之，皆系于牢，所谓"执其鸾刀，以启其毛，取其血膋"者，

① 《四库全书·经部·易类·惠氏易说·卷五》。

已杀之事也，将祭，必先射而杀之，取其身自为，犹主后夫人之春粜盛也。矢鱼于棠，吾证僖伯之言，以矢为射，盖以是知古之牲必射也。①

"五年春，公矢鱼于棠。""五年春，公将如棠观鱼"者，经书"公矢鱼于棠"，《公羊》《穀梁》以为"观鱼"，今传亦以为观鱼，盖传不晓矢之义，误训为陈，故曰陈鱼而观之。若然当云"观鱼"不得言"矢鱼"。古者，祭，君必亲射牲，田而获禽，亦以共祭。今公以春行则冬田之时也，盖欲因冬田射鱼为名，而纵其淫猎。然鱼亦非所射也，故臧僖伯以不射为谏。矢者，射也。以鱼为非所射，则固"矢鱼"非"观鱼"也。②

"五年春，公矢鱼于棠。"矢鱼者，射鱼也。何以知其射鱼也？观左氏载臧僖伯之谏，其专及于搜田狝狩，治兵振旅，末云"鸟兽之肉不登于俎，皮革、齿牙不登于器，则君不射，古之制也"。以是知其为射鱼也。隐于当时必驱役兵徒，远至于棠之地，如韩愈氏驱《鳄鱼文》所谓。"选才技吏民，操强弓毒矢，与鳄鱼从事"者是也。然韩子志于除害，而棠之役何为哉？恣情纵欲极于乐而已矣。后世如秦始皇幸琅琊，候大鱼出而射之。汉武帝自寻阳亲射蛟江中，皆鲁隐之为也。③ "公矢鱼于棠"，矢，《公》《穀》作"观"。杜注：矢，陈也，设，张也。谓张施捕鱼之备，而观其所获，与《庄子》濠上观鱼，祗视其游泳不同，故此经，有策书载臧僖伯谏词一百六十余字，皆《公》《穀》所未见者，若止观鱼，则僖伯此谏为多事矣。且既有谏词，则其语自有着落。谏明以搜苗狝狩与山林川泽之实为捕鱼发论，则自非观看之谓，杜甫《观打鱼歌》不得谓观鱼歌

① 《四库全书·经部·春秋类·春秋考·卷五》。
② 《四库全书·经部·春秋类·春秋三传谳·春秋左传谳·卷一》。
③ 《四库全书·经部·春秋类·春秋通说·卷一》。

也。又且简书与策书照应，策书明曰"遂往陈鱼而观之"，即又述简书一语，书曰"公矢鱼于棠"，书者简书，即此经也。然则经本如是矣。[1]

"公矢鱼于棠。"朱文公曰："据传曰，则君不射，是以弓矢射之，如汉武亲射蛟江中之类。"按《淮南·时则训》："季冬，命渔师。始渔，天子亲往射渔。"则左氏陈鱼之说非矣。[2]

"矢鱼于棠。"辛酉秋，因如鄱阳阅三十六家春秋解，若注"矢鱼于棠"虽累数说不透，皆以矢为观，非也。使其以矢为观，当时何不直书其事而乃云云。若是，盖有深意存焉。余尝谓，矢者，射也。正《周礼》所谓"矢其鱼鳖而食之"是也，推而上之，若"皋陶矢厥谟"亦射义也。释《书》者类训直又非。"周道如砥，其直如矢，"乃诗人比喻之辞，故可以云直，若《书》之"矢谟"，《春秋》之"矢鱼"，皆出于任意而为之，故可以云射，自"皋陶有矢谟"之说，而后董仲舒有射策之文，君子于此可以意推，不可以例观也。[3]

矢鱼于棠，诸家皆以为陈鱼而观之。宋人《萤雪杂说》独引《周礼》"矢其鱼鳖而食之"之义，以为矢者射也。按秦始皇以连弩候大鱼出射之，汉武亦有巡海射蛟之事，以矢射鱼，本是古法，援以说经，最为典切。[4]

有错综陈鱼、射鱼者，例如：

"五年春，公矢鱼于棠。"左氏曰"矢鱼"，《公》《榖》曰

---

① 《四库全书·经部·春秋类·春秋简书刊误·卷一》。
② 《四库全书·经部·五经总义类·经稗·困学纪闻·卷七》。
③ 《四库全书·子部·杂家类·杂纂之属·说郛·卷十五上》。
④ 赵翼：《陔余丛考》，第41页，河北人民出版社，1990年。

"观鱼"，矢之为言陈也，陈鱼而观之，其实一也。说者谓矢鱼者，射鱼也。其说亦通。《灵台》之诗曰："王在灵沼，于牣鱼跃。"言文王有仁德，而其民乐之也。使隐公知此意能与民同乐，则民乐其有鸟兽鱼鳖矣，何至远去国都陈鱼而观之，礼失地远，春秋语讥之。①

面对古注纷纭异说，杨伯峻先生支持"矢鱼"为"陈鱼"说，他在《春秋左传注》中云：

> 矢，陈也。孔疏云："陈鱼者，兽猎之类，谓使捕鱼之人，陈设取鱼之备，观其取鱼以为戏乐。"朱熹《语类》、俞成《萤雪丛说》、邢凯《坦斋通编》、黄仲炎《春秋通说》、叶梦得《春秋考》、王应麟《困学纪闻》卷六上以及毛奇龄《简书刊误》、赵翼《陔余丛考》卷二据《传》"则公不射"之文，又据它书射鱼之事，因谓矢鱼为射鱼，《静簋》云"射于大池"尤可证。但《传》文明云"陈鱼而观之"，则矢仍当训陈。周祖谟《问学集·审母古读考》亦谓"矢，古与陈声相近"。《传》云"则公不射"，只属上文"鸟兽之肉"而言，与矢鱼无关。《公羊》《穀梁》"矢鱼"作"观鱼"，臧寿恭《左传古义》云："陈鱼、观鱼，事本相因，故《经》文虽异，而《传》说则同。"《史记·鲁世家》作"观渔于棠"，"鱼"作"渔"，盖以渔解鱼，鱼为动词。《诗·小雅·采绿》"其钓维何？维鲂及鱮。维鲂及鱮，薄言观者"，亦见古有观鱼。②

尽管《静簋》有"射于大池"之言，但杨先生还是主张训"矢

---

① 《四库全书·经部·春秋类·春秋讲义·卷一上》。
② 杨伯峻：《春秋左传注》，第 39 页，中华书局，1990 年。

鱼"为陈鱼，颇令人困惑不解。其实，上古确有射鱼之俗，射鱼之具，或用弓箭，或用矛叉，古代文献屡有提及，例如：

《说苑·正谏》：吴王欲从民饮酒，伍子胥谏曰："不可，昔白龙下清冷之渊化为鱼，渔者豫且者射中其目，白龙上诉天帝，天帝曰：'当是之时，若安置而形？'白龙曰：'我下清冷之渊化为鱼。'天帝曰：'鱼，固人所射也，若是，豫且何罪？'……"《周礼·天官·鳖人》："以时籍（cè）鱼鳖龟蜃凡狸（mái）物。"郑玄注引郑司农曰："籍谓以杈刺泥中搏取之者。"①《后汉书·马融传》："乃命壶涿，驱水蛊，逐罔蜽，灭短狐，籍鲸鲵。"《国语·鲁语》："猎鱼鳖以为夏犒。"猎，音（zé），谓以矛叉刺取，唐陆龟蒙《渔具》诗序："筌之流曰筒、曰车，横川曰梁，承虚曰笱，编而沈之曰箄，矛而卓之曰猎。"《列子·仲尼第四》："长幼群聚而牢籍庖厨之物，奚异犬豕之类乎？"②籍，殷敬慎《释文》谓："籍，本作籍，以竹木围绕。又刺也。"孙诒让按："籍乃《西京赋》所谓叉簇之所换㹔（chù）。"《初学记·渔部》引《纂文》云："铦（xiān）铁有钜，施竹头，以之掷鼋鼍。"疑即所谓杈矣。③

另《易·井》还有"射鲋"之语。④《宋史》云：丁琏"跂而射鱼"。唐诗："澄潭晴日射游鱼"。李商隐《射鱼曲》云："思牵弩箭磨青石，绣额蛮渠三虎力。"是皆用竹弓筈镞以射之。今滦河鲫鱼

---

① 孙诒让：《周礼正义》，第305页。
② 《列子》，第24页，辽宁教育出版社，1998年。另，《四库全书》子部，道家类，列子，卷四。
③ 孙诒让：《周礼正义》，第306页，中华书局，1987年。
④ 《易·井》："井谷射鲋，甕敝漏。"高亨注："井谷尤井口也。山口出水谓之谷，故井口谓之井谷。鲋，小鱼名。甕，汲水瓶。敝，破也。爻辞言：从井口以弓矢射井中之小鲋鱼，不能中鱼，反而穿其甕，甕以破漏矣。此比喻人行事所用之手段不适合客观条件，以致失败。"耀华按"井谷射鲋"虽然效果不佳，然射鱼之俗在上古确实存在于此可证。

用射。① 这些文献年代虽然稍后，然上古捕鱼的许多方法沿用至今也没淘汰，尤其为大家所熟知的是网捕。笔者在北戴河旅游时还见到一老妪，在其鱼塘边，摆设弓箭，供游客射鱼，此可谓上古矢鱼习俗之孑遗。要之，矢鱼技术相当古老，殷商时代亦有此法。中国历史博物馆 2003 年入藏的殷商作册般鼋可以说是上古矢鱼之物证。器作鼋形，首尾四足伸出，颈侧及盖上插有四箭，都只外露箭羽。从制造工艺看，鼋体系一次铸成，箭为分铸，仅有尾端，嵌接在鼋表面的凹穴内，表示箭已深入鼋体。② 鼋背甲还有四行铭文：

　　丙申，王狩于洹，获。王一射，狃射三，率亡（无）法（废）矢。王命寝馗贶于作册般，曰：奏于庸，作女（汝）宝。

　　铭文大意是，商王于丙申日到洹水渔猎，获得一鼋，以矢射鼋，箭无虚发，四射皆中。商王命令寝馗将此赐予作册般，作册般作此器以纪念之。③ 鼋，即大鳖，又有甲鱼、团鱼、元鱼等俗名，古人把它与鱼视为同一属类。《左传·宣公四年》："楚人献鼋于郑灵公。"《楚辞·九歌·河伯》："乘白鼋兮逐文鱼。"王逸注："大鳖为鼋，鱼属也。"这与唐陆龟蒙《渔具》所载"矢鱼"之事完全吻合。④

　　由此可知，鲁隐公并非是中国矢鱼的始作俑者。回过头来再说说矢鱼、观鱼、陈鱼的训释问题，我们认为矢鱼、观鱼、陈鱼之间

---

① 见《四库全书·经部·春秋类·春秋辩义·卷二》。
② 关于作册般铜鼋，详李学勤《作册般铜鼋考释》，朱凤瀚《作册般鼋探析》，王冠英《作册般铜鼋三考》三文，三文皆刊于《中国历史文物》2005 年第 1 期。
③ 董珊先生在《从作册铜鼋漫说"庸器"》指出："铭文'获'在'射'之前，此鼋可能是先被捕获，之后用来作射箭之鹄的，而并非射取。"见《古代文明研究通讯》，总第 24 期，2005 年 3 月。耀华按，不管先获后射，还是射后获得，总之都要以箭射之，也就是说商代有矢鱼之俗，此为明证。
④ 陆龟蒙《渔具》诗序："编而沉之曰箄，矛而卓之曰矠，棘而中之曰叉，镞而纶之曰射……噫！矢鱼之具也如此，予既歌之矣；矢民之具也如彼，谁其嗣之！"

殷商作册般铜鼋

的训释并非不可调和。射鱼是方法，陈鱼是步骤，观鱼是目的。陈
鱼可以理解为展示获鱼之成果，也可以理解为陈列射鱼之鹄，射鱼
的目的可能是行祭射礼，也可能仅是游戏而已。我们不否认作册鼋
之矢鱼有行射礼之可能，但从臧僖伯力谏鲁隐公来看，鲁隐公之矢
鱼就是为了巡游观览渔猎之盛况。

　　如果我们把矢鱼、陈鱼、观鱼综合理解不误，我们就可以说，
现在不仅能够看到商王矢鱼之实物，而且还可以从甲骨文中读到殷
人自己记载的商王矢鱼之活动，请看下例：

　　庚寅卜，翌日辛王兑省鱼，不冓雨。吉《屯南》637

　　卜辞之"省"，即为省田、省狩，前已有述，不再赘言。上辞中
所谓"省鱼"亦即"观鱼"也。此与作册鼋相互为证，商王亦矢鱼
可谓信而有征矣。

殷商作册般铜鼋铭文

　　杨升南先生还指出"甲骨文中有时称捕鱼为'狩'①，'狩'字从犬从干，是一田猎用词，一般以犬追逐而以弓箭射杀猎物，所以'狩鱼'当即是以弓箭射鱼"。杨先生举出的例证是：

　　　　戊寅……王狩膏鱼，擒。《合集》10918②

　　　　□□卜，宾，贞：翌乙亥……狩鱼……《巴》6

　　"狩鱼"确有可能如杨先生所说，"是以弓箭射鱼"。③《说苑·

---

① 赵诚先生也说："从商代的现实来看，表示捕鱼的意思可以用'狩'字，也可以用'鱼'字。用'狩'字是从捕捉之义扩展而来，用'鱼'字，是因为捕捉的是鱼，所以都有一定道理。但从词义系统的构成来看，却不太合理。因此，后代的狩不兼指捕鱼。鱼也只用作名词。捕鱼之义用渔来表示。"《甲骨文简明词典——卜辞分类读本》，第339~340页。

② 《合集》10918拓本不晰，过去一般隶定为"王狩膏鱼"，认为"膏"与"鱼"当连读，为商王之田猎地名。《合集》28188有"自濩至于膏，亡灾。大吉"之语，可见"膏"地离"濩"不远。

③ 杨升南：《商代经济史》，第330~331页，贵州人民出版社，1992年。

正谏》有"鱼，固人所射"之语，意思是说鱼本来就应该被人射，当然，射鱼的工具有多种，或用刀叉，或用镖枪，或用弓箭。据清黄树璥所著《番社采风图考》载："社番（高山族）颇精于射，又善用镖枪，上镞两刃，杆长四尺余，十余步取物如携。尝集社众，操镖夹矢，循水畔窥游鱼，噞响浮沫，或扬鬐曳尾，辄射之，应手而得，无虚发。便生噉之……"① 社番操镖夹矢射鱼，可为新干大墓出土的鱼镖作注脚，商代有射鱼之术，无可置疑。

（四）筌鱼　杨升南先生指出"在殷墟甲骨文中也有用筌捕鱼的卜辞"。他所举出的筌鱼卜辞如下：

甲子卜，宾，贞：卓㓝在疾，不从王古。《合集》9560

□□卜，□豙□［卓］㓝鱼。《合集》10474

杨先生认为"《合集》9560'在'字前一字，《合集》10474'鱼'字前一字，均象鱼筌在水中，乃是用筌捕鱼的写照，反映商时人曾使用这种方法捕鱼"。② 杨先生释"筌"之字，孙海波疑为古"潭"字。董作宾疑为"酬"字，郭沫若云近是。于省吾释为"酒"。③ 从字形看，此字从水从西，与于说吻合。此字当不当释筌似有考虑的空间。不过，即使此字不是筌字，我们还是相信，筌鱼当为殷人使用之常法。筌又称为筍，竹制，有逆向钩刺。《说文》："筍，曲竹捕鱼具也。从竹句，会意。句亦声。承于石梁之孔，鱼入不得出，又有以簿为梁筍承之者，谓之寡妇之筍。"《广雅·释器》："篝、筌谓之笓。"王念孙《广雅疏证》引《玉篇》曰："'筌，捕鱼筍也。'字亦作荃。《庄子·外物篇》云：'荃者所以在鱼，得鱼而忘荃。'"1958 年在浙江吴兴钱山漾的新石器遗址中出土了二百多件

---

① 黄树璥：《番社采风图考》，王世庆主编《台湾文献丛刊》第 89 种，台湾银行经济研究室，1961 年。

② 杨升南：《商代经济史》，第 331 页，贵州人民出版社，1992 年。

③ 于省吾主编：《甲骨文诂林》，第 1275～1276 页，中华书局，1996 年。

竹编器物，有箩、筐、席、竹绳等，其中还有捕鱼的"倒梢"。① 所谓"倒梢"即笱筌之类的渔具。不惟新石器时代有鱼笱，周代人也在使用，《诗·邶风·谷风》："毋逝我梁，毋发我笱。"《诗·齐风·敝笱》："敝笱在梁。"《庄子·胠箧》："钩饵罔罟罾笱之知多，则鱼乱于水矣。"笔者儿时也还用筌捕鱼。殷商前后皆用笱筌捕鱼，若说商代不知筌鱼之法，孰能信之？

筍筌捕鱼
［据郭郛、李约瑟、成庆泰《中国古代动物学史》］

（五）鸬鹚捕鱼　　鸬鹚俗称鱼鹰、乌鬼、水老鸦。明李时珍《本草纲目·禽一·鸬鹚》："鸬鹚，处处水乡有之。似鹍而小，色黑。亦如鸦，而长喙微曲，善没水取鱼，日集洲渚，夜巢林木，久

① 浙江省文物管理委员会：《吴兴钱山漾遗址第一、二次发掘报告》，《考古学报》1960年第 2 期。该报告称为"倒梢"，即鱼筌。

则粪毒多令木枯也。南方渔舟往往縻畜数十，令其捕鱼。"利用鸬鹚捕鱼在我国至少已有 7000 年的历史，在 1973 年发现的河姆渡遗址中即发现有鸬鹚的遗骨。[①] 1978 年，在河南临汝阎村仰韶文化墓葬中，出土了一件陶缸，其上绘有一件石斧和一只叼鱼之鸟。[②] 这幅图或名之为"鹳鱼石斧图"，或名之为"鸬鹚叼鱼图"。[③]

殷墟甲骨文中无鸬鹚之名，然在殷墟妇好墓中随葬的玉器中有一件造型精美的玉鸬鹚，绿色，有黄斑，圆雕。作伏状。大圆眼，喙弯胸前，双翅并拢，两足屈于翼下。胸部有对穿的孔，可佩戴。高 2.6、长 5 厘米。[④] 正如杨升南先生所说的那样，玉鸬鹚的出土当是殷人驯养了它们作为捕鱼之用的反映。一项生产技术是代代相传承的，新石器时代的人们已知驯养鸬鹚捕鱼，商代的人们当会传下这一技术的。[⑤]

三　殷历与殷代的畋渔制度

杨升南先生指出，商代人们已有保护鱼类资源、合理开发利用的意识。甲骨文中有关捕鱼的卜辞，大多在九月到十二月。[⑥] 他举 10 版系月渔猎卜辞为证，指出"商人捕鱼多在 9～12 月进行，特别是 10～12 月为多。古时人们很重视'顺时取物'的自然规律"。

---

① 浙江省博物馆自然组：《河姆渡遗址动植物遗存的鉴定研究》，《考古学报》1978 年第 1 期。
② 临汝文化馆：《临汝阎村新石器时代遗址调查》，《中原文物》1981 年第 1 期。
③ 吴诗池：《从考古资料看我国史前的渔业生产》，《农业考古》1987 年第 1 期（总第 13 期）。
④ 中国社会科学院考古研究所：《殷墟妇好墓》，第 170 页，文物出版社，1980 年。
⑤ 杨升南：《商代经济史》，第 332 页，贵州人民出版社，1992 年。
⑥ 杨升南：《商代经济史》，第 333 页，贵州人民出版社，1992 年。

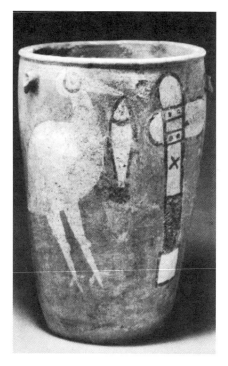

仰韶文化"鹳鱼石斧图"〔据 1984 年版《中国美术全集》〕

在全部渔猎卜辞中注明月份者共计 28 版（不计重版），①兹列举如下：

　　丙戌卜，王，余□圣𩵋。

　　〔丁〕亥卜，王……𦥑……〔伐〕……一月。《合集》10478

　　丙寅卜，贞：翌丁卯𩵋，益𥄕。六月。《合集》26765

　　□□〔卜〕，出，〔贞：〕……庚……〔𩵋〕，益。之日允𩵋。六月。《合集》26773

---

① 杨先生所举的《合集》17894 不是渔猎卜辞，《合集》17894 辞为"……自……菁……百……"。《商代经济史》，第 333 页，贵州人民出版社，1992 年。

丙寅卜，出，贞：翌丁卯鲛益兽，六月。《怀特》1268

……〔鲤〕。五月。《合集》10479

（1）□□卜，□豕□〔卓〕冎鱼。

（2）丁未……木蔑乎……

（3）甲寅卜，王，叀蔑示哭。五月。《合集》10474

……羊〔鲛〕……阶……允……五月。《合集》17987

……大……□午鲛益兽，之日允……六月。

……方庸……《合集》18802

……保于母辛冏宮彫……之日不鲛。六月。《合集》23432

□□〔卜〕，出，〔贞：〕……庚……〔鲛〕，益。之日允鲛。六月。
《合集》26773

（1）……鲛……

（2）贞：……蕣……一

（3）贞：不其……

（4）贞：不衣其……七月。《合集》18813

□未〔卜〕，鱼……沁……擒……八月。《合集》22370 ＝《合
补》7248

庚寅卜，贞：翌辛卯王鲛爻，不雨。八月。《合集》6

乙卯卜，丙豕出鱼不，沁。九月。《合集》20738

贞：其〔风〕。十月。才（在）甫鱼。《合集》7894

贞：今日其雨。十月。才（在）甫鱼。《合集》14591

丙寅〔卜〕，□，贞：……鲛……十月。《合集》18810

（1）贞：丁旁户剥亡勾。

（2）贞：来丁巳易日。十月。

（3）贞：翌丁卯鲛益兽。

（4）贞：〔翌〕丁卯不其鲛。之日允不□。《合集》18803

（1）丙寅卜，卜出，贞：翌丁卯鲛，益兽。

（2）壬申卜，出，贞：丁宁户凶亡匃。

（3）辛卯卜，贞：来丁巳易日。十月。

（4）贞：不其易日。□。《合集》26764＝《怀特》1267

□□〔卜〕，□，贞：不其䰻。十月。《合集》26791

癸巳卜，〔贞：〕翌乙未〔䰻〕，益𥎞。十□月。《合集》40800

……王渔。十月。《合集》10475

……𥎞……王渔。十月。《合集》10476

辛未卜，贞：今日䰻，庸。十一月。才（在）甫鱼。

《合集》24376＝《合集》18804

乙亥〔卜〕，□，贞：其……𥎞衣于旦，〔不〕冓雨。十一月。才（在）甫鱼。《合集》7897

□卯卜，出，〔贞：〕今日䰻……之日……十一月。《合集》24147

乙未卜，贞：豖获𥎞。十二月，允获十六。《合集》258

为便于更清楚地观察卜辞渔猎月份分布情况，列表如下：

卜辞月份	1	2	3	4	5	6	7	8	9	10	11	12
鱼								1	1	2	2	
渔										2		
𥎞	1				1							2
䰻					1	6	1	1		5	1	
合	1				2	6	1	2	1	9	3	2

　　＊上表中的"渔"是指王渔之动词渔，不包括子渔之名词渔。商承祚、姚孝遂皆认为"䰻"相当于现在的"渔"字。见《甲骨文字诂林》P. 1750

　　由上表知，以捕鱼次数由多到少依次是10月9次；6月6次；11月3次；12月2次；5、8月各2次；1、7、9月各1次；2、3、4月无。这个结果与杨说略有出入。

　　通过统计，杨先生发现商时的人们已注意合理利用资源，也就是说商代也许已有休渔制度。兹将杨先生的相关论述转引如下：

商人捕鱼多在 9~12 月进行，特别是 10~12 月为多。古时人们很重视"顺时取物"的自然规律。《礼记·王制》"獭祭鱼，然后鱼人入泽梁"。孔颖达疏引《孝经纬》云："兽蛰伏，獭祭鱼，则十月也。"十月举行獭祭后，才准入泽捕鱼。这是因为到了冬季，小鱼已长大，又没有母鱼产子问题，这时开禁捕鱼，有利鱼类资源的保护。《国语·鲁语上》记载了一则鲁国太史里革阻止鲁宣公在夏天捕鱼的故事。

> 宣公夏滥于泗渊，里革断其罟而弃之，曰："古者大寒降，土蛰发，水虞于是乎讲眾罶，取名鱼，登川禽，而尝之寝庙，行诸国，助宣气也。鸟兽孕，水虫成，兽虞于是乎禁罝罗，猎鱼鳖以为夏犒，助生阜也。鸟兽成，水虫孕，水虞于是乎禁罝罜麗，设阱鄂，以实庙庖，畜功用也。且夫山不槎蘖，泽不伐夭，鱼禁鲲鲕，兽长麑麌，鸟翼鷇卵，虫舍蚔蟓，蕃庶物也，古之训也。今鱼方别孕，不教鱼长，又行网罟，贪无艺也。"

里革讲"大寒降，土蛰发"这段时间内主管鱼类资源的"水虞"才让捕鱼。因这时鱼类已成熟长大，正是取鱼季节。"土蛰发"即开春，此后就禁捕了。因此时正是"水虫孕"之时，母鱼怀孕产子，故不可捕捉。鲁宣公违背时节，设网在泗水中捕鱼，听了里革的一番话后，不但未责备里革把鱼网砍破而扔掉的行为，还承认错误，说"吾过而里革匡我，不亦善乎"，并称里革为"良罟"，让"有司"将里革的话记录下来，加以长期保存，以便随时提醒他。

里革向鲁宣公讲的这番话，他称为"古者""古之训"，乃是引经据典而不是他的发明。可见这种"鸟兽孕""水虫孕"时禁止捕鱼狩猎的措施，当是来自前朝前代的"古者"。我们在甲骨文中看到，商人常在 10 至 12 月份捕鱼，可以推知，商代也当已有这样的制度。

根据古书的记载，獭祭一年要举行两次，10月和正月各一次。10月獭祭如《礼记·王制》所讲是开禁捕鱼，正月獭祭是禁止捕鱼。《礼记·月令》有正月"獭祭鱼"，孔颖达认为是"獭一岁再祭鱼"。正月獭祭后"虞人不得入泽梁"，以便让鱼类产卵繁殖、生长。①

杨先生关于商代休渔制度的见解发前人所未发，对于深入认识商代社会制度很有帮助。我们相信商代确有禁渔休渔制度。《逸周书·大聚解》载有周武王和周公的一段对话。武王克商以后，为了抚国绥民，就考察殷政，他在和周公讨论殷政时，周公说："旦闻禹之禁：春三月山林不登斧，以成草木之长；夏三月川泽不入网罟，以成鱼鳖之长。"② 从周公这段话里我们可知，夏朝时代就已有顺时取物，保护生态的意思。如果说禹之禁只能作为夏朝而不能作为商朝的例证的话，那么，我们还可以举出商末的例子。还是《逸周书》，周文王受命的第九年，即殷纣王帝辛四十一年，周文王临终之前告诫太子，要"厚德广惠，忠信爱人。山林非时不升斤斧，以成草木之长；川泽非时不入网罟，以成鱼鳖之长；不麛不卵，以成鸟兽之长。畋渔以时"。③《史记·殷本纪》："汤出，见野张网四面，祝曰：'自天下四方，皆入吾网！'汤曰：'嘻，尽之矣！'乃去其三面。"《吕氏春秋·异用》亦曰："汤见祝网者置四面。其祝曰：'从天坠者，从地出者，从四方来者，皆离吾网。'汤曰：'嘻，尽之矣，非桀其孰为此也！'汤收其三面，置其一面，更教祝曰：'昔蛛蝥作网罟，今之人学纾。欲左者左，欲右者右，欲高者高，欲下者下，

① 杨升南：《商代经济史》，第333~334页，贵州人民出版社，1992年。
② 黄怀信：《逸周书校补注译》，第207页，西北大学出版社，1996年。
③ 黄怀信：《逸周书校补注译》，第121页，西北大学出版社，1996年。

吾取其犯命者。'汉南之国闻之，曰：'汤之德及禽兽矣。'四十国归之。"这些都是殷人注意生态保护的直接证据。

山东临沂张官庄汉画像之獭祭鱼
［据郭郛、李约瑟、成庆泰《中国古代动物学史》］

　　不过，必须强调的是，我们虽知商代确可能有禁渔，但并不能确定他们禁渔的时间与《礼记》所讲的时间是否相同。虽然，我们已知商代10月是取鱼最为频繁之月，2、3、4三个月是禁渔之月，但我们并不主张将卜辞10月取鱼与后代的10月取鱼相提并论，原因是殷商历法与周代及其以后的历法是否一贯这一问题我们并不清楚。所以要想将商代与后代的禁渔制度加以比较还很困难。按照传统的说法，夏商周三代行用的并不是同一种历法。东周到汉代的文献都说是夏正建寅，殷正建丑，周正建子。《史记·历书》说："夏正以正月，殷正以十二月，周正以十一月。"《逸周书·周月解》也说："其在商汤，用师于夏，除民之灾，顺天革命，改正朔，变服殊号，一文一质，示不相沿，以建丑之月为正，易民之视，若天时大变，亦一代之事。"尽管古书言之凿凿，可现代学者并不认同。多数学者认为所谓"夏正建寅，殷正建丑，周正建子"的三正在中国历史上并不曾存在过。上古历法的建正尚不固定。[①] 利用甲骨文材料研究殷历者多不相信"三正"说，他们一般都是根据甲骨文所见的月份和气象及农业资料来拟定殷历的岁首。虽然采用的材料大致相同，可得出的结论却有很大差别。董作宾先生仍然相信殷正建丑说；常正光主张殷正建巳，认为"夏四月乃是殷历的一月"；[②] 温少峰、袁庭栋主张殷正建辰，即"夏历三月为其岁首"；[③] 郑慧生主张"殷正建未"，即夏历六月为殷首；[④] 王晖、常玉芝主张"殷正建午"，即夏历五月为殷一月；[⑤] 张培瑜、孟世凯主张殷代岁首没有严格的固定，是建申、建酉、建戌，即夏历七月、八月、九月即秋季的几个月内；[⑥] 徐凤先提出帝辛时代岁首是在子月、丑月或寅月，帝乙时代历法的岁首确实有过变动。[⑦] 按常玉芝的说法，商代的九月就是夏历的一月，商代的十二月就是夏历的四月。[⑧] 如果按照这种算法，那么，商代捕鱼的季节按夏历多在夏末和春季。这与古典文献中所说的季节有合有违。《周礼·天官·歔人》云："掌以时歔为梁。"[⑨]《周礼订义》引贾公彦疏曰："取鱼之法，岁有五。《月令》孟春云'獭祭鱼'。此时得取，一也。季春云'荐鲔于寝庙'者，二也。《鳖人》云'秋献鱼'，三也。《王制》云'獭祭鱼，然后虞人入泽

① 陈美东：《〈史记〉西周共和以后及东周年表初探》，《自然科学史研究》，第 20 卷第 3 期，2001 年。

② 常正光：《殷历考辨》，《古文字研究》第 6 辑，中华书局，1981 年。

③ 温少峰、袁庭栋：《殷墟卜辞研究——科学技术篇》，第 118 页，四川省社会科学院出版社，1983 年。

④ 郑慧生：《古代天文历法研究》，河南大学出版社，1995 年。

⑤ 常玉芝：《殷商历法研究》，第 385、407 页，吉林文史出版社，1998 年。

⑥ 张培瑜、孟世凯：《商代历法的月名、季节和岁首》，《先秦史研究》（文集），云南民族出版社，1987 年。

⑦ 徐凤先：《商末周祭祀谱合历研究》，第 66、98 页，世界图书出版公司，2006 年。

⑧ 见本书第十章第六节。

⑨ 孙诒让：《周礼正义》，第 300 页，中华书局，1987 年。

梁'与《孝经纬》云'阴用事，木叶落，獭祭鱼'同时，是十月得取鱼，四也。獭则春冬二时祭鱼也。潜《诗》云'季冬荐鱼'与《月令》'季冬，渔人始鱼'同，五也。惟夏不取。"[1] 孙诒让《周礼正义》之疏与此仿佛："'掌以时籔为梁'者，《礼运》注引籔并作'渔'，古用段字，今用正字也。……贾疏云：取鱼之法，岁有五。案《月令》孟春云：'獭祭鱼。'此时得取，一也。季春云'荐鲔于寝庙'，二也。又案：《鳖人》云'秋献龟鱼'也，《王制》云'獭祭鱼，然后虞人入泽梁'，与《孝经纬·援神契》云'阴用事，木叶落，獭祭鱼'同时，是十月得取鱼，四也。獭则春冬二时祭鱼也。案潜《诗》云'季冬荐鱼'，与《月令》'季冬渔人始鱼'同，五也。是一岁三时五取鱼，唯夏不取。案：《鲁语》云'宣公夏滥于泗渊'，以其非时，里革谏之，乃止。案：《王制》孔疏谓正月虽獭祭鱼，虞人不得入泽梁，与贾说异，未知孰是。窃谓贾一岁三时五取之说，杂摭旧文言之。实则四时宾祭，随月可取鱼。惟夏滥之禁，《国语》有明文。《周书·大聚篇》云：'禹之禁，夏三月，川泽不入网罟，以成鱼鳖之长。'亦可证夏不取鱼之说。然大祭祀、宾客，俎实有鲜鱼，则亦有特取之法，固不在禁例矣。"[2] 孙诒让说可谓通达之论。

对于上述殷历岁首的研究结论，作为外行人的我们很难折衷一是，但我们愿意将我们发现的田、渔猎卜辞中的记月卜辞的分布特征揭举出来，以期得到历法学者的赐教。

根据我们整理的结果，田、渔卜辞有以下三个突出特点：

（一）商王出猎的月份是7、8、9、10、11、1、5月；2、3、4、6、12月不猎。

（二）出渔的月份是10、6、11、12、5、1、7、8、9月；2、3、

---

[1] 《周礼订义》，《四库全书》本。

[2] 孙诒让：《周礼正义》，第300～301页，中华书局，1987年。

4 月不渔。

（三）2、3、4 三个月不猎不渔，此恐非偶然。

将这些数据与各家拟定的殷历排比一下，结果很有趣。

温少峰 袁庭栋	卜辞月份	1	2	3	4	5	6	7	8	9	10	11	12	备注
	夏历月份	4	5	6	7	8	9	10	11	12	1	2	3	建巳
常正光	夏历月份	3	4	5	6	7	8	9	10	11	12	1	2	建辰
郑慧生	夏历月份	6	7	8	9	10	11	12	1	2	3	4	5	建未
常玉芝	夏历月份	5	6	7	8	9	10	11	12	1	2	3	4	建午
张培瑜 孟世凯	夏历月份	7	8	9	10	11	12	1	2	3	4	5	6	建申
		8	9	10	11	12	1	2	3	4	5	6	7	建酉
		9	10	11	12	1	2	3	4	5	6	7	8	建戌
徐凤先	夏历 月份	10	11	12	1	2	3	4	5	6	7	8	9	建亥
		11	12	1	2	3	4	5	6	7	8	9	10	建子
		12	1	2	3	4	5	6	7	8	9	10	11	建丑
		1	2	3	4	5	6	7	8	9	10	11	12	建寅
出猎频率		2	0	0	0	1	0	5	5	5	4	3	0	
出渔频率		1	0	0	0	2	6	1	1	1	9	3	2	
说明：所谓出猎出渔次数是指渔猎卜辞带有月名者。														

对照上表可知，温少峰、袁庭栋所拟定的历法基本上符合文献所说的夏不取鱼的渔猎之制度，但无法解决春畋的问题。常正光需解释何以初夏 4 月取鱼和 1、3 月春畋的问题。常玉芝必须解释卜辞为什么会在夏历 1、2、3 月狩猎，夏季取鱼？郑慧生也得回答同样的问题。张培瑜、孟世凯及徐凤先因岁首不固定，如果建申则在 8、9、10 月禁渔禁猎，此与文献相悖；建酉则在 9、10、11 月禁渔禁猎；建戌则在 11、12、1 月禁渔禁猎。取鱼的时间建申则在 11、12、

1～7月；建西则在12、1～8月；建戌则在1～9月。出猎建申则在
1～5、7、11月；建西则在2～6、8、12月；建戌则在1、3～7、9
月。完全打乱农时，与文献无一相合。若依徐凤先拟定的岁首，其
结果如下：

建亥：禁猎禁渔期11、12、1月；
建子：禁猎禁渔期12、1、2月；
建丑：禁猎禁渔期1、2、3月；
建寅：禁猎禁渔期2、3、4月；

建亥：出猎期4～8、10、2月；
建子：出猎期5～9、11、3月；
建丑：出猎期6～10、12、4月；
建寅：出猎期7～11、1、5月；

建亥：取鱼期2、10月；
建子：取鱼期3、11月；
建丑：取鱼期4、12月；
建寅：取鱼期1、5、12月；

除建丑说与文献相合，其余建亥、建子、建寅三种与禁猎禁渔
古训皆有不合者。

总体感觉殷代的历法有点儿乱，殷历岁首除无主张建卯者，其
余的11个月从建子到建亥者皆有。若拿上述任何一家拟定的殷历套
用，就会存在这样的问题：田猎渔猎有悖于农时和生孕，不管历法
学家怎么协调文献材料、出土文字、周祭制度、天文气象等等复杂
关系，但我们相信，殷代先民做事不会悖于农时，顺时取物是他们
的基本原则。

从甲骨文田、渔刻辞看，在春不畋这一点上倒是与《逸周书》

"建丑为正"的说法完全契合，并且可以解释武丁5月田猎的问题，卜辞5月即夏历4月，4月安阳还没进入收割期，此时田猎不夺农时。

关于"夏不取鱼"问题。卜辞5～7月即夏历4～6月都有取鱼记录，这似乎有悖于"夏不取鱼"的古训，现在黄河休渔期是每年4～6月，亦即夏历的3～5月，按"殷正建丑"计算，夏历的3～5月是殷历的2～4月，而卜辞所载2、3、4三个月的取鱼记录正好是0，古今休渔期恰合若此，实在令人称奇。

总而言之，甲骨文所见禁猎休渔制度表明，《逸周书》商汤"建丑为正"说渊源有自，所谓"三正在中国历史上并不曾存在过"这一结论实有重新检视之必要。

附录一

主要参考书目

江绍原：《中国古代旅行之研究》，上海文艺出版社，1989 年影印本。

王子今：《中国古代旅行生活》，商务印书馆，1996 年。

王洪滨：《旅游学概论》，中国旅游出版社，2004 年。

李天元：《旅游学概论》，南开大学出版社，1991 年。

刘伟：《旅游概论》，高等教育出版社，2003 年。

李光坚：《旅游概论》，高等教育出版社，2002 年。

黄福才编著：《旅游学概论》，厦门大学出版社，2001 年。

谢崇安：《商周艺术》，巴蜀书社，1997 年。

彭兆荣：《旅游人类学》，民族出版社，2004 年。

章必功：《中国旅游史》，云南人民出版社，1992 年。

王淑良等编：《中国旅游史》，旅游教育出版社，1999 年。

彭勇：《中国旅游史》，郑州大学出版社，2006 年。

郑焱：《中国旅游发展史》，湖南教育出版社，2000 年。

邵骥顺、任关华：《中国旅游历史文化概论》，上海三联文化传播有限公司，2003 年。

刘德谦：《中国旅游文学新论》，中国旅游出版社，1997 年。

郭少棠：《旅行：跨文化想象》，北京大学出版社，2005 年。

彭顺生：《世界旅游发展史》，中国旅游出版社，2006 年。

王永忠等编：《西方旅游史》，东南大学出版社，2004 年。

冯乃康：《中国旅游文学论稿》，旅游教育出版社，1995 年。

龚鹏程：《游的精神文化史论》，河北教育出版社，2001 年。

王柯平：《旅游美学新编》，旅游教育出版社，2000 年。

张晶：《旅游文化地理学》，哈尔滨地图出版社，1997 年。

张文：《旅游与文化》，旅游教育出版社，2001 年。

谢贵安：《旅游风俗》，湖北教育出版社，2001 年。

刘道超：《择吉与中国文化》，人民出版社，2004 年。

钱茀：《傩俗史》，广西民族出版社，上海文艺出版社，2000 年。

郭净：《傩：驱鬼·逐疫·酬神》，三联书店（香港）有限公司，1993 年。

萧兵：《傩蜡之风——长江流域宗教戏剧文化》，江苏人民出版社，1992 年。

陈来：《古代宗教与伦理——儒家思想的根源》，三联书店，1996 年。

李零：《中国方术考》，东方出版社，2000 年。

李零：《中国方术续考》，东方出版社，2001 年。

汪宁生：《文化人类学调查——正确认识社会的方法》，文物出版社，1996 年。

汪宁生：《古俗新研》，敦煌文艺出版社，2001 年。

杨伯峻：《春秋左传注》，中华书局，1981 年。

王先谦：《后汉书补注》，中华书局，1984 年。

孙诒让：《周礼正义》，中华书局，1987 年。

司马迁：《史记》，中华书局，1959 年。

《太平御览》，中华书局，1960 年。

孙星衍：《尚书今古文注疏》，商务印书馆万有文库本，1929 年。

《十三经注疏》，中华书局，1980 年。

《二十二子》，上海古籍出版社，1986 年。

孙希旦：《礼记集解》，中华书局，1989 年。

吴树平：《风俗通义校释》，天津人民出版社，1980 年。

王贻梁、陈建敏：《穆天子传汇校集释》，华东师范大学出版社，1994 年。

许慎：《说文解字》，中华书局，1963 年。

段玉裁：《说文解字注》，上海古籍出版社，1981 年。

董增龄：《国语正义》，巴蜀书社，1985 年。

赵翼：《陔余丛考》，河北人民出版社，1990 年。

王世庆：《台湾文献丛刊》第 90 种，台湾银行经济研究室，1961 年。

睡虎地秦墓竹简整理小组：《睡虎地秦墓竹简》，文物出版社，1990 年。

李付强等：《世界遗产·中国——殷墟》，中国对外翻译出版公司，2008 年。

中国社会科学院考古研究所：《殷墟与商文化：殷墟科学发掘80 周年纪念文集》，科学出版社，2011 年。

郭宝钧：《濬县辛村》，科学出版社，1964 年。

马承源等：《商西周青铜器铭文》，文物出版社，1986 年。

中国社会科学院考古研究所编著：《殷墟的发现与研究》，科学出版社，1994 年。

中国社会科学院考古研究所编著：《殷墟发掘报告（1958 ～ 1961）》，文物出版社，1987 年。

《庆祝苏秉琦考古五十五年论文集》编辑组编：《庆祝苏秉琦考古五十五年论文集》，文物出版社，1989 年。

河南省文化局文物工作队：《郑州二里岗》，科学出版社，

1959 年。

　　杨育彬：《河南考古》，中州古籍出版社，1986 年。

　　中国社会科学院考古研究所：《殷墟妇好墓》，文物出版社，1980 年。

　　江西省博物馆、江西省文物考古研究所、新干县博物馆：《新干商代大墓》，文物出版社，1997 年。

　　河南省考古研究所编著：《郑州商城》，文物出版社，2001 年。

　　河北省文物研究所编：《藁城台西商代遗址》，文物出版社，1985 年。

　　梁思永、高去寻：《侯家庄第二本·1001 号大墓》《侯家庄第四本·1003 号大墓》，史语所，1962、1967 年版。

　　梁思永、高去寻：《侯家庄第五本·1004 号大墓》，史语所，1970 年。

　　文渊阁影印本《四库全书》，上海古籍出版社，1988 年。

　　闻一多：《闻一多全集》，湖北人民出版社，1993 年。

　　陈梦家：《殷墟卜辞综述》，中华书局，1988 年。

　　岛邦男著，温天河、李寿林译：《殷墟卜辞研究》，台北鼎文书局，1975 年。

　　胡厚宣：《甲骨学商史论丛初集》，河北教育出版社，2002 年。

　　胡厚宣主编：《甲骨文与殷商史》，上海古籍出版社，1983 年。

　　胡厚宣等著：《甲骨探史录》，三联书店，1982 年。

　　胡厚宣主编：《全国商史学术讨论会论文集》，《殷都学刊》增刊，1985 年。

　　吴其昌：《殷虚书契解诂》，武汉大学出版社，2008 年。

　　孙诒让：《契文举例》，齐鲁书社，1993 年。

　　王国维：《戬寿堂所藏殷虚文字》，上海仓圣明智大学，1917 年石印本。

王国维：《观堂集林》，中华书局，1959 年。

宋镇豪：《夏商社会生活史》，中国社会科学出版社，1994 年。

宋镇豪：《中国风俗通史·夏商卷》，上海文艺出版社，2001 年。

宋镇豪：《中国春秋战国习俗史》，人民出版社，1994 年。

罗琨、张永山：《中国军事通史》，军事科学出版社，1998 年。

饶宗颐：《殷代贞卜人物通考》（上、下册），香港大学出版社，1959 年。

杨树达：《积微居甲文说》，中国科学院出版社，1954 年。

李学勤：《李学勤文集》，上海辞书出版社，2005 年。

李学勤：《殷代地理简论》，科学出版社，1959 年。

李学勤：《比较考古学随笔》，广西师范大学出版社，1997 年。

杨升南：《商代经济史》，贵州人民出版社，1992 年。

周志强主编：《中国经济通史》，经济日报出版社，2000 年。

黄天树：《黄天树古文字论集》，学苑出版社，2006 年。

陈剑：《甲骨金文考释论集》，线装书局，2007 年。

姚萱：《殷墟花园庄东地甲骨卜辞的初步研究》，线装书局，2006 年。

夏含夷：《古史异观》，上海古籍出版社，2005 年。

杨宝成：《殷墟文化研究》，武汉大学出版社，2002 年。

钟柏生：《商代卜辞地理论丛》，艺文印书馆，1989 年。

郑杰祥：《商代地理概论》，中州古籍出版社，1994 年。

常玉芝：《殷商历法研究》，吉林文史出版社，1998 年。

裘锡圭：《古文字论集》，中华书局，1992 年。

裘锡圭：《古代文史研究新探》，江苏古籍出版社，1992 年。

裘锡圭：《裘锡圭学术文集》，复旦大学出版社，2012 年。

唐兰：《唐兰先生金文论集》，紫禁城出版社，1997 年。

叶玉森：《殷墟书契前编集释》，上海大东书局，1933 年。

叶玉森：《殷契钩沉》，上海中华书局，1929 年影印本。

郭沫若：《卜辞通纂》，科学出版社，1983 年。

郭沫若：《中国古代社会研究》，人民出版社，1954 年。

陈梦家：《西周青铜器断代》，中华书局，2004 年。

彭裕商：《西周青铜器的年代》，巴蜀书社，2003 年。

郭沫若：《殷契粹编》，科学出版社，1965 年。

田昌五主编：《华夏文明》第三辑，北京大学出版社，1992 年。

朱凤瀚：《商周家族制度研究》，天津古籍出版社，2004 年。

陈邦怀：《殷代社会史料征存》，天津人民出版社，1959 年。

徐中舒：《徐中舒历史论文选辑》，中华书局，1998 年。

李伯谦：《中国青铜文化结构体系研究》，科学出版社，1998 年。

陈炜湛：《甲骨文田猎刻辞研究》，广西教育出版社，1995 年。

彭邦炯：《甲骨文农业资料考辨与研究》，吉林文史出版社，1997 年。

郭郛、李约瑟、成庆泰：《中国古代动物学史》，科学出版社，1999 年。

张光直、李光谟：《李济考古学论文选集》，文物出版社，1990 年。

林沄：《林沄学术文集》，中国大百科全书出版社，1998 年。

林巳奈夫著，常耀华、王平等译：《神与兽纹样学》，三联书店，2008 年。

宋镇豪、段志洪主编：《甲骨文献集成》，四川大学出版社，2001 年。

刘庆柱、段志洪、冯时主编：《金文文献集成》，线装书局，2006 年。

郑慧生：《古代天文历法研究》，河南大学出版社，1995 年。

徐凤先：《商末周祭祀谱合历研究》，世界图书出版公司，2006 年。

容庚：《金文编》，中华书局，1985 年。

中国社会科学院考古研究所：《甲骨文编》，中华书局，1965 年。

赵诚：《甲骨文简明词典——卜辞分类读本》，中华书局，1988 年。

徐中舒：《甲骨文字典》，四川辞书出版社，1989 年。

于省吾:《甲骨文字释林》,中华书局,1979年。

于省吾主编:《甲骨文字诂林》,中华书局,1996年。

李孝定:《甲骨文字集释》,史语所,1991年。

王襄:《簠室殷契征文》,天津博物院,1925年。

董作宾:《殷虚文字甲编》,史语所,1998年。

董作宾:《殷虚文字乙编》,史语所,1994年。

屈万里:《殷虚文字甲编考释》,史语所,1992年再版。

张秉权:《殷虚文字丙编·附考释》,史语所,1997年。

许进雄:《怀特氏等收藏甲骨文集》,加拿大多伦多皇家安大略博物馆(The Royal Ontario Museum, Toronto, Canada),1979年(影印本)。

金祖同:《殷契遗珠》,上海中法出版委员会,1939年。

胡厚宣:《战后南北所见甲骨录》,北京来熏阁,1951年。

郭沫若:《甲骨文合集》,中华书局,1979~1982年。

松丸道雄:《东京大学东洋文化研究所藏甲骨文字·图版篇》,东洋文化研究所纪要别册,1983年影印本。

李学勤、齐文心、[美]艾兰(Sarah Allan):《英国所藏甲骨集(上编)》,中华书局,1985年影印本。

钟柏生主编:《殷虚文字乙编补遗》,史语所,1995年。

钟柏生主编:《新收殷周青铜器铭文暨器影汇编》,艺文印书馆,2006年。

中国社会科学院考古研究所:《小屯南地甲骨》,中华书局,1980年影印本。

中国社会科学院考古研究所编著:《殷墟花园庄东地甲骨》,云南人民出版社,2003年。

彭邦炯、谢济、马季凡:《甲骨文合集补编》,语文出版社,1999年。

李方桂:《上古音研究》,商务印书馆,1982年。

王力：《同源字典》，商务印书馆，1982 年。

郭锡良：《汉字古音手册》，北京大学出版社，1986 年。

沈兼士：《沈兼士学术论文集》，中华书局，1986 年。

附录二

主要甲骨著录书简称表

《铁》　　《铁云藏龟》

《前》　　《殷虚书契》

《菁》　　《殷虚书契菁华》

《后》　　《殷虚书契后编》

《戬》　　《戬寿堂所藏殷虚文字》

《龟》　　《龟甲兽骨文字》

《簠》　　《簠室殷契征文》

《拾》　　《铁云藏龟拾遗》

《通》　　《卜辞通纂》

《佚》　　《殷虚佚存》

《珠》　　《殷契遗珠》

《粹》　　《殷虚粹编》

《甲编》　《殷虚文字甲编》

《乙编》　《殷虚文字乙编》

《丙编》　《殷虚文字丙编》

《合集》　《甲骨文合集》

《怀特》　《怀特氏等收藏甲骨文集》

《英藏》　《英国所藏甲骨集》

《屯南》　　《小屯南地甲骨》

《合补》　　《甲骨文合集补编》

《花东》　　《殷墟花园庄东地甲骨》

附录三

甲骨文田猎刻辞性质刍议

据《尚书·无逸》记载："自（祖甲）时厥后立王，生则逸。生则逸，不知稼穑之艰难，不闻小人之劳，惟耽乐之从。自时厥后，亦罔或克寿，或十年，或七八年，或五六年，或四三年。"故此，周公告诫成王"继自今嗣王，则其无淫于观、于逸、于游、于田，以万民惟正之供"。① 早年研究甲骨的学者，因见甲骨田猎刻辞数量惊人，多相信《尚书·无逸》之说，将田猎刻辞与商王逸乐联系在一起。董作宾先生在《甲骨文断代研究例》中指出："逸，就是'淫于观、于逸、于游、于田'。观，是游中之一事。逸，总括游观、田猎两项而言，其实归结起来，游与田，便是逸了。……而周公所谓'生则逸'、好田游的，也正以武丁、帝辛的时代为多。"② 郭沫若《殷契萃编》亦云："殷王之好田猎，诚足以惊人。《书·无逸》谓殷自祖甲以后'立王，生则逸。生则逸，不知稼穑之艰难，不闻小人之劳，惟耽乐之从'，足见非溢恶之辞。"③ 陈梦家先生则更为肯

---

① 《汉书·谷永传》引经作："继今嗣王，其毋淫于酒，毋淫于游田，惟正之供。"《十三经注疏》，第222页，中华书局，1980年。
② 董作宾：《中国现代学术经典·董作宾卷》，第92页，河北教育出版社，1996年。
③ 郭沫若：《殷契萃编》，第127页，科学出版社，1965年影印本。

定地说："卜辞中所有关于田猎的记载，都是时王为逸乐而行的游田，并无关乎生产。当然也利用猎获的兽类的肉、毛、骨、角作为王室享用品：肉可以食，皮毛可以御寒，骨和角可以制为器物。利用这些部分，正是田猎的目的之一。"①

1980 年，在成都召开的中国古文字研究会第三届年会上姚孝遂先生提交了一篇题为《甲骨刻辞狩猎考》的论文，对郭沫若、陈梦家等先生的看法提出质疑，认为"郭、陈两位先生并没有能够举出任何一片甲骨刻辞的内容来支持自己的结论，这种结论是难以信服的"。② 姚先生从田猎与军事、田猎与畜牧业、田猎与日常生活、田猎与祭祀等四个方面考察田猎刻辞，他说：

甲骨刻辞经常可以见到商王于出征途中，或者是凯旋归来时，举行田猎的记载。这种田猎的性质，都应该是与军事行动有关。

《周礼》大司马之职，于四时教民习战阵，都是通过狩猎活动来进行的。所谓"仲春教振旅""遂以搜田"；"仲夏教茇舍""遂以苗田"；"仲秋教治兵""遂以狝田"；"仲冬教大阅""遂以狩田"。《周礼》对于有关的内容，曾有详细的叙述。郑玄注云："兵者凶事，不可空设，因搜狩而习之。凡师出曰治兵，入曰振旅，皆习战也。四时各教民以其一焉。"通过狩猎活动以教民习战的办法，直至春秋战国时期犹然盛行。所以《穀梁》昭公八年说："秋，搜于红，正也。因蒐狩以习用武事，礼之大者也。"

根据典籍的记载，我们必须承认这一事实：在古代社会，田猎与军旅活动，有着非常密切的关系。平时在田猎的过程中，可以寓有军事训练的内容。在作战凯旋时，每每举行大搜，藉

---

① 陈梦家：《殷墟卜辞综述》，第 552 页，中华书局，1988 年。
② 姚孝遂：《甲骨刻辞狩猎考》，《古文字研究》第六辑，中华书局，1981 年。

以炫耀武功，检阅车马徒众。《左传》昭公三年所谓"入而振旅，归而饮至，以数军实"，就是指此而言的。《逸周书·世俘解》记载武王克殷之后，举行大规模的告捷典礼以炫耀武功。接着还举行了大狩，擒获了大量的虎、犀、麋、鹿等动物。①

姚先生指出《甲》3939 的兕头刻辞和《甲》3940 的鹿头刻辞，"这些都是商王在凯旋时举行大搜，获兕，获鹿的记载。……晚期乙辛卜辞曾连续记载了某一次征伐人方的过程。……在这一次战役的来回行军过程中，沿途都要行猎，这既是训练士卒，习军讲武，同时也是猎兽以补充食用。我们很难设想，在当时交通运输条件十分落后的情况下，披荆斩棘，千里以赴敌，还能够携带全部所需要的口粮，或者是完全仰仗于后方的输送。它必然要有某些补充手段，例如狩猎、劫掠等等。行军途中的狩猎，我们很难把它都说成是'惟耽乐之从'。田猎与战争甚至有较此更为直接的关系"。②

姚先生还因周为商之仇敌之故，对周人是否完全正确评价商王表示怀疑，他认为"《书·无逸》所说的'生则逸'，'惟耽乐之从'未必是指田猎而言"。③

紧踵姚文，孟世凯先生也对商代田猎性质作了探讨，其看法与姚文不尽一致，他认为"田猎本身是一项生产活动"，但同时又说"在商代这个农业较发达的社会中，它只居于从属地位，是农业和牧畜业的一项补充"。④ 孟文考述了商代的自然环境，并就商代田猎和农田开发、军事行动等关系做了深入的探讨，他说："商代田猎区域是随着疆土开拓而渐增的，农业区域又是随着田猎区域的增加而扩大的。所以，卜辞中有的田猎地同时又是农业种植地。……商代的

① 姚孝遂：《甲骨刻辞狩猎考》，《古文字研究》第六辑，中华书局，1981 年。
② 姚孝遂：《甲骨刻辞狩猎考》，《古文字研究》第六辑，中华书局，1981 年。
③ 姚孝遂：《甲骨刻辞狩猎考》，《古文字研究》第六辑，中华书局，1981 年。
④ 孟世凯：《商代田猎性质初探》，《甲骨文与殷商史》，上海古籍出版社，1983 年。

田猎，从武丁时期来看，具有为农田除害、保护庄稼、促进农业生产和军事演习的性质。同时它还给人们提供了部分吃穿用的生活资料，也是一项不可缺少的社会生产活动。"① 孟先生又引证郭宝钧先生的话说："田猎须驾车马，合徒众，执兵戈，进与禽兽搏斗，故田猎尚不止含有娱乐意义、经济意义，且有治兵的重要意义隐含其间，后遂演为周人大搜之礼。"②

由以上引述知，姚、孟二先生在强调商代田猎具有为农田除害、保护庄稼、促进农业生产和军事演习等多种功利性质这一方面认识基本一致，其不同点在于，孟先生不像姚先生那样极力否认"田猎含有娱乐意义"，从他引证郭宝钧先生的话语中可以看出这一点。应该说孟先生的看法比较符合商代社会实际。

事实上，人们在从事某项活动时常常包含多重目的，田猎活动亦是如此，不必为了强调某种动机从而对其他的动机加以排斥。文献中固然可以找到许多田猎具有演武习兵目的的例证，但这并不能否定田猎活动的娱乐特性，老子《道德经》即曰："驰骋畋猎，令人心发狂。"③ 由于田猎活动惊险而刺激，所以让古今多少男儿为之疯狂，甚至于为之付出生命的代价。关于此，《史记·殷本纪》中就有直接证据："武乙猎于河、渭之间，暴雷震死。"《竹书纪年》也有同样的记载：武乙三十五年"王畋于河、渭，暴雷震死。"④ 如果说这些材料还不足以说明田猎逸乐特性的话，那么，山西天马—曲村遗址北赵晋侯墓地 M2 出土的晋侯靳盨铭则可将此铸成铁案，盨铭曰：

佳正月初吉庚寅，晋侯靳乍宝隋彝彶须其用，田狩甚乐于

① 孟世凯：《商代田猎性质初探》，《甲骨文与殷商史》，上海古籍出版社，1983 年。
② 孟世凯：《商代田猎性质初探》，《甲骨文与殷商史》，上海古籍出版社，1983 年。
③ 《道德经》，《诸子集成》，第 6 页，上海书店，1986 年影印本。
④ 王国维撰，黄永年校点：《今本竹书纪年疏证》，第 72 页，辽宁教育出版社，1997 年。

遹𣄴，其万年永宝用 。① （见图一）

图一 晋侯𩵦盨铭

晋侯𩵦盨为西周器，铸器时代与武乙时代相去不远，盨铭"田狩"后"甚乐"之"甚"，李学勤先生读为"湛"，②《诗·小雅·宾之初筵》："其湛曰乐，各奏尔能。"郑玄笺："湛，乐也。"在上古传世文献中也有"湛""乐"二字联缀之例，《诗·小雅·北山》："或湛乐饮酒，或惨惨畏咎。"又《国语·周语下》："昔共工弃此道也，虞于湛乐，淫失其身。"韦昭注："湛，淫也。""湛"同"耽"，"湛乐"即"耽乐"，汉王充《论衡·语增》引《书·无逸》"惟耽乐是

---

① 此铭年代系西周晚期。见钟柏生等编著：《新收殷周青铜器铭文暨器影汇编》，第625～627页，艺文印书馆，2006年。

② 承先生面告，谨致谢忱。

从"，文作"惟湛乐是从，时亦罔有克寿"，① 可为一证。盨铭中晋侯
鞁自言"田狩甚（耽）乐于遾**"，恰与《书·无逸》周公之言相
表里，面对这样的证据，难道还能再对田猎的耽乐性质予以置辩吗？

正是因为"田猎"具有"令人心发狂"的负面作用，所以周公
才谆谆告诫"自今嗣王，则其无淫于观、于逸、于游、于田"。然而
尽管周公用心良苦之至，之后的嗣王对此还是置若罔闻，员方鼎
铭曰：

> 唯征（正）月既望癸酉，王狩于视敝，王令员执犬，休善，
> 用乍父甲蒸彝。**②

此鼎马承源先生定为西周昭王器，铭文大意是某年正月的既望
癸酉这一天，周昭王在视敝这个地方狩猎，昭王命令员牵犬从王狩
猎，可谓美善。周昭王嗜游成性，屈原《楚辞·天问》曰："昭后
成游，南土爰底。"周公担心的事情不幸发生了，《左传·僖公四
年》明确记载："昭王南征而不复。"《史记·周本纪》："昭王之时，
王道微缺。昭王南巡狩不返，卒于江上。其卒不赴告，讳之也。"
《帝王世纪》："昭王德缺，南征，济于汉，船人恶之，以胶船进王，
王御船至中流，胶液船解，王及祭公俱没于水中而崩。其右辛游靡
长臂且多力，游振得王，周人讳之。"这与服虔所说大体一致："周
昭王南狩巡，涉汉未济，船解而溺昭王，王室讳之，不以赴，诸侯
不知其故。"③

周昭王南巡而陨其身，可谓重蹈商王武乙之覆辙。昭王崩后，
年已五十的儿子满即位为王，是为穆王，周穆王面对前车之鉴而不
知戒，依然故我，立志游行天下。《国语·周语》上曾这样记载：

> 穆王将征犬戎。祭公谋父谏曰："不可。先王耀德不观兵。

---

① 王充：《论衡注释》，第439页，中华书局，1979年。
② 马承源等：《商西周青铜器铭文》，第78页，文物出版社，1986年。
③ 司马迁：《史记》，第135页，中华书局，1969年。

夫兵戢而时动，动则威，观则玩，玩则不震。是故周文公之颂曰：'载戢干戈，载橐弓矢。我求懿德，肆于时夏。允王保之。'先王之于民也。茂正其德而厚其性。阜其财求而利其器用。明利害之乡以文修之。使务利而避害，怀德而畏威，故能保世以滋大。昔我先世后稷，以服事虞夏，及夏之衰也，弃稷弗务。我先王不窋用失其官，而自窜于戎翟之间，不敢怠业，时序其德，纂修其绪，修其训典，朝夕恪勤，守以惇笃，奉以忠信，奕世载德，不忝前人。至于武王，昭前之光明而加之以慈和，事神保民，莫不欣喜。商王帝辛，大恶于民，庶民弗忍，欣戴武王，以致戎于商牧。是先王非务武也，勤恤民隐而除其害也。夫先王之制，邦内甸服，邦外侯服，侯卫宾服，蛮夷要服，戎翟荒服。甸服者祭，侯服者祀，宾服者享，要服者贡，荒服者王。日祭，月祀，时享，岁贡，终王。先王之训也。有不祭则修意，有不祀则修言，有不享则修文，有不贡则修名，有不王则修德，序成而有不至则修刑。于是乎有刑不祭，伐不祀，征不享，让不贡，告不王。于是乎有刑罚之辟，有攻伐之兵，有征讨之备，有威让之令，有文告之辞。布令陈辞而又不至，则又增修于德，无勤民于远，是以近无不听，远无不服。今自大毕伯仕之终也，犬戎氏以其职来王，天子曰'予必以不享征之，且观之兵'，其无乃废先王之训而王几顿乎？吾闻夫犬戎树惇，能帅旧德，而守终纯固，其有以御我矣。"王不听，遂征之。得四白狼、四白鹿以归。自是荒服者不至。[1]

不管犬戎有无不服，也不管他们的首领是不是"能帅旧德"，"守终纯固"，周穆王出游之意已决，他"必以不享征之，且观之兵"。像周穆王这样的观兵，表面上看完全是军事行为，然其真正用

---

[1] 董增龄：《国语正义》，第1~10页，巴蜀书社，1985年。《史记·周本纪》所引文字与之略有出入。

意恰如董作宾先生所言"其实归结起来，游与田，便是逸了"。西晋
太康二年，汲郡人不准盗发魏襄王墓，或言安厘王冢，得竹书数十
车。内有《穆天子传》五篇，描绘了周穆王出游之情状：

> 饮天子于蠲山之上，戊寅，天子北征，乃绝漳水。庚辰，
> 至于□，觞天子于盘石之上。天子乃奏广乐。载立不舍，至于
> 鈃山之下。癸未，雨雪，天子猎于鈃山之西阿，于是得绝鈃山
> 之队。北循虖沱之阳。

> 乙酉，天子北升于□，天子北征于犬戎。犬戎□胡觞天子
> 于当水之阳，天子乃乐，□赐七萃之士戋。庚寅，北风雨雪，
> 天子以寒之故，命王属休。

> 甲午，天子西征，乃绝隃之关隥。己亥，至于焉居禺知
> 之平。

> 辛丑，天子西征至于䣙人，河宗之子孙䣙柏絮，且逆天子于
> 智之□，先豹皮十，良马二六。天子使井利受之。

> 癸酉，天子舍于漆泽，乃西钓于河，以观□智之□。

> 甲辰，天子猎于渗泽，于是得白狐、玄貉焉，以祭于河宗。

> 丙午，天子饮于河水之阿。天子属六师之人于䣙邦之南，
> 渗泽之上。

> 戊寅，天子西征，鹜行至于阳纡之山，河伯无夷之所都居，
> 是惟河宗氏。河宗柏夭逆天子燕然之山。劳用束帛加璧。先白
> □，天子使郐父受之。①

上文记载了穆天子两个月远征的行程及目的，两个月来，他率
部北征、西征，先后到达漳水、鈃山、虖沱、当水、隃、焉居、禺
知、䣙邦、河、瀑、渗泽、阳纡之山、燕然之山等地。所到之处，
当地首领务必觞天子、逆天子，并贡纳各种稀有之物之后，"天子乃

---

① 王贻梁、陈建敏：《穆天子传汇校集释》，第1～33页，华东师范大学出版社，1994
年。

乐"。由是不难看出，古代帝王畋游的真正目的究竟是为保家卫国、开疆拓土，抑或为了逸豫其心，"惟耽乐之从"。

其实耽乐畋游乃人发乎自然之天性，古人对此并不讳言，《管子·小匡》云："昔吾先王昭王、穆王世法文、武，远迹以成名。"由此知文王、武王也并非不远迹畋游，姚文所揭《逸周书·世俘解》武王克殷之后大狩亦可作如是观。周武王以其小邦周只用一个早上便打败了实力雄厚的大邑商，由一个偏于西方一隅蕞尔国，一下子坐拥四海，其焉能不喜，以大狩的方式庆祝胜利完全是人之常情，这并非是劳民伤财的不义之举，后人大可不必为此增饰且伦理之。

上揭殷商之武乙，姬周之文、武、昭、穆诸王，田猎逸乐，史迹在在，可以随时覆按。载籍中关于王侯为逸乐而田猎的例子可以俯拾。汉文帝可谓是一代明君了，可他也好驰射狐兔，因此，颍阴侯骑贾山上书言曰：

> 臣闻……雷霆之所击，无不摧折者；万钧之所压，无不糜灭者。今人主之威，非特雷霆也；执重，非特万钧也。开道而求谏，和颜色而受之，用其言而显其身，士犹恐惧而不敢自尽；又乃况于纵欲恣行暴虐恶闻其过乎！震之以威，压之以重，则虽有尧、舜之智，孟贲之勇，岂有不摧折者哉！如此，则人主不得闻其过失矣，弗闻则社稷危矣……昔者周盖千八百国，以九州之民养千八百国之君，用民之力不过岁三日，什一而籍，君有余财，民有余力，而颂声作。秦皇帝以千八百国之民自养，力罢不能胜其役，财尽不能胜其求。一君之身耳，所以自养者驰骋弋猎之娱，天下弗能供也。①

贾山直接将"驰骋弋猎"与"娱"字联系在一起，可见娱乐确为王侯田猎的目的之一是毋庸置疑的。力谏汉文帝驰骋弋猎的不只

① 王先谦：《汉书补注》，第1090、1091页，中华书局，1983年。

有贾山，还有贾谊，汉应劭《风俗通义》卷二云：

> 文帝代服衣羉，袭毡帽，骑骏马，从侍中近臣常侍期门武骑猎渐台下，驰射狐兔，毕雉刺彘，是时，待诏贾山谏，以为"不宜数从郡国贤良吏出游猎，重令此人负名，不称其与"。及太中大夫贾谊，亦数谏陈止游猎。①

汉文帝之好田猎，与其后的汉武帝相比还稍逊风骚，据《汉书·东方朔传》云：

> 初，建元三年，（武帝）微行始出，北至池阳，西至黄山，南猎长杨，东游宜春。微行常用饮酎已。八九月中，与侍中常侍武骑及待诏陇西北地良家子能骑射者期诸殿门，故有"期门"之号自此始。微行以夜漏下十刻乃出，常称平阳侯。旦明，入山下驰射鹿豕狐兔，手格熊黑，驰骛禾稼稻秔之地，民皆号呼骂詈。相聚会，自言鄠杜令。令往，欲谒平阳侯，诸骑欲击鞭之。令大怒。使吏呵止，猎者数骑见留，乃示以乘舆物，久之乃得去。时夜出夕还，后赍五日粮，会朝长信宫，上大欢乐之。是后，南山下乃知微行数出也，然尚迫于太后，未敢远出。②

由汉武帝"微行出猎"可知，古代帝王频繁田猎的真正目的其实就是逸乐，而绝非是纯粹"演兵习武"之类的正事，否则，汉武帝何必遮遮掩掩，总是"微行以夜漏下十刻乃出"，且为太后所迫呢？

古代的王公贵族常有携女眷田猎者，此亦证明其田猎的目的主要是为了取乐而非"习军讲武"。上古田猎征战大率为男人之事，妇人通常不得参与。《左传·僖公二十二年》说得明白："妇人送迎不出门，见兄弟不逾阈，戎事不迩女器。"顾炎武《补正》引明傅

---

① 王利器：《风俗通义校注》，第98页，中华书局，1981年。
② 王先谦：《汉书补注》，第1277～1278页，中华书局，1983年。

逊《左传属事》亦曰:"戎事当严,不近女子所御之物。"① 然《左传·成公十七年》却有这样的记载:

> 晋厉公侈,多外嬖……厉公田,与妇人先杀而饮酒,后使大夫杀。

杨伯峻先生注云:"杀指猎射禽兽。据《礼记·王制》与《诗·小雅·车攻》毛传,田猎时诸侯发矢射杀禽兽后,应即由大夫猎射,妇人不应参与。② 如果说晋厉公携妇人射猎已悖时俗的话,那么,晋悼公子憖做的就更离谱了,他不仅携女子田猎,而且为其驾车者还是未聘的女子,据《左传·哀公十一年》云:

> 初,晋悼公子憖亡在卫,使其女仆而田。

杜预注云:"仆,御田猎。"杨伯峻先生云:"以未聘女子驾御猎车,古所罕见。"③

姚孝遂先生曾批评郭、陈两位先生并没有能够举出任何一片甲骨刻辞的内容来支持其"时王为逸乐而行的田猎"的结论,虽系实情,然这并不表明田猎刻辞没有体现时王逸乐之内容。《礼记·郊特牲》云"殷人尚声",覆按甲骨刻辞,此言不虚。且不说殷人在重大的祭祀活动中,总是"置我鼗鼓,奏鼓简简,……鼗鼓渊渊,嘒嘒管声,……于赫汤孙,穆穆厥声"。④ 即便在田猎活动中也不乏鼓乐之声。兹揭举卜辞为证:

(1) 壬子卜,狄,贞:王其𤝂。

(2) 壬子卜,王其田。

(3) 戊午卜,贞:王其往来亡灾。

(4) 庚申卜,贞:王叀麦麋逐。

① 杨伯峻:《春秋左传注》,第399、901、1666页,中华书局,1990年。
② 杨伯峻:《春秋左传注》,第399、901、1666页,中华书局,1990年。
③ 杨伯峻:《春秋左传注》,第399、901、1666页,中华书局,1990年。
④ 《诗·那》,《十三经注疏》,第620页,中华书局,1980年。

（5）庚申卜，贞：王勿利南麋。

（6）庚申卜，狄，贞：王叀斿麋。用。吉

（7）庚申卜，贞：叀壬田。

（8）庚申卜，狄，贞：叀辛田。

（9）辛酉卜，贞：衣逐亡□。

（10）壬戌卜，狄，贞：王父甲□其豐，王受有祐。

（11）贞：勿豐。

（12）壬戌卜，贞：叀𣄼，用。

（13）贞：弜𣄼。吉

（14）贞：五叀隹。

（15）贞：弜美。

（16）贞：叀鼟，用。大吉

（17）贞：八勿鼟。

（18）癸亥卜，狄，贞：今日亡大𤞤。

（19）癸亥卜，狄，贞：有大𤞤。

（20）辛未卜，狄，贞：叀田。《合集》27459

此版刻辞从壬子到辛未20天的时间都在田猎，因此壬戌向父甲求祐之也应为田猎之故。辞（10）（11）的"豐"，辞（16）（17）中的"鼟"，据裘锡圭先生考证均为乐器名，"豐"是大鼓，"鼟"是大钟。①"鼟"或作"庸"，传世文献中常见这样的用法，如《诗·商颂·那》："庸鼓有斁。"毛传："大钟曰庸。"《逸周书·世俘》："王入，奏庸。"又："王奏庸，大享一终。""庸"后世又写作"镛"。《诗·大雅·灵台》："虡业维枞，贲鼓维镛。"郑玄笺："镛，

---

① 裘锡圭先生指出："根据考古发掘和古器物学的知识来看，商代还没有悬钟。卜辞所说的庸当即商周铜器里一般人称谓大铙的那种乐器。"辞（12）（13）中的"𣄼"字不识，裘先生怀疑也是乐器名，但不知究竟是指哪种乐器。见《甲骨文中的几种乐器名称——释"庸"、豐、韒》，《古文字论集》，第198页，中华书局，1992年。

大钟也。"田猎还要奏乐，若说商王丝毫没有逸乐动机，恐怕很难解释圆融。①

田猎用乐，渔猎也用乐：

（1）贞翌□申……

（2）辛未卜，贞：今日鱼，龏。十一月。才（在）甫。鱼。

《合集》18804 =《合集》24376

由渔猎奏庸，人们会很容易联想到《左传·隐公五年》所载的鲁隐公如棠观鱼之事：

> 五年春，公将如棠观鱼者。臧僖伯谏曰："凡物不足以讲大事，其材不足以备器用，则君不举焉。君，将纳民于轨、物者也。故讲事以度轨量谓之轨，取材以章物采谓之物。不轨不物，谓之乱政。乱政亟行，所以败也。故春蒐、夏苗、秋狝、冬狩，皆于农隙以讲事也。三年而治兵，入而振旅。归而饮至，以数军实。昭文章，明贵贱，辨等列，顺少长，习威仪也。鸟兽之肉不登于俎，皮革、齿牙、骨角、毛羽不登于器，则公不射，古之制也。若夫山林、川泽之实，器用之资，皂隶之事，官司之守，非君所及也。"公曰："吾将略地焉。"遂往，陈鱼而观之，僖伯称疾，不从。书曰"公矢鱼于棠"，非礼也，且言远地也。②

尽管臧僖伯力谏鲁隐公如棠观鱼，可最终鲁隐公还是借口"吾将略地焉"，"遂往，陈鱼而观之"。由此不难推断，商王狩猎奏庸之动机。

不唯用乐，乐与舞总是如影随形的，有乐就有舞，正如《诗·商颂·那》所说"庸鼓有斁，万舞有奕"。再看商王田猎舞蹈

---

① 或可以把田猎奏乐的目的解释为娱神，然而即便如此，在娱神的同时狩猎者奔放的情感也能够同时得以释放，这一点是无法否认的。

② 杨伯峻：《春秋左传注》，第41~44页，中华书局，1990年。

诸例：

（1）叀田暨戊舞。

（2）□田暨□舞。《合集》27891

（1）今日辛王其田，亡灾。

（2）乎万舞。《合集》28461

（万，实际上就是上古的职业舞者。①）

（1）其以万，不每。

（2）叀麋□，亡灾

（3）……以……《合集》28383

（1）弜田，其每。

（2）王叀万以，亡灾。《合集》28686

（1）叀宫田省，亡灾。

（2）其乎万步。

（3）……田〔省〕，亡〔灾〕。《合集》29163

（1）弜以万。

（2）叀丧田省，亡灾。

（3）叀盂田省，亡灾。

（4）叀宫田省，亡灾。《屯南》249

（1）弜田其每。吉

（2）王其田，以万，弗每。吉

（3）弗以万。吉

（4）叀宫田省，亡灾。吉

（5）叀盂田省，亡灾。吉《屯南》2256

通过上揭晋侯靯自称耽乐于田猎、携女眷田猎以及田猎伴有乐舞诸例可知，古代帝王那么热衷于田猎活动，除了这种活动具有军

---

① 裘锡圭先生指出："万显然是主要从事舞蹈工作的一种人。"见《甲骨文中的几种乐器名称——释"庸"、"豐"、"鞀"》，《古文字论集》，第208页，中华书局，1992年。

训、补充物质所需的功能之外，更重要的原因恐怕就是这种活动本身具有很强的娱乐性。我们没有必要像古代的兰台令史那样极力为帝王人主去粉饰。关于此，郭少棠先生曾深刻地指出："文化在所有历史文本中都可能被政治化……中国的前大众旅游年代，传统形式的旅游总是被人们从文化和政治视角进行诠释，更确切地讲，是带着政治色彩的文化或带着文化色彩的政治。"①

（原载《中国国家博物馆馆刊》2012 年第 5 期）

---

① 郭少棠：《旅行：跨文化想像》，第 47 页，北京大学出版社，2005 年。